Erich Erlenbach (Hrsg.)
Geld+Anlage '91

Erich Erlenbach (Hrsg.)

Geld + Anlage '91

Prognosen · Analysen · Empfehlungen

Geschrieben von:

Hans D. Barbier – Gerald Braunberger –
Erich Erlenbach – Britta Fischer – Jens Friedemann –
Walter Harnischfeger – Ingrid Hielle –
Arnd Hildebrandt – Thomas Knipp – Karl Ohem –
Bernd Weiler – Wolfram Weimer

Blick durch die Wirtschaft
Frankfurter Zeitung

Herausgegeben von der Frankfurter Allgemeinen Zeitung

Blick durch die Wirtschaft
Herausgegeben von der Frankfurter Allgemeinen Zeitung
Verantwortlich Verlagsbereich Wirtschaftsbücher: Helmut Klinge
Gestaltung: Robert Jungmann
© Frankfurter Allgemeine Zeitung GmbH
Hellerhofstraße 2–4, Postfach 100808, 6000 Frankfurt am Main 1
Alle Rechte, auch die des auszugsweisen Nachdrucks, vorbehalten
Druck: Werbezentrum Wilsch GmbH, Aschaffenburg
Erste Auflage 1990
ISBN 3-924875-61-8

Vorwort

Die Börsen und die anderen Finanzmärkte stehen seit Beginn der tiefgreifenden Umwälzungen im Osten Europas und in der Sowjetunion im Banne atemberaubender Entwicklungen. Fünfundvierzig Jahre nach dem Ende des Zweiten Weltkrieges kam es dabei zur Vereinigung der beiden deutschen Staaten. Nicht nur die Politik, vor allem auch die Wirtschaft steht vor großen Herausforderungen.

Deutschland wächst zusammen. Der Kapitalbedarf für diesen Prozeß ist groß. Auf den Finanzmärkten herrscht Besorgnis darüber, daß deshalb die Zinsen noch weiter steigen könnten. Denn auch in anderen Regionen der Erde, im Osten Europas, vor allem aber auch in den Vereinigten Staaten von Amerika, werden ebenfalls erhebliche Mittel benötigt.

Jetzt wirkt es sich vorteilhaft aus, daß ein großer internationaler Finanzmarkt entstanden ist. Geld und Kapital kann in vielen Ländern bereits ungehindert über die Grenzen fließen. So findet, unter Beachtung des Währungsrisikos, ein Ausgleich zwischen Angebot und Nachfrage auf immer größeren Märkten statt. Zudem sollen noch bestehende Hemmnisse auch innerhalb Europas in den nächsten Jahren abgebaut werden. Gerade für deutsche Anleger werden dadurch die Möglichkeiten der Geldanlage und der Vermögensdispositionen noch zahlreicher.

Mit den Chancen wachsen allerdings auch die Risiken. Auf den wichtigsten Aktienmärkten ist Ernüchterung eingekehrt. Das gilt auch für den deutschen Aktienmarkt. Stärker noch als im Vorjahr steht deshalb als Anlagemöglichkeit in der Bundesrepublik Deutschland das festverzinsliche Wertpapier im Vordergrund. Diese Neigung wird von der Stabilitätspolitik der Deutschen Bundesbank gefördert.

Die Sparkraft der deutschen Bevölkerung ist groß. Deshalb wird auch der Teil des Geldvermögens größer, der als Risikokapital in Aktien angelegt werden kann. Der Kurszettel an der Börse wird weiter wachsen. Auch ehemals »volkseigene« Betriebe könnten bald zu den Börsenneulingen gehören. Weitere Spekulationsmöglichkeiten bietet die Ausweitung des Geschäfts an der Deutschen Terminbörse.

Die Kraft des wirtschaftlichen Aufschwungs, die in vielen Ländern schon acht Jahre lang für Optimismus sorgte, erlahmt jedoch. Die Golfkrise gab nur den letzten Anstoß dafür, daß außer an den Wertpapierbörsen auch auf vielen anderen Märkten – voran bei Rohstoffen, Edelmetallen und Immobilien – eine Ernüchterung eingekehrt ist. Übertreibungen werden korrigiert, auch auf dem Kunstmarkt.

In diesem Jahrbuch, das nun zum vierten Mal erscheint, verzichten die Autoren, zumeist Mitglieder der Wirtschaftsredaktion der Frankfurter Allgemeinen Zeitung, wie schon in den vorangegangenen Jahrbüchern auf heiße »Anlagetips«. Vielmehr will das Jahrbuch »Geld+Anlage '91« wieder Zusammenhänge darlegen, über neue Entwicklungen auf den Finanzmärkten informieren und Anregungen für die Praxis der Geldanlage geben.

Die grundlegenden Ausführungen im sechsten Kapitel über Anlegen und Finanzieren richten sich in erster Linie an Anleger aus den fünf neuen Bundesländern. Dort gilt zwar seit dem 1. Juli 1990 die D-Mark, doch sind dort viele Besonderheiten der deutschen Finanzmärkte noch nicht bekannt.

Frankfurt am Main, Ende Oktober 1990   Erich Erlenbach

Inhalt

Vorwort 5

I. Kapitel
Prognosen '91

Das geeinte Deutschland und seine Partner
Ökonomische Perspektiven und gesellschaftliche Optionen 13

Übertreibungen werden korrigiert
Die Amerikanische Verschuldung zieht Kreise /
Auch in Japan Probleme 23

Ernüchterung an den internationalen Aktienmärkten
Vor allem Zinssteigerungen haben die Aktienkurse gebremst 31

Eine Durststrecke für deutsche Aktien
Mittelfristig wieder bessere Aussichten 50

Rohstoffmärkte voller Ungewißheit
Rohöl wird die meiste Aufmerksamkeit finden 60

Überhitzungserscheinungen auf den Immobilienmärkten
Der Auftrieb der Immobilienpreise flacht sich ab 70

Auch der Kunstmarkt spürt Zurückhaltung
Auf Auktionen konnte manches Stück nicht verkauft werden 76

II. Kapitel
Märkte im Wandel

Deutsche Terminbörse: Eingeschränkt erfolgreich
Die weiteren Chancen einer neuen Institution 85

Neue Finanzprodukte bergen auch Risiken
»Floater«, Genußscheine und viele Spielarten von Optionsscheinen. 88

Neues Geld zum Anfassen
Zugleich verbreitet sich das elektronische Bezahlen 97

Frankfurt und die neue Rolle der Regionalbörsen
Die Arbeiten auf der »Baustelle Börse« schreiten voran 102

III. Kapitel
Aktien, Renten, Investmentfonds

Reife Früchte für die Börse – vom Anleger gepflückt
Die Neuheiten des Jahres 1990 auf dem deutschen Aktienkurszettel 129

Von Mexiko über Thailand nach Ungarn
Exotische Börsenplätze bieten exotische Chancen und Risiken . . 148

Anleihen haben viele Gesichter
Eine Übersicht über das vielfältige Angebot 152

Festverzinsliche Anleihen in fremden Währungen
Kein »El Dorado« für risikobewußte Anleger 162

Geringerer Zuspruch für Publikums-Investmentfonds
Aber wachsendes Angebot zur gemeinschaftlichen Geldanlage . . 168

IV. Kapitel
Edelmetalle, Kunst, Sammlermärkte

Private lösen ihre Goldhorte auf
Zentralbanken verhalten sich unterschiedlich 187

Faszinierend, aber zerbrechlich: Meißner Porzellan
Mehr als ein schönes Objekt für die Vitrine 191

Glas der Nachkriegszeit wird bereits hoch bewertet
Vor allem Stücke aus Italien und Skandinavien finden Liebhaber . 196

Das Funkeln der Diamanten hat Reiz
Talisman, Glücksbringer, Anlageobjekt und Schmuck 200

Ein Spiegel der Zeit
Das Ende der DDR-Briefmarken-Ärä. 205

V. Kapitel
Steuern und Versicherungen

Wie Wertpapiere besteuert werden
Der Anleger hat Gestaltungsmöglichkeiten 213

Was Kunstsammler über Steuerfragen wissen müssen
Vor Dispositionen fachkundigen Rat einholen, kann nicht schaden 221

Freier Versicherungsmarkt für »Großrisiken«
Ausländische Anbieter haben es vorerst noch schwer 239

VI. Kapitel
Anlegen und Finanzieren

Grundregeln der Geldanlage
Der Sparer muß selbst entscheiden 247

Das Einmaleins der Immobilienfinanzierung
Bauherren und Käufer müssen auf viele Einzelheiten achten . . . 260

Die Zinsfestschreibungsfrist »richtig« wählen
Überlegungen zur schrittweisen Aufnahme von Hypotheken . . . 269

Bauspardarlehen oder Hypothek
Eine Beispielrechnung. 274

Die Kurse der Zukunft kann niemand kennen
Prognosen von Aktienkursen versprechen keinen Gewinn. 278

Stichwortverzeichnis 294

Autoren 302

I. Kapitel
Prognosen '91

Das geeinte Deutschland und seine Partner
Ökonomische Perspektiven und gesellschaftliche Optionen

Das Jahr 1991 wird für die Deutschen – aber nicht nur für sie – das Jahr der Konsolidierung und der Bewährung werden. Konsolidiert werden müssen die sich überschlagenden politischen Ereignisse im Vereinigungsjahr 1990: Fortschritte in der Integration der Europäischen Gemeinschaft, das Außenverhältnis der Gemeinschaft zu anderen Gruppen von Handels- und Wirtschaftspartnern, eine neue Beschreibung der Aufgaben der nordatlantischen Allianz und das Ausloten der Dialog- und Handlungsmöglichkeiten in der Konferenz für Sicherheit und Zusammenarbeit in Europa gehören zu diesem Themenkatalog. Zu konsolidieren sind aber auch die Finanzrechnungen des vereinten Deutschland. Das ist nicht nur ein Vorgang, der sich in den Etats der öffentlichen Hände niederschlägt. Dabei stehen auch Grundsatzentscheidungen über die Möglichkeiten privater Finanzierung von quasi-öffentlichen Aufgaben (etwa in der Infrastruktur) zur Debatte.

Zu bewähren hat sich das geeinte Deutschland nach innen und nach außen. Im Inneren gilt es, den zunächst technischen, dann politischen Prozeß der Vereinigung nun in gesellschaftliche Kategorien zu übertragen: Zutrauen in ungewohnte Lebensverhältnisse und neue Partner zu finden; der eigenen Leistungsfähigkeit zu vertrauen und nicht bei jeder finanzwirtschaftlichen Hochrechnung zu verzagen.

Nach außen haben die Deutschen die Erwartungen der europäischen Nachbarn, der Bündnispartner, der Länder des sich neu formierenden Ostens in Europa zu erfüllen. Manche Erwartung ist sicherlich zu hoch geschraubt. Aus dem deutschen Steueraufkommen und dem deutschen Kapitalmarkt allein können nicht die gescheiterten Experimente des Sozialismus saniert werden. Doch manche Hilfe läßt sich auch durch Wissenstransfer zum Nulltarif leisten: Wer die Grundgedanken des Vertragsrechtes, die Prinzipien des geschützten Eigentums und die Regeln der Marktwirtschaft anderen zugänglich macht, der stellt Werte zur Verfügung, deren zusätzliche Nutzung keine zusätzlichen Kosten verursacht.

Die Regeln des gesitteten Zusammenlebens, der Verläßlichkeit und des sorgsamen Umgangs mit knappen Mitteln sind so etwas wie öffentliche Güter: Was der eine davon in Anspruch nimmt, muß der andere nicht entbehren. Das Kopieren der moralischen und wirtschaftlichen Regeln des Marktes kostet nichts.

An die Deutschen werden aber auch politische Erwartungen gerichtet, vor allem in Europa. Die europäische Integration hat bisher allen genutzt: den Mitgliedsländern der Gemeinschaft und den Drittländern, denen ein großer – wenn auch leider in manchen Bereichen stark regulierter – Markt zur Verfügung steht. Nun stehen die nächsten Integrationsschritte auf der Tagesordnung: die Einführung der Währungsunion und die Vorarbeiten zur politischen Union.

Die Deutschen sind zu beiden Integrationsschritten bereit. Sie zögern allerdings, der Währungsunion zuzustimmen, solange nicht sichergestellt ist, daß die anderen Regierungen bereit sind, der neu zu gründenden Europäischen Zentralbank den Status der Unabhängigkeit zuzubilligen. Insofern ist dies ein produktives Zögern, denn die Währungsunion soll besser werden, als sie bisher in den Entwürfen (etwa des Delors-Planes) erscheint.

Mit den Bemühungen um die Unabhängigkeit der künftigen Notenbank und dem Souveränitätsverzicht der nationalen Parlamente und Regierungen wird gleichzeitig der Bezug zur politischen Union deutlich: Eine Übertragung von mehr Entscheidungsrechten auf die europäischen Institutionen würde mit der Zeit die Gründung einer europäischen Zentralbank nahezu automatisch erzwingen. Oder anders gewendet: Die Entscheidung für eine wirklich unabhängige Notenbank wird so schwer sein, weil es keinen europäischen Staat gibt, der seine Notenbank mit dieser Unabhängigkeit ausstatten könnte. An den Deutschen jedenfalls wird es nicht fehlen, wenn es gilt, Souveränitätsverzichte zugunsten einer Gemeinschaft zu leisten, die sich als Stabilitätsgemeinschaft versteht und dies in einem entsprechenden Statut ihrer Notenbank dokumentiert.

Eine große Konsolidierungsaufgabe wartet in Deutschland selbst auf ihre wirtschaftliche und politische Bewältigung. Es werden nun allenthalben die ersten Kosten-Ertrags-Rechnungen der deutschen Vereinigung aufgemacht. Was diese Rechnungen enthalten, welchen Saldo sie zeigen, hängt nicht nur von der Genauigkeit der Schätzungen ab, sondern auch vom Temperament der Rechner und – vor allem – vom Zeithorizont der Berechnungen.

Man kann sich auf kurze Frist armrechnen: Die Anschubfinanzierung für die sozialen Sicherungssysteme, die Etathilfen für die neu entstehenden Gemeinde- und Länderverwaltungen, der Ausbau der Infrastruktur im Verkehr und in der Telekommunikation, die Sanierung der Umwelt, der Investitionsbedarf für Wohnungen und Betriebe läßt sich fast nach Belieben hochrechnen und zu atemverschlagenden Summen entlang der Zeitachse addieren. Setzt man dem dann auch noch die ersten Erscheinungsformen der Anpassung an die neuen Wirtschaftsverhältnisse – Arbeitslosigkeit, Rückgang der Produktion, Schließung von Betrieben – hinzu, dann ergibt sich ein düsteres Bild, das – um vollständig zu sein – riesige Finanzierungsdefizite der öffentlichen Haushalte, Fehlbeträge in den Sozialkassen, drastisch steigende Zinsen und einen Verdrängungswettbewerb zwischen öffentlichen und privaten Kreditnehmern enthalten müßte.

Zutreffend im ökonomischen Sinne muß dieses Bild selbst dann nicht sein, wenn alle einzelnen Zahlen in einer Augenblicksaufnahme stimmen. Denn ökonomisch scheint es geboten zu sein, eine andere Perspektive zu wählen. Die könnte so aussehen:

Die Phase des scharfen Produktionsrückgangs in den fünf neuen Bundesländern kommt bald nach dem Jahreswechsel 1990/91 zum Ende; die Zahl der Arbeitslosen steigt weiter, gleichzeitig nimmt aber auch die Zahl der offenen Stellen deutlich zu; in den kommenden zehn Jahren wächst das Sozialprodukt des vereinten Deutschland mit einer realen Rate von drei bis vier Prozent, wobei die ungleich höhere Rate – in einzelnen Jahren möglicherweise bis zu sieben oder acht Prozent – in den fünf neuen Ländern anfällt; bei unveränderten Steuersätzen steigen die Steuereinnahmen mindestens im Tempo der realen Zuwachsrate des Sozialprodukts; es gelingt den Politikern, wenigstens die ehemaligen Kosten der Teilung in den Haushalten einzusparen; das Vertrauen in die Stabilität der D-Mark, ein Realzins in der Größenordnung von 6 Prozent von Lohnerhöhungen nach dem Maß der Produktivitätsentwicklung machen den Investitionsstandort Deutschland für ausländisches Kapital attraktiv; der Überschuß der Leistungsbilanz wird zugunsten der inländischen Verwendung abgebaut.

Am Ende einer solchen längerfristigen Perspektive stünde die Erledigung der wesentlichen Umbau-, Sanierungs- und Anpassungsaufgaben, ohne daß es zum finanziellen Kollaps oder zu einschneidenden Opfern gekommen wäre. Am Ende dieser – keineswegs unrealistischen oder geschönten Darstellung – stünde ein Vereinigungssaldo mit positivem Vorzeichen. Die Deutschen sollten sich die Zuversicht, daß es so kommt, nicht nehmen, zerreden und zerrechnen lassen.

Entscheidend für die ökonomischen Perspektiven und die gesellschaftlichen Optionen ist die Länge des Zeithorizontes, den wir wählen. Auf die Kosten und Erträge des deutschen Anpassungsprozesses gewendet, heißt das: Wer keine Geduld hat, der wird immer nur von den Sozialkosten und der Freisetzung von Arbeitskräften reden; wer einen längeren Zeithorizont entwickelt, in dessen Blickfeld geraten neue Arbeitsplätze, höhere Produktivität, bessere Umweltqualität und höhere Wachstumsraten.

Merkwürdig allerdings mutet eine Beobachtung an: Gerade diejenigen, die einen ausgeprägten Hang zeigen, in der ökonomischen Folgeschätzung eine recht kurze Perspektive zu wählen, übersehen leicht eine Ertragsgröße, die im Augenblick der Überwindung des Sozialismus auf deutschem Boden angefallen ist: der Gewinn an persönlicher Freiheit, das heißt die in ihrer Bedeutung doch wohl alles andere überragende Rendite einer historischen Sekunde.

Die Länge des Zeithorizontes, den wir für die Kosten- und Ertragsrechnung der Vereinigung wählen, hat unmittelbar auch etwas mit der Finanzierungsmethode zu tun. Wer sich mit der kurzen Sicht begnügt, der wird der »Opfertheorie« anhängen, wer die lange Sicht für die angemessenere hält, der wird mehr der »Wachstumstheorie« zuneigen.

In der Opfertheorie werden die Kostenfaktoren zu hoch und die Ertragsfaktoren zu niedrig bewertet. Die Finanzierung erscheint daher als Vehikel zur Überbrückung eines Wohlfahrtsgefälles zwischen West und Ost – aus der Sicht jedes einzelnen Bürgers eben als ein Opfer, das es für den Prozeß der Vereinigung zu bringen gilt. Es ist legitim und notwendig, die kurze Sicht nicht außer acht zu lassen, weil ja doch kurzfristig auch zu finanzieren ist. Aber es ist – außerhalb des Machtgerangels der Politik – niemandem damit gedient, die Bürger im Streit um die vermeintlich wahre Größe des Opfers kopfscheu zu machen.

Und auch in der feineren Variante des »Teilens« kann die Opfertheorie zum politischen Boten werden, der allerlei Emotionen transportiert, mögen das die Urheber nun beabsichtigen oder nicht. Jedenfalls ist es nicht gut, Finanzierungsmethoden des deutschen Anpassungsprozesses moralisch danach beurteilen zu wollen, in welchem Sinne sie die Qualität des Teilens zu haben scheinen oder nicht. Dies ist um so weniger sinnvoll, als in vielen Fällen auch hier der Augenschein in die Irre führt: Zugeteilt und geteilt wird auch am Kapitalmarkt.

Die Opfertheorie mündet fast zwangsläufig in die politische Forderung nach höheren Steuersätzen und Solidarabgaben. Die längere Perspektive und – dazugehörend – die Wachstumstheorie des Vereinigungsprozesses liefern dagegen einige Argumente für die Finanzierung über den Kapitalmarkt, wenn auch letztlich die Wahl des Finanzierungsmodus von Verteilungskriterien, wie etwa der Vorstellung von Inter-Generationen-Gerechtigkeit, abhängt.

Den Rationierungseffekt einer höheren Steuer – also den Entzug von Mitteln aus dem Kreislauf und deren Verwendung für die Bewältigung der Anpassungsaufgabe zum Wohlstandsausgleich in Deutschland – leistet die Kapitalmarktfinanzierung grundsätzlich auch. Höhere Realzinsen drängen die Nachfrage nach Krediten zurück und schaffen somit Platz für Investitionen in die Vollendung der deutschen Vereinigung. Richtig ist, daß steigende Realzinsen direkt die Investitionsalternativen treffen, während höhere Steuern – etwa auf die Umsätze – den Verdrängungseffekt breiter streuen.

Darin liegt ein Risiko der Kapitalmarktfinanzierung. Aus gutem Grund gibt es beispielsweise im Grundgesetz eine Regelung, die die höchstzulässige Kreditaufnahme des Bundes auf die Höhe der investiven Ausgaben beschränkt. So bleibt es zwar bei der Konkurrenz des Staates und der Privaten um knappe Mittel, aber der Staat ist – nach dem Buchstaben des Gesetzes jedenfalls – nicht befugt, mit seinen kreditfinanzierten Verbrauchs- und Umverteilungsausgaben in einen Verwendungskonflikt zu privaten Investitionen zu treten.

Doch die Kapitalmarktfinanzierung hat nicht nur Risiken, sie hat auch drei Wirkungen – eine außenwirtschaftliche, eine verteilungspolitische und eine allgemeinpolitische –, die man in der Abwägung der Finanzierungsmethoden durchaus als Vorteil betrachten kann. Kreditfinanzierung und steigende Realzinsen führen zu einem Kapitalstrom aus dem Ausland. Ein Land, das seine inneren Defizite teilweise mit Auslandskrediten finanziert, kommt heute leicht in den Verruch, auf Pump – das soll heißen: unsolide – zu leben. Doch auf diese Weise ist im 19. Jahrhundert der amerikanische Nordkontinent zivilisiert worden, ohne daß jemand daran Anstoß genommen hätte. Im Gegenteil: Es galt als Ausdruck des Vertrauens in die Kraft der jungen Vereinigten Staaten von Amerika, daß die Bürger des alten Kontinents bereit waren, Eisenbahnen, Häfen und Industrieanlagen in der neuen Welt zu finanzieren. Aus dem Produktivitätsgewinn haben die Vereinigten Staaten die Kredite ohne jede Überanstrengung bedienen können.

Die Finanzierung über den Kapitalmarkt verschiebt einen Teil der Anpassungslast in die Zukunft. Zwar müssen alle Aufwendungen für die Bewältigung der Anpassungsaufgabe dem jeweils laufenden Sozialprodukt entnommen werden – auch in der offenen Wirtschaft. Insofern ist der Gegenwartsverzicht unabhängig von der Finanzierungsmethode unvermeidbar. Aber es macht einen Unterschied, ob der kommenden Generation die Vereinigungsaufgabe als »bewältigt« hinterlassen wird, oder ob – über Zinsen und Tilgung – die kommende Generation sich durch ihre Steuerkraft an dieser Aufgabe zu beteiligen hat. Das zu wollen oder nicht, ist eine Entscheidung der heute politisch aktiven Generation. Da sie mit der nächsten Generation keinen Vertrag darüber schließen kann – so wenig wie es den Generationenvertrag der Rentenversicherung je gegeben hat –, sollte sie es sich angelegen sein lassen, die Kreditlast auf die Zukunft nicht ins Uferlose steigen zu lassen; diese Last auf Null zu stellen, verlangt fürsorgliches Verhalten aber nicht zwingend.

Der dritte Vorteil der Kreditfinanzierung – der allgemeinpolitische – hat stark spekulativen Charakter, ist aber nicht wegzuleugnen. Kreditfinanzierung führt zu höheren Zinsen und zu steigender Zinslast in den Haushalten. Diese Signallampen brennen dauernd. Eine Regierung, die sich nicht von jeder finanzwirtschaftlichen Sensitivität des Publikums freistellen kann (also eine Regierung, die zur Wiederwahl ansteht), muß damit rechnen, daß diese Signallampen ab einer bestimmten Kredithöhe rationierend wirken: Es wird zunehmend schwerer werden, neue Kredite und somit neue Zinssteigerungen zu begründen. Während in diesem Falle die Kurve des politischen Widerstandes dauernd steigt und irgendwann einmal zum »breakeven-point« der politischen Kosten-Ertrags-Rechnung führt, muß das bei einer sprungweisen Steuererhöhung – oder bei ungleich größeren Abschöpfungsbeträgen – nicht der Fall sein. Eine Kreditfinanzierung der öffentlichen Haushalte muß nicht unbedingt so geräuschlos und daher gefährlich sein, wie ihre Kritiker das oft behaupten.

Zur Abschätzung der gesellschaftlichen Optionen dieser Zeit des politischen Umbruchs und der ideologischen Besinnung gehört auch die Beschreibung der Rolle des Wissens im historischen Prozeß der Wirtschaftsentwicklung und der Veränderung gesellschaftlicher Hierarchiemuster.

Es mag ironisch klingen, am Grabe des real existierenden Sozialismus stehend seinem geistigen Vater Karl Marx ein wenig recht zu geben.

Doch es ist so: Was sich im Jahr 1990 in Mitteleuropa ereignet hat – und was im Jahr 1991 in der Sowjetunion zur Entscheidung ansteht – ist auch Ergebnis und Reflex eines im langen Zyklus sich vollziehenden Wandels in den Produktionsbedingungen. Den Start in die Industrialisierung und die erste Wohlstandswelle verdanken die europäischen Staaten der Verwendung des produzierten Sachkapitals. Die – wie Marx sagte – Produktion auf erweiterter Stufenleiter hat die Wachstumsdynamik in Gang gesetzt und eine scharf sichtbare Grenzlinie zwischen der agrarischen und der industriellen Gesellschaft gezogen.

Der Faktor Arbeit mußte sich dem Faktor Kapital weitgehend anpassen: Der Kapitaleigentümer schöpfte eine Knappheitsrente ab, unter dem Druck der industriellen Reservearmee konnte sich die Arbeit weder ökonomisch noch politisch gegen die Interessen der Kapitalbesitzer durchsetzen. Das änderte sich – aber nicht (wie von Marx vorhergesagt) mit dem Selbstverschleiß des Systems, es änderte sich schlicht mit der Änderung der Knappheitsverhältnisse. Nach dem ersten Weltkrieg, mit Beschleunigung dann nach dem zweiten, begann sich die Arbeit als knapper Faktor von den einstmals als vorgegeben geltenden Produktionsbedingungen des Kapitals zu emanzipieren – wenn auch zunächst durch eine regulierende Maßnahme, die gesetzliche Mitbestimmung.

In der nächsten Wellenbewegung ging die Unterscheidung von Arbeit und Kapital sogar teilweise verloren. Der Faktor »Wissen« – teils als technischer Fortschritt wirkend, teils in der Erfindung von Rechtsfiguren und Institutionen wirksam – war jetzt in beiden originären Produktionsfaktoren Arbeit und Kapital inkorporiert. Der Faktor Humankapital erklärt mittlerweile einen wesentlichen Teil der gesamtwirtschaftlichen Wachstumsraten in reifen Industrieländern.

Wir werden in diesen Jahren nun Zeugen eines neuen Qualitätssprungs in der gesellschaftlichen Produktionsfunktion, also in der Zuordnung von ökonomisch und politisch bedeutsamen Zielen und Mitteln: Der Faktor Wissen wurde zur Triebkraft für »Glasnost«, das heißt für die grundsätzlich allen Mitgliedern der Gesellschaft transparente Erlebbarkeit von Politik. Denn der Sieg des Liberalismus – wenn wir denn ein Stück davon erlebt haben im Jahr 1990 – ist ein Konkurrenzphänomen, das auf einer drastischen Veränderung von Kosten beruht: Die Kosten des Wissenstransfers sind gesunken, Staaten und Regionen, Systeme und Ideologien können gegenüber dem Wissensimport nicht mehr abgeschottet werden. Daraus folgt – jedenfalls wohl in der Tendenz – eine globale Bewegung hin zum Paradigma der offenen Welt, der transparenten Gesellschaft. Wo aber von außen keine Ideen mehr abgeschottet werden können und wo im Inneren sich viele (ohne auf eine regulierende Mitbestimmung angewiesen zu sein) an der Urteils- und Willensbildung beteiligen können, da verlieren die Hohen Priester an Einfluß.

Doch sie leisten Gegenwehr. Daher ist es so schwer, in der Sowjetunion den Schritt von Glasnost zu Perestrojka zu gehen. Der horizontale Wissenstransfer – von Land zu Land, von Bürger zu Bürger – funktioniert. Gestört bleibt aber, wie in allen Diktaturen und Planungsapparaten, der vertikale Wissenstransfer: Die da oben wollen nicht wissen, was unten geschieht; die da unten haben keinen Kontakt zu denen oben. So ergibt sich das für eine Marktwirtschaft schwer vorstellbare Phänomen, daß aus der Wissensvermehrung keine Innovation wird. So etwas ist in einer Planbürokratie nicht nur möglich, es kennzeichnet die Bürokratie nachgerade. Die Innovation ist blockiert, weil der Apparat sich weigert, Informationen aufzunehmen und in Reaktionen umzusetzen, die seinem eigenen Plan widersprechen. Perestrojka ist nicht nur Umbau, sondern Dezentralisierung – und diese Arbeit leistet der mit Privilegien versorgte Apparat eben nicht spontan. Für Michail Gorbatschow müßte das heißen: Wer Glasnost auf den Weg gebracht hat, kann nicht tatenlos auf Perestrojka warten. Die Metapher des Zuspätkommens hat möglicherweise mit dem Fall der deutschen Mauer noch nicht ausgedient.

Der Umgang mit dem Wissen und das Augenmaß des weiten Zeithorizontes werden die Perspektiven und Optionen bestimmen, die Deutschland in Europa und Europa in der Weltwirtschaft offenstehen. Daß Klassenkämpferisches kaum zum Ritual der Verteilungsdebatten dieser Zeit zählt, muß nicht bedeuten, daß die fortgeschrittenen Industrienationen schon ihre optimale – das heißt im Sinne eines gedachten Gesellschaftsvertrages konsensfähige – Tauschrate zwischen Gleichheit und Wachstum gefunden hätten. Jede Etatdebatte – und letztlich auch die Bedeutung der Opfertheorie in der Auseinandersetzung über den deutschen Anpassungsprozeß – zeigt, daß diese Diskussion noch keineswegs ausgestanden ist.

Gewiß läßt sich in liberalen Manifesten nachlesen, was das Wachstum zur Beantwortung der sozialen Fragen leisten kann: Es bringt Beschäftigung, es sorgt über höhere Produktivität für steigende Einkommen, es ermöglicht Ersparnisse für eine sicherere Zukunft, und es läßt Spielraum für Mildtätigkeit. Daraus aber auf eine angemessene Tauschrate zwischen Gleichheit und Wachstum zu ziehen, erfordert einen Zeithorizont, der länger ist als der Rhythmus der Wahlentscheidungen.

Auf Wachstum setzen, heißt: mit ungesichertem Ergebnis den spontanen Kräften des Marktes vertrauen. Auf Gleichheit setzen heißt: das anschauliche Instrumentarium des intervenierenden Sozialstaates medienwirksam nutzen. Da darf es nicht wundern, wenn die gesellschaftlichen Optionen an Kurzatmigkeit leiden.

Gleichsein und Gleichmachen bedeutet in der Ökonomie nicht das gleiche. Auch die Imitation der besseren Lösung im Konkurrenzkampf führt tendenziell zur Gleichheit. Doch diese Gleichheit ist das – evolutorische – Ergebnis eines Entdeckungs- und Lernprozesses, der mehr Wissen erzeugt, als diejenigen besitzen, die die Gleichartigkeit (etwa in der Integration Europas) auf dem Reißbrett herstellen wollen.

Mit der Länge des Zeithorizontes ändert sich der Gegenstand sozialwissenschaftlicher Erkenntnisprozesse und das Ziel der Politik. In der kurzen Sicht geht es um Konjunkturphänomene: Faktorbestände, technisches Wissen und Institutionen sind vorgegeben – erklärungsbedürftig und änderungsfähig ist eigentlich nur der Auslastungsgrad der Kapazitäten. Die kurze Sicht frei von Störungen zu halten, ist eine Aufgabe von hohem Rang. Denn wenn die erratischen oder konjunkturellen Schocks groß genug werden – wie in der Weltwirtschaftskrise der dreißiger Jahre – dann kann mehr auf dem Spiel stehen als der Erfolg der ökonomischen Globalsteuerung. Was diese Sicht beschränkt erscheinen läßt, das ist die Vorgegebenheit der Bedingungen, die über die längerfristige Entwicklung des Wohlstands entscheiden.

Solche Bedingungen erscheinen variabel erst in der Perspektive der »Kondratieffs«, also in der Zyklenlänge von 40 bis 50 Jahren: Wachstum des Produktionspotentials, Kapitalbildung, Bevölkerungswachstum, Wanderungsbewegungen, Produktivitäten, technisches Wissen gehören zu den Veränderlichen der langen Zyklen. Für die Entwicklung von Wirtschafts- und Gesellschaftssystemen, für die Erklärung von Übergängen kommen Zeiträume ins Spiel, die sich nach der Strecke zwischen den Wegmarken der zivilisatorischen Evolution bemessen.

Das Lernen von Generation zu Generation, das spontane Entstehen einer Ethik in langer Tradition von Sitten und Gebräuchen, die Suche nach Regeln des Zusammenlebens, die das Überleben sichern – das Paradigma der offenen Welt also – steht für diesen Konkurrenzmechanismus des Suchens und Irrens, der die Moral des Marktes ebenso hervorbringt wie die Sackgasse des konstruierenden Rationalismus, von dem der wissenschaftliche Sozialismus nur eine Spielart ist.

Wer den Menschen in diesem Lernprozeß sieht, kann nicht an die Hypothese vom Ende der Geschichte glauben. Wer den endgültigen Sieg des Liberalismus verkündete, der müßte wohl irgendwie dafür sorgen, daß dessen Ideen künftig nicht von Konkurrenz belästigt werden. Ein solches Weltbild kann nicht die Erfindung von Liberalen sein.

Dies ist nicht das Ende der Geschichte und nicht der Anfang vom immerwährenden Frieden. Natürlich dürfen die Menschen von der Friedensdividende träumen. Das Jahr 1990 hat – für die Sphäre des Ost-West-Konfliktes jedenfalls – jenen Prozeß in greifbare Nähe gerückt, den die Industrie-Ökonomen »Konversion« nennen: Wohlstand schaffen mit weniger Waffen. Wenn das in den Rüstungen gebundene Wohlstandspotential für zivile Wachstumsraten genutzt werden könnte, dann brauchten sich die Finanzexperten keine Sorgen darüber machen, was wohl an den Kapitalmärkten geschähe, wenn ein anderer Traum wahr würde: wenn mit einem Schlage alle Repression und alle Unfreiheit ein Ende hätte. In einem solchen geträumten Augenblick nämlich würden die Kapitalmärkte geradezu explodieren: Wenn es Milliarden von Menschen plötzlich erlaubt würde, ihrer eigenen ökonomischen Perspektive nachzugehen, dann würde ein unvorstellbares Investitionsvolumen in kurzer Zeit entfesselt. Der Zins würde dramatisch in die Höhe schießen. Aber was wäre das anders als die Bestätigung für die These: Der Zins ist die Brücke zur Zukunft. Wo es lohnt, dabei zu sein, da ist der Eintrittspreis hoch.

Ein wenig davon ist heute an den Kapitalmärkten zu spüren, obwohl es erst wenige Millionen Menschen sind, denen die Freiheit zuteil geworden ist, Optionen zu vergleichen, Perspektiven zu entwickeln und ihre eigenen Wege zu suchen. Und da sollte sich schon der Horizont verdüstern, weil der Anpassungsprozeß in Deutschland an ein paar Knappheiten spürbar wird? Eine Gesellschaft, die das nicht verkraftet, was 1991 an Flexibilität und Spontaneität verlangt wird –, eine solche Gesellschaft müßte wohl die Freiheit als Last empfinden. Sollte das ausgerechnet den Deutschen passieren, denen eben 16 Millionen Landsleute gezeigt haben, ein wie starker Motor der Freiheitsdrang ist?

Übertreibungen werden korrigiert
Die amerikanische Verschuldung zieht Kreise / Auch in Japan Probleme

Am Devisenmarkt ist es 1990 sehr lebhaft zugegangen, und es deutet manches darauf hin, daß das Jahr 1991 nicht anders verlaufen wird. In wechselnder Folge sind ungewöhnlich viele Währungen in die Schlagzeilen geraten. Das hat für eine Unruhe gesorgt, wie sie in den vorausgegangenen Jahren nicht beobachtet wurde. Schließlich war es dann aber doch wieder der amerikanische Dollar, der sich als »Hauptstörenfried« erwies und gegenüber dem sogenannten »D-Mark-Block« auf neue Rekordtiefs fiel. Dies war Ausdruck einer rapiden Verschlechterung der fundamentalen Bedingungen für die amerikanische Währung, die von den Finanzmärkten aber erstaunlich gelassen, ja fast fatalistisch hingenommen wurde.

Manche Experten erklären dies damit, daß die Hintergründe für die Schwäche des Dollar möglicherweise von anderen gewichtigeren Einflüssen überlagert wurden und auch weiterhin werden. Hier ist an erster Stelle die Krise im Mittleren Osten zu nennen, die Anfang August 1990 durch den Einmarsch des Irak nach Kuweit entstand und die der Welt unverkennbar vor Augen führte, wie sehr ihre Versorgung mit Rohöl und damit ihre Prosperität durch eine vergleichsweise kleine Aggression in Gefahr gebracht werden kann.

Die Ereignisse im Mittleren Osten haben ferner gezeigt, daß die Entspannung zwischen Ost und West eben nicht den Zustand herstellt, in dem Rüstungskosten radikal verringert und das somit Ersparte produktiv vor allem in jenen Volkswirtschaften eingesetzt werden kann, die einer grundlegenden Erneuerung bedürfen. Die »Friedensdividende«, von der an den Finanzmärkten seit 1989 so häufig die Rede war und die viele schon in Händen zu haben glaubten, dürfte daher ausfallen oder nur sehr spärlich »ausgeschüttet« werden.

Das massive militärische Engagement, das die Vereinigten Staaten von Amerika im Mittleren Osten eingegangen sind, konnte von den Finanzmärkten nicht vorausgesehen werden. Aber es wird von den Märkten honoriert, denn es ist jedermann klar, daß nur das Eingreifen der Amerikaner noch weiter reichende Aggressionen am Golf und damit eine akute Gefährdung der Ölversorgung verhindert hat. Deshalb wird auch die internationale Diskussion über die amerikanischen Haushaltsdefizite und die von ihnen ausgehenden monetären Gefahren nicht mehr von den besserwisserischen Vorhaltungen und von der Häme bestimmt, die früher üblich waren und bisweilen peinlich aufgefallen sind.

Dennoch hat das Problem der amerikanischen Haushaltsdefizite 1990 derart an Gewicht gewonnen, wie es zunächst kaum jemand ahnte, und es wird wohl auf Jahre hinaus einen herausragenden Rang für die Entwicklung an den internationalen Finanzmärkten einnehmen.

Die Budgetsituation in Washington hat sich 1990 auf geradezu dramatische Weise verschlechtert. Im Laufe des Jahres zeigte sich nämlich, daß der Staat in weitaus größerem Maß bei der Sanierung der maroden Spar- und Darlehnsbanken (Savings & Loans) eintreten muß, als dies zunächst angenommen wurde. Ursprünglich war die Rede davon, daß die »ganze Affäre« über die Jahre verteilt vielleicht 50 Milliarden Dollar kosten würde. Inzwischen sind als seriös bezeichnete Berechnungen vorgelegt worden, die den Aufwand in den nächsten 30 Jahren auf 300 bis 500 Milliarden Dollar veranschlagen, und zwar ohne Berücksichtigung der Zinsen. Aber auch diese Prognosen werden schon wieder von neuen Aussagen in den Schatten gestellt, die die Kosten auf 800 bis 1000 Milliarden Dollar schätzen. Dabei müssen anfänglich sehr hohe Beträge fließen.

Dieses zunächst nicht erwartete Leck wird in den Haushalten der neunziger Jahre nach allgemeiner Ansicht nicht gestopft werden können, so daß wichtige Ressourcen, die zum Beispiel für die dringend erforderliche Sanierung der Infrastruktur in den Vereinigten Staaten nötig wären, nur bedingt und begrenzt zur Verfügung stehen dürften.

Es fügte sich sehr ungünstig, daß die unerwartet aufwendige Sanierung der amerikanischen Spar- und Darlehnsbanken mit einem deutlichen Rückgang des Wirtschaftswachstums in den Vereinigten Staaten zusammentraf. Erste konkrete Hinweise darauf gab es rückblickend bereits in der zweiten Hälfte des Jahres 1989, aber 1990 hat sich die Lage beständig verschlechtert.

Ökonomen gehen davon aus, daß im zweiten Quartal 1990 eine Rezession eingesetzt hat, deren Dauer und Tiefe durch die Hausse am Rohölmarkt unberechenbar geworden ist. Die flaue Konjunkturentwicklung hat die Steuereinnahmen der Regierung in Washington sinken lassen. So tat sich bereits für das Haushaltsjahr 1990 (Oktober 1989/

September 1990) ein Defizit auf, dessen Ausmaß alle Vorausberechnungen übertraf.
Weitaus schlimmer sieht es für das Fiskaljahr 1991 aus. Trotz der Erhöhung mancher Steuern und der Senkung gewisser Ausgaben steht nach Meinung von Experten zu erwarten, daß der Fehlbetrag 1991 bei mehr als 250 Milliarden Dollar liegen und damit einen neuen Rekord erreichen wird. Und dabei, so meinen kritische Stimmen, sind noch eine recht optimistische Einschätzung der Konjunkturentwicklung und damit auch der Steuereinnahmen sowie ein unrealistisch niedriger Durchschnittszins für die Bedienung der vorhandenen und noch entstehenden Staatsschulden zugrunde gelegt worden. Auch die Kosten für das militärische Engagement im Mittleren Osten seien nur unzureichend angesetzt, heißt es, aber hier herrscht die Erwartung vor, daß sich die Industrieländer letztlich in den finanziellen Aufwand teilen. In diesem Zusammenhang ist daran zu erinnern, daß die offizielle Verschuldung während des Fiskaljahres 1990 von rund 3 Billionen (3 000 000 000 000) Dollar auf knapp 3,2 Billionen Dollar gestiegen ist und daß die Regierung in Washington für das Haushaltsjahr 1991 eine gesetzliche Verschuldungsobergrenze von rund 3,51 Billionen Dollar anstrebt.

Die unabänderlich vorgezeichneten Haushaltsdefizite werfen die Frage auf, wie sie finanziert werden können. Ursprünglich, als sich die Berechnungen der Fehlbeträge noch in überschaubaren Grenzen hielten, hatten Analytiker die Auffassung geäußert, das Sparaufkommen in den Vereinigten Staaten wachse durch verändertes Konsumverhalten und wegen des hohen Beschäftigungsstands so kräftig, daß die Haushaltsdefizite künftig aus dem Binnenland heraus finanziert werden könnten. Dieses Thema war aufgekommen, als sich im Herbst 1989 die politische und wirtschaftliche Öffnung Osteuropas und der Sowjetunion abzeichnete und erste vage Berechnungen über die Kosten der Sanierung dieser Länder auftauchten. Es wurde klar, daß vor allem Deutschland der Welt auf zunächst unabsehbare Zeit nicht mehr als Kapitalexporteur zur Verfügung stehen würde. Zuvor waren Zweifel daran aufgekommen, ob es Japan in Zukunft möglich sein würde, seine Kapitalexporte in bisheriger Höhe aufrecht zu erhalten. Mit der Öffnung Osteuropas und der Sowjetunion wurde klar, daß das dünner fließende japanische Kapital auch in diese Länder gelangen würde.»Unter dem Strich« ergibt sich aus dieser Entwicklung, den konjunkturell bedingt wohl stagnierenden Einkommen in den Vereinigten Staaten und dem unerwarteten Empor-

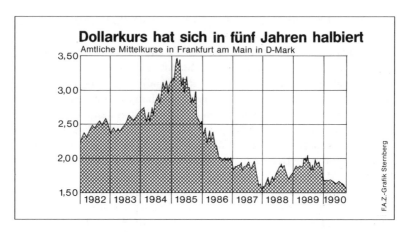

schnellen der Haushaltsdefizite dort, daß es für die Regierung in Washington sehr schwierig werden wird, ihre Defizite zu finanzieren.

Grundsätzlich könnten amerikanische Haushaltsdefizite in einer Höhe von 250 oder sogar 300 Milliarden Dollar finanziert werden, aber dies würde voraussetzen, daß der »Preis stimmt«, also ein angemessener, im internationalen Vergleich attraktiver Zins geboten wird. Diese Bedingung ist angesichts der in der ganzen Welt beträchtlich gesunkenen Liquidität sowie des in Osteuropa und in der Sowjetunion neu entstandenen Kapitalbedarfs von herausragender Bedeutung. Das Schatzamt in Washington müßte Zinsen bieten, die den internationalen Kapitalfluß in die Vereinigten Staaten und damit auch in den amerikanischen Dollar lenken. Als fatal wird nun aber der Umstand bezeichnet, daß die Zinsen, die das Schatzamt bei der Deckung des staatlichen Finanzbedarfs zahlen muß, nicht isoliert dastehen, sondern daß sie unmittelbar Maßstäbe auch für die amerikanische Wirtschaft setzen würden. Diese aber könnte in ihrer gegenwärtigen und auch über weite Strecken des Jahres 1991 zu erwartenden schwachen Verfassung reale Zinsen von internationaler Wettbewerbsfähigkeit nicht aushalten, sondern sie würde wohl immer tiefer in die Rezession abgleiten. Amerikanische Analytiker scheuen sich nicht, von einer möglichen Depression zu sprechen.

Eine andere, aber wohl nur bedingt praktikable Möglichkeit besteht darin, daß die amerikanische Notenbank in Abstimmung mit der Regierung in Washington und den anderen führenden Industrieländern den Kurs des Dollar ungehindert sinken läßt. Dies hätte den Vorteil, daß die amerikanische Exportwirtschaft Wettbewerbsvorteile am Weltmarkt gewinnt oder weiter ausbauen könnte und auf diese Weise von einem konjunkturellen Niedergang verschont bliebe. Günstig wäre dies auch für die amerikanische Handelsbilanz, die sich 1990 zunächst tendenziell beträchtlich gebessert hat, aber wegen des steil gestiegenen Ölpreises seit dem Sommer doch wieder tief in die »roten Zahlen« abgeglitten ist.

Auf irgendeinem noch nicht bestimmbaren Niveau, das wohl mit der »Schmerzgrenze« der Exportwirtschaft der anderen Industrieländer identisch wäre, müßten dann massive Interventionen zu Gunsten des Dollar einsetzen. Die stützenden ausländischen Zentralbanken würden zu diesem Zweck Dollar in Form vor allem von Schatzwechseln der Regierung in Washington kaufen und auf diesem Wege nicht nur die amerikanische Währung stützen, sondern auch deren Haushaltsdefizit mitfinanzieren.

Jedenfalls harren Analytiker aller Schritte und womöglich auch Winkelzüge, die zur Deckung des amerikanischen Haushaltsdefizits 1991 unternommen werden, mit großer Spannung und auch unverkennbarer Besorgnis. Es wird kein rein amerikanisches Problem sein, eine für die Finanzmärkte akzeptable Lösung zu finden. Die Sachzwänge verbieten es der Notenbank in Washington zudem, die Zinsen massiv und dauerhaft zu senken, um der eigenen Wirtschaft wieder auf die Beine zu helfen, weil sich sonst Abgründe für den Dollar auftäten. Im übrigen könnte die Notenbank ohnehin nur Einfluß auf die kurzfristigen Sätze nehmen, denn am sogenannten »langen Ende« des Zinsspektrums verfügt der Markt über die alleinige Autorität. Wenn man die Entwicklung der Renditen beziehungsweise der Kurse hier aufmerksam verfolgt und sie auch im Verhältnis zu den kurzfristigen Sätzen betrachtet, wird man Aufschluß über die Glaubwürdigkeit und den Erfolg der fiskalischen und der monetären Politik Washingtons erlangen.

Wenn es nur die amerikanischen Haushaltsprobleme und die ihr entspringenden vielschichtigen Schwierigkeiten wären, die die internationalen Finanzmärkte belasten und unberechenbaren Gefahren aussetzen, könnte man dem Jahr 1991 noch einigermaßen gelassen entgegensehen. Immerhin bestünde Aussicht darauf, daß die seit Mitte der achtziger Jahre auf enge Kooperation eingestellten führenden Notenbanken Wege finden, um mögliche Schäden zu begrenzen. Zusätzliche Belastungen drohen jedoch unverändert von der notdürftig geflickten, aber noch nicht endgültig bereinigten Schuldenkrise der Länder der »Dritten

Welt«. Sie kann wieder aufflammen, wenn der Ölpreis nur lange genug auf hohem Niveau bleibt, denn diese Länder müßten dann mühsam erwirtschaftete Devisen, die eigentlich für den Schuldendienst vorgesehen sind, zur Begleichung ihrer steil gestiegenen »Ölrechnung« verwenden. Oder sie müßten ihre Öleinfuhren drosseln und könnten dann ihre wirtschaftlichen Pläne, die nicht nur der Entwicklung ihrer Länder und dem Unterhalt ihrer Bevölkerung, sondern auch dem Erzielen von Devisen zur Begleichung ihrer Schulden dienen, nicht weiterverfolgen. Bedrohlich wäre für diese Länder auch eine beträchtliche Abschwächung der Weltwirtschaft, die die ausländische Nachfrage nach ihren Erzeugnissen schrumpfen ließe.

Zu den Hauptleidtragenden würden jene Banken zählen, die noch nicht ausreichend Vorsorge für Kreditausfälle in dieser Schuldnergruppe gesorgt haben. Es handelt sich unglücklicherweise besonders um amerikanische Institute, die inzwischen auch an anderen Fronten in Bedrängnis geraten sind. Hier ist vor allem der Immobiliensektor zu nennen, in dem sich die Lage 1990 wegen der hohen Zinsen weiter zugespitzt hat. Der Umfang der Kredite, die amerikanische Banken für den Erwerb und die weitere Entwicklung von Immobilien vergeben haben und die notleidend geworden sind, steigt beständig. Zwangsverkäufe wegen Zahlungsunfähigkeit der Schuldner und/oder wegen der im Wert schrumpfenden Sicherungsgrundlage nehmen zu und drohen zu einer unkontrollierbar nach unten gerichteten Spirale zu werden, ein deflationsträchtiges Moment, das nach Meinung nicht weniger Beobachter an Breitenwirkung gewinnt. Hinzu kommt, daß sich angesichts der Entwicklung der Konjunktur in den Vereinigten Staaten die Konkurse in der Wirtschaft mehren und daß die Banken auch hier Rückstellungen für Kreditausfälle vornehmen müssen. In diesem Zusammenhang nimmt auch das Problem der sogenannten »Junk Bonds« (Ramsch-Anleihen) in zahlreichen Fällen brisante Formen an. Von dieser im Zuge von Exzessen in den achtziger Jahren entstandenen Abart von Obligationen sind noch immer Titel im Wert von rund 200 Milliarden Dollar in Umlauf. Sie befinden sich zu einem beträchtlichen Teil in den Portefeuilles von Banken.

Führende amerikanische Institute müssen angesichts dieser Umstände zusehen, wie ihre Eigenkapitalbasis schwindet und damit ihr Bewegungsspielraum bei der Vergabe neuer Kredite schrumpft. Hinzu kommt, daß auch die amerikanische Bankenaufsicht das Geschäftsgebaren der Institute inzwischen mit strengerer Elle mißt. Mit der Schließung von Niederlassungen, dem Abbau von Personal und nicht zuletzt auch dem Verkauf von Vermögenswerten wie Gebäuden, versuchen amerikanische Banken Kosten zu senken und sich liquide Mittel zu verschaffen.

Als besonders gefährlich wird in der gegenwärtigen Konjunkturlage das außerordentlich vorsichtige Vorgehen der Institute bei der Vergabe neuer Kredite bezeichnet. Auch die Notenbank in Washington befürchtet, daß viele Unternehmen und Privatleute, die gerade in dieser Zeit Kredite benötigen und auch über eine hinreichende Bonität verfügen, nicht zum Zuge kommen und daß dies unübersehbare Folgen für die allgemeine Wirtschaftsentwicklung haben könnte.

Die Notenbank in Washington hat schon vor geraumer Zeit zu erkennen gegeben, daß sie die Lage auch zahlreicher amerikanischer Großbanken mit Besorgnis verfolgt. Im Frühjahr 1990 wurde aus Kreisen der Führung der Notenbank bekannt, daß Planspiele mit dem Ziel vorgenommen worden seien, die Folgen zu ergründen, die sich aus dem Untergang eines bedeutenden Instituts für das gesamte amerikanische Finanzsystem ergäben. Zu jener Zeit wurde offen darüber diskutiert, ob die Notenbank denn wirklich immer eingreifen müsse, wenn ein bedeutendes Institut in Schwierigkeiten gerät. Anscheinend sollten die Banken dies als Warnung verstehen und sich darauf einstellen, daß die Notenbank irgendwann einmal kein rettendes Netz mehr spannt, wenn es in der Kreditwirtschaft zu akuten, letztlich selbstverschuldeten Schwierigkeiten kommen sollte. Doch die Chance, ein solches Exempel ohne das Risiko eines unkontrollierbaren Flächenbrandes zu statuieren, besteht nach dem Urteil von Analytikern nicht mehr. Dafür hätten sich die Schwierigkeiten schon viel zu weit ausgebreitet, heißt es.

Blickt man nach Japan, so findet man die Schwierigkeiten, in denen sich amerikanische Banken befinden, in ähnlicher Form und mit häufig vergleichbaren Ursachen auch bei Instituten dort wieder. Auch in Japan spielen Immobilien eine Schlüsselrolle bei der Frage, ob den Instituten eine Insolvenzwelle mit Folgen, die weit über das Land hinausgreifen würden, bevorsteht. Die japanischen Großbanken sind nach dem Urteil von Analytikern weit weniger gefährdet als mittlere und kleine Institute. Letztere sollen im Durchschnitt etwa 60 Prozent ihrer Kredite im Immobilienbereich vergeben haben, während dieser Anteil bei führenden Banken angeblich nur rund 25 Prozent beträgt. Dafür haben sich die Großbanken weit mehr bei der Finanzierung von Unternehmensbeteiligungen im In- und Ausland (auch »Junk Bonds«) sowie mit Krediten an die Länder der »Dritten Welt« engagiert. Der Sturz der Aktienkurse in Tokio und der zu spürende, von der Regierung dort auch gewollte Rückgang der Immobilienpreise in Japan zehrt zunehmend an der Substanz der Banken. Immerhin sind die Schwierigkeiten so weit herangewachsen, daß die Bank für Internationalen Zahlungsausgleich 1990 auf eine Erhöhung der Eigenkapitalbasis japanischer Institute gedrängt hat. In dieser Frage mußte vorläufig ein Kompromiß herhalten, denn angesichts der gegebenen Umstände am japanischen und am internationalen Kapitalmarkt war und ist es den betroffenen Banken zunächst nicht möglich, ihr Eigenkapital im erforderlichen Umfang aufzustocken.

Das Zusammentreffen der Schwierigkeiten bei amerikanischen und bei japanischen Banken in einem allgemeinwirtschaftlichen Umfeld, das wegen des steil gestiegenen Ölpreises unberechenbar geworden ist, gilt nach dem Urteil von Fachleuten als sehr besorgniserregend für die internationalen Finanzmärkte in ihrer ganzen Breite. Es sind zwar immer wieder Stimmen zu hören, die verkünden, daß die Verhältnisse in Japan mit tatkräftiger Hilfe der Regierung wieder in geordnete Bahnen gelenkt werden können, aber dies würde Jahre beanspruchen. Eine »Mogelpackung«, die die bestehenden Schwierigkeiten vorübergehend zurückdrängt oder verdeckt, wäre nach Meinung kritischer Beobachter besonders gefährlich. Sie ließe die Wachsamkeit schwinden und wieder Sorglosigkeit entstehen, und beim nächsten konjunkturellen oder monetären Hindernis würden die Probleme wohl mit um so stärkerer Wucht ausbrechen.

Unter diesen Umständen sind die Einbindung des Pfund Sterling in das Europäische Währungssystem, die im Oktober 1990 stattfand, und die Bemühungen, die Schaffung des Europäischen Binnenmarktes voranzutreiben, für europäische Anleger von besonderer Bedeutung. Der Block der europäischen Währungen kann Sturmwellen, die von außen kommen, abfedern, und der Binnenmarkt dürfte ausreichend Ressourcen schaffen, um die Einflüsse möglicher widriger Entwicklungen in Übersee mit der eigenen vereinten Wirtschaftskraft wenigstens zu mildern. Die Skeptiker, die an der internationalen Währungsfront und bei der allgemeinen Solvenz große Gefahren heraufziehen sehen, räumen ein, daß die Verhältnisse auf eine gewisse Isolation Europas hinauslaufen könnten, doch betonen sie, daß eine Abschottung dann zum eigenen Schutz von außen aufgezwungen würde.

Ernüchterung an den internationalen Aktienmärkten

Vor allem Zinssteigerungen haben die Aktienkurse gebremst

Der Beginn der neunziger Jahre hat an vielen Aktienmärkten zunächst große Erwartungen geweckt. Allein der Umstand, daß sich Osteuropa und die Sowjetunion in einer früher für nicht denkbar gehaltenen Geschwindigkeit politisch öffneten und damit auch völlig neue wirtschaftliche Perspektiven entstehen ließen, warf in den ersten Monaten des Jahres 1990 alle zuvor gestellten Prognosen wegen der neuen, in ihren Dimensionen grenzenlos erscheinenden haussetrüchtigen Aspekte um. Neue, ergänzte Prognosen fielen noch optimistischer aus. Die Börsen zogen zunächst auch mit.

Aber inzwischen weiß man, daß jene Euphorie die Kurse nach oben getrieben hat, die, unabhängig vom jeweiligen Anlaß, gnadenlos das Ende zyklischer Haussebewegungen markiert. Als Anfang August mit dem Einmarsch des Irak nach Kuweit die gefährliche Krise im Mittleren Osten ausbrach, hatten die Börsen bereits die Flügel hängen lassen. Der Krise die eigentliche Schuld an der Baisse zuzuschreiben, wagt niemand, der ernstgenommen werden will. Sie war nach herrschender Meinung nur der Auslöser für einen ungewöhnlich steilen Kursverfall, der auch ohne sie eingetreten, aber wohl nicht so vehement verlaufen wäre. Dieses Urteil bedeutet nicht, daß irgendjemand diese Krise politisch, militärisch oder wirtschaftlich auf die leichte Schulter nehmen wollte, aber es führt kein Weg an der Erkenntnis vorbei, daß sich die meisten Aktienmärkte schon vor der Annexion Kuweits reif für einen zyklischen Abschwung zeigten.

Vor allem in Westeuropa kehrte nach der ersten Euphorie über die Öffnung des Ostens langsam jene Ernüchterung ein, die kritische Beobachter schon frühzeitig angemahnt hatten. Mit jedem verstreichenden Monat wurde deutlicher, daß »Unmengen« an Kapital benötigt würden, um den wirtschaftlichen Umbau Osteuropas in Angriff nehmen zu können. Die Ernüchterung wurde entscheidend auch durch die internationale Zinsentwicklung beschleunigt, denn die führenden Zentralbanken mußten in dieser Phase mit einer restriktiven Geldpolitik und der Erhöhung der Schlüsselzinsen gegen die seinerzeit noch florierende, ja zum Teil zum Ausufern neigende Konjunktur angehen. Die Zinsen dürften es letztlich gewesen sein, die den Kurssteigerungen an den Aktienbörsen im Laufe des Frühjahrs und zu Beginn des Sommers den Garaus machten. Es war wie immer in solchen Situationen: Die Anleger begannen zu rechnen, und sie mußten feststellen, daß sichere 8 bis 9 Prozent Rendite aus Anleihen der höchst fragwürdigen Chance weiterer nennenswerter Kurssteigerungen bei den Aktien mit ohnehin sehr niedrig gewordener Dividendenrendite gegenüberstanden.

Bei allem, was die Aktienmärkte an Gemeinsamkeiten hatten und was bei einer allgemeinen Beurteilung »vor die Klammer« gezogen werden kann, sind die einzelnen Börsen vor dem Umschwung zur Zeit der Jahresmitte doch in unterschiedlichem Tritt marschiert. Erst die Baisse hat sie wieder in eine Art Gleichschritt gebracht.

Ein Unterschied, der ins Auge stach, ist die Enge und die geringe Transparenz gewesen, die vor allem einige kontinentaleuropäische Börsen während des Kursverfalls zeigten, Börsen, die zuvor den Eindruck erweckt hatten, sie hätten sich zu hochprofessionellen Märkten gemausert. In den Augen mancher international tätiger Investmenthäuser und institutioneller Anleger haben diese Börsen dann aber doch ihre Provinzialität nicht mehr verbergen können. Dieses Urteil kann vor allem für jene Märkte, die nur mit Hilfe reger ausländischer Anteilnahme auf Touren zu bringen sind, sehr ungünstige Folgen haben. Bei der Gewichtung von Engagements oder der strategischen Verteilung des zur Verfügung stehenden Kapitals werden nämlich Investoren, die so denken, diesen Märkten künftig wohl nicht mehr die erhoffte Beachtung schenken.

Zu erwähnen ist auch eine asiatische Spezialität. Diese alles in allem jungen Börsen, die noch nicht völlig von den Fesseln staatlicher Beschränkungen befreit sind, haben durchweg excessive Aufwärtsbewegungen hinter sich, die jenen, die geschickt zu operieren vermochten, ungewöhnlich hohe Gewinne brachten. Doch auf den Exzeß während der Hausse folgt nach den Gesetzmäßigkeiten der Börse ein Baisse-Exzeß, der im Laufe des Jahres 1990 tatsächlich auch schon in dem einen oder anderen Markt dieser Region festgestellt werden konnte.

In Seoul nahm es seinen Anfang, als enttäuschte Anleger die Büros von Brokern stürmten, um ihre Entrüstung über die Kursverluste am südkoreanischen Aktienmarkt zu demonstrieren. Da die Proteste zu Unruhen auszuufern drohten, schritt der Staat ein und verfügte die

Zwangsverpflichtung von Investmentfonds zum gezielten Kauf besonders kursgefährdeter Papiere.

Auch in Japan hat die vehemente Baisse die Regierung auf den Plan gerufen. Es wurden »Notbremsen« mit angeblich unabhängigen Systemen installiert, die einen unkontrollierten Kursverfall verhindern oder doch wenigstens entscheidend abfedern sollen. Die Regierung in Tokio forderte die Unternehmen des Landes zudem auf, höhere Dividenden auszuschütten, um die Anleger »bei der Stange« zu halten. Auch auf Taiwan wurden im Herbst 1990 erste Versuche unternommen, die Regierung zur Mitwirkung am Bau von finanziellen »Krücken« für die besonders stark gebeutelte Börse in Taipeh zu gewinnen.

Ganz allgemein läßt sich feststellen, daß an den hochentwickelten abendländischen Aktienmärkten seit dem Ende der Hausse der Gesichtspunkt der Dividendenrendite im Verhältnis zur Rendite festverzinslicher Papiere von wenigstens mittlerer Laufzeit eine wichtige Rolle bei der Analyse spielt. Dies gilt besonders für die Londoner Börse, aber auch am amerikanischen Aktienmarkt ist der Renditegesichtspunkt mit der Zeit immer stärker in den Mittelpunkt gerückt. Die Kalkulierbarkeit oder »Sicherheit« der Unternehmensgewinne und damit auch die Zuverlässigkeit der Dividenden haben gegenüber den zuvor bevorzugten Wachstumsaspekten deutlich an Rang gewonnen. Dies stellt eine klare Verlagerung des Interesses von der Quantität zur Qualität dar, eine Beobachtung, die vielleicht zeigt, daß die Anleger die Lektion der zurückliegenden Kursverluste und deren Ursachen zu verstehen beginnen.

Bemerkenswert erscheint in diesem Zusammenhang, daß die fundamental orientierten Analytiker in Kontinentaleuropa bis in den Herbst 1990 hinein nur in Ausnahmefällen darangegangen sind, ihre bisherigen Prognosen über die Unternehmensgewinne für die Jahre 1990 und 1991 nach unten zu revidieren. Dabei hatten sich zumindest die makroökonomischen Bedingungen bis zu diesem Zeitpunkt derart stark verändert, daß Neuberechnungen und damit eine Neubewertung der Börsenkurse fällig gewesen wären. Die erforderliche Anpassung, die die Märkte mit gesunkenen Kursen auf ihre Weise bereits vorgenommen haben, wird aber kommen. Daher ist es für Anleger nicht ungefährlich, heute noch mit analytischen Daten von gestern zu arbeiten und dabei vielleicht zu dem Schluß zu gelangen, die eine oder andere Aktie sei kraß unterbewertet.

Prognosen über die Entwicklung der bedeutenden Börsen im Jahre 1991 müssen nach einhelliger Ansicht unter dem Vorbehalt stehen, daß ein Krieg im Mittleren Osten mit schweren Behinderungen der Ölförderung ausbleibt. Als weitere Voraussetzung nennen manche amerikanische und britische Analytiker, daß der Preis für Rohöl nicht längere Zeit über der Marke von 50 Dollar je Faß verharren darf. Warum gerade dieser Punkt gewählt wurde, ist nicht zu erkennen; aber es wird behauptet, die Weltwirtschaft könne bis zu einem solchen Preis einigermaßen über die Runden kommen, ohne in eine tiefe Rezession oder vielleicht sogar Depression abzugleiten. Aber auch dazu drängen sich Fragen auf, denn ein solcher Preis ist zum Beispiel für die deutsche Wirtschaft wegen des gesunkenen Dollarkurses ein ganz anderer, nämlich relativ noch günstigerer Kostenfaktor als für die amerikanische.

Nicht wenige Analytiker erklären, daß schon im Laufe des Jahres 1990 einige Volkswirtschaften der Welt auch ohne den steilen Anstieg des Ölpreises in eine Lage geraten seien, die sie an den Rand einer mittelschweren Rezession gebracht habe.

Hier nennt man die Vereinigten Staaten von Amerika, Kanada, Großbritannien und Australien sowie einige asiatische Länder, die von der stark geschrumpften Liquidität in Japan in Mitleidenschaft gezogen werden. Und in Japan selbst, von wo noch im Herbst 1990 ausgezeichnete Konjunkturdaten gemeldet wurden, bahnen sich nach der Überzeugung nicht weniger Analytiker wegen der als höchst fragil bezeichneten Situation mancher Banken und der erheblich erschwerten Bedingungen für die Kapitalbeschaffung der Unternehmen konjunkturelle Probleme an.

Eine nachhaltige Besserung der Börsenbedingungen in den bedeutenderen Industrieländern ist nach allgemeiner Auffassung nicht zu erwarten, solange die internationalen Zinsmärkte im Zeichen der Anspannung stehen. Daß sich hier eine baldige und dann auch dauerhafte Linderung anbahnt, bezweifeln viele Experten. Immer wieder taucht das Argument auf, nach einem niemals nennenswert unterbrochenen wirtschaftlichen Wachstum von acht Jahren Dauer in den meisten bedeutenden Volkswirtschaften seien Verwerfungen und Exzesse aufgetreten, die entweder durch eine scharfe monetäre Bremsung und dadurch ausgelöste Rezession recht rasch oder durch eine »Stotterbremsung« über einen längeren Zeitraum hin wieder bereinigt werden könnten. Unter den gegebenen schweren wirtschaftlichen und monetären Belastungen sei es an sich schon kaum vorstellbar, daß das internationale Zinsniveau bald wesentlich sinkt. Erschwerend komme der massiv wachsende Kapitalbedarf für den Wiederaufbau der Wirtschaft in Osteuropa und in der Sowjetunion hinzu. So werden die Aktienbörsen der Welt wohl noch eine Weile auf die Liquidität warten müssen, die sie wieder flottmachen könnte. Oder die Kurse müssen so weit zurückfallen, daß sich der Kauf von Aktien unter dem Gesichtspunkt der Gesamtrendite (Chancen für Kurssteigerungen plus Dividende) eine Zeitlang eher lohnt als Engagements in Festverzinslichen oder sogar Direktinvestitionen in konkrete Projekte.

Damit stellt sich nach Meinung von Analytikern unvermittelt die Frage, ob 1991 und vielleicht noch danach mit einer allgemeinen Börsenflaute gerechnet werden muß, die erst dann einem neuen Aufschwung weicht, wenn die fundamentalen Eckwerte »nachgewachsen« sind und wieder Kursspielraum eröffnen. Oder ob neue »Ausverkäufe« die Aktienkurse schon bald auf ein Niveau drücken, das eine exzessive »Unterbewertung« anzeigt. Letzteres wäre nach der »Pendeltheorie« plausibel. Sie sagt, daß das Pendel nach einer exzessiven »Überbewertung« zwangsläufig ins Gegenteil umschlägt. Die Behauptung, Aktien seien nach den zurückliegenden Kursverlusten schon jetzt rund um den Erdball exzessiv unterbewertet, schien im Herbst 1990 keine seriöse Quelle ohne Einschränkungen behaupten zu wollen.

Auf der technischen Seite der Börsen verlangen einschlägig orientierte Analytiker eine Kapitulation der alten Haussiers-Garde, bevor eine neue ihre Chance erhalten kann. Was bisher an »Ausverkäufen« stattgefunden habe, reiche noch nicht aus, um auch die börsentechnischen Exzesse der vergangenen Jahre zu bereinigen, heißt es in diesem Lager. Dabei denkt man vor allem an den amerikanischen und an den japanischen Aktienmarkt, aber auch an die meisten asiatischen und an einige kontinentaleuropäische Börsen.

Fast überall hätten sich seit dem Beginn der Baisse im Frühjahr beziehungsweise Sommer 1990 kleine Privatanleger immer wieder hoffnungsvoll in den Ring gewagt, weil, wie sie glaubten oder wie ihnen eingeredet wurde, Aktien nun »spottbillig« und damit unbedingt kaufenswert seien, heißt es. Dies ist nicht die Haltung, die man aller Erfahrung nach am Ende einer Baisse vorfindet, stellen skeptische »Techniker« fest. Im übrigen hätten die meisten Börsen überhaupt noch nicht bewiesen, wie sie mit wirklichen, also noch nicht bekannten und damit nicht schon in den Kursen eskomptierten Katastrophennachrichten aus der Wirtschaft fertigwerden können.

Dieses düster gezeichnete Bild läßt aber die Möglichkeit offen, daß es durchaus zu ansehnlichen Zwischenerholungen kommen kann, wenn die eine oder andere Börse technisch dafür reif ist und/oder wenn sich einmal positive Überraschungen einstellen sollten. Vor dem geschilderten Hintergrund ist häufig der Rat zu hören, steigende Kurse auch in Zukunft grundsätzlich zum Abbau noch bestehender Engagements zu nutzen.

In Amerika kam die Baisse auf leisen Sohlen

In Wall Street – wie die führende amerikanische Börse, die New York Stock Exchange, wegen ihrer Lage in dieser Straße im Finanzzentrum Manhattans gerne genannt wird – hat die langjährige Hausse bereits im Sommer 1989 ihren zyklischen Gipfel überschritten, wenn man es genau nimmt. Die Baisse kam, wie es häufig der Fall ist, auf leisen Sohlen aus der Breite des amerikanischen Aktienmarktes und hatte die Kurse dort bis zum Juli 1990, als schließlich auch die »Blue Chips« (führende Standardaktien) zu kippen begannen, im Durchschnitt bereits um mehr als 25 Prozent gedrückt.

Mit dem Einbruch der »Blue Chips« und einer Reihe von Wachstumswerten wurde eine Hausse endgültig besiegelt, die nach Meinung vieler Analytiker bis ins Jahr 1982 zurückreichte und eine durchschnittliche Gesamtrendite (Kurssteigerungen plus Dividenden) von jährlich rund 17 Prozent gebracht hatte. Andere verlegen den Beginn der als »epochal« bezeichneten Hausse sogar in den Dezember 1974 zurück, als der Dow-Jones-Durchschnittskurs für Industriewerte (Dow-Jones-Index) nach einem schweren, von der ersten Ölkrise begleiteten Desaster bei 577,60 Punkten angelangt war und dann nach oben abdrehte. 1976 und 1981 hatte er Berührung mit der Marke von 1000 Punkten, vermochte sich dort jedoch nicht zu etablieren. Der Anlauf zur großen Hausse der achtziger Jahre dauerte also von 1974 bis 1982. Dann kam der große Sprung, der den Dow Jones im Juli 1990 bis zur Marke von 3000 Punkten trug. Es gab nur eine erwähnenswerte Unterbrechung. Das war der »Crash« vom Oktober 1987, der in den Augen vieler Kommentatoren rückblickend überhaupt keine Bedeutung hatte, weil die Kurse danach behend wieder zu steigen begannen, als wäre nichts geschehen.

Ernüchterung an den internationalen Aktienmärkten 37

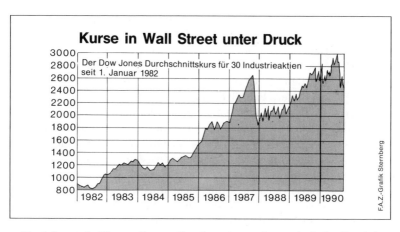

Noch heute heißt es, dieser »Crash« sei nur eine technische Reaktion auf überschäumende Spekulation und damit eine Warnung vor Exzessen gewesen, die man in Wall Street auch richtig verstanden habe. Tatsache ist, daß dieses Ereignis keinen fundamentalen Hintergrund hatte, denn die amerikanische Wirtschaft ist danach solide weitergewachsen.

Der »Crash« markierte nur den Beginn des Niedergangs im amerikanischen Finanzsektor, der sich seither in einer weit über die Vereinigten Staaten hinausgehenden Rezession, auch Ausleseprozeß genannt, befindet. Je weiter die Aktienkurse dann gestiegen sind, desto weiter haben sie sich von der real existierenden amerikanischen Wirtschaft entfernt. Zuletzt wurden ausgewählte Aktien fast nur noch mit der Begründung zum Kauf empfohlen, sie repräsentierten solide Werte oder Bilanzen und Wachstum, seien also überhaupt nicht oder kaum gefährdet, wenn sich ein konjunktureller Abschwung einstellen werde.

Wer daran glaubte, kaufte diese Papiere zu Höchstkursen. Wer daran zweifelte oder es sogar besser wußte, verkaufte sie zu optimalen Bedingungen. Das war im Juli 1990. Seither befinden sich amerikanische Aktien ganz allgemein in »schwachen« Händen, nämlich in den Händen jener, die noch Chancen sehen. Zuerst waren es für diese Anleger kurzfristige Chancen, die zum Kauf reizten. Seit die Kurse ins Trudeln geraten sind, deuten die Anleger diese Engagements in frommem Selbstbetrug zu langfristigen Positionen um. Dies wird nach Meinung erfahrener Analytiker so lange dauern, bis sich Hoffnungslosigkeit ausbreitet und Panik aufkommt, der Selbstbetrug also mit Kapitulation endet.

Zunächst hatten weitsichtigere Börsianer vor allem im technisch orientierten Lager angenommen, noch das Jahr 1990 werde den entscheidenden »Ausverkauf« und damit die Voraussetzungen für den Beginn einer neuen Haussephase bescheren. Seit dem Ausbruch der Krise im Mittleren Osten und den ins Uferlose wuchernden Haushaltsproblemen in Washington ist dieser »Fahrplan« für Wall Street jedoch von der fundamentalen Seite her gründlich durcheinandergeraten.

Es gilt inzwischen als sicher, daß sich die amerikanische Wirtschaft seit dem zweiten Quartal 1990 in einer sich tendenziell verschärfenden Rezession befindet, die die Unternehmensgewinne erheblich sinken lassen wird. Optimisten glauben, daß frühestens Mitte 1991 ein neuer Aufschwung einsetzen kann. Ein nachhaltiger Rückgang der Zinsen erscheint sehr fraglich, da im Fiskaljahr 1991 (Oktober 1990/September 1991) mit einem Haushaltsdefizit in der Rekordhöhe von 300 Milliarden Dollar gerechnet werden muß. Dies übersteigt nach wohl herrschender Ansicht die aus dem Binnenland heraus zu mobilisierende Finanzierungskraft. Um den Ausgleich im Haushalt zu schaffen, muß über attraktiv hohe reale Zinsen ausländisches Kapital angelockt werden, das aber aus zahlreichen gewichtigen Gründen auch nicht mehr im früher gewohnten Umfang zur Verfügung steht.

Doch selbst wenn es gelingen sollte, das Haushaltsdefizit 1991 ohne weitere Zinssteigerungen zu finanzieren, sind die anderen in den Vereinigten Staaten entstandenen Probleme noch längst nicht vom Tisch. Dazu gehört die sich unter anderem wegen der Rezession noch zuspitzende krisenhafte Entwicklung bei den amerikanischen Banken aller »Klassen«. Auch das Problem der »Junk Bonds« (Ramsch-Anleihen) ist alles andere als gelöst. Die Immobilienkrise, die mit ein wesentlicher Grund für die schwierige Lage der Banken ist, harrt ebenfalls einer Lösung. Nicht zuletzt halten Experten eine »Schuldenliquidation« bei den Konsumenten und bei den Unternehmen für unabdingbar, bevor ein neuer und solider konjunktureller Aufschwung beginnen kann.

Zahlen, die im Herbst 1990 vorgelegt wurden, zeigten, daß Verbindlichkeiten aus Ratenkäufen knapp 20 Prozent des verfügbaren Monatseinkommens der Verbraucher aufzehrten, und der Zinsaufwand der Unternehmen vertilgte durchschnittlich knapp 30 Prozent des »Cash Flow«. Diese Werte lassen eine gesunde Erholung der amerikanischen Wirtschaft nicht zu, meinen Ökonomen. Vor einer solchen Erholung stehe die Kapitulation der am stärksten belasteten Verbraucher und der am höchsten verschuldeten Unternehmen, womöglich verbunden mit einer akuten Bankenkrise, heißt es im Lager der Skeptiker, die sich davon überzeugt geben, daß der amerikanische Aktienmarkt eine solche Entwicklung Ende 1990 noch lange nicht in den Kursen berücksichtigt hatte.

Es gibt Stellungnahmen über das mögliche Ausmaß der Baisse, die in Wall Street nach Ansicht der Pessimisten noch bevorsteht. Die einen glauben, daß der Dow Jones für Industriewerte im Bereich zwischen 2200 und 2100 Punkten den »Boden« bilden wird, der zur Ausgangsbasis der nächsten zyklischen Hausse werden könnte. Andere stecken die Ziele tiefer. Ein führender Verfechter der »Dow Theory«, die über längere Zeiträume hin immer wieder eindrucksvolle Ergebnisse vorweisen konnte, sieht den Dow Jones auf 1780 oder sogar 1650 Punkte fallen, und er will hypothetisch nicht ausschließen, daß der Terraingewinn der gesamten Hausse der Jahre 1974 bis 1990 vernichtet werden könnte.

Die »ewige Hausse« in Japan fand ein Ende

Mit der Jahreswende 1989/90 hat sich der japanische Aktienmarkt in die Riege der nach althergebrachten Regeln funktionierenden Börsen der Welt zurückgemeldet. Seither mußten Broker und Anleger in Tokio mühsam und auch schmerzhaft lernen, was Baisse bedeutet, denn japanische Aktien sind auf klassische Weise »abgestürzt«, und das Ende dieser Baisse ist nicht abzusehen.

In Tokio und an den anderen Börsen des Landes ist 1990 eine klassische Kapitulation der Anleger in Gang gekommen. Sie kann, wie abendländische Analytiker meinen, in diesem besonderen Fall zur Destruktion eines Aktienmarktes führen, an dem noch bis in die ersten Monate des Jahres 1990 hinein der Vision einer »ewigen Hausse« nicht widersprochen werden durfte, wenn man sich nicht dem Vorwurf der totalen Ignoranz aussetzen wollte. Zu dieser Zeit wagten aber kritische Analytiker vor allem amerikanischer und britischer Nationalität bereits die Voraussage, der Nikkei-Index könne auf 16 000, ja auf 12 000 Punkte fallen, bevor mit der Bildung eines soliden »Bodens« zu rechnen sei. Sie stützten sich dabei vor allem auf die Börsenbewertung von Unternehmen, aber auch auf die Renditedifferenz zwischen Festverzinslichen und Aktien. Die Werte, die hier Ende 1990 herrschten, lagen zwar deutlich

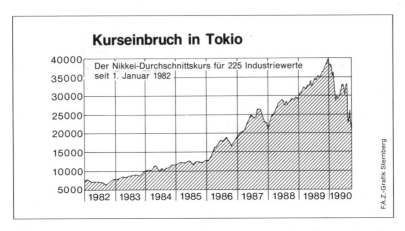

unter Spitzenpunkten, aber noch immer weit über dem internationalen Durchschnitt.

Ganz langsam erst scheinen selbst erfahrenere Anleger zu begreifen, was in Japan vor sich geht und wie es dazu kommen konnte, daß von diesem Finanzmarkt große Gefahren für die übrige Finanzwelt ausgehen. Dabei lag das »Strickmuster« der von der Regierung in Tokio mitinszenierten Hausse offen auf. Die enormen Überschüsse aus dem japanischen Außenhandel konnten in den achtziger Jahren über die Banken des Landes ungehindert zum Kauf von Immobilien und zum Erwerb von Beteiligungen an in- und ausländischen Unternehmen verwendet werden. In Japan wurden die bis dahin schon üblichen wechselseitigen Beteiligungen von Gesellschaften enorm ausgedehnt und verstärkt. Damit schrumpfte zunächst einmal das Angebot an frei verfügbaren Aktien, so daß weitere, oft gezielt vorgenommene Käufe von Brokern und anderen Anlegern die Kurse mühelos in astronomische Höhen treiben konnten. Die hohen Kurse vermittelten den Eindruck, als bestünden beste Aussichten auf weit überdurchschnittliches Wachstum, und das machte Kapitalerhöhungen, die Plazierung von Anleihen und anderen zum Teil hochspekulativen »Instrumenten« zu einem Kinderspiel.

Japanische Gesellschaften konnten sich auf diese Weise auch außerhalb des eigenen Landes Kapital zu so günstigen Bedingungen beschaffen, wie sie kaum einem Unternehmen anderer Nationalität geboten wurden. Und das aufgenommene Kapital wurde beileibe nicht nur für produktive Investitionen verwendet, sondern immer weiter auch zum Erwerb von

Beteiligungen an anderen Unternehmen und Immobilien sowie in der zweiten Hälfte der achtziger Jahre sogar zunehmend zu hochspekulativen Operationen an den Finanzmärkten. Die Bilanzierungsmethoden wurden vielfach so gewählt, daß die erworbenen Vermögenswerte jeweils den höchsten vertretbaren Stand aufwiesen. So kam es auch, daß auf der internationalen Liste der Banken mit den höchsten Bilanzsummen urplötzlich japanische Institute die ersten Ränge besetzten.

Das endete alles mit dem Zeitpunkt, als der japanische Yen besonders gegenüber dem amerikanischen Dollar weit zurückgefallen war und als die japanische Zentralbank mit einer restriktiven Geldpolitik sowie in der Folge auch mit Erhöhungen des Diskontsatzes reagieren mußte, um den starken Inflationstendenzen im Lande entgegenzusteuern. Die Teuerung ist übrigens nie zuverlässig in den einschlägigen Indizes zum Ausdruck gekommen, unter anderem, weil die Mieten im jeweiligen Warenkorb nicht vertreten oder mit einer unbedeutenden Gewichtung angesetzt waren. Wegen der restriktiven Geldpolitik ist die Liquidität der japanischen Finanzmärkte stark zurückgegangen, mit der Folge, daß den Verkaufswilligen nicht mehr ausreichend Kaufinteressenten gegenüberstanden, die die Kurse wenigstens stabil hätten halten können. Die von abendländischen Analytikern zum Teil als verwegen bezeichneten Bilanzierungsmethoden zahlreicher Banken und Unternehmen begannen nun wegen der sich mehrenden Kursverluste beziehungsweise Preisrückgänge Probleme aufzuwerfen. Wo Kapital ausgewiesen worden war, befand sich plötzlich nur noch »Luft«, die einer dringenden Verdrängung durch neues Kapital bedurfte. Das war aber im Gegensatz zu den vorausgegangenen Jahren nur noch zu vergleichsweise sehr ungünstigen Bedingungen zu erlangen.

Die Kettenreaktion blieb nicht aus: Japanische Unternehmen und Finanzinstitute riefen im Ausland angelegtes Kapital zurück, um zu Hause aufgetretene Lücken zu stopfen oder das Kapital im Binnenland zu günstigen Bedingungen neu anzulegen. Dies ist nach Darstellung von Devisenhändlern auch mit einer der Gründe für die bemerkenswerte Erholung des japanischen Yen besonders gegenüber dem amerikanischen Dollar, aber auch anderen bedeutenden Währungen, die im April 1990 begann und sich vom Sommer 1990 an steil beschleunigte. Der Prozeß, in dessen Verlauf die beschriebenen Exzesse beseitigt werden, ist nach Meinung von Fachleuten noch längst nicht beendet. Er werde Jahre dauern und nachhaltig auch im Ausland zu spüren sein, heißt es.

Viele »Tigerländer« wurden zahm

Länder, die besonders von diesem Prozeß betroffen sind, befinden sich in der Nachbarschaft Japans. Es sind jene asiatischen Staaten, die noch vor wenigen Jahren zu den unterentwickelten Ländern zählten und sich wesentlich dank japanischer Investitionen zu Schwellen- oder sogar schon zu kleinen Industrieländern aufschwingen konnten. Ihre Börsen wurden vor wenigen Jahren zum Leben erweckt und machten dann mit zum Teil spektakulären Kurssteigerungen Schlagzeilen. Unter kräftiger japanischer Mitwirkung entstanden auch an Börsenplätzen dieser »Tigerländer« Haussebewegungen, die Aktien zu Bewertungen brachten, wie sie »bester« japanischer Tradition entsprachen. Als das japanische Kapital dann 1990 zunächst nicht mehr so reichlich floß und schließlich sogar zurückgeholt wurde, stellte sich heraus, daß die Kurssteigerungen an den jungen asiatischen Börsen Scheinblüten waren, die rasch in sich zusammenfielen.

Kritische Analytiker raten, diese Börsen, die zum Teil auch aus »hausgemachten« Gründen schwach tendieren, bis auf weiteres strikt zu meiden. Genannt werden die Aktienmärkte von Taiwan, Südkorea, Indonesien, Thailand und der Philippinen.

Auch die Aktienmärkte in Singapur und Malaysia werden von den Ereignissen im ost- und südostasiatischen Raum berührt, weil von ihnen deutlich geringeres Wirtschaftswachstum in der Region ausgeht. Singapur und Malaysia haben aber ausgezeichnet beziehungsweise befriedigend entwickelte Volkswirtschaften mit traditionell starken Handelsbeziehungen zu zahlungskräftigen Ländern. Die Börsen beider Länder verfügen daher nach dem Urteil vieler Fachleute über ein Fundament, das Erschütterungen auszuhalten vermag. Die besseren Noten gibt man singapurischen »Blue Chips«, doch diese sind auch nicht vor Schwäche gefeit, wenn das Kapital ausländischer Anleger ausbleibt, und es gab Ende 1990 keinen greifbaren Anlaß zur Vermutung, daß dieses Kapital in absehbarer Zeit gerade in Singapur nach einer Heimstatt suchen könnte.

Hongkong bleibt ein Sonderfall

Hongkong ist und bleibt ein Sonderfall unter den asiatischen Börsen. Das Jahr 1997, in dem die britische Kronkolonie wieder an China zurückfällt, naht unausweichlich, und damit wächst die Ungewißheit darüber, was das Mutterland mit dieser wirtschaftlichen »Perle« letztlich vorhat. Diese Ungewißheit läßt den Exodus qualifizierter Kräfte aus Hongkong immer weiter steigen, ein Umstand, der die Wirtschaftskraft dort zunehmend schwächt. Ferner verstärken sich die Hinweise darauf, daß alteingesessene Unternehmer und Investoren, die großen Einfluß auf die Wirtschaftsentwicklung dort haben, »Kasse machen« und sich ebenfalls auf die Auswanderung vorbereiten. Zudem verlegen Gesellschaften in wachsender Zahl ihren Firmensitz ins Ausland. Die neueste Variante besteht darin, daß Hongkonger Unternehmen mit wichtigen technischen Betriebseinrichtungen am Ort Partner in politisch starken westlichen Ländern suchen und diese zu direkten Beteiligungen in der Kronkolonie einladen. Offenbar steht dahinter die Überlegung, daß China es nach 1997 nicht wagen werde, restriktive Maßnahmen gegen Hongkonger Unternehmen mit nennenswerter Beteiligung aus »starken« Ländern zu ergreifen.

Eine wachsende Zahl von Analytikern äußert sich aus politischen Gründen skeptisch über die Chancen der Hongkonger Börse. Dem Hinweis, daß Hongkonger »Blue Chips« die wohl preiswertesten der Welt seien, begegnen sie ungerührt mit der Bemerkung, daß dies angesichts des Jahres 1997 durchaus verständlich sei.

Zurückhaltung gegenüber dem kanadischen Aktienmarkt

Der kanadische Aktienmarkt hat sich im Laufe des Jahres 1990 erkennbar vom amerikanischen Markt, dem er in der Vergangenheit meist auf dem Fuße folgte, abgekoppelt. Dies liegt offensichtlich daran, daß die kanadische Wirtschaft schon 1989 in eine Rezession eingetreten ist und daß die Ertragsentwicklung zahlreicher Unternehmen dort schon früh eine niedrigere Börsenbewertung erzwang. Das Interesse vor allem der für die kanadischen Finanzmärkte wichtigen ausländischen Investoren konzentrierte sich zudem auf Staatsanleihen, die im internationalen Vergleich, besonders aber gegenüber amerikanischen Papieren dieser Art, überdurchschnittlich hohe Renditen aufgewiesen haben.

Als die kanadische Notenbank im August die Zinsen zu senken begann, war nicht die Zeit, die am Aktienmarkt hätte Euphorie zulassen können. Selbst kanadische Ölwerte kamen trotz der starken Preissteigerungen am internationalen Ölmarkt und der deswegen zu erwartenden höheren Gewinne der kanadischen Ölproduzenten nie richtig in Fahrt. Auch auf längere Sicht äußern sich Analytiker skeptisch. Kanada importiert traditionell Kapital, und dies in besonders hohem Umfang aus Westeuropa. Nach der politischen und wirtschaftlichen Öffnung Osteuropas erwarten Fachleute, daß der Kapitalstrom nach Kanada deutlich nachläßt, weil zum einen die politische und die militärische Bedrohung Westeuropas durch den Osten geschwunden ist und zum anderen die Aussicht besteht, daß Kapital mit hohen Renditen in Osteuropa angelegt werden kann.

Wenn sich die Verhältnisse so oder ähnlich entwickeln sollten, würde neben dem kanadischen Anleihemarkt auch der Aktienmarkt zumindest mittelbar zu den »Verlierern« der neuen Lage in Europa zählen, heißt es.

Manche Erschütterung in Australien

Australien hat nicht nur wegen seines Rohstoffreichtums, der auch Energieträger einschließt, Gemeinsamkeiten mit Kanada, sondern auch wegen seines enormen Kapitalbedarfs und der daher auch fast konkurrenzlos hohen Zinsen. Selbst die Gunst der Japaner und der Deutschen für Engagements in Festverzinslichen und Aktien haben beide Länder lange geteilt. Konjunkturell befinden sich Kanada und Australien ebenfalls auf dem absteigenden Ast, nur daß man in Australien im Herbst 1990 noch nicht uneingeschränkt von einer Rezession sprechen wollte.

Ein wesentlicher Unterschied zwischen beiden Ländern scheint jedoch darin zu bestehen, daß sich in Australien die Unternehmenszusammenbrüche mehren und daß es auch spektakuläre Fälle dieser Art im Kreise jener Financiers gibt, die in den frühen achtziger Jahren von Australien und Neuseeland aus aufgebrochen sind, um auf anderen Kontinenten die Muskeln spielen zu lassen. Dies kann zu Erschütterungen auf den australischen Finanzmärkten führen, die noch bis weit ins Jahr 1991 hinein zu spüren sein dürften, heißt es, doch wird sogleich angemerkt, daß damit auch in diesem Land früher entstandene Exzesse ausgemerzt werden könnten. Dies sei ein auf längere Sicht sehr günstiges Zeichen.

Analytiker, die australischen »Blue Chips« besonders zugetan sind, heben hervor, daß deren Dividenden durchweg sicher seien und daß sich die Börsenbewertung dieser Papiere daher auf ein vergleichsweise sehr solides Fundament stützen könne. Ob diese Argumente ausreichen, um sich schon frühzeitig in Australien zu engagieren, ist aber zumindest fraglich.

Europa kann Zuspruch erwarten

Die kontinentaleuropäischen Börsen haben 1990 wahre Wechselbäder über sich ergehen lassen müssen, und es deutet nach Meinung von Analytikern vieles darauf hin, daß sie sich auch 1991 wieder von ihrer sehr lebhaften Seite zeigen werden. Der näherrückende Europäische Binnenmarkt ist zumindest bei der Diskussion über die Börsen in der geographischen Mitte Westeuropas gegenüber den Aspekten, die inzwischen Osteuropa aufzeigt, in den Hintergrund getreten, doch geht die »Positionierung« der Unternehmen für den Binnenmarkt auch hier weiter. Die Börsen dürften dies erkennbarer als zuletzt widerspiegeln, wenn die Schockwellen wegen der materiellen Anforderungen, die Osteuropa an die Wirtschaft des Westens stellt, erst einmal abgeklungen sind. Besonders wird in diesem Zusammenhang auch auf psychologische Belastungen hingewiesen, die ein strenger Winter 1990/91 bringen würde.

International tätige Investmenthäuser äußern sich aber durchaus zuversichtlich über die mittel- bis längerfristige Börsenentwicklung in europäischen »Kernländern«. Hier werde das internationale Anlagekapital hinstreben, weil die über die Jahre hin zu erwartende Prosperität geradezu ins Auge steche, heißt es. Zudem äußern sich viele Analytiker zufrieden über die vergleichsweise gut geordneten monetären und fiskalischen Verhältnisse in den bedeutendsten westeuropäischen Ländern.

Frankreich ist ein Tip

Die französische Börse befindet sich weit oben auf den längerfristig ausgelegten Empfehlungslisten von Brokern und Investmentbanken. Aktien dieser Nationalität seien unter dem Gesichtspunkt der Bewertung überdurchschnittlich attraktiv, heißt es vielerorts. Die niedrigen Kurse böten auch günstige Voraussetzungen für weitere Übernahmeversuche und strategische Beteiligungen, die früher oder später wieder Phantasie an der Pariser Börse aufkommen lassen dürften.

Auch Spanien gilt als Favorit

Spanien ist ein weiterer Favorit vor allem britischer und amerikanischer Analytiker. Hier gebe es »Perlen« unter den Aktien, die noch preiswerter eigentlich nicht werden dürften, heißt es. Interesse wecken vor allem die Papiere von Unternehmen, die am Ausbau der Infrastruktur auf der Iberischen Halbinsel mitwirken. Besondere Aufmerksamkeit lenken auch Aktien von Gesellschaften auf sich, die Beteiligungen in Lateinamerika eingehen und sich dort ein »Standbein« für die Zukunft in entwicklungsfähigen Industrien schaffen.

Mailand: Unsicheres Pflaster

Über den italienischen Aktienmarkt äußern sich nun selbst jene Analytiker sehr zurückhaltend, die gerade hier noch vor einem Jahr überdurchschnittliche Chancen gesehen haben. Offensichtlich sind sie enttäuscht über den mangelnden politischen Willen in Rom, die schon lange geplanten Börsenreformen auch wirklich in die Tat umzusetzen und so vor allem institutionellen Investoren aus dem Ausland die Möglichkeit zu verschaffen, reibungslos Engagements einzugehen und wieder aufzulösen. Mißmut besteht auch über die häufig unzureichende Liquidität der Mailänder Börse und die undurchsichtigen Winkelzüge, die einige wenige Industrielle und Financiers um maßgebliche Beteiligungen an bedeutenden Unternehmen veranstalten. Und schließlich sehen die Kritiker keine Fortschritte bei den zahlreichen, auch auf internationales Interesse stoßenden Privatisierungsplänen der Regierung in Rom. Mailand sei unter den europäischen Börsen ein recht unsicheres Pflaster und könne daher nicht zu den Spitzenplätzen gezählt werden, heißt es.

»Hände weg von Wien«

Als das »heißeste Pflaster« unter den europäischen Börsen gilt Wien. Anleger, die nicht ausdrücklich hochspekulativ veranlagt seien, sollten diesen Markt unter allen Umständen meiden, meinen vor allem technisch orientierte Analytiker. Was sich dort 1989 und 1990 an spekulativen Exzessen zusammengebraut habe, benötige unter Umständen Jahre, um wieder in annehmbare Bahnen zurückgeführt zu werden. Mehrere Quellen wiederholen unablässig, daß, wenn man die Börsenentwicklung auf dem Gipfel der Hausse in Wien im März ernst nehmen wolle, die österreichische Wirtschaft über ein Vielfaches des Potentials der deutschen verfügen müßte. Die Baisse, die sich diesem Rekordhoch anschloß, habe manches, aber keineswegs alles wieder in ein angemesseneres Licht gerückt.

Die Schweiz: Opfer der Zinsen

Die Schweizer Börse ist unter den europäischen Plätzen in besonderem Maß Spiegelbild oder sogar ein Opfer der Zinsen. Die Nationalbank dort hat ihre liebe Not, gegen die, gemessen an früheren Verhältnissen, ausufernde Teuerung anzukämpfen. Dies müßte vor allem ausländische Anleger noch nicht einmal besonders stören, weil die bekannten Schweizer Aktiengesellschaften durchweg sehr solide finanziert sind und weil deren Papiere nach internationalen Maßstäben als deutlich unterbewertet gelten. Als Haupthindernis für umfangreichere langfristige Engagements in Schweizer Aktien gilt aber die noch immer unklare Haltung des Landes gegenüber dem geplanten Europäischen Binnenmarkt und dessen möglichen Folgen für das bisher auf strikte Neutralität und Unabhängigkeit bedachte Alpenland.

Einige Börsen gelten nur als »Mitläufer«

Als »Mitläufer« mit teils französischer, teils angelsächsischer und teils deutscher Orientierung gelten die Börsen der Benelux-Länder. Während sich international orientierte Analytiker recht selten über die belgische und die luxemburgische Börse äußern, ist Enttäuschung über die niederländische unverkennbar. Zu keinem Zeitpunkt kam hier das Interesse vor allem ausländischer Investoren auf, das man angesichts der recht großen Zahl international bekannter Aktien dieses Landes erwartet hatte. Diese Zurückhaltung scheint sich im nachhinein zu rechtfertigen, denn die im Laufe des Jahres 1990 bekanntgewordenen Unternehmensergebnisse vermochten in erstaunlich vielen Fällen nicht mit den Erwartungen mitzuhalten. Analytiker meinen, daß sich Anlegern in den Nachbarländern der Benelux-Staaten dann, wenn sich das allgemeine Börsenklima bessern sollte, bessere Chancen unter transparenteren Bedingungen bieten dürften.

Im Norden fällt nur Oslo auf

Die nordischen oder skandinavischen Börsen, zu denen auch die dänische Börse gezählt wird, sind aus dem Rampenlicht, in das sie Ende der achtziger Jahre gerückt waren, wieder herausgetreten. Eine Ausnahme bildet der norwegische Aktienmarkt, der im Zeichen der Krise im Mittleren Osten und der Hausse des Ölpreises wieder in seine Rolle als »Petro-Börse« schlüpfte. Der finnische Markt ist geradezu in Vergessenheit geraten, weil politische und wirtschaftliche Schwierigkeiten die positiven Impulse, die dem Land zunächst von der Öffnung des Ostens zugesprochen worden waren, nicht zur Geltung kommen lassen. Zudem hat sich die Börse von Helsinki unter anderem wegen bestehender behördlicher und gesetzlicher Restriktionen als unfähig erwiesen, den Anforderungen institutioneller Anleger gerecht zu werden. Londoner Broker, die sich traditionell intensiv mit den nordischen Aktienmärkten befassen, glauben nicht, daß sich in überschauberer Zukunft viel an der finnischen Börse ereignen wird.

Der schwedische Aktienmarkt bietet nach dem Urteil von Analytikern ein Trauerspiel, das eigentlich von der in diesem Land praktizierten Politik zu verantworten sei. Solange der Staat große Teile der Wirtschaft unmittelbar kontrolliere und andere Unternehmen gängele, seine monetäre Politik nicht in den Griff bekomme und offensichtlich weitgehend dem Einfluß der Gewerkschaften ausgesetzt sei, könne der Niedergang nicht aufgehalten werden. Unter Analytikern hat besonders die Bemerkung eines Politikers, in Stockholm säßen »die letzten wahren Kommunisten«, großen Unmut und tiefe Zweifel ausgelöst. Anlegern wird jedoch empfohlen, genau zwischen international präsenten schwedischen Unternehmen und nur oder überwiegend auf dem Binnenmarkt tätigen Gesellschaften und deren Aktien zu unterscheiden. Sollte sich das allgemeine Börsenklima bessern, dürften auch die Papiere des einen oder anderen internationalen schwedischen Unternehmens wieder interessant werden, heißt es.

London steht vor schwierigen Zeiten

Die Londoner Börse steht vor ausgesprochen schwierigen Zeiten. Sie hat 1990 dem international zu spürenden Kursdruck zwar über weite Strecken erstaunlich gut widerstehen können, doch dürfte sie noch harten Bewährungsproben ausgesetzt sein. Da ist zum einen die Hochzinspolitik, die nach der Eingliederung des Pfund Sterling in das Europäische Währungssystem im Oktober 1990 etwas gelockert wurde, aber wohl grundsätzlich weiterverfolgt werden muß, weil sich die Inflation hartnäckig auf hohem Niveau hält. Die britische Wirtschaft dürfte daher noch tiefer in die Rezession getrieben werden, mit der Folge, daß die Unternehmensgewinne quer durch alle Branchen schrumpfen. Dies kann die Hauptthese der Optimisten an der Londoner Börse, nämlich daß die Renditedifferenz zwischen Anleihen und Aktien aus historischer Sicht noch immer für Engagements in Dividendenpapieren spreche, ins Wanken bringen. Darüber hinaus zeichnet sich zunehmende innenpolitische Unsicherheit ab, denn die Neuwahlen zum Unterhaus rücken unweigerlich näher.

Im Herbst 1990 mehrten sich die Hinweise darauf, daß die Regierung Thatcher unwiederbringlich an Rückhalt in der Bevölkerung verliert und daß ein Regierungswechsel zu Gunsten der Labour-Partei an Wahrscheinlichkeit gewinnt. Die Erfahrung aus der Vergangenheit zeigt zwar, daß die Londoner Börse durchaus gut mit Labour leben kann, doch dürften erhebliche Irritationen im Vorfeld der Wahlen nicht zu vermeiden sein. Auf der positiven Seite heben Analytiker hervor, daß der Londoner Aktienmarkt der »professionellste«, der liquideste und der transparenteste unter den europäischen Börsen sei. Zudem sei der laufende Zustrom liquider Mittel bei den institutionellen Anlegern traditionell hoch, und dies sichere diesen Aktienmarkt solide nach unten hin ab.

Eine Durststrecke für deutsche Aktien
Mittelfristig wieder bessere Aussichten

Im Herbst 1990 wurden von den meisten Beobachtern des deutschen Aktienmarktes die kurzfristigen Aussichten ungünstiger eingeschätzt als die mittel- und längerfristigen Perspektiven. Die Gründe dafür lagen auf der Hand: Die Golfkrise, die wesentlich zum Sturz der deutschen Aktienkurse beigetragen hatte, war noch nicht gelöst, und die Aussichten auf eine friedliche Lösung waren nicht groß. Wie auch immer dieser Krisenherd im Mittleren Osten eingedämmt werden kann: Wenn dies gelänge, wäre nur einer von vielen Krisenherden in diesem Bereich zum Erlöschen gebracht. Wieder einmal hat die Weltöffentlichkeit erkennen müssen, daß unerwartete politische Entwicklungen Ängste auslösen können und Finanzmärkte, wenn sie ohnehin in einer labilen Verfassung sind, schnell in einen Strudel nach unten geraten.

Denn nicht nur an der deutschen Börse sind, verstärkt durch die Golfkrise, die Aktienkurse gefallen. Auch andere führende Börsen der Welt standen unter Druck. Die Entspannung im Ost/West-Verhältnis und die atemberaubenden Veränderungen, die sich in Europa ergeben haben und für das Gebiet der Sowjetunion abzeichnen, lenken zwar einerseits den Blick auf mögliche positive Entwicklungen. Aber es ist doch nicht zu verkennen, daß es auch erhebliche Bedenken über die Erfolgsaussichten gerade der Politik des sowjetischen Präsidenten Gorbatschow gibt.

Ist schon allein dies ein Umfeld, in dem die Aktienkurse eines vom Welthandel so stark abhängigen Landes wie Deutschland nur schwer steigen können, so sorgen daneben eine Reihe von deutschlandspezifischen Umständen für zumindest kurzfristig negativ wirkende Belastungen.

Zunächst muß die auf den 2. Dezember 1990 angesetzte Wahl des Deutschen Bundestages erwähnt werden. Zwar gab es im Herbst, wenige Wochen zuvor, Umfrageergebnisse, die auf eine klare Bestätigung der Regierung Kohl im Zusammenwirken von CDU, CSU und FDP hindeuten. Aber Umfragen und Wahlergebnisse sind doch zweierlei. Erst am Abend des 2. Dezember steht – aller Voraussicht nach – die neue Zusammensetzung des Deutschen Bundestages fest. Erst dann können

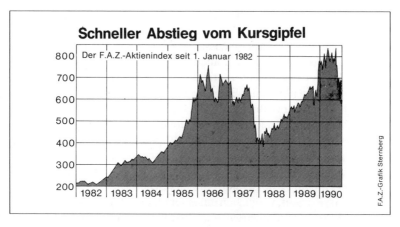

Erwartungen über die kommende Wirtschaftspolitik einigermaßen verläßlich formuliert werden. Wenn die Regierung Kohl auch in den nächsten Jahren eine parlamentarische Mehrheit findet, wird die Aktienbörse von dieser Seite her eher Anregungen erfahren, auch wenn die ehemals geplante Entlastung in der Besteuerung von Unternehmen zunächst wahrscheinlich nicht weiter verfolgt werden kann. Darauf deutet die Absicht, die Familienbesteuerung einem Urteil des Bundesverfassungsgerichts anzugleichen. Das Gericht hatte – vereinfacht wiedergegeben – gefordert, einen Betrag in Höhe des Existenzminimums der Familie steuerfrei zu lassen. Da das gegenwärtig nicht der Fall ist, bedingt eine Freistellung des Familien-Existenzminimums von der Besteuerung eine Erhöhung entweder von Grundfreibeträgen oder eine Erhöhung der Kinderfreibeträge und/oder eine Erhöhung von Kindergeldzahlungen.

Welche Kombination auch gewählt wird (entscheidend wird der Ausgang des finanziellen Gerangels zwischen dem Bund und den Bundesländern über die Verteilung der Lasten beziehungsweise der Steuerausfälle sein): Die wegen der Breitenwirkung der erforderlichen Korrektur des Steuertarifs erforderlichen Beträge sind so hoch, daß wegen der weiteren, auf die öffentlichen Haushalte zukommenden Belastungen an eine Reform der Unternehmensbesteuerung, das heißt eine Entlastung der Unternehmen, vorerst wohl nicht zu denken ist. Immerhin hat Bundesfinanzminister Waigel davon gesprochen, daß das Vorhaben in der zweiten Hälfte der kommenden Legislaturperiode verwirklicht werden könnte, und von der FDP ist bekannt, daß sie – wenn es geht – an einer schnellen steuerlichen Entlastung der Unternehmensbesteuerung festhalten will.

Die Höhe der Unternehmenssteuern ist für die Börse schon ein beachtenswerter Umstand, vor allem auch für Schätzungen darüber, in welchen Ländern sich im internationalen Vergleich besondere Standortvorteile ergeben könnten. Wahrscheinlich werden vorerst die Erträge der deutschen Unternehmen auch künftig relativ stark besteuert, ein Umstand, der tendenziell auf die Aktienkurse drückt. Es kommt hinzu, daß die Gewinne der Unternehmen 1991 wohl weniger stark wachsen werden als 1990. Die Deutsche Gesellschaft für Anlageberatung (Degab), die zur Gruppe Deutsche Bank gehört, erwartet eine Gewinnsteigerung wichtiger börsennotierter deutscher Unternehmen im Jahr 1991 von 3,5 Prozent, verglichen mit einer (ebenfalls geschätzten) Steigerung um 5 Prozent im Jahr 1990 und einer Gewinnzunahme im Jahr 1989 von 13 Prozent. Das sind Durchschnittszahlen, von denen die Gewinnerwartungen für einzelne Branchen natürlich mehr oder weniger abweichen. Die nachfolgende Tabelle gibt die von der Degab veröffentlichten Gewinnveränderungen wieder.

Gewinnveränderungen in Prozent

	1989	1990[1]	1991[1]
Gesamt	+13,0	+5,0	+3,5
Automobile	+ 8,5	+ 2,0	− 2,0
Chemie	+ 8,0	− 6,0	+ 2,0
Elektro	+15,0	+ 5,0	+ 9,0
Maschinen	+28,0	+18,0	+ 8,0
Stahl	+45,0	− 7,0	−12,0
Bau	+25,0	+16,0	+20,0
Konsum	+18,5	+23,0	+20,0
Kaufhäuser	0,0	+37,0	+15,0
Versorgung	+11,0	+ 7,0	0,0
Banken	+12,0	+12,0	+ 8,5
Versicherungen	+ 8,5	+ 3,0	+ 9,0
Sonstige	+11,5	+ 6,0	− 6,0

[1] geschätzt

Quelle: Degab, Frankfurt

An dieser Stelle muß daran erinnert werden, daß die Stimmung an der Börse in aller Regel schon dadurch belastet wird, daß sich Zuwachsraten abflachen. Gewinne, die nicht mehr so stark wachsen wie bisher, bringen Aktienkurse nicht in Schwung. Im Gegenteil: sie sind Anlaß, über die Bewertung der Aktien wieder nachzudenken.

Die wirtschaftlichen Aussichten des nun vereinten Deutschland sind für das Jahr 1991, wie schon seit ungewöhnlich vielen Jahren, insgesamt weiterhin gut und in manchen Bereichen sogar sehr gut. Freilich kann niemand voraussehen, welche Daten nach der Bundestagswahl über die Lage der neuen fünf Bundesländer und der dort bisher tätigen Unternehmen veröffentlicht werden. Es könnte aber ein ziemlich düsteres Bild durch das Vorhaben entstehen, das Bundeskanzler Kohl schon als »Kassensturz« angekündigt hat. Zugleich wird die Zahl der Arbeitslosen in den fünf neuen Bundesländern so hochschnellen, daß doch der eine oder andere Politiker zumindest in die Versuchung gerät, darauf mit – aus wirtschaftlicher Sicht kaum hilfreichen – Programmen und Vorhaben zu reagieren.

Das von den fünf führenden wirtschaftswissenschaftlichen Instituten der Bundesrepublik vorgelegte »Herbstgutachten«, das ein Wachstum des Bruttosozialprodukts im Jahr 1991 von real 1,5 Prozent für das vereinte Deutschland prognostiziert, ist zum Teil mit Kritik bedacht worden: Die Wachstumsrate sei zu niedrig angesetzt. Die Degab schätzt das Wachstum des Bruttosozialproduktes auf real 2,5 Prozent.

Der Streit um Wachstumsprozente ist, das muß sich der Anleger vor Augen halten, allerdings ziemlich müßig, weil sich schon durch eine leichte Korrektur bestimmter Annahmen, die für solche Berechnungen immer unterstellt werden müssen, sogleich höhere – und bei Bedarf auch niedrigere – Wachstumsraten errechnen lassen. Auch Prognosen über das Wachstum sind eine Spekulation! Wichtig ist, daß die deutsche Wirtschaft wohl weiter wachsen wird, und sie hat auch eine Chance, kräftiger zu wachsen als um real 1,5 Prozent. Aber die Wachstumsrate wird auch von der Geduld der Politiker abhängen und von deren Beschlüssen, wie die Anpassungsmaßnahmen für die Wirtschaft und das soziale Umfeld in den fünf neuen Bundesländern gestaltet werden sollen.

Speziell für die deutsche Aktienbörse ergeben sich aus den bevorstehenden Aufgaben im Osten der Bundesrepublik sowohl Chancen als auch Risiken. Die Risiken liegen ohne Zweifel darin, daß auf kurze Sicht der Kreditbedarf größer als erwartet sein kann und dadurch Zinsauf-

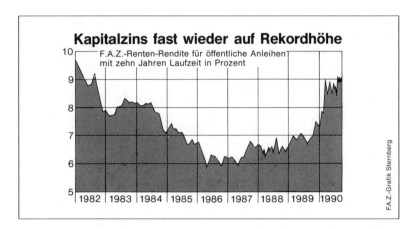

triebstendenzen gefördert werden. Aber das muß nicht so sein, denn der deutsche Zins hat im Herbst 1990 mit im Durchschnitt etwa 9 Prozent für öffentliche Anleihen schon ein bemerkenswertes Niveau erreicht. Kapital, das zu diesem Zinssatz angelegt wird, verdoppelt sich – wenn einmal Spesen und eine allfällige Steuerbelastung der Erträge außer acht gelassen wird – bereits in gut 96 Monaten, in rund 8 Jahren also. Das erscheint vielen als eine durchaus attraktive Anlage.

Das Mittelaufkommen am Rentenmarkt, das 1990 einen neuen Rekordbetrag erreicht hat, spricht denn auch dafür, daß die Anleger angesichts der auch weiterhin zu unterstellenden relativ hohen Preisstabilität ein Zinsangebot von 9 Prozent willig aufgreifen. Hohe Zinsen sind aber für Aktien ein belastender Faktor. Solange also die Zinsen hoch bleiben – und erst recht, wenn sie weiter steigen sollten –, ist für den Aktienmarkt wenig Anregung zu erwarten.

Umgekehrt gilt, daß bei ersten Zeichen für eine Entspannung bei den Zinsen Auftrieb für Aktien zu erwarten sind. Nach Lage der Dinge ist damit freilich allenfalls im Verlauf des Jahres 1991 zu rechnen. Mit solchen Erwartungen bewegt man sich aber bereits wieder sehr weit im Feld der Spekulation. Die Erwartung, daß sich der deutsche Kapitalzins vorerst mehr oder weniger in der Nähe von 9 Prozent halten könnte, gründet sich vor allem auf zwei Überlegungen. Der Kapitalbedarf im Zusammenhang mit der Vereinigung der beiden deutschen Staaten ist groß. Die erforderlichen Mittel können nur dann aufgebracht werden, wenn ein attraktiver Zins geboten wird. Dieser Zins muß jedoch auch in

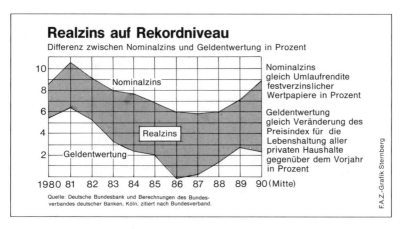

internationaler Sicht reizvoll sein. Da auch andere Länder, voran die Vereinigten Staaten von Amerika, Kapital an sich ziehen wollen, kann sich der Zins für D-Mark-Anlagen wohl nicht allzuweit von jenen für Dollar-Anlagen entfernen. Angesichts der hohen Sparquote in der Bundesrepublik ist nicht zu erwarten, daß es zu Finanzierungsschwierigkeiten kommt – vorausgesetzt, der Zins »stimmt«. In der ersten Jahreshälfte 1990 erreichte die Ersparnis der Bundesbürger nach Mitteilung des Bundesverbandes deutscher Banken 107 Milliarden DM. Das war gegenüber dem Vorjahr eine Zunahme von 10 Prozent und brachte die Ersparnis auf ein neues Rekordniveau. Die Sparquote hatte 14,7 Prozent erreicht und lag damit ebenfalls deutlich über dem Stand der Vorjahre. Eine gewisse Zuversicht, was das mögliche Kapitalaufkommen angeht, ist also durchaus angebracht.

Bei der Beurteilung von möglichen Entwicklungen auf den Finanzmärkten ist es allerdings immer schwer, einen festen Punkt auszumachen, von dem aus die Einschätzung getroffen wird. Meist hat der Anleger das Gefühl, in einem stets fließenden Strom von Meinungen befangen zu sein, mit der Folge, daß es keine festen Orientierungspunkte und damit Meßlatten für ein Urteil gibt. Ist aber erst einmal eine Meßlatte gefunden, dann sind sofort Zweifel angebracht, ob es die richtige Meßlatte ist und ob sie auch die richtigen Maßzeichen enthält.

Auf die speziellen Schwierigkeiten, Prognosen über die Kursentwicklung einzelner Aktien abzugeben, wird an anderer Stelle dieses Buches ausführlich aufmerksam gemacht. Was für einzelne Aktien gilt, gilt in abgeschwächtem Maße auch für Prognosen über andere künftige Entwicklungen, wenn auch die Fehlerquote um so geringer wird, je umfassender die geschätzte Größe ist. Immerhin ist es beachtenswert, daß selbst bei der Schätzung der umfangreichsten wirtschaftlichen Größe, eben der möglichen Entwicklung des Bruttosozialprodukts, schon große Unterschiede auftreten können, die allesamt lediglich Ausdruck der Ungewißheit sind und keine »Fehler« im wirtschaftlich-methodischen Sinn.

Gleichwohl wird sich der Anleger, wenn schon nicht über einzelne Aktien, so doch über die mögliche Entwicklung des Gesamtmarktes hinaus, Vorstellungen über Branchen bilden, die besondere Entwicklungen erwarten lassen könnten. Ein Blick auf die Vergangenheit ist dabei nur insofern hilfreich, als sich daran ablesen läßt, ob frühere Erwartungen eingetreten sind oder nicht. Nur in diesem eher kontrollierenden Sinne soll festgehalten werden, daß in den zwölf Monaten zum Stichtag Ende September 1990 die höchsten Kurssteigerungen am deutschen Aktienmarkt bei den »Sonstigen Konsumwerten« eingetreten sind. Dieser Branchenindex der F.A.Z. stieg um 27 Prozent, während der allgemeine F.A.Z.-Aktienindex im gleichen Zeitraum um 14 Prozent gefallen ist. Abgesehen von den Bau- und Grundstückswerten, die um 6 Prozent vorrückten, waren die sonstigen Konsumaktien die einzigen, die überhaupt Kursgewinne erzielen konnten. In allen anderen Branchen gab es Kursverluste. Besonders stark fielen die Kurse der Großchemieaktien (minus 33 Prozent), in der Branche Bekleidung und Kosmetik (minus 24 Prozent) und im Fahrzeugbau (minus 24 Prozent). Großbanken büßten dagegen nur 10 Prozent ein, Elektrowerte nur 9 Prozent, Versorgungsaktien nur 6 Prozent und Grundstoffwerte nur 2 Prozent.

In der überschaubaren Zukunft könnten vor allen Dingen Unternehmen, die mehr oder weniger eng von dem Anpassungs- und Umstellungsprozeß in den fünf neuen Bundesländern berührt werden, die Börsenfavoriten sein. Abgesehen davon könnte auch eine Normalisierung des Ölmarktes, ob nun im Zusammenhang mit einer Lösung der Golfkrise oder auch losgelöst davon, die bislang enttäuschende Kursentwicklung der Chemieaktien anregen. Bei den Aktien der Großchemie macht sich aber auch die Diskussion über Umweltfragen offenbar belastend bemerkbar, während andere Unternehmen – auch aus der Branche Chemie –, die sich speziell mit Umweltschutzverbesserungen beschäftigen, von der Umweltdiskussion positiv beeinflußt werden. An der deutschen Börse sind »Umweltaktien« noch selten, und ob sich weitere Unternehmen als »Umweltaktien« qualifizieren, bleibt abzuwarten. Vielleicht sind unter den wieder zu erwartenden Neuzugängen weitere Vertreter dieser Branche.

Insgesamt könnte sich auf kurze Sicht, das heißt bis zum Sommer oder Herbst 1991, der deutsche Aktienmarkt eher verhalten entwickeln. Vielleicht setzt aber auch die allgemein günstige Einschätzung, die deutschen Aktien mittel- und langfristig zuteil wird, schon früher ein und formt die Kursbildung. Auf mittlere Sicht, das heißt auf drei bis vier Jahre, könnten sich wegen der dann vielleicht in den neuen Bundesländern abzeichnenden besonders guten Wirtschaftsentwicklung allgemein höhere Kurse ergeben.

Daraus folgt, daß Anleger, die freies Vermögen mittelfristig disponieren können, auch schon jetzt – und erst recht bei weiteren Kursrückgängen, die natürlich nicht ausgeschlossen werden können – Aktien kaufen sollten, die von der »Ostphantasie« emporgerissen werden könnten. Jedenfalls sollten allfällige Käufe verteilt werden, vielleicht sogar bis in das Frühjahr 1991 und danach. Allerdings: Die Hausse des Sommers 1990 war zu einem guten Teil bereits auf diese Ostphantasie zurückzuführen, und es ist nicht sicher, daß die Börse »im zweiten Aufguß« nochmals die Ostphantasie bezahlt. Immerhin hatte der F.A.Z.-Aktienindex 1990 bereits die Marke von 800 Punkten überschritten, woran entsprechend hochgeschriebene Erwartungen für die Zukunft geäußert werden.

Zu bedenken ist, zumal auch für die erwähnten mittelfristigen Perspektiven, daß es sich lediglich um mögliche, nicht jedoch um sichere Entwicklungen handelt. Der Kurseinbruch im Jahr 1990 hat sich, wie die Kurseinbrüche zuvor, nicht angekündigt und war wegen seiner Heftigkeit für manche Anleger sicher auch besonders schmerzlich. Zwei Erfahrungen lassen sich jedoch daraus gewinnen oder, mit anderen Worten, zwei bewährte Börsenregeln hätten sich, wenn man sie eingehalten hätte, als richtig erwiesen: Aktienkäufe auf Kredit sind gefährlich, weil Kursrückgänge das Eigenkapital schnell aufzehren können, die Kreditschuld jedoch unverändert fortbestehen bleibt. Und zweitens, daß gelegentliche Gewinnmitnahmen auch nicht verkehrt sein können. Anleger, die zu einem Zeitpunkt, als andere vom »Kursziel 1000 Punkte im F.A.Z.-Aktienindex« gesprochen haben, nicht ebenso optimistisch waren, sondern verkauft haben, haben zumindest die kurz danach einsetzenden Kursrückgänge vermieden – doch weiß man dies eben erst danach. Wegen der unsicheren Kursentwicklung in der Zukunft kann auch niemand sagen, wann es richtig ist, Mittel, die vielleicht sogar aus früheren Verkäufen von Aktien stammen, wieder in Aktien zu investieren. Generell gilt nach wie vor, daß ein Engagement am Aktienmarkt ein Teil der privaten Vermögensanlage sein sollte. Wie umfangreich dieser Teil sein kann, hängt von persönlichen Umständen ab, die am besten in Gesprächen mit erfahrenen Anlageberatern in die jeweilige Anlagestrategie eingebracht werden.

Die Erfahrung mit plötzlichen Kursrückgängen in den Jahren 1987 bis 1990 könnte künftig zu einer gewissen »Kurzatmigkeit« an den Aktienmärkten führen. Da es keinen Maßstab dafür gibt, wann denn nun die Aktienkurse »hoch« sind und sich deshalb »Gewinnmitnahmen« anbieten, könnte es verstärkt zu Dispositionen kommen, die bei bestimmten Kursen getroffen werden. Beispielsweise könnte ein Anleger beim Kauf einer Aktie zum Kurs von 250 DM festlegen, daß dieser Titel wieder verkauft wird, wenn der Kurs auf 300 DM gestiegen sein sollte. (Wegen der Kosten des Kaufs und Verkaufs von Aktien sollte die Kursdifferenz nicht zu klein gewählt werden.) Umgekehrt könnte es verstärkt zu »Stopp-Loss-Aufträgen« kommen. Beim Kauf einer Aktie zu 250 DM wird beispielsweise zugleich der Auftrag erteilt, diesen Titel zu verkaufen, wenn der Kurs unter 225 DM gefallen ist. Jeder Anleger muß für sich selbst entscheiden, ob Dispositionen dieser Art für ihn sinnvoll sein könnten oder nicht.

Die mittelfristig vielfach positive Einstellung für den deutschen Aktienmarkt gründet sich nicht allein auf die erwartete positive Entwicklung im Osten der Bundesrepublik. Auch das Zusammenwachsen Europas zu einem gemeinsamen Binnenmarkt ist ein positiver Umstand für deutsche Aktien. Nach der Vereinigung Deutschlands und der Bewältigung der Anlaufschwierigkeiten wird das gemeinsame, größere Europa politisch und wirtschaftlich wohl das beherrschende Thema der nächsten Jahre sein. Deutschland als exportorientierte Nation wird von einem Binnenmarkt insgesamt Nutzen ziehen. Das wird nicht für jede Branche und erst recht nicht für jedes Unternehmen gelten – und sicher bieten sich auch vor allem an ausgewählten Aktienmärkten der Europäischen Gemeinschaft gute Chancen. Für den deutschen Aktienmarkt spricht mittelfristig die insgesamt solide Verfassung der deutschen Unternehmen, die auf Stabilität gerichtete Politik der Bundesbank, der hohe Ausbildungsstand und auch – vielleicht mit Abstrichen – der Fleiß der Bevölkerung. Ein Aktienportefeuille, das eine repräsentative Auswahl »guter« deutscher Werte enthält, könnte sich daher in den weiteren neunziger Jahren als eine gute Investition erweisen. Wenn Anleger Bezugsrechte ausnutzen können und Erträge wieder anlegen, verstärken sie den Effekt der Vermögensbildung.

Reizvolle Möglichkeiten werden sich bieten, wenn neue Unternehmen an die Börse kommen und wenn sich darunter auch Gesellschaften aus den fünf neuen Bundesländern befinden. Da wird manche Spekulation natürlich auch fehlschlagen, so daß nicht ein blindes Zugreifen auf neue Aktienangebote stattfinden sollte, sondern eine überlegte Auswahl. Auch bei der Beteiligung an Neueinführungen gilt der Grundsatz, der für Aktienanlagen generell eingehalten werden sollte: Es sind nur Mittel zu investieren, die mittel- oder langfristig zur Verfügung stehen und die notfalls auch verschmerzt werden können. Der wachsende Wohlstand, der sich in einem wachsenden Geldvermögen der deutschen Bevölkerung ausdrückt, spricht jedoch dafür, daß der Teil, der als »Risikokapital« angelegt werden kann, steigt.

Auch die bereits an der Börse notierten bestehenden Aktiengesellschaften werden weiteren Kapitalbedarf haben. 1990 ist die hohe Mobilisierung neuen Eigenkapitals, wie sie 1989 möglich war, nach den Zahlen der jeweils ersten sieben Monate nicht wiederholbar gewesen. Aber die Kapitalbeschaffung im Jahr 1989 ragte weit über jene der vorangegangenen Jahre hinaus, so daß auch ein zu erwartender Rückgang an frühere Ergebnisse des Kapitalaufkommens heranreicht und die Aussage rechtfertigt, daß die Börse ihre Funktion auch als Quelle der Kapitalbeschaffung nach wie vor erfüllt. Als Platz des Kapitalumschlags hat sich die Börse längst bewährt und paßt sich durch eine Verbesserung der technischen Möglichkeiten auch gestiegenen Anforderungen an. Alles in allem könnte nach einigen Monaten der Durststrecke für deutsche Aktien ein besonders günstiges Umfeld bestehen.

Rohstoffmärkte voller Ungewißheit
Rohöl wird die meiste Aufmerksamkeit finden

Viele Rohstoffmärkte, vor allem aber die jeweils zu ihnen gehörenden Terminbörsen, sind im Hochsommer 1990 unvermittelt in den Sog der steilen Hausse am Rohölmarkt geraten. Dies hat das allgemeine Bild zunächst einmal grundlegend verändert. Statt der bereits vorgezeichneten Normalisierung vor allem auf der Angebotsseite vieler dieser Märkte haben sich von August 1990 an Unsicherheit und Orientierungslosigkeit breitgemacht. Immerhin handelt es sich bei Öl um den Rohstoff, der unmittelbar oder wenigstens mittelbar für die Produktion und die Verteilung aller anderen Rohstoffe erforderlich ist.

Nennenswerte Preisveränderungen des Energierohstoffs schlagen sich daher unweigerlich in der Kostengestaltung der Produktion beziehungsweise des Angebots an allen anderen Rohstoffen nieder. Vielleicht wird man es rückblickend als glücklichen Zufall bezeichnen, daß die durch die Krise im Mittleren Osten ausgelöste Hausse des Ölpreises in einer Phase einsetzte, in der sich einige bedeutende Volkswirtschaften bereits in einer Abkühlungs-, ja Rezessionsphase befunden haben, also das Bestreben, die Produktion von Rohstoffen nicht über das ohnehin vorgesehene Maß hinaus zu forcieren und die Lagerbestände abzubauen, schon recht ausgeprägt war. Immerhin besteht die Möglichkeit, daß sich der Ölpreis in einem Stadium wieder dauerhaft zurückbildet, in dem die Weltkonjunktur diese Kostenentlastung dringend benötigt.

Grundsätzlich muß jedoch festgestellt werden, daß alle Mutmaßungen über die weitere Entwicklung des Ölpreises unter dem großen Fragezeichen des Fortgangs oder der Lösung der Krise im Mittleren Osten stehen. Die Lage würde sich radikal wandeln, wenn es zu schweren militärischen Auseinandersetzungen käme, in deren Verlauf die Ölquellen und die Transport- beziehungsweise Verladeeinrichtungen im Bereich des Persischen Golfs beschädigt würden. Diese Möglichkeit macht Prognosen über die künftige Tendenz in den meisten Rohstoffmärkten ungleich schwerer als in Zeiten, in denen die preisbestimmenden Kräfte hier rein ökonomischen Ursprungs sind.

An allen Rohstoffmärkten ist zum Ende des Jahres 1990 hin eine von konjunktureller Ungewißheit geprägte Stimmung zu spüren. In Nordamerika, in Großbritannien und in einigen asiatischen Ländern hat die Rezession schon Einzug gehalten, und inzwischen bestreitet niemand mehr die Möglichkeit, daß sich auch in anderen bedeutenden Industrieländern beziehungsweise Industrieregionen eine starke konjunkturelle Abkühlung einstellt. Diese Aussicht und die hohen Zinsen veranlassen die Anbieter von Rohstoffen ganz allgemein, ihre Lager zu räumen. Die Verarbeiter von Rohstoffen denken ähnlich. Auch sie verringern ihre Vorräte, indem sie diese nutzen und allenfalls noch in begrenztem Umfang hinzukaufen. Im Herbst 1990 war sogar mehrfach zu beobachten, daß Verarbeiter Rohstoffbestände, die ihnen überschüssig erschienen, am freien Markt verkauft haben und damit kräftigen Preisdruck ausübten.

Bei der Diskussion über die künftige Entwicklung an den Rohstoffmärkten darf nach Meinung von Fachleuten das Verhalten der ehemaligen Ostblockländer und der Sowjetunion nicht unbeachtet bleiben. Keines dieser Länder ist seit den politischen Umwälzungen dort als Anbieter und als Nachfrager an den internationalen Rohstoffmärkten mehr so einzuschätzen wie zuvor. Diese Feststellung erstreckt sich auch auf andere, noch rein kommunistisch regierte Länder wie Nordkorea und Kuba sowie auf Länder der sogenannten »Dritten Welt«, die traditionell enge Handelsbeziehungen mit den Ostblockländern und der Sowjetunion unterhalten haben.

Umbruch im Osten: Neue Handelswege

Die Auflösung der bisherigen starren Wirtschaftssysteme im Osten Europas bewirkt zwangsläufig auch die Veränderung herkömmlicher Handelsstrukturen und die Verschiebung von Schwerpunkten sowohl beim Angebot als auch bei der Nachfrage. Übergangsschwierigkeiten und neue, nicht gleich zu überblickende Neuerungen in der Organisationsstruktur haben 1990 bereits zu beträchtlichen Verwerfungen vor allem an einigen Metallmärkten geführt. So blieb zum Beispiel zugesagtes sowjetisches Angebot an Nickel aus zunächst unerklärlichen Gründen aus, bis man feststellte, daß anstatt der einen Agentur, die zuvor das Exportmonopol innehatte, drei voneinander unabhängige Anbieter aus der Sowjetunion auftraten, die unterschiedliche Ziele verfolgten und die Ware auch nicht mehr auf den »eingefahrenen« Wegen auf den westlichen Markt lenkten. Fachleute meinen zudem, daß der wirtschaftliche Niedergang in Osteuropa zunächst auch zu verstärkten Exporten an Industrierohstoffen in den Westen führen wird, um Devisen für die Einfuhr benötigter Konsumgüter zu erlangen. Dieses Phänomen werde weitreichende Auswirkungen auf die Angebotsstruktur am Weltmarkt haben.

Bemerkenswert erscheint Beobachtern, daß die spekulativen Kräfte an den Rohstoffmärkten und vor allem an den ihnen zugeordneten Terminbörsen im Laufe des Jahres 1990 nur noch eine geringe Rolle gespielt haben, wenn man von einigen wenigen Ausnahmen absieht. Analytiker glauben, daß sich die Spekulation auch weiterhin zurückhalten wird, denn sie hat offensichtlich eingesehen, daß die Rohstoffmärkte nicht mehr so bereitwillig wie in den siebziger Jahren Chancen für einträgliche spekulative Engagements eröffnen.

Man erklärt dies damit, daß die Märkte »reifer« und damit professioneller geworden sind. Zudem hat sich inzwischen wohl weitgehend die Überzeugung durchgesetzt, daß die Inflation nicht das beherrschende Thema an den Terminbörsen ist und daß sich daher auch nicht die Frage stellt, ob man ihr durch den Kauf von sich zwangsläufig verteuernden Rohstoffen auf Termin ein »Schnippchen« schlagen könnte.

Golfkrise und Rohöl eng verbunden

Rohöl wird auch 1991 der Rohstoff bleiben, der die stärkste Aufmerksamkeit beansprucht. Preisprognosen zu stellen, solange die Krise im Mittleren Osten nicht überzeugend gelöst ist, wäre unvertretbar spekulativ. Preise von 40 Dollar je Faß, wie sie im frühen Herbst 1990 herrschten, galten nach dem damaligen Stand der Dinge zwar als überhöht, aber angesichts der Umstände als noch akzeptabel. Behauptungen, eigentlich sei »kein Deut« mehr als 25 Dollar je Faß gerechtfertigt, bezeichneten Analytiker jedoch als sehr gewagt. Angesichts der zu jenem Zeitpunkt gegebenen Lage habe der Preis eine Risikoprämie enthalten müssen, auch wenn bereits in der zweiten Oktoberhälfte zu erkennen gewesen sei, daß der Ausfall von Lieferungen aus dem Irak und aus Kuweit inzwischen offenbar allein durch die Mehrförderung innerhalb der Organisation erdölexportierender Länder (Opec) ausgeglichen werden konnte.

Können militärische Auseinandersetzungen im Mittleren Osten vermieden werden und sollte es gelingen, den Anlaß der Krise, nämlich die Annexion Kuweits durch den Irak, auf diese oder jene Weise rückgängig zu machen, wäre mit hoher Wahrscheinlichkeit eine weitreichende Ölbaisse zu erwarten. Zu der laufenden, wegen des ungewöhnlich hohen Preises wohl auch tendenziell weiter steigenden Produktion kämen noch eine Tageskapazität von rund 3 Millionen Faß aus dem Irak und von knapp 2 Millionen Faß aus Kuweit hinzu. Da die Vorratslager in den bedeutenden Verbraucherländern aus Gründen der Sicherheit vorerst randvoll gehalten werden dürften und weil das Verbrauchswachstum aus konjunkturellen Gründen zunächst bei weitem nicht mehr die Raten ausweisen dürfte, die in den vergangenen Jahren registriert wurden, sähen sich die Märkte für Rohöl und Ölprodukte einem massiven Überschuß ausgesetzt.

Hinzu kommt, daß der hohe Ölpreis an sich schon verbrauchsdämpfend wirkt und in Bereichen, in denen dies möglich ist, zur Substitution durch billigere Energieträger herausfordert. Hierzu merken Fachleute an, daß die jüngere Vergangenheit eine erstaunliche, ursprünglich nicht vermutete Flexibilität auf der Nachfrage- beziehungsweise Verbrauchsseite des Ölmarktes bewiesen hat. Daß die Ölförderung bei sinkenden Preisen rasch gedrosselt und dem Bedarf angepaßt werden kann, gilt nach den Erfahrungen aus zurückliegenden Jahren als sehr unwahrscheinlich. Vor allem hochverschuldete Produzentenländer könnten vielmehr dazu neigen, einen preisbedingten Schwund der Erlöse aus dem Ölexport zunächst einmal über noch höhere Fördermengen aufzufangen.

Schließlich darf bei der Diskussion längerfristiger Aspekte am Ölmarkt nicht übergangen werden, daß die Ereignisse des Jahres 1990 im Mittleren Osten der breiten Öffentlichkeit vor Augen gehalten haben, wie sehr die wirtschaftliche Prosperität, ja der Weltfrieden, vom ungehinderten Fluß der Ölquellen abhängen. Es gilt daher als unwahrscheinlich, daß die Energiepolitik der führenden Industrieländer, aber auch zahlreicher marktorientierter Schwellenländer so »blauäugig« weiterverfolgt wird wie nach den beiden Ölkrisen der siebziger Jahre. Hier träfen sich jetzt strategische Überlegungen mit ökologischen Erkenntnissen, die sich zunehmend in dem politischen Willen artikulierten, die Abhängigkeit vom Öl forciert zu verringern. Beispiele für diesen Willen seien die gezielte Verteuerung von Treibstoffen über höhere Steuern und die angestrebte Verbannung des Automobils aus den Innenstädten nicht nur bedeutender Zentren Westeuropas, Nordamerikas und Asiens.

So kommt es, daß einige Experten aus dem Zusammentreffen der geschilderten und weiterer Umstände schließen, die Ölhausse des Jahres 1990 sei das »letzte Hurra« dieses Marktes gewesen, freilich immer unter der Voraussetzung, daß ein Krieg am Persischen Golf mit schweren Schäden an den Förder- und Transporteinrichtungen vermieden werden kann.

Die Edelmetalle haben die Anleger enttäuscht

Die börsengehandelten Edelmetalle, nämlich Gold, Silber, Platin und Palladium, haben 1990 unter den privaten Anlegern Enttäuschung, ja Verbitterung aufkommen lassen, die sicherlich weit bis ins Jahr 1991 hinein und vielleicht sogar noch bis in die fernere Zukunft entscheidenden Einfluß auf deren Verhalten nehmen wird. Es hat sich gezeigt, daß dies nicht die Zeit ist, in der privates Kapital gut, geschweige denn gewinnbringend in Edelmetallen investiert werden kann. Ja, unter den Anlegern und Hortern macht sich offenbar die Erkenntnis breit, daß es immer noch besser sei, vorhandene Bestände jetzt zu verkaufen, als sie mit dem Risiko weiter verfallender Preise und der Gewißheit, daß zudem noch hohe reale Zinsen auf das gebundene Kapital entgehen, zu halten. Über Edelmetalle wird in einem späteren Kapitel dieses Buches (siehe Seite 187 ff.) ausführlich berichtet.

Metalle: Vielleicht überdurchschnittliche Chancen

Die Märkte für die meisten Buntmetalle haben sich 1990 im Übergang von Unterversorgung zu einem Ausgleich zwischen Angebot und Nachfrage befunden. Dazu trugen schon frühzeitig die verschlechterten Aussichten für die Weltkonjunktur und schließlich die Hausse des Ölpreises bei, die die allgemeinwirtschaftlichen Bedingungen weiter belastet hat. Doch auch ohne die unerfreulichen Konjunkturaussichten war eine bessere Versorgungslage vorgezeichnet, weil sich die Metallpreise in den zurückliegenden Jahres fast ausnahmslos auf einem vergleichsweise sehr hohen Niveau bewegt haben. Dies regte zu einer Ausweitung der Kapazitäten an, die in den kommenden Jahren auch tatsächlich zur Verfügung stehen werden. Was die Vorausberechnungen über den Bedarf an Metallen Ende 1989 noch nicht berücksichtigen konnten, war die politische und wirtschaftliche Öffnung Osteuropas und der Sowjetunion. Vor allem in Osteuropa werden in den kommenden Jahren Investitionen allein zum Ausbau der Infrastruktur notwendig sein, die Metalle in großen Mengen erfordern. Wegen der schwierigen konjunkturellen Bedingungen haben die Märkte bis zum Herbst 1990 offenbar noch nicht angemessen auf diesen Aspekt reagiert, stellen Fachleute fest, und daher ist hier eine Überraschung, wenn sich die Weltkonjunktur 1991 wieder fangen sollte, nicht auszuschließen. Die Preise könnten steil anziehen, wenn sich die Nachfrage am Weltmarkt stabilisiert und wenn zusätzlicher Bedarf aus Osteuropa hinzukommt, meinen Analytiker, die sich auch mit den Aktien von Metallproduzenten befassen und gerade hier auf längere Sicht überdurchschnittliche Chancen für Anleger sehen.

Kupfer: Informationen oft nicht aktuell

Im einzelnen wird die Lage am Kupfermarkt schon seit geraumer Zeit sehr eingehend diskutiert. Kupfer wird seit 1987 in der ganzen Welt mit zum Teil enormen Gewinnen produziert. Streiks, politische Einflüsse und technische Störungen haben es aber verhindert, daß die Produktion jemals die ursprünglich errechneten Kapazitäten ausfüllen konnte. So kam es, daß die Jahre 1989 und 1990 im Zeichen einer latenten Knappheit an diesem Metall standen. Die Verknappungsfurcht wurde im Sommer 1990 durch Erklärungen zweier führender amerikanischer Produzenten noch geschürt. Aber es trat letztlich genau das Gegenteil dessen ein, was die Haussiers offenkundig beabsichtigten: Nachdem die für sie günstigen Nachrichten bekannt waren, fielen die Preise. Ähnliches hatte sich bereits in den letzten Monaten des Jahres 1989 abgespielt: »Alle Welt« sprach von einer akuten Kupferknappheit und weiter steigenden Preisen. Am Jahresende lagen die Notierungen in New York dann aber doch um immerhin 50 Prozent unter dem auch von seriösen Quellen gesteckten Preisziel.

Kritische Analytiker merken hierzu an, daß es nur Verwirrung stiftet, wenn man sich zur Beurteilung der Lage bei Kupfer und bei den anderen

Buntmetallen auf gemeinhin anerkannte Statistiken über Produktion und Verbrauch stütze. Bei ihrem Erscheinen seien die Zahlen gerade in Zeiten rascher wirtschaftlicher Veränderungen bereits hoffnungslos überholt, ganz abgesehen davon, daß die verwendeten Daten überwiegend von Produzenten stammten, die ein natürliches Interesse daran hätten, die Lage in einer für sie günstigen, also für höhere Preise sprechenden Form darzubieten.

Aluminium verdient Aufmerksamkeit

Aluminium ist ein weiteres Buntmetall, das nach Meinung von Fachleuten Aufmerksamkeit verdient. Hier könnte sich eine hochexplosive Lage ergeben, heißt es. Seit Jahren sind die Produktionskapazitäten in den westlichen Ländern nicht mehr nennenswert ausgeweitet worden. »Unter dem Strich« wurden die Betriebsstätten, die aus Kosten- und/oder Umweltgründen stillgelegt wurden, gerade so ersetzt, daß der Bedarf an Aluminium gedeckt werden konnte. Dies ist letztlich aber nur dadurch erreicht worden, daß vorhandene Kapazitäten über die Jahre hin beständig über das als üblich geltende Maß hinaus »gefahren« wurden. Schon 1988 warnten Fachleute davor, daß sich die Gefahr einer technischen Panne wegen extremer Auslastung auch nur bei einem bedeutenden Produzenten mit fortschreitender Zeit überproportional erhöhe. In diesem Fall entstünde ein kurz- und mittelfristig nicht auszugleichendes »Loch« auf der Angebotsseite.

Die Versorgungslage hat sich im Laufe des Jahres 1990 zunächst einmal etwas entspannt, weil unerwartet große Aluminiummengen aus Brasilien vor allem auf den westeuropäischen Markt gelangt sind. Sie wurden dort wegen der Wirren, die die radikal veränderte Wirtschaftspolitik der neuen Regierung auslösten, nicht benötigt. Dann machte sich die konjunkturelle Abkühlung in führenden Verbraucherländern in sinkender Nachfrage bemerkbar, während zunehmend Aluminium aus Osteuropa auf dem westlichen Markt angeboten wurde. Der Ausbruch der Krise im Mittleren Osten hat schließlich völlig neue Akzente gesetzt, die von langfristiger Bedeutung sein könnten. Zum einen verteuert die Hausse am Ölmarkt die Herstellung von Aluminium beträchtlich, weil die Produktion nur unter erheblichem Energieaufwand möglich ist. Zum anderen werden etwa 4 Prozent des im »Westen« erzeugten Aluminiums am Persischen Golf hergestellt, und rund 25 Prozent der Kapazitätsausweitungen in der westlichen Welt, die bis 1994 geplant sind, sollen in dieser Region vorgenommen werden. Wenn Kampfhandlungen dort diese Vorhaben verhindern oder auch nur zeitlich nennenswert verzögern würden, ergäben sich nach herrschender Meinung unübersehbare Konsequenzen für die längerfristige Versorgung des Weltmarktes und für die Preisbildung.

Entspannung an den Getreidemärkten

Eine spürbare Entspannung ist an den Getreidemärkten eingetreten, und es spricht manches dafür, daß hier auch 1991 ein vergleichsweise niedriges Preisniveau herrschen wird. Die Weizenproduktion macht 1990/91 einen großen Sprung, der einen ansehnlichen Wiederaufbau der bedrohlich abgesunkenen Weltvorräte zulassen wird. Bei Futtergetreide sieht die statistische Entwicklung zwar nicht so günstig aus, doch gilt es als sehr wahrscheinlich, daß denkbare Engpässe hier durch andere Futterstoffe ersetzt werden können, bis die Erzeugung an Mais im Laufe des Jahres 1991 wieder zunimmt.

Regenwald kontra Sojabohne

Bei Ölsaaten im allgemeinen und bei Sojabohnen im besonderen zeichnet sich entgegen ursprünglichen Erwartungen 1991 eine schwierige Versorgungslage ab. Diese immer häufiger geäußerte Prognose beruht auf Erkenntnissen, daß der Anbau von Sojabohnen in Brasilien, dem nach den Vereinigten Staaten von Amerika zweitgrößten Produzenten, spürbar zurückgehen dürfte. Kostengründe werden als Hauptursache genannt, aber es heißt auch, daß die brasilianischen Farmer von der Regierung zunehmend daran gehindert werden, den Regenwald zu roden, um die Sojafläche zu erweitern. Dieses Verfahren hatte in den zurückliegenden 15 Jahren zu einem rasanten Anstieg der Sojaproduktion geführt. Gerodete Fläche garantierte wegen der reichen Humusschicht in der Regel zwei Ernten mit überragenden Flächenerträgen. Danach war das neu gewonnene Ackerland nicht mehr ohne erheblichen Kostenaufwand verwendbar, die Farmer zogen weiter, rodeten wiederum Regenwald, und so setzte sich die Spirale fort, die nach Meinung mancher Experten jetzt zum Stillstand gekommen ist. Der Preis dafür werden teurere Sojaprodukte sein, heißt es.

Gratwanderung beim Zucker

Zucker, ein jahrelang knappes Erzeugnis, wird auch 1990/91 nicht im Überfluß zur Verfügung stehen, aber die Lage hat sich merklich entspannt. Die recht hohen Preise, die bis ins Frühjahr 1990 hinein herrschten, haben die Nachfrage traditioneller, aber unter Devisenmangel leidender Einfuhrländer spürbar sinken lassen. Dies schaffte letztlich die Entlastung, die 1989/90 bereits einen rechnerischen Überschuß entstehen ließ. Das Bild für 1990/91 ist aber noch keineswegs so klar, wie es manche Kommentatoren zu zeichnen versuchen. Schwierigkeiten könnte nämlich die Zuckerproduktion auf Kuba entstehen lassen, wenn es dort zu den mancherorts vorausgesagten innenpolitischen Umwälzungen und/oder zu einer weiteren Verknappung an Treib- und Brennstoffen kommen sollte, die für die Zuckerrohrgewinnung und Zuckerrohrverarbeitung erforderlich sind. Auch das Angebot aus Brasilien, einem der führenden Erzeugerländer, ist schwer berechenbar. Der hohe Rohölpreis könnte nämlich bewirken, daß dort noch mehr Zucker als bisher zu Alkohol verarbeitet und dann Treibstoff beigefügt wird. Diese und andere Gründe sind es, die kritische Analytiker zu dem Schluß bewegen, daß sich der Zuckermarkt auf dem schmalen und potentiell explosiven Grat zwischen gerade ausreichender Versorgung und Unterversorgung bewegt.

Baumwolle knapp und teuer

Baumwolle wird 1990/91 so knapp wie nie zuvor. Dies war bereits im Spätsommer 1990 zu erkennen, als der Umfang der neuen Ernte in den bedeutenden Erzeugerländern auf der nördlichen Halbkugel einigermaßen abgeschätzt werden konnte. Zugleich wurde klar, daß die Hausse des Ölpreises und damit die Verteuerung der Grundstoffe für die Herstellung synthetischer Fasern diese als Konkurrenten der Baumwolle weit zurückdrängen würden. Analytiker nehmen an, daß das Angebot an der Naturfaser bis ins Frühjahr 1991 hinein ausreichen wird, um die möglicherweise konjunkturell gedämpfte Nachfrage ohne weiteres befriedigen zu können. Dann bahne sich jedoch bis zum Eintreffen der neuen Ernten im Herbst eine Verknappung an, die höhere Preise erzwingen werde, heißt es.

Überhitzungserscheinungen auf den Immobilienmärkten

Der Auftrieb der Immobilienpreise flacht sich ab

Je näher der Tag der Bundestagswahl im Dezember 1990 heranrückte, desto stärker haben sich die um die Gunst der Wähler ringenden Parteien des Wohnungsmarktes angenommen. Dabei wurde freilich – wie schon in früheren Jahren – die Diskussion auf einem Randgebiet geführt. In den Wochen vor der Bundestagswahl wurde in der Hauptsache darüber gesprochen, ob der Staat den »sozialen Wohnungsbau« – den Neubau von verbilligten Wohnungen – nicht stärker fördern sollte. Demgegenüber herrschte »Funkstille« in bezug auf die Frage, wie die vielen vorhandenen, relativ preiswerten Wohnungen, die in früheren Jahren im sozialen Wohnungsbau errichtet worden waren, besser genutzt werden könnten. Denn manche »Sozialwohnung« wird heute von den »falschen« Leuten bewohnt – falsch insofern, als deren Einkommens- und Vermögenslage durchaus höhere Ausgaben für das Gut »Wohnung« zuließen.

Fest steht: Schneller noch als durch den Bau neuer Wohnungen, der wegen der Knappheit an erschlossenem Bauland allenfalls eine mittelfristige Entlastung des Wohnungsmarktes mit sich bringen könnte, wäre einkommensschwachen Wohnungssuchenden geholfen, wenn ihnen Sozialwohnungen, die frei geworden sind, zugewiesen werden könnten. Freilich müßte sich zuvor auf dem Wohnungsmarkt stärker als bisher ein natürlicher Wechsel der Mieter einstellen. Bis jetzt empfindet aber jeder, der eine Sozialwohnung mit entsprechend günstiger Miete bewohnt, dies als ein Geschenk, an dem festzuhalten ist. Aus seiner Sicht ist das auch völlig richtig. Aber die Summe dieses einzelwirtschaftlich verständlichen Verhaltens führt zu einem Phänomen, das Fachleute als »Fehlbelegung« bezeichnen. Politiker, die tatkräftig gegen eine »Fehlbelegung« von Wohnungen streiten, findet man selten. Es leben eben sehr viele Wähler in Sozialwohnungen.

Ohne Frage sind preiswerte Wohnungen in guter Lage knapp. Das waren sie jedoch schon immer. Heute sind zudem überhaupt Wohnungen knapp und deshalb auch teuer. Wenn heute im Einzugsgebiet von Großstädten in Orten, die kaum einen Vorzug aufweisen, Wohnungen neu errichtet werden, die zum Preis von 4000 DM je Quadratmeter

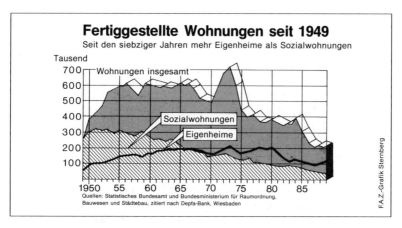

Käufer finden sollen, dann stellt sich die Frage, wer sich solche Wohnungen leisten kann. In diesen Preisforderungen steckt bereits der Keim eines Rückschlags. Auch auf den Immobilienmärkten steigen die Preise nicht immer nur steil nach oben. Man muß nicht auf das Ausland – voran Amerika und Japan – blicken, wenn man Belege für diese Aussage sucht. Auch in der Bundesrepublik hat es bereits Rückschläge gegeben. Sie folgten vorangegangenen Übertreibungen, und eine Korrektur könnte demnächst wiederum bevorstehen.

Der Wohnungsmarkt hat seit der Gründung der Bundesrepublik Deutschland immer wieder große Aufmerksamkeit erregt. Zunächst mußten die Kriegsfolgen beseitigt, dann die Flüchtlinge, später die Zuwanderer aus der DDR versorgt werden. Zugleich stiegen die Ansprüche an die Größe und die Ausstattung der Wohnungen. Die Auflösung der Großfamilie sowie die wachsende Zahl von Menschen, die alleine leben, hat die Nachfrage nach Wohnungen ebenfalls steigen lassen. Nun, nach der Vereinigung der beiden deutschen Staaten, richtet sich der Blick erst recht auf Immobilien und deren Märkte.

Ein quantitativer Vergleich der Wohnungsversorgung im Westen der Bundesrepublik mit jener im Osten der Bundesrepublik zeigt, was jeder Besucher bestätigen kann: Im Osten der Bundesrepublik besteht ein großer Nachholbedarf an Immobilieninvestitionen, vor allem auch an Modernisierungen. Die Wohnfläche je Einwohner beläuft sich im Westen auf 35 Quadratmeter, im Osten auf 27 Quadratmeter. Die Wohnungen im Westen sind durchschnittlich 85 Quadratmeter groß, jene im Osten weisen 65 Quadratmeter auf. Im Westen sind 99 Prozent mit Bad beziehungsweise Dusche ausgestattet, im Osten 80 Prozent. 98 Prozent der West-Wohnungen haben eine innenliegende Toilette, im Osten sind es 73 Prozent. Im Westen verfügen 93 Prozent über einen Kanalisationsanschluß, im Osten 72 Prozent, und an Kläranlagen angeschlossen sind im Westen 89 Prozent und im Osten 58 Prozent der Wohnungen. Nach der Schätzung sachkundiger Experten sind 20 Prozent des Wohnungsbestandes in den fünf neuen Bundesländern als unbewohnbar einzustufen. Investitionen in Milliardenhöhe zeichnen sich als erforderlich ab. Angesichts der hohen Zinsen im Herbst 1990 – Hypotheken kosteten effektiv rund 10 Prozent Zins – ist es verständlich, daß nach Wegen gesucht wird, wie der Staat helfen kann. Weil sich die Bedingungen der beschlossenen beziehungsweise der geplanten Programme schnell ändern können, empfiehlt es sich für Interessenten, sich aktuellen Rat zum Beispiel bei der Gemeinde- oder Kreisverwaltung zu holen. Auch Kreditinstitute können Auskünfte über solche Finanzierungsprogramme geben.

Im Westen der Bundesrepublik hat, wie aus Berichten der Kreditinstitute hervorging, das hohe Zinsniveau die Nachfrage nach Hypotheken für Neubauten bereits deutlich zurückgehen lassen. Das muß wegen der Möglichkeit anderweitiger, auch zunächst kurzfristiger Finanzierungen noch nicht unbedingt heißen, daß weniger gebaut wird. Aber die Wachstumsraten des Wohnungsmarktes geraten in Gefahr.

Eine Bremse bilden auch die steigenden Baukosten, die die Wirkung der gestiegenen Zinsen noch verstärkt. Das Deutsche Institut für Wirtschaftsforschung sagt für 1991 eine Baupreissteigerung um 8,2 Prozent voraus; 1990 werden die Preise um insgesamt 6,2 Prozent steigen. 1989 hatten sie das Vorjahr nur um 3,4 Prozent übertroffen, und sie waren 1988 sogar nur um 2,1 Prozent gestiegen. Die Angaben betreffen jeweils das gesamte Bauvolumen. Für den Wohnungsbau allein werden für 1991 Preissteigerungen von 7,8 Prozent erwartet nach 6,2 Prozent im Jahr 1990 und jeweils 4,7 Prozent in den Jahren 1989 und 1988.

Die Zahl der fertiggestellten Wohnungen soll 1990 gegenüber dem Vorjahr um 13 Prozent auf 270 000 Einheiten steigen. Anderen Quellen zufolge wird mit einer Fertigstellung von 310 000 Einheiten in Westdeutschland und von 60 000 Einheiten in den fünf neuen Bundesländern gerechnet. In jedem Fall liegen diese Zahlen unter dem Baubedarf, den beispielsweise das Deutsche Institut für Wirtschaftsforschung, Berlin, in den Jahren bis zur Jahrtausendwende für erforderlich hält. Für das »alte« Bundesgebiet wird bis dahin ein Wohnungsbedarf von insgesamt 4,1 bis 4,5 Millionen Einheiten, für die fünf neuen Bundesländer werden 0,8 bis 1,2 Millionen Einheiten genannt. Das bedeutet: Jährlich müßten 500000 Wohneinheiten errichtet werden – eine Leistung, die übrigens in der Bundesrepublik bis einschließlich des Jahres 1974 viele Jahre lang hintereinander verwirklicht werden konnte. Die gegenwärtige Neubautätigkeit bringt nicht viel mehr als einen Ersatz für wegfallende Wohnungen, so daß eine Vergrößerung des Wohnungsbestandes derzeit kaum stattfindet.

Untersuchungen des Verbands deutscher Makler für Grundbesitz und Finanzierungen e. V. haben ergeben, daß 1990 die Immobilienpreise und Mieten weiter gestiegen sind. Danach liegen bei den Immobilienpreisen München und Stuttgart an der Spitze, bei den Mieten auch Düsseldorf und Hamburg. Vor allem sind auch die Preise für Altbauten kräftig gestiegen. Die höchsten Preise für Eigentumswohnungen in München und Stuttgart reichen bis 8000 DM je Quadratmeter, in Düsseldorf und Frankfurt lag die Obergrenze, diesen Erhebungen zufolge, bei 6000 DM je Quadratmeter. Nur in wenigen Städten seien einfache Eigentumswohnungen noch zu Qudratmeterpreisen von knapp mehr als 1000 DM zu bekommen, nicht zuletzt im Ruhrgebiet. Freistehende Einfamilienhäuser werden in Düsseldorf, München und Stuttgart bei entsprechender Lage und bei entsprechendem Komfort bereits zu Preisen von zwei Millionen DM umgesetzt.

Ein anderes Schlaglicht auf den Immobilienmarkt werfen die Verhältnisse in Darmstadt. Grundlage der folgenden Bemerkungen sind die Auswertung der 1989 dort registrierten Immobiliengeschäfte. Für die Einschätzung einer zeitnäheren Entwicklung mußten bis zum Herbst 1990 sicher weitere Preiszuschläge gemacht werden. Der mittlere Quadratmeterpreis für unbebaute Grundstücke hat bereits 1989 in Darmstadt die Marke von 500 DM überschritten. Allerdings gibt es je nach Lage – wie überall – bemerkenswerte Unterschiede. Im Westen Darmstadts waren Baugrundstücke mittlerer und guter Qualität schon für rund 320 DM je Quadratmeter zu kaufen, in der bevorzugten südlichen Vorortlage Eberstadt mußte aber doppelt soviel angelegt werden. Reihenhäuser kosteten zwischen 300000 und 400000 DM. Die Preise für neu errichtete Eigentumswohnungen hielten sich je Quadratmeter zwischen 2800 und 4100 DM, als Mittelwert wurden 3400 (Vorjahr 2900) DM ermittelt. Wohnungen aus der Zeit vor dem Zweiten Weltkrieg kosteten freilich weniger als 2000 DM je Quadratmeter. Wie eng der Grundstücksmarkt in Darmstadt ist, zeigt sich daran, daß weniger als vier Dutzend Baugrundstücke die Hand wechselten.

In Wiesbaden sind die Immobilienpreise im ersten Halbjahr 1990 nach Angaben des Rings deutscher Makler um fast zehn Prozent gestiegen. Reihen- und Doppelhäuser älterer Bauart kosteten bis zu 500 000 DM, neu errichtete Häuser dieser Art bis zu 680 000 DM. Freistehende Einfamilienhäuser mit etwa 150 Quadratmetern Wohnfläche lagen bei 700 000 bis 900 000 DM, luxuriöse Villen kosteten mehr als zwei Millionen DM. Im Umland – Bad Schwalbach, Taunusstein, Niedernhausen und Idstein – lagen ältere Reihen- und Doppelhäuser bei 320 000 bis 450 000 DM, Neubauten bei bis zu 550 000 DM, freistehende Häuser bei bis zu 800 000 DM. Die Preisspannen bei Eigentumswohnungen im Wiesbadener Raum waren je nach Lage und Objekt (Hochhaus oder nicht, Stadt oder Umland, Alt- oder Neubau) ziemlich breit gestreut, reichten aber für begehrte Objekte bis zu 6500 DM je Quadratmeter.

In anderen Bereichen der Bundesrepublik Deutschland haben sich die Preise im Jahr 1990 mit entsprechender regionaler Differenzierung ähnlich entwickelt. In Stuttgart sind 1989 Preissteigerungen um bis zu 20 Prozent eingetreten, denen im Jahr 1990 aber geringere Preissteigerungsraten folgten. Zum Teil stagnierten die Preise auch – auf dem 1989 erreichten Niveau. Bemerkenswert ist, daß auch das Stuttgarter Umland von den Preissteigerungen erfaßt wurde. Freistehende Häuser in Orten mit U-Bahn- oder S-Bahn-Anschluß wurden für mehr als 800 000 DM verkauft. Wie das Stuttgarter Bankhaus Ellwanger + Geiger festgestellt hat, lagen die Preise für Neubauwohnungen in guten Stuttgarter Lagen bei 5500 bis 7000 DM je Quadratmeter und in mittleren Lagen bei 4800 bis 5800 DM. »Zweithandwohnungen« aus den achtziger Jahren lagen bei 4200 bis 6000 DM je Quadratmeter. In Böblingen, Sindelfingen und Leonberg wurden Preise von 4000 bis 5000 DM je Quadratmeter ermittelt. Ein- und Zweifamilienhäuser in dieser Gegend waren bis 750 000 DM weiterhin stark gesucht. Reihenhäuser sowie Doppelhaushälften hätten meist über 600 000 DM gelegen.

Auch für gewerbliche Immobilien herrschte starke Nachfrage. Die Vereinigung und die starke Hinwendung zu Berlin haben jedoch zum Beispiel den Frankfurter Markt – wenigstens vorerst – kaum berührt, vielleicht auch deshalb, weil die Deutsche Bundesbank ihren Sitz in

Frankfurt behalten soll. Dies bedeutet, daß Frankfurt die Nummer eins unter den deutschen Finanzplätzen bleibt. Zugleich ist damit eine wachsende Nachfrage nach Büroraum verbunden. Die Mieten steigen kräftig – es wird davon gesprochen, daß die Marke von 100 DM je Quadratmeter monatlich schon bald erreicht werden könnte. Allerdings werden Büroräume in Neubauten außerhalb des engeren City-Bereichs zu vergleichsweise niedrigen Mieten von etwa 30 DM oder nur leicht darüber angeboten.

Allerdings läßt die Knappheit an Baugrundstücken, vor allem aber das hohe Zinsniveau, erwarten, daß der Immobilienmarkt – für Wohnungen wie für gewerbliche Vorhaben – doch zumindest in eine Phase der Konsolidierung eintreten könnte. Auch ein Rückschlag ist nicht ausgeschlossen. Das Deutsche Institut für Wirtschaftsforschung rechnet zwar im Jahr 1991 mit einem höheren realen Bauvolumen. Aber die Zuwachsrate soll niedriger liegen als in den drei Jahren davor.

Für den privaten Immobilieninteressenten ist es angesichts der Überhitzungserscheinungen auf dem Immobilienmarkt noch wichtiger als früher, sich möglichst umfassend zu informieren und vor allem, wenn gleichwohl ein Immobilienobjekt gekauft oder gebaut werden soll, die Finanzierung gut zu planen. Immerhin sind Investitionen in Immobilien eine langfristige Angelegenheit, die nicht von kurzfristigen Tendenzen auf den Immobilienmärkten abhängig gemacht werden sollen. Aber es kann nicht schaden, die kurzfristigen Aussichten in die Überlegungen mit einzubeziehen.

Langfristig haben sich Investitionen vor allem in selbstgenutzte Immobilien bisher grundsätzlich gelohnt, und es ist eine wohl richtige Spekulation, dies auch für die Zukunft zu erwarten. Ein in früheren Jahren oft genutzter »Geheimtip«, der Erwerb von Immobilien aus Zwangsvollstreckungsverfahren, ist heute längst kein Geheimtip mehr. Außerdem erfordert das »Mithalten« bei solchen Verfahren eine genaue Kenntnis vieler juristischer Feinheiten, so daß nur Interessenten mit entsprechenden eigenen Kenntnissen oder jene, die sich beraten lassen, auf solche Möglichkeiten zurückgreifen sollten.

Auch der Kunstmarkt spürt Zurückhaltung
Auf Auktionen konnte manches Stück nicht verkauft werden

Die Turbulenzen im allgemeinen Anlageklima wirken sich auf den internationalen Kunstmarkt aus. Die Schwäche des amerikanischen Dollar, die Krise am Golf und die daraus resultierenden Schwankungen an den internationalen Aktienmärkten haben private und institutionelle Sammler zur Zurückhaltung veranlaßt. In den Auktionssälen von New York, London und Paris wurde 1990 keinesfalls mehr alles gekauft, was die Auktionatoren aufriefen, vielmehr war der Anfang der neunziger Jahre von hohen Rückgangsquoten und stark differenziertem Kaufverhalten gekennzeichnet. Dies führte zu einem Konzentrationsprozeß, der sich allerdings bereits in den vergangenen Jahren ankündigte.

Im oberen Preissegment sind immer die gleichen Künstler gefragt, die im Kreis der Multimillionäre als wertsteigerungssichere Geldanlage gelten. So sind in der Liste der 20 teuersten Gemälde sechs Werke von Vincent van Gogh, sieben Arbeiten von Picasso und zwei Bilder von Renoir vertreten. Die Kunst der zweiten Hälfte des 19. Jahrhunderts und vom Anfang des 20. Jahrhunderts wird eindeutig auf dem internationalen Kunstmarkt am höchsten bewertet, so daß ein Portrait des Medici-Herzogs Cosimo I. von Pontormo auf Platz neun oder Guardis Ansicht der Guidecca auf Platz 19 als außergewöhnlich hoch eingeschätzte Arbeiten alter Meister anzusehen sind.

Bemerkenswerte Abweichungen in der Liste der 20 teuersten Kunstwerke der Welt sind auch Bilder von De Kooning und Kandinsky. Hier wurden Werke des 20. Jahrhunderts extrem hoch bezahlt, so daß De Kooning nun auf Platz 15 und Kandinsky auf Platz 18 rangiert.

Unter den Spitzenreitern brachten die Auktionen bei Sotheby's und Christie's im Mai 1990 in New York Veränderungen. So wurde nur wenige Wochen vor dem 100. Todestag von Vincent van Gogh dessen Portrait des Dr. Gachet bei Christie's für 82,5 Millionen Dollar an den japanischen Papierfabrikant Ryoei Saito verkauft, der dann zwei Tage später auch bei Sotheby's Renoirs kleine Fassung der »Au Moulin de la Galette« für 78,1 Millionen Dollar erwarb. Trotz der Rekordpreise und der rund 700 Millionen Dollar Umsatz, die die Versteigerungen zwischen dem 15. und 18. Mai 1990 in New York brachten, darf nicht übersehen werden, daß die Rückgangsquoten häufig über 50 Prozent lagen. Grund dafür waren unter anderem die nicht dem allgemeinen Anlageklima entsprechenden Schätzpreise. Die Auktionatoren hatten offensichtlich den Einlieferern wertvoller Kunstwerke hohe Preise in Aussicht gestellt, um an die so knapp gewordene sehr gute Ware heranzukommen. Und was möglicherweise noch bei der Drucklegung der Kataloge als realistische Taxierung galt, hatte dann am Tag der Versteigerung keine Chance mehr. Bei den Auktionen im Mai 1990 wurde deutlich, daß man mit dem erreichten Preisniveau bei unsicherer Lage an den Finanz- und Kapitalmärkten keine Amerikaner, kaum Europäer und nur wenige Japaner als Käufer verzeichnen kann.

Trotz der massiven Einbrüche legten die beiden führenden Auktionshäuser Ende Juli 1990 beachtenswerte Geschäftsberichte für die Saison 1989/90 vor. Sotheby's erzielte einen Umsatz von 1,96 Milliarden Pfund, was eine Umsatzsteigerung im Vergleich zur vergangenen Saison von 44,5 Prozent bedeutete. Ein großer Anteil dieses Umsatzes dürfte in New York erwirtschaftet worden sein, das sich 1990 eindeutig zur Metropole des internationalen Kunstmarktes entwickelte. Christie's erklärt dazu, daß man 52,5 Prozent des Weltumsatzes in der New Yorker Niederlassung erzielt habe, während im Londoner Stammhaus 32 Prozent zu verzeichnen waren. Der Gesamtumsatz von Christie's lag in der Saison 1989/90 übrigens bei 1,458 Milliarden Pfund, das sind etwa 75 Prozent des Mitbewerbers Sotheby's. Doch auch Christie's hatte ein Umsatzplus von 40 Prozent im Vergleich zum Vorjahr zu registrieren und beschloß damit im Sommer 1990 eine Saison, die in die Firmengeschichte eingehen wird.

Beide Auktionshäuser waren mit einer stabilen Marktsituation in das neue Jahr gegangen. Doch noch vor der Jahresmitte lagen extreme Hochs und Tiefs dicht beieinander und sorgten im Herbst für Konfusion. Nur eine vielzitierte »Flucht in Sachwerte« als Reaktion manchen Anlegers auf die Baisse an den Aktienmärkten könnte den internationalen Kunstmarkt auch in der Saison 1990/91 wieder »retten« und mit Rekordergebnissen in die Schlagzeilen bringen. 1990 fehlte es nicht an kunstmercantilen Sensationen, wobei zu erwähnen ist, daß die beiden in der ganzen Welt tätigen Auktionshäuser 614 Kunstwerke mit sieben- und achtstelligen Dollarpreisen verkauften, während es im Vorjahr »nur« 405 Kunstwerke in dieser Preislage waren.

Von den Kunstwerken mit Millionenpreisen kosteten 33 mehr als zehn

Millionen Dollar und zehn sogar mehr als zwanzig Millionen Dollar. Vier Objekte wurden in einer Saison dann sogar teurer verkauft als der Spitzenreiter der Liste der teuersten Gemälde vom Saisonbeginn. Die »Schwertlilien« von Vincent van Gogh waren also schnell als teuerstes Kunstwerk der Welt verblüht und mußten dann auch noch vom australischen Großunternehmer Alan Bond – er hatte sie 1987 ersteigert, konnte sie aber bis 1990 nicht bezahlen – ins kalifornische Getty-Museum umgepflanzt werden. Diese Transaktion auf dem Kunstmarkt ist nur ein Beispiel dafür, wie in den vergangenen Jahren die Hausse auf dem Kunstmarkt teilweise künstlich gepflegt wurde. Denn das Versteigerungshaus Sotheby's hatte Bond zum Kauf der »Schwertlilien« ermutigt, indem das Auktionsunternehmen die Hälfte des Kaufpreises von insgesamt 53,9 Millionen Dollar gegen Zinsen stundete. Vor dem Hintergrund solchen Wildwuchses auf dem Kunstmarkt, der von Rekordpreis-Sucht motiviert ist, scheinen die Einbrüche im Frühsommer 1990 eine gesunde Entwicklung, die ein Abspecken auf ein vernünftiges Marktniveau darstellt.

Eine Abkühlung des seit einigen Jahren überhitzten internationalen Kunstmarktes wünscht sich mancher traditionsreiche, solide Kunst- und Antiquitätenhändler, der unter dem Druck einer sich schnell drehenden Preisspirale und aggressiver Marketingstrategien der Auktionsgiganten litt. Doch Einbrüche auf dem internationalen Kunstmarkt, die mit einer generellen Herabsetzung des Preisniveaus einhergehen, treffen auch den Kunst- und Antiquitätenhandel. So kauften zahlreiche Händler bei den Auktionen teuer ein und finanzierten ihre Einkäufe mit Krediten. Es rechnet sich nun nicht, wenn die teuer eingekauften Objekte billiger abgegeben werden müssen und zudem auch noch beachtliche Kreditzinsen an die Banken abzuführen sind.

Eine sorgfältig durchdachte Messepolitik und die Auseinandersetzung mit den Auswirkungen eines gemeinsamen europäischen Binnenmarktes ab 1. Januar 1993 scheinen für den Kunst- und Antiquitätenhandel das Gebot der Stunde, wenn er auch Krisenzeiten überleben will. Der Bundesverband des Deutschen Kunst- und Antiquitätenhandels hat in diesem Zusammenhang im Frühjahr 1990 eine wichtige Entscheidung gefällt, die im Herbst erstmals in die Tat umgesetzt wurde. So beschloß der Verband, seine Kunst- und Antiquitätenmesse internationalen Händlern zu öffnen, was auch bei der Ars Antique vom 28. November bis 2. Dezember 1990 in Frankfurt geschah. Unter den 150 Kunst- und

Antiquitätenhändlern befanden sich erstmals Händler aus Großbritannien, Österreich, der Schweiz und den Niederlanden. Nur ein Zusammentreffen internationaler Händler kann internationale Sammler und Anleger anziehen und damit das härter werdende Geschäft sichern.

Bei der Betrachtung des internationalen Kunst- und Antiquitätenmarktes ist ein Blick auf die Entwicklung eines gemeinsamen europäischen Binnenmarktes ab 1. Januar 1993 unabdingbar. Der gemeinsame Markt wird dazu führen, daß drakonische Exportbeschränkungen, wie sie Italien, Spanien und Griechenland unterhalten, aufgehoben werden. Damit würden bisher abgeschnittene Kunstmärkte mit in den internationalen Markt integriert. Des weiteren würde möglicherweise Paris als europäische Kunstmarktmetropole London den Rang ablaufen. Paris muß sich nämlich ab 1993 den ausländischen Auktionshäusern öffnen, da es dann mit dem Monopol der staatlich lizensierten nationalen Unternehmen vorbei ist.

In London glaubt man nun, daß Paris als Auktionsort – besonders für die Kunden aus dem Fernen Osten – einen Reiz ausüben wird. In diesem Zusammenhang scheint es fast selbstverständlich, daß Sotheby's und Christie's 1993 die Eröffnung von Dependancen in der französischen Hauptstadt planen. Die rund 70 Pariser Auktionatoren sind dann keine Staatsangestellten mehr, deren Pflichten durch Gesetz geregelt werden, vielmehr müssen sie sich dann der ausländischen Konkurrenz stellen. Bereits 1989 haben die Pariser Auktionatoren eine betriebswirtschaftliche Studie in Auftrag gegeben, die den Schluß zuläßt, daß ein Zusammenschluß der Pariser Versteigerer zu einer Pariser Auktionsgemeinschaft am ehesten dem Wettbewerb mit den angelsächsischen Mitbewerbern gewachsen ist. Daß Paris sich um eine Festigung seiner Position auf dem internationalen Kunstmarkt bemüht, wurde bereits deutlich. Die Biennale des Antiquairs im Grand Palais im Herbst 1990 überzeugte durch ausgewählte Ware und hervorragende Gestaltung. Der »Salon de Mars« soll 1991 unter der Beteiligung deutscher Kunst- und Antiquitätenhändler stattfinden; das drittteuerste Bild der Welt, Picassos »Pirettes Hochzeit«, wurde am 30. November 1989 für 108,62 Millionen DM bei Binoche Godeau in Paris unter den Hammer gebracht.

Neben den Entwicklungen zu einem europäischen Binnenmarkt sind für den internationalen Kunstmarkt die politischen und wirtschaftlichen Umwälzungen in Osteuropa interessant. Hier verspricht man sich in erster Linie Materialressourcen, die den im gehobenen Niveau unter Materialknappheit leidenden Kunst- und Antiquitätenmarkt stimulieren könnten. Für die Auktionsunternehmen ist damit Deutschland auch wieder ein interessanterer Niederlassungsstandort geworden. Sotheby's eröffnete am 15. Oktober 1990 eine Niederlassung auf der Berliner Museumsinsel. Phillips, das drittgrößte britische Auktionsunternehmen (Umsatz 1989/90: 118,27 Millionen Pfund; Umsatzsteigerung im Vergleich zum Vorjahr: 17 Prozent), ließ sich 1990 in Düsseldorf nieder, und das Münchener Auktionshaus Neumeister hegt Pläne für eine Dependance in Dresden. Zwar werden die Auktionatoren in diesen Filialen in den nächsten Jahren nicht versteigern, doch dürfte es sich um Büros handeln, die der Kontaktpflege mit Sammlern und der Einlieferungsberatung dienen.

Bereits in den vergangenen Jahren hat sich in der Bundesrepublik Deutschland gezeigt, daß immer mehr private und institutionelle Anleger Kunstwerke und Antiquitäten weniger beim Händler als beim Auktionator kaufen. Die Rekordpreispolitik der angelsächsischen Auktionshäuser trug also ihre Früchte und ließ in den vergangenen Jahren auch die deutschen Auktionatoren am Boom des internationalen Kunstmarktes teilhaben. So wurden in den achtziger Jahren die Höchstpreise für Gemälde in der Bundesrepublik Deutschland bei Villa Grisebach (Berlin), Sotheby's (München), Lempertz (Köln), Nagel (Stuttgart) und Neumeister (München) erzielt. Zwar handelt es sich nicht um Preise mit New Yorker Niveau, aber auch in Berlin, München und Köln wurden siebenstellige D-Mark-Preise verzeichnet.

Teuerstes Gemälde der Saison 1989/90 in der Bundesrepublik Deutschland war Lyonel Feiningers Gemälde »Mellingen V« von 1918, das bei Villa Grisebach für 2,66 Millionen DM versteigert wurde. Auf Platz Nummer zwei rangieren in der deutschen Liste mit beachtlichem Abstand Emil Noldes »Wilde Rosen und weiße Lilien«, die bei Sotheby's für 1,5 Millionen DM verkauft wurden. Übrigens wurden 1988 in der Münchener Niederlassung von Sotheby's 1,65 Millionen DM für Emil Noldes »Blumengarten« bezahlt, und auch Bernd Schultz von Villa Grisebach brachte immerhin schon 1988 Lyonel Feiningers »Raddampfer II« von 1928 für 2,1 Millionen DM unter den Hammer. 1989 waren ferner die Versteigerung von Jean Dubuffets »La garde aux cimes« – wieder bei Villa Grisebach – und der Verkauf von Fernand Légers »Drei Figuren auf einer Treppe« bei Lempertz in Köln beachtlich. Sowohl für das Gemälde Dubuffets als auch für das Bild Légers lagen die Preise bei 1,5 Millionen DM.

Wie auch auf dem internationalen Kunstmarkt, so wurde auch in der Saison 1989/90 in der Bundesrepublik Deutschland die klassische Moderne sehr hoch bewertet. Preiswert im Vergleich dazu die Kunst des 19. Jahrhunderts. Bei Neumeister in München wurde 1989 Carl Spitzwegs »Serenade« für 950 000 DM unter den Hammer gebracht. Der Preis blieb damit unter den 1,03 Millionen DM, die 1988 für das Bild »Friede im Lande« des Münchener Biedermeier-Künstlers bezahlt wurden. Ebenfalls in der vergangenen Saison wurden 440 000 DM bei Sotheby's München für »Das Ständchen« von Carl Spitzweg ausgegeben – ein Preis, der schon 1987 beispielsweise für Carl Blechens »Ruinen am Golf von Neapel« bezahlt wurde. Außer Carl Spitzweg erfuhr 1989 in der Bundesrepublik Deutschland Ludwig Richter eine hohe Bewertung. Immerhin 820 000 DM investierte ein Bieter beim Kölner Auktionshaus Lempertz für Richters »Am Brunnen bei Grotta Ferrata«.

Bei den Reliefs und Skulpturen, die in der Bundesrepublik Deutschland 1989/90 versteigert wurden, erwies sich lediglich Marinis mehrfarbig bemalte Bronze »Cavallo« als teuer und wurde mit 350 000 DM bezahlt. Die Plastik kostete damit aber nur den halben Preis einer Tiroler »Krönung Mariens« von 1340, die 1979 bei Neumeister in München bereits 600 000 DM gebracht hatte. Als teuerste Skulptur der Bundesrepublik Deutschland gilt also nach wie vor Riemenschneiders »Lüsterweibchen«, das 1985 bei Hauswedell & Nolte in Hamburg für 1,3 Millionen DM verkauft wurde.

Interessant bei einer Betrachtung des deutschen Kunstmarktes sind auch die Preise für Kunsthandwerk, Möbel und Bücher. In der vergangenen Versteigerungssaison brachte das Stuttgarter Auktionshaus Nagel einen Deckelpokal aus Glas (Schlesien, Anfang 18. Jahrhundert) für 400 000 DM unter den Hammer. Dies ist das teuerste kunsthandwerkliche Objekt, während auf Rang zehn der Liste der teuersten kunsthandwerklichen Gegenstände der Bundesrepublik Deutschland eine Gallé-Vase in Hoch- und Tiefschnitt (um 1893/95) steht, die beim Stuttgarter Auktionshaus Nagel 1990 für 101 000 DM wegging. Dies zeigt deutlich, daß beim Kunsthandwerk die Preissprünge wesentlich größer sind als in anderen Sammelgebieten und außerdem das gesamte Preisgefüge auf einem wesentlich niedrigeren Niveau angesiedelt ist.

Bei den Möbeln ist ein Verkauf des Frankfurter Auktionshauses

Arnold erwähnenswert, das 1989 einen Erfurter Kabinettschrank aus der Mitte des 18. Jahrhunderts für 280 000 DM versteigerte. Das Möbelstück wird damit im Preis nur noch von einem 1981 bei Ruef in München versteigerten Schreibsekretär »à trois corps« (Mainz, um 1750) übertroffen.

Wertvolle Bücher haben in der Bundesrepublik Deutschland auch ihren Preis. Und da gab es 1990 eine Rarität. Die »Chronica Hungarorum« – es handelt sich dabei um das erste in Ungarn gedruckte Buch, das nur in elf Exemplaren existiert – wurde bei Hartung & Hartung in München für 420 000 DM an den Londoner Händler Quaritch verkauft, der es vermutlich im Auftrag von H. P. Kraus, New York, kaufte. Die »Chronica Hungarorum« ist damit das teuerste Buch, das je in der Bundesrepublik Deutschland versteigert wurde.

Insgesamt scheint der Markt für Kunstwerke und Antiquitäten in der Bundesrepublik Deutschland zwar bescheidener als in den Vereinigten Staaten, Großbritannien oder Frankreich, aber möglicherweise bleiben ihm damit auch größere Einbrüche erspart und lassen ihn die nächste Saison solide überstehen.

II. Kapitel
Märkte im Wandel

Deutsche Terminbörse:
Eingeschränkt erfolgreich
Die weiteren Chancen einer neuen Institution

Der Blick in die Vergangenheit ist nicht die Sache der Termin- und Optionshändler. Sie befassen sich beruflich hauptsächlich mit der Zukunft. Seit Januar 1990 besteht nun aber die Institution, an der sie ihren Handel vollelektronisch betreiben, die Deutsche Terminbörse (DTB). Zum ersten Geburtstag bietet sich ein Rückblick, ein Ausblick, eine erste Bilanz an.

Die Eröffnung der DTB kam für die meisten Beobachter einem Urknall im deutschen Finanzwesen gleich. Zum ersten Mal nach dem Zweiten Weltkrieg wurde eine neue Börse in Betrieb genommen, und es war zudem die erste vollelektronisch organisierte hierzulande. Doch der Beginn des Handels an der Terminbörse zunächst mit Optionen auf Aktien, später mit Terminkontrakten auf Bundesanleihen und den Deutschen Aktienindex (Dax), stellte und stellt weit mehr dar als nur ein Stück Börsengeschichte. Die Gründung der DTB hat die Börsenlandschaft in Deutschland nachhaltig verändert, sie hat als Treibsatz für weitere Reformen im deutschen Börsenwesen gewirkt.

Die DTB ist mit keinem der bislang in Deutschland bestehenden Märkte zu vergleichen. Seit Januar 1990 wird zum ersten Mal nicht mehr in einem Börsensaal gehandelt; die Marktteilnehmer stehen einander nicht mehr persönlich gegenüber. Zum ersten Mal auch wird der Handel nicht an einem Ort konzentriert. Daten, Fakten, Meinungen, auch die psychologische Verfassung des Marktes verdichten sich nicht mehr an einem Platz zu Preisen und einer Markttendenz. An den Terminbörsen hat der Computer das Parkett ersetzt. Ein Vorbild auch für die klassische Aktien- und Rentenbörse? Angebot und Nachfrage werden zudem nicht mehr durch Makler ins Gleichgewicht gebracht. Diese Aufgabe der Preisfindung haben an der DTB Marktmacher und Computer übernommen.

Nicht alles Neue wird gleich auch mit Begeisterung und Wohlwollen aufgenommen. Viele Anleger und Investorengruppen haben sich offenbar nicht mit den Produkten der DTB anfreunden können. Das läßt sich auch am Umsatz ablesen. Zwar lag die Zahl der täglich gehandelten

Kontrakte schon am ersten Tag über der von der DTB angepeilten Marke von 15 000 Stück. Doch lassen sich nicht auch gerade solche Zahlen, bewußt niedrig angesetzt, als sichtbare Demonstration scheinbaren Erfolges verwenden?

In Deutschland ist es trotz aller Umsatzerfolge der DTB bisher nicht gelungen, breite Anlegerschichten an die Terminbörse zu locken. Nur ein Drittel aller Umsätze gehen auf Kundengeschäfte zurück. Wie denn auch, wenn sich die Anleger schon beim Kauf normaler Aktien zurückhalten, das ganze Geschäft für Spekulation halten und lieber auf die sicheren Sparformen setzen. Doch auch den Anlegern, die sich an der DTB engagieren wollen, wird das Leben von den Kreditinstituten oftmals nicht gerade leichtgemacht.

Zunächst einmal wird nicht bei jeder Bank auch jeder Kunde zum Geschäft an der DTB zugelassen. Die Banken bauen hier zum Teil gezielte Marktzugangsbarrieren auf. In der Regel ist nur der vermögende Kunde auch für den Zugang zur DTB gut genug. Wer dann handeln darf, muß sich mit dem Gebühren-Wust der Banken herumschlagen. Um die ohnehin fälligen DTB-Gebühren haben viele Banken einen ganzen Kranz von eigenen Provisionen und Gebühren geflochten. Dem privaten Anleger wird der Vergleich zwischen den Instituten zudem erheblich erschwert, weil fast jede Bank ihre eigene Gebührenkomposition kreiert hat.

Doch nicht nur die Privatanleger sind an der DTB nicht so aktiv wie gewünscht. Auch die institutionellen Investoren machen nur zähflüssig von den neuen Angeboten Gebrauch. Keine Ausnahme bilden da auch die deutschen Spezial- und Publikumsfonds, die sich am DTB-Geschäft nach wie vor kaum beteiligen. Zumindest die Publikumsfonds sind bei ihrem Gang auf den neuen Markt vom Gesetzgeber kräftig behindert worden, der die notwendigen rechtlichen Grundlagen – obwohl nach EG-Recht verpflichtet – nicht rechtzeitig geschaffen hatte. Nun rechnet man bei der DTB zum Jahreswechsel 1991 erstmals mit einer nennenswerten Teilnahme der Publikumsfonds.

Zu kämpfen hat die DTB nicht nur um Anerkennung und neue Umsätze, ihre liebe Not hat sie auch mit der Technik, der bei dieser Computerbörse natürlich ein besonderes Gewicht zukommt. Die neue Art des Handels birgt neben den bekannten Vorteilen einer schnellen Abwicklung und Verarbeitung auch völlig neue Probleme. Mehr denn je zuvor sind die handelnden Personen auf das präzise Funktionieren der

Technik angewiesen. Häufig genug arbeiteten die Rechner der DTB und der Banken nicht schnell genug oder fielen schlicht aus. Und der Handel mittels Computer eröffnet neue Betrugschancen, die aber auch besser aufzuklären sind. Die DTB hat das in ihrer jungen Geschichte schon erlebt. In jedem Fall bemüht sich die DTB um einen möglichst großen Schutz der Kleinanleger. Zur Kontrolle der Geschäfte werden mittlerweile auch Computer eingesetzt, die bestimmte Auffälligkeiten melden. Gleichwohl rät die DTB den Anlegern, immer nur im Preis limitierte Aufträge an den Markt zu geben. Auf diese Weise könnten mögliche Übervorteilungsversuche deutlich erschwert werden.

Bei der Eröffnung der Börse haben die Verantwortlichen die Beantwortung der Frage nach Erfolg oder Mißerfolg auf Termin gelegt. Nach etwa einem Jahr kann die Frage mit »eingeschränkt erfolgreich« beantwortet werden. Die DTB ist entwicklungsfähig, die Voraussetzungen für eine weitere Ausweitung der Umsätze und Geschäfte sind gut. Ein von innovativem Geist geprägtes Team kann die Börse weiter voranbringen. Nur: Die den Markt beherrschenden Teilnehmer müssen dies auch zulassen. Die Konkurrenz neuer ausländischer Finanzinstitute darf nicht gefürchtet werden – man muß sie annehmen. Die DTB muß sich als Markt im besten Sinne bewähren. Sie darf nicht zu einem Kartell mutieren.

Neue Finanzprodukte bergen auch Risiken
»Floater«, Genußscheine und viele Spielarten von Optionsscheinen

Nicht nur Modeschöpfer und Automobilkonstrukteure sind kreativ. Auch in der Welt der Sparformen gibt es in jedem Jahr Neues zu bestaunen, auch wenn sich manchmal herausstellt, daß eine als besonders gelungen aufgenommene »Finanzinnovation« nur eine Abwandlung eines schon existierenden Finanzproduktes ist. Aber »alten Wein in neuen Schläuchen« gibt es ja nicht nur in der Finanzwelt.

Erfolgreiche Spar- und Finanzierungsformen fallen gewöhnlich nicht vom Himmel, sondern sind in aller Regel das Resultat des Lösens konkreter Probleme. Daher erstaunt nicht, daß einige der erfolgreichsten Finanzprodukte des Jahres 1990 eine Folge der Finanzierung der deutschen Einheit waren. Allerdings findet sich auch das Gegenbeispiel. Hierbei handelt es sich um Finanzprodukte, die von findigen Tüftlern entwickelt wurden, um in erster Linie die Kassen der vermittelnden Banken zu füllen, obgleich ein Bedarf bei Gläubigern und Schuldnern nicht immer zu erkennen ist. Dementsprechend verschwanden einige »Finanzinnovationen« des vergangenen Jahres rasch wieder in der Mottenkiste der abgelegten Finanzprodukte. Vielleicht tauchen sie in einigen Jahren ja wieder in einem neuen Gewande auf.

Die Finanzierung der Einheit

Auch für den deutschen Rentenmarkt war die Wiedererlangung der nationalen Einheit das beherrschende Thema des Jahres 1990. Aber während die breite Mehrheit der Bevölkerung die deutsche Einheit begrüßte, betrachtete sie der Rentenhandel aus beruflicher Sicht auch mit gemischten Gefühlen. Der unmittelbar höhere Finanzierungsbedarf der öffentlichen Hand, noch mehr aber die Furcht vor einer unkontrollierten Verschuldung des Staates in den kommenden Jahren, ließ den Zinssatz für Anleihen und Obligationen (Kapitalmarktzins) im Jahresverlauf ordentlich steigen. Rentierte eine zehnjährige öffentliche Anleihe Ende 1989 noch mit 7,3 Prozent, gab es Anfang April 1990 schon rund 8,5 Prozent. Im Herbst 1990 legte der Bund am deutschen Kapitalmarkt Anleihen mit einem Kupon von 9 Prozent auf.

Rasch steigende Zinsen, noch mehr aber die Erwartung möglicherweise noch weiter steigender Zinsen, verändern vor allem das Verhalten von Anleihekäufern. Wer von höheren Zinsen in absehbarer Zeit ausgeht, kauft nicht gerne eine Anleihe mit einem festen Zinssatz. Einerseits entgeht dem Erwerber vielleicht ein höherer Kupon, und obendrein erleidet er Kursverluste, wenn er nach einem wirklich eingetretenen Zinsanstieg seine Anleihe verkaufen muß. Abhilfe schafft in diesem Fall ein Anleihetyp, der 1990 mehrfach von der öffentlichen Hand angeboten wurde: Die variabel verzinsliche Anleihe, in Anlehnung an die englische Bezeichnung »floating rate note« auch kurz »Floater« genannt.

»Floater« tragen keinen festen Kupon wie die klassische Anleihe. Ihre Verzinsung wird an einen repräsentativen Marktzinssatz, zumeist einen Satz für drei- oder sechsmonatige Bankeinlagen im Londoner oder Frankfurter Geldhandel, angepaßt. Aus dieser Konstruktion ergeben sich einige wichtige Folgerungen. »Floater« werden wegen ihrer regelmäßigen Anpassung an einen Marktzinssatz – wenn die Zeit der »festgeschriebenen« Zinsen zwischen zwei Anpassungsterminen außer Betracht bleibt – immer marktgemäß verzinst. Daraus folgt, daß ihr Kurs nicht wesentlich von 100 Prozent abweichen kann. Das Kursrisiko variabel verzinslicher Anleihen ist daher eng begrenzt.

Für den Anleger ist ein »Floater« als langfristige Anlage interessant, wenn er steigende Zinsen erwartet. Die Furcht vor einem deutlichen Zinsanstieg bei vielen kleinen und großen Anlegern aus dem In- und Ausland hat den Bund im Jahr 1990 zu der Auflage von variabel verzinslichen Anleihen bewogen. Steigen die Zinsen wie erwartet, nimmt der Anleger durch die regelmäßige marktgemäße Anpassung an den höheren Renditen ohne Kursrisiko teil. Umgekehrt ist die variabel verzinsliche Anleihe für Schuldner interessant, die mit niedrigeren Zinsen in der Zukunft rechnen. Geht die Kalkulation auf, brauchen sie wegen der Zinsanpassung nur noch niedrigere Sätze zu zahlen. Unabhängig von mittel- und langfristigen Überlegungen können variabel verzinsliche Anleihen auch aus kurzfristiger Sicht eine interessante Anlageform sein. So bilden sie wegen der Zinsanpassung eine attraktive Alternative zur Festgeldeinlage bei einer Bank.

Aber die Erwartungshaltung kann bei Schuldnern und Anlegern auch umgekehrt verlaufen. Für Investoren, die niedrigere Zinsen erwarten und Schuldner, die statt dessen mit höheren Zinsen rechnen, wurde 1990 der »umgekehrte Floater« oder »Spezialfloater« erfunden. Bei ihm errechnet sich der Zinssatz aus einem Betrag, von dem man einen Referenzzinssatz abzieht. Als Beispiel seien die Konditionen einer Anleihe genannt, die das Düsseldorfer Bankhaus Trinkaus & Burkhardt KGaA im Juni 1990 für die Landeskreditbank Baden-Württemberg an den Markt brachte. Der Nominalzins der Anleihe errechnet sich aus der Differenz von 17 Prozent und dem repräsentativen Londoner Geldmarktsatz für sechsmonatige D-Mark-Einlagen. Für den Anleger rentiert die Anleihe damit um so besser, je niedriger der sechsmonatige Marktzins liegt.

Schließlich kann man dem Käufer den Erwerb durch allerlei Zugaben versüßen. So wurde dem Anleger bei der beschriebenen Anleihe eine Mindestverzinsung von nominal 3 Prozent garantiert. In einem anderen Fall beinhaltete ein »Spezialfloater« eine feste Verzinsung in den ersten drei Jahren der Laufzeit, die von einer variablen Verzinsung für den Rest der Laufzeit abgelöst wurde.

Der »Spezialfloater« hat allerdings bis zum Herbst 1990 kein übermäßig großes Interesse am Markt gefunden. Die Zahl der aufgelegten Titel und die Emissionsbeträge blieben doch bescheiden. Für die wenigen Anleihen, die begeben wurden, soll es allerdings ausreichend Nachfrage gegeben haben.

Der Genußschein gewinnt an Bedeutung

Genußscheine haben am deutschen Markt noch niemals ein bedeutendes Dasein geführt, sondern waren immer ein Wertpapier für Spezialisten. Das könnte sich in den kommenden Jahren ändern. Ein wichtiger Grund liegt in den Eigenkapitalvorschriften für die Kreditinstitute und die Herausforderungen des Europäischen Binnenmarktes. Genußscheine haben bislang auch im Schatten von Anleihen und Aktien gestanden, weil sie im Unterschied zu diesen Wertpapieren nicht standardisiert sind, sondern in einer Vielzahl von Varianten angeboten werden.

Einige allgemeingültige Feststellungen lassen sich jedoch treffen: Genußscheine sind börsenfähige Wertpapiere, die sowohl Elemente des Eigen- wie des Fremdkapitals aufweisen. Man könnte sie auch als

»Mischlinge« aus Aktien und Rentenwerten bezeichnen. Der Vorteil für den Schuldner besteht in der Gestaltungsfreiheit der Konditionen. Genußscheine können eine unbegrenzte Laufzeit besitzen (wie Aktien), aber es ist ebenfalls möglich, Genußscheinkapital nach einer festgelegten Laufzeit wieder zurückzuzahlen (entsprechend den Regelungen bei den meisten Anleihen). Die Bedienung kann durch feste Zahlungen oder gewinnanteilig erfolgen. In der Praxis findet sich häufig eine Kombination aus einem Basiszins, der bei guter Geschäftslage um einen gewinnabhängigen Zusatz ergänzt werden kann. Für die Schuldner ist ferner wichtig, daß Genußscheininhaber kein Stimmrecht in der Hauptversammlung besitzen. Durch die Ausgabe von Genußscheinen kann man also bestehende Mehrheitsverhältnisse in Unternehmen festschreiben.

Attraktiv sind schließlich die steuerlichen Regelungen, nach denen Genußscheinkapital unter bestimmten Bedingungen als Fremdkapital anerkannt werden kann. Damit sind Ausschüttungen steuerlich abzugsfähige Betriebsausgaben, wogegen Dividenden aus Aktien eine steuerpflichtige Gewinnverwendung bedeuten. Diesen Vorteilen für die Schuldner stehen Nachteile für die Anleger gegenüber, die vor allem aus der Intertransparenz des Marktes für Genußscheine resultieren.

Vor dem Erwerb von Genußscheinen, die durchaus attraktive Renditen bieten können, ist zunächst ein aufmerksames Studium der Konditionen vonnöten. Diesen Aufwand wollen viele Anleger nicht akzeptieren, zumal auch nicht jede Bank über die Details des Genußscheinmarktes auf Anhieb Informationen erteilen kann.

Immerhin ist denkbar, daß ein größeres Angebot an Genußscheinen auch zu einer Standardisierung führen wird. Hier wäre vor allem die Kreditwirtschaft gefordert, denn Unternehmen dieser Branche werden voraussichtlich in den kommenden Jahren zu den wichtigsten Emittenten dieser Wertpapiergattung gehören. Viele Banken und Sparkassen werden in den kommenden Jahren ihre Ausstattung mit Eigenmitteln vergrößern müssen. Dies fällt vielen Instituten, zum Beispiel den Sparkassen, gar nicht so leicht. Nach den heutigen gesetzlichen Regelungen dürfen Sparkassen keine Aktien ausgeben. Hier böte der Genußschein die Möglichkeit, Eigenkapital aufzunehmen, ohne die Rechte der bisherigen Eigentümer zu schmälern. In den vergangenen Monaten sind auch private Banken mit Aufnahmen von Genußscheinen an den Kapitalmarkt gegangen. Ein Grund war in den Kursverlusten am Aktienmarkt zu suchen, der die Beschaffung neuer Eigenmittel durch Ausgabe von Aktien wenig anziehend erscheinen ließ.

Als Beispiel sei hier die Dresdner Bank AG genannt, die im Herbst 1990 befristete Genußscheine mit einer festen Verzinsung von nominal 9,5 Prozent ausgab. Aus der Sicht des Anlegers ähnelt der Erwerb dieses Genußscheins zunächst sehr dem Kauf einer Anleihe. Allerdings nehmen die Genußscheine – im Unterschied zur Anleihe – an einem Bilanzverlust teil. In diesem Fall verhindert sich der Rückzahlungsanspruch des Inhabers. Ihren bisherigen Aktionären hat die Dresdner Bank ein Bezugsrecht für einen bevorrechtigten Kauf der Scheine unterbreitet.

Wie von anderen Wertpapieren bekannt, kann man auch den Genußschein mit ergänzenden Elementen ausstatten oder seinen Erwerb an andere Titel binden. So ist es möglich, Optionsgenußanleihen auszugeben. Wie bei der herkömmlichen Optionsanleihe ist dann der Anleihe ein Optionsschein beigefügt. Nur berechtigt dieser im Fall der Optionsgenußanleihe zum Erwerb von Genußscheinen, wogegen die »normale« Optionsanleihe ein Recht auf den Kauf von Aktien beinhaltet. Die Commerzbank AG gab schließlich im Oktober 1990 befristete Genußscheine aus, die innerhalb der Laufzeit zu einem im voraus festgelegten Kurs in Aktien der Bank umgetauscht werden können. Außer den beiden Großbanken haben in jüngerer Zeit die Allianz AG und die Stadtwerke Hannover AG Genußscheine ausgegeben.

Wildwuchs bei Optionsscheinen

Optionen und Optionsscheine waren schon in den vergangenen Jahren bevorzugte Anlageinstrumente an den Wertpapiermärkten. Hier sei nur an die »gedeckten Optionsscheine« (covered warrants) erinnert, die vor allem 1989 für Furore, aber auch für manchen Kummer beim Anleger sorgten. Das Jahr 1990 sah wiederum zahlreiche Neuemissionen von Optionsscheinen. Sicher, viele Erwerber von Optionsscheinen sind risikofreudige Anleger, die mit einem begrenzten Kapitaleinsatz eine hohe Gewinnchance suchen und nicht verzagen, wenn die Spekulation einmal nicht aufging. Aber auch diese Anleger haben ein Recht auf eine faire Behandlung. Diese ist aber nicht immer gewährleistet, woran gelegentlich auch die emittierenden Banken schuld sind.

Damit sind nicht etwa scheinbar oder tatsächlich ungünstige Konditionen gemeint, die hin und wieder in der Öffentlichkeit beklagt werden. Natürlich werden auch Scheine an den Markt gebracht, bei denen man sich fragt, ob der Anleger überhaupt eine halbwegs realistische Chance hat, während der Laufzeit in die Gewinnzone zu gelangen. Aber die Verantwortung für den Erwerb trägt der Käufer der Optionsscheine. Man kann von jedem Anleger erwarten, daß er sich vor dem Kauf von Optionsscheinen Klarheit über die Konditionen verschafft. Wer dann kauft, trägt eben das Risiko. Ebenso ist die Kritik an den teilweise sehr kurzen Laufzeiten von Optionsscheinen unberechtigt. Freilich schränken sie die Gewinnchancen ein, aber ein vernünftiger Anleger wird sie bei seinen Überlegungen natürlich berücksichtigen.

Bedenklich ist statt dessen die Marktenge vieler Papiere. Bereits begebene Scheine können im Prinzip zumeist im außerbörslichen, von Kreditinstituten organisierten Handel ge- oder verkauft werden. Aber die Realität stimmt nicht immer mit dem Anspruch überein. Immer wieder werden Klagen laut, weil vor allem der rasche Verkauf von Scheinen zu marktgerechten Preisen Schwierigkeiten bereitet. Freilich trifft der Vorwurf nicht alle Kreditinstitute, aber ganz offensichtlich gibt es unter ihnen hin und wieder auch ein schwarzes Schaf.

Schließlich haben »findige« Köpfe in Banken mittlerweile Konstruktionen entwickelt, bei denen sich aus Anlegersicht doch ernstlich die Frage nach der Seriosität stellt. Ein gutes Beispiel ist der im Sommer 1990 an den Markt gebrachte »capped warrant«, der zunächst von Trinkaus & Burkhardt vorgestellt wurde, ehe ihn einige andere Institute übernahmen, die bei der Präsentation von Optionsscheinen stets in vorderster Front zu finden sind. Es spricht allerdings für diese Banken, daß sie die Ausgabe der ursprünglich hoch gelobten »capped warrants« schnell wieder einschlafen ließen. Offensichtlich überwogen in diesen Häusern am Ende doch die Bedenken.

Das Prinzip dieser Optionsscheine sei anhand der Trinkaus-Emission gezeigt: Auf den Deutschen Aktienindex (Dax) wurden Kauf- und Verkauf-Optionsscheine ausgeschrieben, die bei der Emission nur gemeinsam für 315 DM erworben werden konnten. Die Kaufoption kostete 180 DM, die Verkaufsoption 135 DM. Die Kaufoption sicherte dem Erwerber den Betrag in D-Mark zu, um den der Schlußkurs des Dax am 29. November 1993 den Basiswert von 1850 Punkten überschreitet – maximal jedoch 400 DM. Umgekehrt garantierte die Verkaufsoption dem Anleger den Betrag in D-Mark, um den der Dax am 29. November

1993 unter dem Wert von 2250 Punkten liegt – aber auch hier höchstens 400 DM. Das Optionsrecht kann jeweils nur am Verfallstag ausgeübt werden.

Der Erwerb dieser Scheine ist ziemlich unproblematisch, wenn man sie wie andere Optionsscheine mit der Hoffnung auf Kursgewinne während der Laufzeit erwirbt. Dies setzt starke Veränderungen der Aktienkurse während der Laufzeit voraus, aber diese könnten sich durchaus einstellen. Angenommen, die Kurse am Aktienmarkt steigen zunächst sehr stark. In diesem Fall könnte der Kurs für die Kaufoption auch steigen, so daß sie sich während der Laufzeit vielleicht mit Gewinn verkaufen läßt. Gleichzeitig wäre aber der Kurs für die Verkaufoption sicherlich gefallen. Unter der Annahme, daß die Aktienkurse anschließend sehr stark fallen, könnte aber auch der Kurs dieses Scheins noch einmal kräftig zunehmen, so daß sich letztlich ein ordentlicher Gewinn für den Anleger errechnet. Allerdings stellt sich die Frage, ob die Kursveränderungen der Scheine überhaupt sehr groß sein werden, weil das Optionsrecht nur am Verfallstag ausgeübt werden kann.

Aber das ist gar nicht der angebliche »Clou« dieses Finanzinstruments. Statt dessen stelle man sich einmal vor, der Anleger behält beide Scheine bis zum Ende der Laufzeit. In diesem Fall ergibt sich ein auf den ersten Blick sehr seltsames Resultat. Egal wie der Dax am Verfalltag steht, erhält der Anleger immer 400 DM zurück, wofür die Kombination von Kauf- und Verkaufsoption und die Beschränkung der Kursgewinne auf maximal 400 DM sorgt. Bei einem ursprünglichen Erwerb zu 315 DM ergibt sich bei einer Laufzeit von drei Jahren eine Rendite von rund 7 Prozent – steuerfrei, wie zumindest einige konsortialführenden Banken in Aussicht stellten. Damit ist die Rendite dieser Anlage im Vergleich zu Anleihen fast konkurrenzlos hoch. Ein Anleger mit einem Steuersatz von 50 Prozent müßte eine Anleihe mit einer Rendite von mehr als 14 Prozent finden, um besser abzuschneiden als mit den Optionsscheinen.

Allerdings erhebt sich die Frage, ob die Erträge aus dieser Anleihe wirklich steuerfrei sind. Wenn der Anleger beide Scheine bei der Emission für 315 DM erwarb, um nach drei Jahren 400 DM zu kassieren, erweist sich die ganze Konstruktion mit dem Dax und den Optionsscheinen als »Schnickschnack«. Tatsächlich stellt ein Anleger der emittierenden Bank für drei Jahre Geld zu etwa sieben Prozent pro Jahr zur Verfügung. Für die Bank ist dies, verglichen mit Mittelaufnahmen am Geldmarkt, ein sehr günstiger Satz. Sieht man die »Finanzinnovation«

von dieser Perspektive aus, ähnelt sie plötzlich sehr stark einer Nullkuponanleihe mit dreijähriger Laufzeit. Bei dieser Anleiheform werden die Zinsen am Ende der Laufzeit in einem Betrag und nicht in jährlichen Raten zurückgezahlt. Allerdings hat der deutsche Fiskus die Auffassung bekräftigt, daß es sich bei den Erträgen aus der Differenz von Ankauf- und Rückzahlungskurs nicht um steuerfreie Kursgewinne, sondern um steuerpflichtige Zinserträge handelt. Es ist zwar richtig, daß die Erträge aus den »capped warrants« bis heute noch nicht steuerpflichtig sind, aber das hängt daran, daß diese Scheine in der Vergangenheit in Deutschland unbekannt waren. Trinkaus & Burkhardt haben immerhin ein Gutachten erstellen lassen, in dem der Überzeugung Ausdruck verliehen wird, daß der Fiskus eine Besteuerung der Erträge vermutlich nicht durchsetzen kann, aber das Bankhaus rechnet zugleich mit dem Versuch des Staates, wie im Falle der Nullkuponanleihe vorzugehen und die Erträge zu besteuern. Infolgedessen ist die steuerliche Lage hier ziemlich unklar, und es ist kaum zu vertreten, wenn man die Anleger beim Erwerb nicht ausdrücklich auf die Rechtsunsicherheit hinweist. Trinkaus & Burkhardt kann zwar mit Recht einschränken, daß dieses Haus niemals ausdrücklich mit dem Aspekt der steuerfreien Erträge geworben habe, aber es wäre gleichwohl richtiger gewesen, zunächst das Finanzamt um eine verbindliche Stellungnahme zu bitten, anstatt sich nur auf ein Gutachten zu berufen.

Abgesehen von diesen eher zweifelhaften Neukonstruktionen war 1990 sicherlich das Jahr der Währungs- und Indexoptionsscheine. Die Konstruktion des Währungsoptionsscheins ist recht einfach. Bei einer Kaufoption erwirbt der Anleger das Recht, einen bestimmten Betrag einer Fremdwährung innerhalb eines festgelegten Zeitraums zu einem vorher vereinbarten Basiskurs zu erwerben. Besondere Beliebtheit haben auch Kauf- und Verkaufsoptionen auf Aktienindizes erlangt. Mittlerweile gibt es zahlreiche Optionsscheine auf den Deutschen Aktienindex, vereinzelt auch auf den F.A.Z.-Aktienindex. Als Beispiel sei eine Emission der Citibank AG genannt: Sie begab Ende August 1990 jeweils 5 Millionen Kauf- und Verkaufsoptionsscheine auf den Dax. Die Kaufoption kostet 2,90 DM und berechtigte zum Erhalt von einem Hundertstel der Differenz, um den der Dax am Ausübungstag den Basispreis von 1600 Punkten überschreitet. Eine Verkaufsoption kostete 1,90 DM und berechtigte umgekehrt zum Erhalt von einem Hundertstel der Differenz, um die der Dax unter dem Basispreis von 100 Punkten liegt. Die Option kann jederzeit zwischen dem 6. September 1990 und dem 2. September 1991 ausgeübt werden.

Eine vollständige Einschätzung der Möglichkeiten des Optionsscheins schließt seine Rolle als ergänzende Anlageform in einem Wertpapierportefeuille ein. In diesem Fall erweist sich der Optionsschein häufig genug nicht als Spekulationsobjekt, sondern als eine Beimischung, die Risiken sogar begrenzen kann. Solche Strategien sind auch für Privatanleger interessant. Allerdings empfiehlt sich beim Erwerb von Optionsscheinen aus diesem Motiv unbedingt eine kompetente Unterstützung durch einen sachkundigen Anlageberater.

Neues Geld zum Anfassen
Zugleich verbreitet sich das elektronische Bezahlen

Am 1. Oktober 1990 sind die ersten neuen Geldscheine mit den Nennwerten von 100 DM und 200 DM ausgegeben worden. Die weiteren Werte in neuer Form werden nun nach und nach in Verkehr gebracht. Das soll bis Ende 1992 geschehen sein.

Schon im März 1988 hatte die Deutsche Bundesbank offiziell verkündet, daß sie neue deutsche Banknoten vorbereite. Sie wollte eine neue Serie von Noten schaffen, die noch sicherer und tauglicher für den Zahlungsverkehr sind, als es die »alten«, vor über dreißig Jahren entstandenen D-Mark-Geldscheine bereits waren. Der Fortschritt in der Druck- und Kopiertechnik hat seither neue Fälschungsmöglichkeiten eröffnet. Die Bundesbank will Geldfälschern – auch wenn deren »Erfolge« nicht groß und in den letzten Jahren sogar geringer geworden sind – mit verbesserten Sicherheitsmerkmalen das Leben noch schwerer machen. Ferner sind die neuen Banknoten mit maschinenlesbaren Merkmalen für den automatisierten Barzahlungsverkehr ausgestattet. Und schließlich sollen die neuen Banknoten ein moderneres grafisches Erscheinungsbild bieten.

Die Ausgabe von neuen D-Mark-Banknoten hat also überhaupt nichts mit einer Währungsreform oder mit einer Verschlechterung des Geldwertes zu tun. Es handelt sich lediglich um eine technische Maßnahme: Das in Gebrauch befindliche Geld wird durch besser nutzbares Geld ersetzt. Zwar ist der Anblick der neuen Scheine noch etwas ungewohnt, und es gab auch einige »Anlaufschwierigkeiten«. So wurden »Verwischungen« bemängelt. Die Farben auf den neuen Scheinen, so hieß es, ließen sich unter mechanischer Einwirkung verwischen und abreiben. Dazu hat die Bundesbank festgestellt, daß derartige Erscheinungen unvermeidlich seien und auch bei den bisherigen Banknoten sowie bei Banknoten anderer Länder aufgetreten seien. »Bei den neuen Banknoten sind Verwischungen wegen des höheren und damit besser fühlbaren Farbreliefs, das ein Echtheitsmerkmal darstellt, etwas leichter möglich als bei den bisherigen Noten. Wegen der detailreichen Ausführung der Portraits wird dieser Effekt auch deutlicher sichtbar. Bei druckfrischen Banknoten ist dies stärker der Fall als bei bereits länger umgelaufenen,

98 Märkte im Wandel

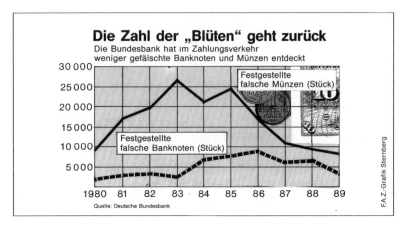

abgenutzten Noten. Die Gebrauchs- und Umlaufsfähigkeit der Banknoten wird dadurch nicht beeinträchtigt«, versichert die Bundesbank.

Die Bundesbank hat sich bei der Ausgabe des neuen Geldes deshalb auf den Schein im Nennwert von 100 DM konzentriert, weil dies jene Banknote ist, die mit Abstand den höchsten Anteil am Banknotenumlauf hat. Fast die Hälfte des Wertes aller ausgegebenen Banknoten werden durch Scheine zu 100 DM repräsentiert.

Die neuen und die alten Hunderter gelten vorerst nebeneinander. Aber die alten Scheine werden in der kommenden Zeit nach und nach aus dem Verkehr gezogen. Die Banknoten landen im Kreislauf des Zahlungsverkehrs immer wieder einmal bei den Zweigstellen der Deutschen Bundesbank, die die Kreditinstitute mit Bargeld versorgen, und bei dieser Gelegenheit werden die Geldscheine auf ihre weitere Gebrauchsfähigkeit geprüft und jetzt auch ausgetauscht.

Wenn jemand Bargeld gehortet hat, sei es zu Hause, in seinem heimischen Banksafe oder auch in Banktresoren, die im Ausland stehen, braucht er sich wegen der Ausgabe neuer Scheine keine Sorgen zu machen. Die bisher üblichen Banknoten bleiben auch nach Erscheinen der neuen Banknoten »bis auf weiteres« vollgültige gesetzliche Zahlungsmittel und können, wie die Deutsche Bundesbank in ihrer offiziellen Pressenotiz über die Ausgabe der neuen Banknoten schreibt, unbeschränkt im Zahlungsverkehr weiter verwendet werden. »Bei ihrer späteren Außerkurssetzung«, so versichert die Bundesbank bei dieser Gelegenheit wie schon bei früheren Erklärungen, »wird die Frist so bemessen sein, daß jedermann genügend Zeit hat, Noten der alten Serie bei jeder Bank gegen neue Geldscheine umzutauschen. Aber auch nach Ablauf der offiziellen Umtauschfrist wird die Deutsche Bundesbank die Banknoten der jetzigen Ausgabe weiterhin zum Nennwert einlösen. Dies gilt im übrigen für alle seit 1948 ausgegebenen Banknoten«. Selbst wenn also zufällig einmal D-Mark-Banknoten gefunden werden, von deren Vorhandensein niemand mehr etwas wußte, ist kein Schaden eingetreten: Die Banknoten werden von der Bundesbank noch entgegengenommen und umgetauscht.

Die erstmalige Ausgabe einer Banknote im Wert von 200 DM soll den Zahlungsverkehr erleichtern, denn die nächstgrößere Note ist immerhin ein Schein über 500 DM. Daß die Deutsche Bundesbank einen völlig neuen Geldschein in Verkehr bringt, ist auch ein Hinweis darauf, daß trotz aller neuartigen Weg im Zahlungsverkehr das Bargeld nach wie vor eine recht bedeutende Rolle spielen wird.

Im Herbst 1990 wurde an Tankstellen damit begonnen, die elektronische Bezahlung einzurichten. Aber so wie die Geldautomaten des deutschen Kreditgewerbes erst nach und nach auf die neuen Banknoten umgestellt werden müssen, kann sich auch die Elektronik im Zahlungsverkehr nur in dem Maße verbreiten, wie die Zahlungsempfänger Geräte einsetzen, die für den elektronischen Zahlungsverkehr geeignet sind. Vor allem im Einzelhandel kann es da Verzögerungen geben, ist doch die Anschaffung einer neuen Ladenkasse oder gegebenenfalls auch von Zusatzgeräten für bestehende Kassen eine Investition, die mancher Händler nicht besonders gern vornehmen wird.

Wahrscheinlich wird die »Revolution im Zahlungsverkehr«, wie das elektronische Bezahlen vielfach genannt wird, viel weniger das Bargeld betreffen, dessen Umlauf durch die Ausweitung des D-Mark-Währungsgebietes seit dem 1. Juli 1990 auf die damalige DDR einmalig sprunghaft gestiegen ist. Vielmehr könnte die Zahl der Zahlungsvorgänge, die bisher mittels des Euroschecks bewältigt worden sind, zurückgehen.

Die Kreditinstitute werden über eine Zurückdrängung des Euroschecks nicht böse sein, bedeutet doch jede Bearbeitung von Papier – wie es ein Scheck ist – entsprechenden Aufwand. Die Scheckkarte dagegen, die dem Kunden bei der Benutzung von Euroschecks vertraut ist, wird weiterhin benötigt werden. Es ist jenes Instrument, das zusammen mit der »persönlichen Geheimzahl« die Bargeldabhebung am Geldautomaten ermöglicht, und es ist eine Karte, mit der an elektronischen Kassen bezahlt werden kann. Das Bundeskartellamt hat darauf gedrungen (und sich damit durchgesetzt), daß elektronische Zahlungen nicht nur durch den Einsatz einer Scheckkarte erfolgen können, sondern daß dazu ebenso auch Kreditkarten verwendet werden können. Damit wird für Wettbewerb gesorgt.

Wichtig war, daß lediglich Absprachen über die technischen Normen getroffen werden. Wenn der technische Rahmen für das elektronische Bezahlen festgelegt ist, können einzelne Anbieter von Zahlungsinstrumenten nach ihren Vorstellungen Produkte dafür anbieten und dafür auch unterschiedliche Preise verlangen, je nach ihrer Einschätzung der Marktlage.

Die in der Bundesrepublik Deutschland vertretenen Kreditkarten-Organisationen lieferten sich im Jahr 1990 einen sichtbaren Kampf um Marktanteile. Dabei purzelten die Preise für die Nutzung von Kreditkarten recht stark nach unten. Im Herbst 1990 war zu beobachten, daß die Kreditkarten-Unternehmen versuchten, ihre Erlöse durch Einführung besonders prestigeträchtiger Kreditkarten – »Goldkarten« und »Platinkarten« werden solche Angebote beispielsweise genannt – zu verbessern. Die Verbraucher müssen selbst entscheiden, ob ihnen die gegenüber »normalen« Kreditkarten gebotenen Dienstleistungen höhere Kartenkosten wert sind oder nicht. Insgesamt haben Kreditkarten aller Art in der Bundesrepublik Deutschland eine noch vor wenigen Jahren nicht für möglich gehaltene Verbreitung gefunden. Im Herbst 1990 waren mehr als 4,5 Millionen Kreditkarten in Gebrauch, und es wird geschätzt, daß sich die Zahl der ausgegebenen Kreditkarten innerhalb von vier Jahren verdoppeln könnte.

Genauere Angaben der Deutschen Bundesbank über die Umsätze mit Kreditkarten liegen für das Jahr 1989 vor. Danach wurden 81,8 Millionen Zahlungen mit einem Umsatz von 15,8 Milliarden DM abgewickelt. Verglichen mit einem Umsatz allein des Einzelhandels von 601 Milliarden DM in jenem Jahr ist das nicht viel. Am gesamten unbaren Zahlungsverkehr haben Umsätze über Kreditkarten – allerdings zwei Jahre früher, 1987 – lediglich einen Anteil von 0,6 Prozent aufgewiesen. Deutschland gehört, international gesehen, zu den »Giroländern«. So werden Länder bezeichnet, in denen die Überweisung (und zunehmend die Lastschrift) im unbaren Zahlungsverkehr üblich sind. Das Gegenteil sind die »Scheckländer«, zu denen vor allem die Vereinigten Staaten von Amerika gehören (Anteil der Scheckzahlungen dort 83 Prozent). Die relativ höchsten Kreditkartenumsätze wurden in Kanada (23,5 Prozent Anteil am unbaren Zahlungsverkehr), in den Vereinigten Staaten (15,3 Prozent) und in Großbritannien (11,0 Prozent) festgestellt.

In der Bundesrepublik hat es im Jahresdurchschnitt 1989 knapp 2,9 Millionen Karteninhaber gegeben, hat die Bundesbank ermittelt. Ende 1989 war die »Eurocard« mit 1,8 Millionen ausgegebenen Karten der Marktführer; im Jahresdurchschnitt waren es 1,4 Millionen Karten. Es folgen Visa mit 785 000 Karteninhabern, American Express mit 700 000 Karten und Diners Club mit 323 000 Karten.

Frankfurt und die neue Rolle der Regionalbörsen
Die Arbeiten auf der »Baustelle Börse« schreiten voran

Für die Marktteilnehmer an der Frankfurter Börse ging 1990 nach Jahren der Unruhe und der Improvisation ein Provisorium zu Ende. Doch auch wenn die Bauarbeiten an der größten und wichtigsten deutschen Börse beendet sind – an der Struktur der deutschen Börsenlandschaft wird weiter gebastelt. Über den Fortgang der »Bauarbeiten« sollte sich jeder Marktteilnehmer vergewissern, denn die Organisationsform des künftigen Marktes wird jeden betreffen.

Die Verantwortlichen in Banken und Börsen haben sich prinzipiell geeinigt, das elektronische Handelssystem in die klassische Präsenzbörse einzugliedern. Damit ist mehr als nur der Grundstein für eine solide Position im internationalen Wettbewerb der Finanzmärkte gelegt worden. Das Richtfest wird mit der Umwandlung der Frankfurter Börse in eine Aktiengesellschaft gefeiert. An dieser AG sollen sich auch die Regionalbörsen beteiligen dürfen. Die neue »Deutsche Wertpapierbörsen AG« soll dann später in eine auch die technische und organisatorische Abwicklung umfassende Holding umgewandelt werden. Der Rohbau ist damit vorgegeben – seiner Ausgestaltung kommt jedoch mehr als nur beiläufige Bedeutung zu. Manche Kapitalmarktexperten befürchten nämlich, daß in Deutschland ein Wertpapiermarkt entstehen könnte, der fast nur auf die Bedürfnisse und strategischen Konzepte der Großbanken ausgerichtet ist.

Der Ausbau des Inter Banken Informations Systems (Ibis) zu einem Computerhandelssystem und die Einführung des Börsen Order Service Systems (Boss) trägt dem Wunsch wohl aller Marktteilnehmer nach schneller und kostengünstiger Auftragsabwicklung Rechnung – wenn auch viel zu spät. Mit Ibis und Boss bekommen in- und ausländische Anleger und Investoren ein Instrument in die Hand, das sie wegen der Computerisierung des Wertpapierhandels in aller Welt schon längst dringend benötigen.

Gestärkt wird aber auch der Einfluß vor allem der Großbanken, die als treibende Kraft hinter den Projekten Ibis und Boss stehen. Die noch in ihren Einzelheiten zu entwerfenden Systeme sollten sich nicht einzig an den Wünschen ihrer Initiatoren orientieren. Zu berücksichtigen sind die

Bedürfnisse aller am Kapitalmarkt Beteiligten. Ganz besonders deutlich wird diese Frage bei der Entscheidung, ob Ibis nach dem Marktmacher-Prinzip konzipiert oder der Systematik der klassischen Auktionsbörse nachempfunden werden soll. Einige große Banken bevorzugen das Marktmacher-Prinzip, weil es durch die Kauf- und Verkaufsverpflichtung der Händler jederzeit verbindliche Preise hervorbringt, die zudem nicht mit weiteren Kosten, wie etwa der Makler-Courtage, belastet sind.

Eine umfängliche und reichliche Versorgung des Marktes mit Liquidität können (oder wollen) die Marktmacher aber gerade in kritischen Handelssituationen häufig nicht übernehmen. Hier erweist sich das Zusammenwirken verschiedener Gruppen von Marktteilnehmern auf einem nach dem Auktionsprinzip organisierten Markt als besonders hilfreich. Auf diesem Wege kann auch ein mögliches Preismonopol der Marktmacher vermieden werden.

Über die Effizienz eines Marktes entscheidet nicht die Größe einzelner Teilnehmer. Vielmehr sichern eher die Vielzahl der Investoren und die Vielfalt ihrer Anlagestrategien das Funktionieren des Marktes in jeder Phase des Handels. Es bleibt daher wichtig, daß allen Marktteilnehmern – Banken, Maklern, institutionellen und privaten Anlegern jeder Größenordnung – ein Zugang gewährt wird, der Chancengleichheit gewährleistet. Sinn der Reform im deutschen Börsenverein kann nicht sein, daß die großen Handelsteilnehmer den Markt auf ihre Bedürfnisse zuschneiden und ihn damit letztlich – zum Beispiel über prohibitiv hohe Gebühren – gegen andere, in der Regel kleinere Anleger abschotten. So werden die deutschen Anleger kein Zutrauen zu Aktienbörsen gewinnen.

Die jetzigen Mitglieder der Frankfurter Börse und die sieben anderen Regionalbörsen könnten eine Aktionärsgemeinschaft werden, wenn diese Einrichtung zum Ende des Jahres 1990 in eine AG umgewandelt wird. Manche Verfechter dieses Planes denken aber heute schon weiter. Sie wollen die für die Technik zuständige Deutsche Wertpapier-Zentrale GmbH und die mit der Abwicklung betraute Deutscher Kassenverein AG zusammen mit der Börse unter das Dach einer alles kontrollierenden und lenkenden Holding bringen. So soll eine finanziell wie im Wettbewerb schlagkräftige geschäftliche Einheit entstehen.

Dieser Plan erscheint sinnvoll. Mit der neuen Organisationsform wird vor allem die Finanzierung der Börse geregelt, die neben den Mitgliedsbeiträgen über keine eigenen Einnahmen verfügt. Gebühren vereinnahmen aber Kassenverein und Deutsche Wertpapier-Zentrale, weil sie die an der Börse geschlossenen Geschäfte abwickeln und technisch betreuen. Unter dem Dach der Holding regelt sich so die sinnvolle Verteilung der Mittel.

Die neue Holding-Konstruktion und vor allem die Einbeziehung der Regionalbörsen sollen zudem auch dem Wunsch der Bundesländer nach föderalem Mitspracherecht mehr Rechnung tragen als bislang. Diesem Verlangen wollen die Protagonisten der Frankfurter Holding aus politischen Gründen gern nachkommen. Sie hoffen, daß so die Akzeptanz gegenüber einer mächtigen Frankfurter Börse steigt und das Thema einer separaten Bundesbörse vom Tisch ist.

Was ist von den Plänen zur Fusion der Regionalbörsen mit Frankfurt zu halten? Einerseits kann das Überleben der kleinen Plätze auf diese Art und Weise gesichert werden. Mit der Fusion wird aber sicherlich auch der Wettbewerb unter den Plätzen um die beste Kursfeststellung geringer werden. Die Fusion sollte nicht zu einem Monopol ausarten.

Die nachhaltige Stärkung der Frankfurter Börse hat gleichwohl Konsequenzen für die Regionalbörsen. Sie werden vermutlich große Teile des Umsatzes vor allem bei den Standardwerten verlieren. Folgerichtig müssen diese Börsen neue geschäftliche Konzepte entwickeln. So könnten sich wegen der Wiedervereinigung für einzelne Börsen neue Möglichkeiten ergeben. Auf jeden Fall sollten sich die Regionalbörsen verstärkt um die Mittelbetriebe bemühen. Die Information der vielen noch nicht börsennotierten Unternehmen ist eine wichtige und nicht von allen Banken kraftvoll angefaßte Aufgabe. So könnte mit Einfallsreichtum der Bedrohung der kleinen Börsen entgegengewirkt werden. Wird das aber ausreichen? Den Börsen in den Regionen sollte auch in Zukunft eine wichtige Rolle zukommen – wenn auch mit neuen Zielen. Und diesen Zielen haben sich die Plätze in Berlin, Bremen, Düsseldorf, Hamburg, Hannover, München und Stuttgart zum Teil schon angenähert.

Die Berliner Börse versucht den Brückenschlag nach Osteuropa

Die goldenen Zeiten sind lange schon vorbei – aber die Erinnerungen an die überragende Bedeutung der Berliner Börse um die Jahrhundertwende sind in der Stadt immer noch wach. Und sie bewegen so manchen

	1989	1990[1]
Zahl der notierten Aktien	398	413
Zahl der notierten Renten	1882	1840
Umsatz Aktien[2]	45,5	30,8
Anteil am Bundesumsatz[3]	3,3	2,8
Umsatz Renten[2]	15,9	11,2
Anteil am Bundesumsatz[3]	0,8	1,2
Zahl der zugelassenen Banken	32	34
Zahl der Kursmakler	7	8
Zahl der Freimakler	9	14

[1] Angaben für das erste Halbjahr 1990
[2] in Milliarden DM
[3] in Prozent

Die Berliner Börse in Zahlen

Verantwortlichen an der Spree, über eine Renaissance Berlins als gewichtiger deutscher Finanzplatz nachzudenken. Immerhin blickt die Börse auf eine stolze, 305 Jahre dauernde Geschichte zurück. Der alte, klassizistische Börsenpalast an der Friedrich-Brücke vereinigte und repräsentierte von 1864 bis 1945 Liquidität, Tradition und eine gewisse Faszination. Diese Jahre gelten als die wahrhaft goldene Zeit des Finanzplatzes Berlin, der Deutschlands zentraler Umschlagplatz für Kapital und größter Handelsplatz für Aktien, Renten und Optionen war. Über 5000 Besucher bevölkerten täglich die Berliner Börse. Der Zweite Weltkrieg und seine Folgen, vor allem die sich anschließende Insellage der Stadt ohne Hinterland, stießen den Finanzplatz an der Spree in die Bedeutungslosigkeit zurück. Die November-Revolution des Jahres 1989 in der DDR hat das Blatt scheinbar gewendet. »Berlin«, so formuliert es der Vorsitzende der Kursmaklerkammer, Klaus Jürgen Diedrich, heute, »befindet sich in einer Goldgräberstimmung – nicht nur auf dem Immobilienmarkt, sondern auch in der Finanzwirtschaft«.

Den Eindruck der Großmannssucht will der erste Geschäftsführer der Berliner Börse, Wilfried Hübscher, aber gar nicht erst aufkommen lassen. »Die Öffnung der Mauer, das Zusammenwachsen der beiden deutschen Staaten ist wichtig und sehr förderlich für die Entwicklung der Berliner Börse in den nächsten Jahren – an die große Bedeutung der Frühzeit werden wir jedoch nicht anknüpfen können.« Auch Wolfgang Poeck vom Börsenpräsidium und zugleich Vorstandsmitglied der Dresdner Bank Berlin sieht nachhaltige Erfolge erst mittelfristig. Gleichwohl kann Hübscher, dessen Vertrag Ende März 1991 endet, die neue Attraktivität der Stadt auch schon an der Börse feststellen. Die Umsätze haben sich gegenüber 1989 mehr als verdoppelt, vier Freimaklerfirmen und vor allem japanische und englische Wertpapierhandelshäuser wollen in den Kreis der Börsenmitglieder aufgenommen werden. Und Hübscher hofft, daß das Interesse weiter zunehmen wird. »Die großen Adressen kommen erst dann, wenn die Entwicklung hier deutlich zu erkennen ist – jetzt bewerben sich kleinere, flexible Unternehmen.« Das Ende der Berliner Insellage und die Perspektiven auf dem Gebiet der ehemaligen DDR eröffnen der Börse langfristig sehr gute Aussichten. In 20 bis 30 Jahren könnte Berlin zu einem echten Pendant Frankfurts werden, die Großbanken würden in dieser Zeit zumindest teilweise nach Berlin umziehen, meint Hübscher.

Der Berliner Platz bietet nach Hübschers Ansicht vielfältige Perspektiven. Der Brückenschlag nach Osteuropa ist eine davon. Nach Ansicht des Geschäftsführers könnten in der Berliner Börse Aktien aus Polen, Jugoslawien, der CSFR und der Sowjetunion gehandelt werden, solange in diesen Ländern noch keine funktionierenden Kapitalmärkte bestehen. Neben dem Handel soll aber auch Aufbauhilfe bei der Gründung eigener Börsen geleistet werden. Was für die Länder Osteuropas gilt, soll für die neuen fünf Bundesländer freilich nicht gelten. Hübscher und Poeck sprachen sich gegen den Aufbau einer Börse in Leipzig aus: »Das hat wenig Sinn, ist zeitlich und finanziell zu aufwendig.« Den Handel mit »DDR-Aktien und -Renten« will Hübscher – wen wundert's – in Berlin konzentrieren. Realistischerweise rechnet er aber nicht so bald mit der Aktien-Emission eines Betriebes aus einem der fünf neuen Bundesländer. Und Dresdner-Bank-Vorstand Poeck stimmt ihm zu: »Die Wirtschaft in den neuen Bundesländern ist in der Tat nicht danach, etwas an die Börse zu bringen.« Kurzfristig größere Chancen sehen Hübscher und Poeck dagegen im Rentenhandel. Beide hoffen auf den Handel mit Anleihen und Schuldverschreibungen der neuen Bundesländer.

Doch nicht allein auf das Gebiet der ehemaligen DDR wollen sich Hübscher und Poeck konzentrieren. Wenn der Handel mit den großen Standardwerten auf den Computer übertragen würde, dann brächen für Berlin harte Zeiten an, meinen beide. Hübscher verlegt sich deshalb auf die aktive Suche nach neuen dynamischen Börsenspezialitäten aus der Berliner Region. Die Akquisition neuer Werte sieht Hübscher denn auch als die wichtigste Zukunftsaufgabe aller Regionalbörsen an. »Bei der grundsätzlichen Beratung über die Vor- und Nachteile des Ganges an die Börse sind wir neutraler als die Banken«, meint der Geschäftsführer. Auch bei den ehemals sozialistischen Betrieben wirbt er für die Vorteile des direkten Zugangs zu den Kapitalmärkten.

Kursmakler Diederichs läßt sich von der drohenden Abwanderung des Handels auf den Computer nicht schrecken. »Wir nehmen die Herausforderung an und glauben, daß wir an der Präsenzbörse in Berlin besser sind. Nur dann aber haben wir auch eine Daseinsberechtigung. Der Markt soll und muß entscheiden.« Als neues Marktsegment für die Börse hat er den Handel mit den Währungen osteuropäischer Länder im Blick.

Sollten sich die großen Pläne verwirklichen, stünde die Börse vor einem neuen Problem. Der gerade für 4,5 Millionen DM umgebaute Börsensaal wäre zu klein. Schon jetzt reicht der Platz rund um die arenaförmig gestaltete Handelsfläche kaum mehr aus, um neuen Mitgliedern ausreichend große Büroflächen zur Verfügung stellen zu können. Milde Abhilfe könnte die Verkleinerung anderer Büros, die Nutzung des Devisenhandelsraumes und der Besuchergalerie verschaffen.

Für die Erhaltung der Berliner Börse spricht sich auch der Geschäftsführer der Berliner Industrie- und Handelskammer aus. Günter Braun: »Obwohl wir die Trägerschaft der Börse Anfang 1990 an einen eigenen Trägerverein abgegeben haben, hoffen wir natürlich weiter auf eine gute Entwicklung dieser Einrichtung.« In Berlin, so Braun, gibt es noch ein genügend großes Reservoir von neuen Börsenkandidaten; sechs bis sieben mittelständische Unternehmen würden sich sofort für einen Börsengang eignen. Zudem ist der Betrieb der Börse für ihn auch ein wichtiger Standortfaktor bei der Werbung um neue Unternehmen besonders aus dem Finanz- und Dienstleistungsgewerbe. Insofern ist Braun sich einig mit Bundesbankpräsident Karl Otto Pöhl, der der Berliner Börse schon 1985 bescheinigte, daß sie auch weiterhin eine wichtige Aufgabe als regionaler Handelsplatz haben werde.

An der Börse in Bremen gibt man sich kämpferisch und innovativ

Klein, fein, stolz und selbstbewußt – so präsentiert sich die Bremer Wertpapierbörse in ihrem repräsentativen Haus am frequentierten Marktplatz der Hansestadt. Die Tradition des Handels hat in Bremen

	1989	1990[1]
Zahl der notierten Aktien	126	115
Zahl der notierten Renten	892	904
Umsatz Aktien[2]	6,7	6,1
Anteil am Bundesumsatz[3]	0,5	0,5
Umsatz Renten[2]	9,3	6,6
Anteil am Bundesumsatz[3]	0,5	0,7
Zahl der zugelassenen Banken	28	28
Zahl der zugelassenen Makler	3	4
Zahl der Freimakler	0	0

[1] Angaben für das erste Halbjahr 1990
[2] in Milliarden DM
[3] in Prozent

Die Bremer Börse in Zahlen

naturgemäß einen hohen Stellenwert – immerhin seit 308 Jahren gibt es eine Börse im Stadtstaat. Heute denkt das Management der Börse jedoch weniger an die stolze Vergangenheit, sondern mehr an die ungewisse Zukunft, in der man sich trotz nicht verstummender Schließungsgerüchte eine gute Überlebenschance ausrechnet.

Nicht die Verwaltung des Bestehenden, sondern der stets suchende Blick nach den Bedürfnissen der Marktteilnehmer und der nordwestdeutschen Kreditwirtschaft zeichnet folgerichtig die Arbeit von Börsengeschäftsführer Axel Schubert aus. Der umtriebige gelernte Jurist gilt als der kreative und – wenn es darauf ankommt – auch streitbare Kopf der Bremer Börse. Er hat die am Umsatz gemessen kleinste deutsche Börse konsequent zu einem technologisch hochgerüsteten Dienstleistungszentrum ausgebaut. Schubert: »Wir wollen Banken, Anlegern, der Wirtschaft und den Gebietskörperschaften einen umfassenden und kostengünstigen Service bieten. Wir sind daher nicht nur eine der ältesten Börsen in Deutschland, sondern vor allem die modernste.«

Vor allem um die Integration der Technik ging es den Bremer Börsianern, als sie ihr neues Domizil an der Obernstraße für sechs Millionen DM ausbauten. Börsenpräsident Roland Bellstedt, Direktor der Bremer Filiale der Deutschen Bank, sagt: »Der Umbau war finanziell ein Hammer, aber er war keine Fehlinvestition.« Geschäftsführer Schubert formuliert die Grundlage seines Konzeptes so: »Die Börse ist heute nicht mehr nur ein Markt, sondern in einem starken Maße auch EDV- und Kommunikationstechnik.« Tatsächlich sind Elektronik und Computer in Bremen in weite Bereiche des Handels und der Abwicklung vorgestoßen. So ist der computerunterstützte Wertpapierhandel an der Präsenzbörse heute in Bremen schon Realität. In den elektronischen Kommunikationsverbund sind alle Börsenmitglieder innerhalb und außerhalb von Bremen einbezogen. Alle Daten – vom Kursblatt über die Geschäftsabwicklung bis zur Auftragsübermittlung – können in Bremen zentral an der Börse oder dezentral in den angeschlossenen Kreditinstituten benutzt werden. Das ruhige Geschäft auf dem Parkett, so Schubert, sei auch ein Resultat der elektronischen Durchleitung der Aufträge vom Bankschalter an die Maklerschranke. Und plakativ und mit einem offensichtlichen Seitenhieb auf Frankfurt setzt er hinzu: »Wir haben heute schon die Technik, an der andere noch herumbasteln. Wir setzen den Computer überall dort ein, wo er den Menschen entlastet – ersetzen wird er ihn kaum.«

Die Konzeption des regionalen Dienstleistungszentrums treibt Schubert auch gegenüber den Banken mit Verve voran. Die insgesamt 2000 Quadratmeter großen Räume sollten von den Mitgliedsinstituten ganztägig als Arbeitsplatz genutzt werden, wirbt der Börsengeschäftsführer. Schon jetzt habe die Bremer Landesbank Teile des Handels und die komplette Abwicklung an die Obernstraße verlegt, berichtet Schubert. Die Börse sei nach dem Umbau jederzeit in der Lage, eine deutliche Ausweitung der Handelszeit technisch und personell zu organisieren.

Mit der stärkeren Gewichtung des Präsenzhandels will Schubert auch sein Konzept der »Börse zum Anfassen« vorantreiben. »Die Börse vor Ort hat eine große Attraktivität. Die Nähe zum Kunden ist wichtig«, meint Schubert. Immerhin spiele die Psychologie an den Märkten eine große Rolle. Und deshalb sei die Präsenz vor Ort das beste Mittel, um den Anleger von morgen für die Aktien- und Rentenmärkte zu gewinnen.

Doch nicht nur den Anleger muß Schubert gewinnen, er muß sich gerade wegen der geringen Umsätze um neue große Marktteilnehmer kümmern, muß dem Platz auf diese Weise Liquidität zuführen. Schubert: »Als kleine Börse müssen wir die Ausgleichsfähigkeit über die Werbung neuer Mitglieder herstellen.« In den letzten Jahren ging Schubert dabei rege und erfolgreich zu Werke. Neben den heimischen Kreditinstituten kann der Geschäftsführer immerhin auf Namen wie

Bankers Trust, Bank of Tokio, BHF-Bank, Manufacturers Hanover Bank, Schweizerische Kreditanstalt und die Sumitomo Bank verweisen. Zudem bemüht sich Schubert bei der Besetzung der Kursmaklerstellen um aktive Vertreter der Zunft. Die Kursmakler sollen in Bremen über eine aktive Marktmacher-Funktion das Fehlen der Freimakler kompensieren. Das hat auch den Kursmakler Gerd Koch bewogen, nach Bremen zu gehen. »Wir müssen hier mehr tun als in Frankfurt, wo man nur auf die Orders warten braucht. Die Geschäfte sind hier schwieriger, aber wir verstecken uns nicht hinter Frankfurter Kursen, sondern betreiben eine aktive Marktpflege.« Insgesamt habe Bremen seine Leistungskraft in den letzten Jahren gut unter Beweis gestellt. »Den Service der Regionalbörsen könnte Frankfurt gar nicht bieten, wenn alle Geschäfte dorthin übertragen würden«, meint Kursmakler Koch.

Rege wirbt die Börse auch um neue Kandidaten für ihren Kurszettel. Der Geschäftsführer übernimmt dabei die Funktion des ersten Kontaktes. Wenn die ersten Informationen geliefert sind, kümmern sich die Banken um die Details der Börseneinführung. Aber auch in der letzten Phase des »Going Public« springen Schubert und seine Mitarbeiter schon mal ein und stehen besonders kleineren Instituten mit Rat und Tat zur Seite.

Mit seiner Arbeit will Schubert nach eigener Aussage auch für Chancengleichheit in der gesamten Kreditwirtschaft sorgen. Die Bremer Börse, wie alle anderen Regionaleinrichtungen dieser Art, sei vor allem für die heimischen Kreditinstitute wichtig. »Die Banken vor Ort haben mit der Zentralisierung nichts im Sinn. Sie brauchen eine Börse vor Ort, wollen sie im Wettbewerb der Kosten eine Chance haben«, meint Schubert. In diesem Sinne habe man die Bremer Börse gut auf die Aufgabe als nordwestdeutscher Kapitalmarkt ausgerichtet. Nun müsse dieser Markt auch seine Chancen haben. Die Geschäfte dürften nicht dirigistisch nach Frankfurt verlagert werden. In der Region könne im engen Kontakt mit den Anlegern, Banken und Emittenten ein liquider, funktionierender Markt erhalten werden. Dies würde dem Finanzplatz Deutschland insgesamt helfen.

	1989	1990[1]
Zahl der notierten Aktien	487	490
Zahl der notierten Renten	3601	3623
Umsatz Aktien[2]	323,7	219,8
Anteil am Bundesumsatz[3]	23,5	19,8
Umsatz Renten[2]	287,1	133,5
Anteil am Bundesumsatz[3]	15,0	14,4
Zahl der zugelassenen Banken	103	104
Zahl der zugelassenen Makler	20	20
Zahl der Freimakler	33	33

[1] Angaben für das erste Halbjahr 1990
[2] in Milliarden DM
[3] in Prozent

Die Düsseldorfer Börse in Zahlen

An der Düsseldorfer Börse macht sich leichte Resignation breit

Im Prinzip haben die Marktteilnehmer der Rheinisch-Westfälischen Börse keinen Grund zu Kleinmut, Selbstzweifeln und Niedergeschlagenheit. Immerhin ist Düsseldorf, gemessen am Umsatz, mit sicherem Abstand die zweitgrößte deutsche Börse. Wichtige Beiträge zur Weiterentwicklung der deutschen Börsentechnik kamen und kommen aus Düsseldorf, das für sich in Anspruch nehmen darf, zumindest auf diesem Gebiet innovativer als Frankfurt zu wirken. Gleichwohl: An der Düsseldorfer Börse herrscht eine gewisse Endzeitstimmung. Makler Klaus Mathis beschreibt sie drastisch so: »Die einzigen, die sich hier noch um die Börse kümmern, sind die Makler und der Wirtschaftsminister des Landes.«

Stillstand allerorten wird von so manchem Marktteilnehmer beklagt. Weder Börsenvorstand noch Geschäftsführung dächten noch an wichtige Weichenstellungen für die Zukunft, sondern verwalteten lediglich den Status quo. Börsenvorstandstreffen erinnern einige Teilnehmer »an Sitzungen des sowjetischen Politbüros in früherer Zeit«; Diskussionen würden kaum stattfinden, von modernem Management keine Spur. »Die Leute schauen zumeist auf die Uhr, die Sitzungen und Abstimmungen laufen so, wie der Präsidialausschuß sie vorbereitet hat – alles in allem eine Farce,« resümiert ein Teilnehmer.

Von der Geschäftsführung sind zu aktuellen Börsenfragen keine Antworten zu bekommen. Kein Wunder: Geschäftsführer Dieter Mülhausen wird seinen Posten in Düsseldorf räumen und in den Vorstand der als Erzrivalen eingestuften Frankfurter Börsen AG einziehen. So mancher Marktteilnehmer in Düsseldorf wird ihm wohl keine Träne nachweinen. Immerhin ist Mülhausen Autor eines Papiers, das die Weiterentwicklung des elektronischen Börsenhandels goutiert und die Eingliederung des Systems unter das Dach der Frankfurter Börse befürwortet. Der Aufbau eines elektronischen Handels für die großen Aktientitel und wichtigen Rentenwerte und die Anbindung an Frankfurt würden den Düsseldorfer Platz unter den Regionalbörsen aber am härtesten treffen. Alfred Bürger, Vorsitzender der Düsseldorfer Kursmaklerkammer: »Der Computerhandel würde für uns den Tod bedeuten. Wir würden von einem Umsatzanteil von gut 23 Prozent in die Bedeutungslosigkeit abrutschen. Die jungen Makler würden nicht mehr an dieser Börse bleiben.«

Deutliche Worte von einem Mann, der sicherlich eher dem rheinischen Frohsinn zuneigt denn pessimistischer Weltschau. Doch auch der grundsätzlich optimistische Bürger kann an den Fakten nicht vorbeischauen. So ist die Entscheidung der Deutschen Bank, ihren Vorstand endgültig in Frankfurt zu konzentrieren und Teile des Personals ebenfalls aus Düsseldorf abzuziehen, von vielen Marktteilnehmern aufmerksam zur Kenntnis genommen worden. Ein Marktplatz ist nur so stark wie die Potenz seiner Handelsteilnehmer. Diese banale Feststellung wird in Düsseldorf zum Faktum und wirkt sich nachhaltig negativ aus. Welches Kreditinstitut von größerer Bedeutung setzt noch auf Düsseldorf, fragen sich manche Makler. Die Antwort fällt nicht gerade ermutigend aus. Die drei Großbanken, in Düsseldorf stark vertreten, sind die aktivsten Verfechter einer Konzentration in Frankfurt. Und auch die Westdeutsche Landesbank (WestLB), wichtigster Handelsteilnehmer in Düsseldorf, hält sich mit demonstrativem Zuspruch zurück. Der Zug nach Frankfurt sei bereits abgefahren und nicht mehr zu stoppen, heißt es dort hinter vorgehaltener Hand. Auch die kaum verborgenen Ambitionen des Börsenpräsidenten Alfred Freiherr von Oppenheim auf einen Wechsel an die Spitze der Frankfurter Börse dürften den Düsseldorfer Marktteilnehmern kaum Zuversicht einflößen.

Was bleibt den Düsseldorfer Börsianern also noch? Einiges. Der Platz am Rhein gilt bei Marktteilnehmern immerhin als einer der attraktivsten außerbörslichen Handelsadressen. Der Handel findet nach Aussagen von Kursmakler Bürger von 8.30 bis 17 Uhr statt. Vor und nach den offiziellen Börsenzeiten verödet der Handelssaal in Düsseldorf deshalb nicht. Kursmakler und Freimakler haben ihre Büros gleichermaßen am Rande des Parketts angesiedelt. Die Nähe der Handelspartner beflügele das Geschäft und ziehe so manchen Abschluß nach Düsseldorf. Bürger: »Das Geschrei im Handelssaal versiegt oft auch nach Ende der amtlichen Börse nicht.« Den Düsseldorfer Bemühungen um einen liquiden außerbörslichen Markt sei ein guter Erfolg beschieden worden; die Kunden würden in Düsseldorf besser bedient als anderswo. Bürger befürchtet gleichwohl, daß die Konzentration auf Frankfurt den Wettbewerb um den besseren Preis und die besseren Ideen abwürgen und der deutschen Börsenlandschaft einen »Einheitsbrei« einbrocken wird.

Dieser Einschätzung neigt wohl auch Kursmakler Klaus Mathis zu. Er hat mit seinen Ideen entscheidend dazu beigetragen, die deutschen Börsen technisch voranzubringen. Er gilt als einer der Väter der elektronischen Auftragsdurchleitung vom Bankschalter an die Maklerschranke. Nur, was seit Jahren technisch möglich ist – und unter dem Namen Bifos zum Teil auch schon seinen Dienst versieht –, wird von der in Frankfurt ansässigen Deutschen Wertpapierdaten-Zentrale GmbH (DWZ) nur schleppend vorangebracht. Das Ergebnis: Einen flächendeckenden Einsatz des Systems gibt es nicht. Die komplette Durchleitung der Aufträge, obwohl technisch möglich, findet mit Ausnahme Bremens nicht statt. Bifos hilft den Maklern zur Zeit lediglich bei der Bearbeitung der Aufträge und der Kursberechnung. Vor diesem Hintergrund gewinnt die Klage des Maklers Mathis an Gewicht: »Wir können hier nichts mehr selbst entscheiden. Niemand tut etwas. Es fehlt an Personal und Investitionen.«

Um den Börsenplatz Düsseldorf scheint es also trotz des großen und potenten Einzugsgebietes, trotz der guten Kontakte in die Benelux-Länder, trotz einiger innovativen Köpfe nicht gut bestellt zu sein. Der Wettbewerb wird, so Klaus Mathis, oft genug auch administrativ beeinflußt. So seien beispielsweise große Aufträge im Rentenhandel mit Bundesanleihen nicht mehr in Düsseldorf abzuwickeln, weil die Bundesbank als größter Marktteilnehmer nicht bereit sei, die nötige Liquidität bereitzustellen. Mathis: »Das wandert dann nach Frankfurt ab.« Unter diesen Aspekten, so meinen Düsseldorfer Börsianer, bleibe gar nichts anderes übrig, als sich mittelfristig ebenfalls unter das Dach der Deutschen Börsen AG, Sitz Frankfurt, zu flüchten.

	1989	1990[1]
Zahl der notierten Aktien	517	529
Zahl der notierten Renten	3125	3156
Umsatz Aktien[2]	99,1	74,0
Anteil am Bundesumsatz[3]	7,2	6,7
Umsatz Renten[2]	39,3	29,9
Anteil am Bundesumsatz[3]	2,1	3,2
Zahl der zugelassenen Banken	71	75
Zahl der zugelassenen Makler	17	15
Zahl der Freimakler	13	15

[1] Angaben für das erste Halbjahr 1990
[2] in Milliarden DM
[3] in Prozent

Die Hamburger Börse in Zahlen

Hamburger Börse: Verbindung zwischen Tradition und Zukunft

Tradition, der Sinn für Repräsentatives und ein durchaus bodenständiger, konservativ geprägter Realismus genießen bei der Hamburger Kaufmannschaft immer noch einen hohen Stellenwert. »Diese Börse ist die älteste in Deutschland – und es ist die schönste zugleich«, sagt ihr Geschäftsführer Hans Heinrich Peters ganz ohne jedes Pathos. Aber Peters läßt es auch nicht an Realismus fehlen: »Ich kann keine Steine in die Rechneranlagen werfen. Wenn die deutschen Großbanken sich für einen Computerhandel der wichtigen Standardwerte entscheiden, dann werden wir das nicht verhindern.« Und ganz im Stil eines Kaufmannes fügt der gelernte Jurist hinzu: »Ich muß die Strategie überdenken und neue Geschäftsfelder entdecken.«

Ihre 432 Jahre alte Börse aufzugeben – für die Hamburger Kaufmannschaft wäre dieser von manchem größeren Teilnehmer am Wertpapierhandel zuweilen geäußerte Gedanke wohl undenkbar. Rudolf Frank, Vorsitzender der Kursmaklerkammer, sagt: »Diese geforderte Konzentration muß auch von der Wirtschaft hier mitgetragen werden. Außerdem sollten Börsenumsätze nicht gezielt von Hamburg abgezogen werden. Diese Entscheidung muß der Markt frei treffen können.« Der Geschäftsführer der Handelskammer Hamburg, Günther Klemm, meint kurz und knapp: »Die Börse ist für uns ein Standortfaktor, mit dem wir um neue Investoren werben.« Klemm nennt dafür auch Gründe: »Die

Börse kann den Zugang zum Kapitalmarkt hier schneller und unkomplizierter öffnen als etwa in Frankfurt. Die Nähe zwischen Unternehmen und Börse erleichtert diesen Prozeß auch psychologisch.« Nach den Vorstellungen Klemms soll die Börse den Aufschwung der Hamburger Wirtschaft – bedingt auch durch die Vereinigung mit der DDR – verstärkt begleiten. Er wünscht sich noch mehr Öffentlichkeits- und Marketingarbeit der Börse und ein noch größeres Engagement für die Wirtschaft vor Ort.

Dem Wunsch nach Kreativität verschließen sich weder Geschäftsführer Peters noch der Präsident der Hamburger Börse, Udo Bandow (Vorstandsmitglied der Vereins- und Westbank). Bandow: »Wir verfolgen die Konzentrationsbemühungen mit allergrößter Aufmerksamkeit und werden kreativ darauf reagieren.« Bandow läßt keinen Zweifel daran, daß er die Existenz der Hamburger Börse verteidigen wird. »Wir fahren keinen Konfrontationskurs, begleiten die Frankfurter Pläne aber kritisch.« Die Börse in Hamburg sei für den Kapitalanlagebedarf der großen Unternehmen aus der Industrie und der Versicherungswirtschaft wichtig. Vor allem die große Präsenz der Assekuranz beflügele das Geschäft. Die besondere Stärke der Hamburger Börse im Vergleich zum größten deutschen Finanzplatz in Frankfurt beschreibt Bandow so: »Beim Handel mit sogenannten Nebenwerten sind wir besser als die Frankfurter.« Deshalb und zur Verbesserung der Liquidität je Titel will Bandow die Einführung »kleiner Werte« auf die jeweilige Heimatbörse beschränken. Nach seiner Ansicht wird es auch in Zukunft weitere Unternehmen aus dem Großraum Hamburg zum Gang an die Börse drängen. » Da gibt es einige, die mehr als börsenreif sind«, meint Bandow, ohne weitere Einzelheiten nennen zu wollen.

Optimistisch und mit Sinn für Details berichtet Geschäftsführer Peters über seine Pläne für die Zukunft der Börse. »Wir haben hier eine Aufgabe und eine Chance – aber wir müssen eine Menge tun.« Seine Hoffnungen setzt Peters auf die Dienstleistungsfunktion der Börse – sie will er zu einem regionalen Finanzdienstleistungszentrum ausbauen. So ist die Börse heute schon der Datenknotenpunkt für die Hamburger Banken beim Handel an der Deutschen Terminbörse (DTB). Die Leitungen der Kreditinstitute enden bei der Hanseatischen Wertpapierbörse, die die Daten dann über ihre ohnehin nach Frankfurt bestehende Verbindung an den Zentralrechner der DTB weiterleitet. So würden Kosten gesenkt und kleinen regionalen Kreditinstituten gleiche Wettbewerbschancen eingeräumt, meint Peters. Sein nächstes Projekt soll eine Datenbank sein, in der Unternehmensdaten für jedermann abrufbar bereitgehalten werden. Dies sei besonders für kleinere Banken eine große Erleichterung in der Anlageberatung. Auch das Kursblatt der Börse will Peters nicht nur elektronisch herstellen, sondern auch vertreiben lassen.»Wenn wir das mit dem Computer machen, dann hat jeder Händler und Anlageberater die Daten des Tages schon am Nachmittag und nicht erst am nächsten Morgen zur Verfügung. Dieses Verfahren ist schneller, billiger und effizienter.« Einen Vorstoß unternimmt Peters auch bei der Ausbildung junger Börsenhändler. Er bietet den Banken an, ihre jungen Mitarbeiter in die Grundlagen des Börsenwesens und des Handels einzuführen. Diese Offerte, so Peters, finde nicht nur bei den kleinen Banken ein großes Echo.

Den Anspruch des regionalen Dienstleistungszentrums möchte Peters auch räumlich unterstreichen. Die Mitglieder der Börse sollen, so wünscht es sich Peters, mehr Arbeitsplätze ganztägig in die großzügigen Kontore am Rande des von Säulen und Fenstern umrahmten repräsentativen Handelssaales verlagern. Mit Recht verweist Peters dabei auf die schönste Börse in Deutschland.

Gegen die stets lichtdurchflutete Halle, in der ein denkmalgeschützter Steinfußboden das Parkett ersetzt, wirkt der Frankfurter Handelssaal eher wie eine fensterlose Spielhölle in Las Vegas. In den großen Bankenbüros, die hier vornehm Kontore genannt werden, gönnen sich einige Kreditinstitute sogar den Luxus echter Teppiche. Aber nicht nur Schönheit zählt. Vor allem die Rationalisierung des Handelsgeschehens stand im Mittelpunkt des Umbaus, den sich die Börsenmitglieder immerhin neun Millionen DM kosten ließen und der im März 1990 abgeschlossen wurde. Seinen Sinn für das Praktische und die Details bewies Peters mit der Verlegung des Büros der Landeszentralbank (LZB) aus dem Keller in die Nähe der Rentenmaklerschranke. Dieser einfache Kniff habe den Weg für den LZB-Beamten verkürzt und den Umsatz deutlich erhöht, schmunzelt Peters. Und während die Hamburger Händler zwischen den zwölf Maklerschranken mehr oder minder gelassen und in hanseatischer Kühle ihren Geschäften nachgehen, verweist Peters noch einmal auf die Tradition:»Die alten Sitzbänke am Rande des Börsensaales durften wir nicht entfernen.« Auf den Sitzgelegenheiten aus Holz, an denen kleine Schilder auf die jeweilige Bank hinweisen, lassen sich die Händler gerne nieder und führen dort ihre »Parkett«-Gespräche.

Alle Tradition wird nicht helfen, das weiß Peters, wenn die Umsätze mit den großen Standardwerten in Zukunft fehlen sollten. Dann, so der Geschäftsführer, müßte in der Verwaltung abgespeckt und die Zahl der Kursmakler – 15 sind es bisher – reduziert werden. Dieser Idee stimmt sogar Rudolf Frank zu, für den »dieses Thema keine heilige Kuh« ist. Bei der Suche nach neuen Spezialtiteln aus der Region glaubt Peters auf ein gutes Reservoir zurückgreifen zu können. Das Geschäft mit der Einführung von Börsenneulingen will Peters zudem stärker selbst in die Hand nehmen. Als neutraler Dienstleister und Berater in der Vorbereitung des Börsenganges könne die Börse diesen Prozeß beschleunigen. Denkbar, so Peters, wäre auch die Auslagerung eines Teils des Börsenvereinskapitals in einem Haftungspool. Dann könne die Börse neue Kandidaten selber aufs Parkett führen. Die damit auftretende Konkurrenz zu den Banken, die dieses Geschäft schließlich auch betreiben, würde diese Pläne aber behindern.

Einsetzen wird sich Peters aber für einen elektronischen Handelsverbund zwischen den Regionalbörsen. Dann können auch die an einer Börse notierten Werte überall gehandelt werden. Fertige Programme lägen bei der Deutschen Wertpapierdaten-Zentrale GmbH, ärgert sich Peters. Wenig Chancen räumt er dagegen einer Fusion der drei Plätze Hamburg, Bremen und Hannover zur »Nordbörse« mit Sitz in Hamburg ein. Möglich sei wohl nur eine »freundschaftliche Kooperation«. Weiter verstärken will Peters die Zusammenarbeit mit den Börsen in Nordeuropa. Für das Kapital aus diesen Ländern solle Hamburg das Tor zur Europäischen Gemeinschaft werden.

Nicht nur wegen dieser Perspektiven blickt Kursmakler Frank optimistisch in die Zukunft. »Wir haben einen guten Ruf – auch im außerbörslichen Handel. Das wird uns helfen«, meint er. Mit Hilfe der elektronischen Kursverbreitung, die er auch in Zukunft nicht missen möchte, hat die Hamburger Maklerschaft Kunden aus ganz Deutschland an die Hamburger Börse geholt. Frank setzt deshalb auf die computerunterstützte Präsenzbörse. »Die wird«, so meint der Makler selbstbewußt, »noch lange leben.«

Die Börse in Hannover fühlt sich nach 205 Jahren immer noch jung

Damals, vor 205 Jahren, trieb die Hannoveraner Kaufleute noch rechter Ehrgeiz an. Zwei Jahre bevor der Kurfürst zu Hannover die Börse mittels Patent zu einem öffentlichen Institut erhob, hatten sie den Handel schon 1785 in einem eigens dafür gegründeten »Kaufmännischen Klub« aufgenommen. Heute sehen viele Beobachter das neugotische Börsengebäude schon bald leerstehen. Die Börsenverwaltung selbst widerspricht dieser Annahme nachhaltig. Sie läßt sich von dem Motto leiten »über 200 Jahre alt – und immer noch jung«. Gleichwohl besticht der Börsenplatz in der niedersächsischen Hauptstadt nicht gerade durch Dynamik – weder im Umsatz noch bei der Zahl der Neuzulassungen. Wo sollen die Geschäfte herkommen, die dieser traditionsreichen Börse auch in Zukunft noch ihre Existenz sichern? Diese Frage stellt sich in Hannover nicht nur mancher Marktteilnehmer.

Von Pessimismus wollen jedoch weder Horst Risse, Präsident der Niedersächsischen Börse zu Hannover und Direktor der Filiale der Deutschen Bank, noch sein Syndikus Rudolf Grommelt etwas wissen. Sie räumen dem niedersächsischen Wertpapiermarkt auch in schwieriger Zeit gute Chancen ein. Die Börse Hannover sei für die Region unverzichtbar. Allein im Rentenhandel machten die Regionaltitel den Löwenanteil der Notierungen aus; dieser Marktteil könne kaum verlagert und zukünftig etwa in Frankfurt abgewickelt werden. Außerdem, so Grommelt, habe die öffentliche Hand über die Schließung einer Börse immer noch mitzubestimmen. In diesem Punkt findet Grommelt Unterstützung bei Martin Hagena, der im niedersächsischen Wirtschaftsministerium für die Börse zuständig ist. »Wir haben ein vitales Interesse an einer funktionierenden Börse. Niedersachsen kann auf die Börse nicht verzichten.«

Trotz der ministeriellen Rückenstärkung verkennen Grommelt und Risse die Gefahren für ihren Platz nicht. Ibis, das Inter-Banken-Informations-System, sei in der Erweiterung zum Handelssystem eine »bittere Pille« und eine Gefährdung für Hannover dazu, meint Risse. Und er läßt auch diese Art des elektronischen Handels nicht von Kritik verschont: »Dort werden Spannen zwischen An- und Verkaufskursen gestellt, durch die ein LKW fahren könnte!« Und Börsensyndikus Grommelt prophezeit, daß Ibis von den Anlegern nicht angenommen wird. Auch in Hannover trifft das System offenbar nicht auf sonderlich große Gegen-

	1989	1990[1]
Zahl der notierten Aktien	164	171
Zahl der notierten Renten	1289	1246
Umsatz Aktien[2]	9,5	5,8
Anteil am Bundesumsatz[3]	0,7	0,5
Umsatz Renten[2]	9,9	7,1
Anteil am Bundesumsatz[3]	0,5	0,8
Zahl der zugelassenen Banken	27	27
Zahl der zugelassenen Makler	4	4
Zahl der Freimakler	0	0

[1] Angaben für das erste Halbjahr 1990
[2] in Milliarden DM
[3] in Prozent

Die Hannoveraner Börse in Zahlen

liebe. Grommelt verweist darauf, daß in der Stadt als viertgrößtem Versicherungsstandort in der Bundesrepublik Deutschland kein einziges Ibis-Gerät steht.

Der Chef der Börsenverwaltung neigt trotz aller potentiellen Gefahren für seine Institution zur Gelassenheit, deutet auf die lange Tradition und ist für die Zukunft guten Mutes. An der Organisationsform des deutschen Börsenwesens werde sich nicht allzuviel ändern, da der Finanzplatz Deutschland gut funktioniere. Die Hannoveraner Börse selber habe keine Schulden, verfüge im Gegenteil über volle Kassen und könne zur Not auch von der Hälfte der jetzt vereinnahmten Zulassungsgebühr leben. Ein strenges Kostenmanagement werde in diesem Fall für eine ausgeglichene Bilanz sorgen. Dem unerschütterlichen Optimismus ihres Börsensyndikus können die amtlichen Kursmakler offenbar nicht sonderlich viel abgewinnen. Frank Kraul sagt: »Der Computerhandel wird uns schaden. Wir sehen das sehr negativ.« Immerhin würden in Zukunft unter Umständen rund 80 Prozent der Hannoveraner Aktienumsätze auf den Computer verlagert. Dies würde das »Aus« für den Platz bedeuten. Schon jetzt würden sich einige ortsfremde Kreditinstitute aus dem Markt zurückziehen. Gleichwohl wollen die Makler nicht aufgeben – mit Abwanderungsgedanken trage sich kein Kollege, heißt es. Doch zur Verbesserung der Liquidität sei die Zulassung von neuen Banken notwendig. Da müsse, so wird die Börsenverwaltung zwischen den Zeilen kritisiert, mehr unternommen werden.

Schwierig gestaltet sich in Hannover auch die Suche nach neuen Kandidaten für den Kurszettel der Börse. Eine richtige Mentalität für den Gang aufs Parkett sei in der Region kaum vorhanden, meint Horst Risse. Zudem fehle die breite Schicht des Mittelstandes, der in den vergangenen Jahren die Masse der Börsenneulinge gestellt hätte. Risse: »Wir gehen hier einen mühseligen Weg.« Trotzdem wollen Risse und Grommelt auf Qualität achten und nicht um der Neueinführung willen neue Kandidaten suchen. Diesem Prinzip stimmt auch Horst Schrage zu, der sich bei der Industrie- und Handelskammer mit dem Thema beschäftigt. »Die Börse sollte nicht aggressiv vorgehen. Es nützt niemandem etwas, wenn dem Schritt auf den Finanzmarkt die Pleite folgt.« Von der Börse wünscht er sich ein höheres Maß an Grundaufklärung über die Neuemission von Aktien, damit den Unternehmen die Scheu vor dem Gang auf das Parkett genommen werde. Jede Bemühung, so Schrage, werde jedoch allein dadurch erschwert, daß es in der Region zu wenige neue Börsenkandidaten gebe. »Die Struktur stimmt dafür nicht.«

Große Hoffnungen setzen die Börsenverwaltung und die Industrie- und Handelskammer auf die wirtschaftlichen Folgen der Vereinigung mit der DDR. Für das Land Niedersachsen und die Region Hannover öffnet sich damit ein neues Hinterland. Zudem wollen Grommelt und Risse von den traditionellen Kontakten zu den Nachbarn im ehemals anderen Teil Deutschlands profitieren. Sie setzten darauf, daß sie einen Teil des Kapitalmarkt-Bedarfs der ehemaligen DDR über Hannover abwickeln können. Grommelt: »Nicht alle neuen Unternehmen oder Schuldner werden nach Berlin gehen wollen. In diesem Punkt haben wir gute Chancen.«

Börse München: Unterschiedliche Meinungen über die Zukunft

Eberhard Martini hat eine klare Vision von der Zukunft im deutschen Börsenwesen. »Makler und Präsenzbörse werden durch den Computer ersetzt. Das Marktmacherprinzip verdrängt die Form der Auktion. Wenn sich dieses System durchsetzt, dann beschränkt sich der Handel auf einen Platz, und in fünf Jahren wird es mit großer Sicherheit keine Regionalbörsen mehr geben.« Das sind ungewöhnlich klare Worte des Vorstandssprechers der Bayerischen Hypotheken- und Wechsel-Bank in München. Zusätzliches Gewicht erhalten die Aussagen Martinis durch seine Position in der Vorstandschaft des Münchener Handelsvereins.

	1989	1990[1]
Zahl der notierten Aktien	525	606
Zahl der notierten Renten	3910	4000
Umsatz Aktien[2]	113,0	82,1
Anteil am Bundesumsatz[3]	8,2	7,4
Umsatz Renten[2]	55,8	44,9
Anteil am Bundesumsatz[3]	2,9	4,8
Zahl der zugelassenen Banken	47	46
Zahl der zugelassenen Makler	14	14
Zahl der Freimakler	14	13

[1] Angaben für das erste Halbjahr 1990
[2] in Milliarden DM
[3] in Prozent

Die Münchener Börse in Zahlen

Diese ehrwürdige Gesellschaft – eine Versammlung von Unternehmen der Industrie, der Versicherungswirtschaft und der Banken – trägt schließlich die Münchener Börse. Die Einschätzung Martinis ist nicht von sichtbarer Sorge um den Börsenplatz München oder erkennbarer Trauer geprägt. Er sieht »diese Sache ganz und gar nicht apodiktisch«. Die Frage nach dem besten Organisationsprinzip für die deutsche Börsenlandschaft solle ohne Leidenschaft und mit Blick auf die rational beste Lösung entschieden werden.

Der zukünftige Präsident des Bundesverbandes Deutscher Banken fühlt sich gleichwohl der Tradition der Münchener Börse verpflichtet: »Diese Einrichtung besteht seit 160 Jahren. Dies ist ein hoher Wert, den wir bestimmt nicht leichtfertig preisgeben.« Zudem arbeite die Börse überaus erfolgreich. Und Börsen-Geschäftsführer Klaus Leckebusch assistiert: »Im Wettbewerb der deutschen Börsen stehen wir auf einem gut fundierten dritten Platz. Die Münchener Börse gewinnt besonders durch die hohe Zahl der hier notierten Auslandswerte – im Augenblick sind das 226 Titel.« Martini läßt jedoch keinen Zweifel daran, daß er die Einführung neuer, besserer Techniken auch dann nicht bremsen will, wenn sie die Schließung der Münchener Börse nach sich zögen: »Wir stehen Neuerungen des Börsenwesens, die in anderen Ländern schon praktiziert werden, durchaus aufgeschlossen gegenüber«. Immerhin will Martini beim Neugestaltungsprozeß aus München »mitentscheiden und mitgestalten«.

Gleichwohl räumt Martini den Regionalbörsen keine großen Zukunftschancen ein. »Die Emittenten wollen nach Frankfurt, weil sie glauben, sich dort besser und billiger mit Kapital versorgen zu können.« Und auch den Sinn regionaler Kapitalmärkte kann Martini nicht ausmachen. »Die bestehenden Kommunikationsmöglichkeiten machen diese Märkte überflüssig.« Deshalb sei auch die Einbindung der Regionalbörsen in das Konzept der Deutschen Wertpapierbörse AG nur ein »Übergangsschritt, dem die Aufgabe der kleinen Plätze folgen wird«.

Diesen eindeutigen Ansichten Martinis mag sich Rudolf Bayer, Münchener Börsenpräsident und Mitinhaber des Bankhauses Aufhäuser, nicht anschließen. Er hat sich schon frühzeitig gegen eine Konzentration der Umsätze mit Standardwerten in Frankfurt ausgesprochen. Die Nischen-Rolle der Regionalbörsen lediglich als Handelsplatz für Spezialwerte will er nicht akzeptieren und hält sie auch für existenzgefährdend. Ohne die Umsätze mit den Standardtiteln sei die Münchener Börse nicht mehr aufrecht zu erhalten. Zum Mentor der ersatzlosen Schließung von Regionalbörsen will sich auch Paul Berwein nicht machen. Der agile Münchener, Chef des wohl bekanntesten deutschen Freimaklerunternehmens, geht mit den derzeit bestehenden Einrichtungen gleichwohl ins Gericht: »Die Regionalbörsen müssen sich besser organisieren und aktiver werden. Wir brauchen mehr Liquidität, um so die Chance fairer Preise zu verbessern«, sagt das Mitglied des Börsenvorstandes. Nach der Ansicht Berweins wird der Computer auch bei den Börsen in den Regionen Einzug halten und den Parketthandel weitgehend verdrängen – die Zukunft läge zumindest im computerunterstützten Handel auf dem Parkett. Vor allem sollten sich die Regionalbörsen, so seine Ansicht, miteinander vernetzen und so die Wettbewerbsfähigkeit und die Liquidität erhöhen. Diesen Ansichten schließt sich wohl auch Geschäftsführer Leckebusch an, der sich seit 1976 für den Ausbau und die technische Verbesserung der Münchener Börse einsetzt. Äußern möchte er sich zu allen diesen »politischen Themen« jedoch nicht.

Leckebusch berichtet lieber von den technischen Vorzügen seiner Börse, die sich zum Beispiel frühzeitig für den Einsatz des »Bifos«-Systems entschieden hat, mit desesen Hilfen Aufträge schneller und komfortabler abgewickelt werden können. Während in Frankfurt immer noch am Konkurrenzprodukt »Boss« gebastelt wird, ist Bifos nach Leckebuschs Angaben bei den Bankhändlern und den Maklern gut angekommen. Nachdem die Auftragszettel beim Makler eingegangen sind, kann der sein Skontro einfacher führen, seine Kurse zügiger errechnen, wird bei der Suche nach fehlerhaften Aufträgen schneller fündig und kann die Abwicklung der Geschäfte über die Landeszentralbank und den Kassenverein in Gang setzen. Nach Leckebuschs Ansicht würde auch die Durchleitung der Kundenaufträge vom Bankschalter an die Börse längst funktionieren, wenn sich nur die Kreditinstitute nicht dagegen sperren würden.

Dem Ziel der tieferen Verwurzelung der Münchener Börse in der Region dient auch ein anderes Projekt, das Leckebusch seit einem Jahr betreibt. Über das dritte Fernsehprogramm des Bayerischen Rundfunks verbreitet die Börse kostenlos 450 Notierungen zeitgleich mit ihrer Kurs-Feststellung. Für den Anleger, so Leckebusch, hat dies den Vorteil, daß er das Börsengeschehen auch dann verfolgen kann, wenn er nicht auf dem Parkett ist. Von der schnellen Verbreitung der Kursdaten erhofft sich Leckebusch zumindest eine kleine Steigerung der Umsätze.

Abseits aller Umsatz-Überlegungen setzt sich auch die Münchener Industrie- und Handelskammer für die Börse ein. Geschäftsführer Arnulf Röhrich und Dienstleistungs-Referent Konrad Zipperlen betrachten die Börse als eine Einrichtung, die die Attraktivität des Standortes München erhöht. Der Münchener Platz müsse seine traditionellen Kontakte nach Österreich und zu den südeuropäischen Ländern stärker nutzen. Die bayerische Landeshauptstadt könne sich zu einem Bankenplatz auch für Institute aus diesen Ländern entwickeln. Weniger optimistisch zeigen sich Röhrich und Zipperlen aber bei der Zahl der neuen Börsenkanditen in der Zukunft. Zwar könne die Börse von der immer noch ungebrochenen Neugründungswelle profitieren, doch täten vor allem die Regionalbanken zu wenig, um Unternehmen für diese Möglichkeit der Finanzierung zu gewinnen.

Stuttgarter Börse: Innovation allein reicht nicht aus

Nach über 60 Jahren wird die Stuttgarter Börse Anfang 1991 wieder in den sogenannten Königsbau ziehen – eines der schönsten und repräsentativsten Gebäude in der baden-württembergischen Landeshauptstadt. Die Börse hat sich für den Umbau ihres neuen Domizils rund 10 Millionen DM spendiert. Dafür werden 2000 Quadratmeter des klassizistischen Baus mit moderner Kommunikations- und Wertpapierhandels-

	1989	1990[1]
Zahl der notierten Aktien	218	251
Zahl der notierten Renten	1797	1860
Umsatz Aktien[2]	37,2	26,3
Anteil am Bundesumsatz[3]	2,7	2,4
Umsatz Renten[2]	62,0	41,1
Anteil am Bundesumsat[3]	3,2	4,4
Zahl der zugelassenen Banken	39	38
Zahl der zugelassenen Makler	5	5
Zahl der Freimakler	7	5

[1] Angaben für das erste Halbjahr 1990
[2] in Milliarden DM
[3] in Prozent.

Die Stuttgarter Börse in Zahlen

technik ausgestattet. Auch beim Börsensaal wollte man nicht schwäbisch-sparsam zur Sache gehen, sondern mit der zweigeschossigen Bauweise eine gewisse Großzügigkeit zu erkennen geben.

In Stuttgart hat sich in den Monaten unmittelbar vor den absehbaren Verbesserungen keine rechte Freude eingestellt. Die schwäbischen Wertpapierhändler, Makler und Regionalbanken bedrückt ein wenig die Angst vor einer möglichen Schließung der 128 Jahre alten Institution im Zuge der Diskussionen über neue Börsenstrukturen für Deutschland. Auch Hans-Joachim Feuerbach und Wolfram Freudenberg schwanken bei der Beurteilung der Zukunft des Stuttgarter Handelsplatzes zwischen dem Optimismus der kreativen Gestalter und der Ohnmacht derjenigen, die die Entscheidungen im Prozeß der deutschen Börsenstrukturreform nur unwesentlich beeinflussen können. Börsen-Geschäftsführer Feuerbach etwa interpretiert die Umbaukosten als eine Investition, um die Wettbewerbsfähigkeit des Platzes mit Hilfe neuer Technik nachhaltig zu stärken. Und Präsident Freudenberg, zugleich Leiter der Stuttgarter Filiale der Deutschen Bank, resümiert in klarer Frontstellung zu seinen Kollegen im Vorstand des Kreditinstitutes: »Wenn wir die Börse hier schließen müssen, dann verlieren wir mehr als nur einen Handelsplatz, dann verlieren wir zugleich viel Know-how im Firmenkundengeschäft und im Investmentbankgeschäft. Die Nähe zum Handel ist unverzichtbar – das kann eine Telefonleitung nach Frankfurt nach ersetzen.« Beide aber wissen auch, daß die innovative Kraft allein nicht ausreicht, wenn Umsätze gezielt umgeleitet werden. Die Stuttgarter Börse präsentiert sich derzeit zwischen begründetem Selbstbewußtsein und nachvollziehbaren Zweifeln.

Gleichwohl rechtfertigen Freudenberg und Feuerbach den kostspieligen Börsen-Umbau. Freudenberg: »Wenn der Platz Stuttgart eine Chance hat, dann war die Investition richtig und notwendig.« Und der Geschäftsführer meint: »Ohne die Ausgaben für die neue Technik wären wir ohnehin aus dem Wettbewerb ausgeschieden.« In den neuen Räumen wird mehr Platz für Banken und Makler zur Verfügung gestellt als im heutigen Saal, den die Stuttgarter Börsianer wegen seiner Enge liebevoll »unser Wohnzimmer« nennen. Wegen des akuten Platzmangels können viele Institute zur Zeit nur einen Teil ihrer Händler an die Börse schicken. Geschäftsführer Feuerbach plant aber schon weiter. Er möchte, daß die Banken die neuen, größeren Räume ganztägig nutzen und die Börse so zu einem Finanzdienstleistungszentrum ausbauen. Nach seiner Ansicht könnten die Kreditinstitute gleich ganze Handels- und Abwicklungsabteilungen an die Börse verlegen.

Neben der Platzerweiterung wird zudem jegliche Art moderner Handelstechnik integriert. Die automatische Durchleitung von Börsenaufträgen ist dort bald genauso möglich, wie die Verknüpfung von elektronischem Handel mit dem Präsenzbörsenprinzip. Trotz der großen Pläne betrachten Freudenberg und Feuerbach gerade die technische Seite des Börsenhandels mit gewissen Sorgen. Sie sind, wie alle anderen Börsen mittlerweile auch, von der Deutschen Wertpapierdaten-Zentrale abhängig. Und dort werde bereits verfügbare Technik oftmals aus politischen Gründen nicht zum Einsatz vor Ort freigegeben. Freudenberg: »Auch technologisch kann man die Regionalbörsen aushungern.«

Neues Geschäftsvolumen wollen Freudenberg und Feuerbach vor allem im badischen Raum akquirieren. Kleine Banken und Wertpapierhäuser und deren Kundenpotential wollen sie an die Börse in Stuttgart locken. Der Ausweg nach Baden erscheint den beiden Börsenmanagern der einzig erfolgversprechende Weg zu sein, sich von der für sie problematischen Nähe Frankfurts zu lösen. Freudenberg: »Die Nähe zu Frankfurt hat eine gewisse Sogwirkung.« Zudem verweist Feuerbach auf die traditionell starke Verwurzelung zwischen Börse, der heimischen Industrie und der privaten Kundschaft aus der Region. Aber auch dieser Vorteil scheint zu schwinden. Immerhin denkt die Daimler Benz AG zur Zeit daran, ihre Aktie nur noch an einer deutschen Börse – nämlich in Frankfurt – notieren zu lassen. Auch bei der Notierung von Börsenneulingen muß Feuerbach hinnehmen, was ihm nicht recht sein kann – die Einführung der Papiere in Stuttgart und in Frankfurt. Das, so der Geschäftsführer, schade der Liquidität des Papiers, obwohl die Mehrzahl der Umsätze an der heimischen Börse abgewickelt würden.

Das Wachstum der Stuttgarter Börse wird in den nächsten Jahren, da sind sich Präsident und Geschäftsführer einig, aus dem Freiverkehr und damit vor allem von dort aufgelisteten ausländischen Werten herrühren. Der Freiverkehr ist vor allem wegen des rührigen Freimaklers Uto Baader das dynamischste Wachstumsfeld der Stuttgarter. Dieses Marktsegment wollen Freudenberg und Feuerbach in den nächgsten Jahren aber auch deutschen Börsenneulingen öffnen. Denkbar sei dort auch der Handel mit GmbH-Anteilen, über die in Baden-Württemberg gerade diskutiert wird.

Neue Ideen wie diese sind es besonders, die Freimakler Uto Baader an Stuttgart schätzt.»Der Wettbewerb unter den Plätzen muß erhalten bleiben. Wenn wir die Regionalbörsen schließen, erstarren die Strukturen, Innovation ist kaum mehr möglich«, sagt Baader, der seine Geschäfte auch in München betreibt. Ihn stört lange schon, daß »die Börsen sich zu fest in der Hand der Banken befinden«. Gleichwohl hat er vor der Konkurrenz mit den Banken keine Scheu. Die Maklerfirmen, ausgebaut zu Wertpapierhandelshäusern, würden den Kunden bessere und preiswertere Leistung bieten. Seine Prognose:»Die Banken werden Kunden verlieren.« An der Präsenzbörse will der quirlige Baader, der bereits im Alter von 14 Jahren seine ersten Aktien erwarb, die Kursmakler zu Spezialisten für ein Papier machen. Heute, so Baader, müßten die Kursmakler zu viele Titel betreuen. Das überfordere sie zum Teil, schläfere aber auch den Geschäftssinn ein. Ein Feind der Elektronik ist Baader nicht – im Gegenteil. Er will die automatische Auftragsdurchleitung von den Bankfilialen in die Präsenzbörse.

Trotz des innovativen Geistes seiner Börsianer liegen für Präsident Freundenberg in der Zukunft nur zwei Möglichkeiten klar auf der Hand: »Wir können beschließen, die Börse zu schließen, oder uns unter das Dach der Deutschen Börsen AG begeben.« Für den Fall der Schließung haben Feuerbach und Freudenberg schon vorgesorgt: Das neue Börsengebäude kann ohne großen Aufwand auch anders genutzt werden.

III. Kapitel
Aktien, Renten, Investmentfonds

Reife Früchte für die Börse – vom Anleger gepflückt
Die Neuheiten des Jahres 1990 auf dem deutschen Aktienkurszettel

In der Hausse – einer Zeit der Kurssteigerungen – emittiert sichs leicht. Getragen von einem positiven Börsenumfeld haben Unternehmen, die den Schritt an die Börse wagen, in aller Regel keine großen Schwierigkeiten. Im Gegenteil, etwas höhere Emissionspreise lassen sich leichter durchsetzen, die Nachfrager von Aktien sind in einer Hausse eben auch offen für »Neues«. Und der Markt selbst nimmt die Belastungen von Neuemissionen und Kapitalerhöhungen, die zusammen immerhin beträchtliche Mittel binden, die für die Nachfrage nach den »alten« Aktien dann nicht mehr zur Verfügung steht, in euphorischen Börsenzeiten leichter hin als in Zeiten des Kursverfalls (Baisse). Können die Erwerber der neuen Aktien nach kurzer Zeit auf sogenannte Zeichnungsgewinne blicken, auf eine positive Differenz zwischen dem aktuellen Börsenkurs und dem Emissionspreis, dann sind zumeist alle zufrieden: Das Unternehmen, das seine Eigenkapitalbasis gestärkt hat, das Emissionshaus und die neuen Aktionäre.

Allerdings läßt sich ein solch günstiger Moment zur Neueinführung an der Börse selten im voraus bestimmen, denn dies würde bedeuten, daß Vorstände und Berater des Börsenneulings den Kursverlauf am Aktienmarkt richtig abzuschätzen wüßten. Bei allem Respekt – das würde ihr Können doch etwas überschätzen. Sichere Voraussagen für den zukünftigen Verlauf der Kurse gibt es nun einmal nicht. Und somit gehört auch für die Auswahl des Zeitpunktes einer Aktienemission ein »Quentlein Glück« dazu. Daß eine weise und vorsichtige Voraussicht freilich ebenfalls ihren Wert hat, ist keine Frage.

Im Nachhinein ist man immer schlauer. Deshalb ist ein Rückblick auf das Emissionsjahr 1990 natürlich einfacher als es die Planung dieses Emissionsjahres gewesen war. Rückblickend läßt sich das Börsenjahr nämlich klar in eine Hausse und eine Baisse einteilen. Fast genau in der Mitte des Jahres (19. Juli 1990) wies der F.A.Z.-Aktienindex mit 832,32 Punkten ein Jahreshoch auf. Zum Jahreswechsel 1989/90 hatte der Index bei 740,93 Punkten und noch ein Jahr zuvor bei 549,86 Punkten gelegen.

Zum Ende des dritten Quartals 1990 lag der Aktienindex mit 569,69 Punkten also nur geringfügig über dem Stand von Ende 1988. Gegenüber dem Jahreshoch 1990 im Juli mußte zum Beginn des letzten Quartals 1990 ein Verlust von mehr als 30 Prozent hingenommen werden. Trotz der fortdauernden Unsicherheiten auf den internationalen Finanzmärkten konnte sich der F.A.Z.-Aktienindex im Oktober 1990 bei etwas über 600 Punkten stabilisieren.

Trotz der dramatischen Kursverluste am deutschen Aktienmarkt blieben Neuemissionen im zweiten Halbjahr 1990 nicht aus. Als in den Monaten August und September 1990 vielen Anlegern auf dem Aktienmarkt ein eisiger Wind entgegenblies, zeigte die Neuemission der Kraftanlagen AG, Heidelberg, daß auch in Baissezeiten eine Aktienplazierung »glatt« über die Bühne gehen kann. Die Zeichnungsfrist für diese neue Aktien war vom 13. bis 17. September offensichtlich zu lang bemessen worden. Schon nach dem ersten Tag waren alle Kraftanlagen-Aktien vergeben. Außer der Heidelberger Kraftanlagen AG kamen im dritten Quartal 1990 noch die C.H.A. Chemie Holding AG, München, die Jungheinrich AG, Hamburg, und die Gold-Zack Werke AG, Mettmann, an die Börse. Allerdings wurden auch einige Börsengänge erst einmal verschoben. Der Hinweis auf ein »ungünstiges Börsenklima« war oft die Begründung für den Aufschub. Ein Beispiel dafür lieferte die Quante AG aus Wuppertal, die ihre – auf September 1990 geplante – Aktienplazierung nicht ausführen ließ. Die Gesellschaften Sauer-Sundstrand, Jado und die Depfa-Bank Deutsche Pfandbrief- und Hypothekenbank AG traten ebenfalls den vorläufigen Rückzug an.

Bei den Konsortialbanken wurden die Emissionspläne im zweiten Halbjahr 1990 offensichtlich noch einmal einer »genauen Prüfung« unterzogen. Dabei habe das Argument eines »schlechten Börsenklimas« nicht allein den Ausschlag für eine Verschiebung gegeben, war zu hören. Ein wesentlicher Punkt in den Überlegungen war wohl die Analyse, wie sehr ein an die Börse strebendes Unternehmen neues Kapital benötige. In Fällen, in denen diese Mittelzufuhr nicht so dringend gewesen war, hat man offensichtlich auf eine »einstweilige Verschiebung« plädiert. Außerdem haben die Emittenden auch die jeweilige Branche und deren aktuellen Zustand – gemessen an Börsenkursen – unter die Lupe genommen. Von einer Neuemission innerhalb eines Teils des Aktienmarktes, der im Zuge der Kuweit-Baisse besonders starke Kursrückschläge zu verzeichnen hatte, ist aller Wahrscheinlichkeit nach abgeraten worden. Innerhalb eines relativ widerstandsfähigen Marktbereichs – zum Beispiel bei Umwelt- und Versorgungsaktien – konnte man durchaus das Risiko wagen, lautete eine Einschätzung in Frankfurter Bankenkreisen. Denn die Zeichner einer solchen Aktie hätten dann mit der Hoffnung kaufen können, bei einem Aufschwung der Kurse einen die Kursgewinne anführenden Titel im Depot zu haben. Ein drittes Kriterium für oder gegen die Aufschiebung einer Aktienplazierung war sicher auch das Volumen der Neuemission gewesen. Die Neigung der Emissionsführer, während relativ schlechten Börsenzeiten niedrigeren Volumina den Vorzug zu geben und bei größeren auf eine Besserung des »Aktienklimas« zu hoffen, ist dabei nicht von der Hand zu weisen.

Die Zauderer werden ihr Vorhaben, an die Börse zu gehen, eher verschieben als aufgeben. Weit mehr als 50 Unternehmen kann man bis zum Jahresende 1992 zu den Börsenanwärtern zählen. Diese These wird dadurch gestützt, daß die Eigenkapitalfinanzierung an Bedeutung gewonnen hat. Daß dabei immer mehr Unternehmen aus dem deutschen Mittelstand die Vorzüge einer Finanzierung über den organisierten Markt Börse nutzen, ist eine nun schon seit Jahren ungebrochene Tendenz. Daran hat die schlechte Kursentwicklung im zweiten Halbjahr 1990 nichts geändert. Der Weg zur Börse ist für den Mittelstand eine beständige Tendenz geblieben. Mit dem Blick auf den gemeinsamen europäischen Markt zum Ende des Jahres 1992 und die Chancen auf dem Gebiet der neuen fünf Bundesländer, stärken die Mittelständler, die den Schritt an die Börse wagen, ihre Eigenkapitalbasis.

Nach Ansicht einer großen deutschen Geschäftsbank war dies schon nach Ablauf der ersten Jahreshälfte an den durchschnittlichen Emissionsbeträgen erkennbar. Tatsächlich überwogen bis ins vierte Quartal hinein die »kleineren« effektiven Emissionsbeträge. Bei zehn der neunzehn Neuemissionen bis Ende September wurden effektive Emissionsbeträge unter 50 Millionen DM gezählt; zwischen 50 und 100 Millionen DM lagen vier effektive Emissionsvolumina. Zu den »großen Börsenneulingen« zählten 1990 Kaufhalle (231 Millionen DM effektiver Emissionsbetrag), B.U.S. Berzelius Umwelt-Service (216,90 Millionen), Villeroy & Boch (407,3 Millionen), Jungheinrich (321 Millionen) und Anfang Oktober die DBV Holding (900 Millionen DM). Damit war 1990 auch ein »gemischtes« Jahr. Die mittelständischen Unternehmen zeigten zwar Flagge, doch sie waren nicht unter sich. Ein Jahr der »Namenlosen«, wie das Emissionsjahr 1989 charakterisiert worden war, ist 1990 nicht gewesen.

Insgesamt sind von Januar bis September 1990 neunzehn Neueintragungen auf dem deutschen Kurszettel gezählt worden. Die Summe der nominalen Emissionsbeträge lautete auf 248,53 Millionen DM, die der effektiven auf 1,939 Milliarden DM. Dabei waren die Unternehmen aus dem Maschinen- und Anlagenbau in der Mehrzahl; vier Börsenneulinge gehören dieser Branche an. Im gesamten Jahr 1989 waren 24 Neuemissionen mit einem Volumen von 2,4 Milliarden DM festgestellt worden. Nur 1986 sind mit 27 Neuemissionen von insgesamt 2,9 Milliarden DM – ohne die Feldmühle-Plazierung – noch mehr Gesellschaften an die Börse gegangen.

Das Emissionsjahr 1990 gehört also nicht zu den schlechten Jahren – und das trotz einer längeren Zeit der Unsicherheiten am deutschen Aktienmarkt und anfänglicher Skepsis zum Jahreswechsel, ob 1990 wohl ein ähnlich gutes Emissionsergebnis bieten könnte wie 1989. Diese Skepsis wurde in Zusammenhang mit der dritten Stufe der Steuerreform geäußert, die 1990 in Kraft getreten war. Ausgelöst durch die Steuerreform konnte im zweiten Halbjahr 1989 eine wahre »Emissions-Rallye« mit steigender Intensität zum Jahresende hin beobachtet werden. Dabei nutzen Unternehmen die Chance, Gesellschaftsanteile über den Gang an die Börse zu verkaufen, um für die damit entstehenden Veräußerungsgewinne noch den »alten« Steuersatz geltend machen zu können. Mit der Steuerreform ist der Steuersatz für Veräußerungsgewinne nämlich beträchtlich gestiegen. Beobachter rechneten zum Jahreswechsel 1989/90 damit, daß zahlreiche Unternehmen aus diesen steuerlichen Gründen ihren Börsengang vorgezogen hatten. Als eine »logische Konsequenz« davon war mit einer »Emissions-Flaute« im ersten Halbjahr 1990 gerechnet worden. Doch diese Erwartungen trafen nicht ein. Ganz im Gegensatz zu den Vorjahren zeigte sich nicht einmal in den ersten Monaten des neuen Jahres eine »Atempause der Emissionsgemeinde«. Allein aus den ersten beiden Monaten 1990 ist von fünf Neuemissionen zu berichten.

Mit der *Südmilch AG,* Stuttgart, ging nach der Schwälbchen Molkerei Jakob Benz AG im hessische Bad Schwalbach (1989) eine weitere Gesellschaft der Milchwirtschaft an die Börse. Vom 2. Januar 1990 an wurden 6 Millionen DM neue stimmrechtslose Vorzugsaktien aus der Kapitalerhöhung von 1989 und 22,5 Millionen DM Vorzugsaktien aus der bedingten Kapitalerhöhung von 1987 an den Börsen in Stuttgart und

Frankfurt in den amtlichen Handel aufgenommen. Nach der Herstellung der »Dividendengleichheit« wurden auch die alten Vorzugsaktien über 1,8 Millionen DM zur Jahresmitte in den amtlichen Handel einbezogen. Südmilch hatte Mitte 1987 eine Wandelanleihe von 45 Millionen DM begeben. Diese Titel können vom 1. Januar 1990 an in stimmrechtlose Vorzugsaktien umgetauscht werden. Auf der Hauptversammlung der Gesellschaft am 7. Juli wurde den Aktionären von einem um 13,3 Prozent gesteigerten Umsatz in den ersten sechs Monaten des Jahres berichtet. Im abgelaufenen Geschäftsjahr habe das schwäbische Unternehmen seinen Umsatz um 36 Prozent auf 1,15 Milliarden DM erhöhen können. Der Jahresüberschuß wurde mit 1,2 Millionen DM festgestellt, verglichen mit 1,04 Millionen DM im Jahr 1989. Vorstand und Aufsichtsrat schlugen eine Dividende von neun Prozent vor. Die Südmilch AG arbeitet inzwischen mit der Sachsenmilch AG aus der ehemaligen DDR zusammen. Dort soll beim Aufbau einer leistungsfähigen Molkereiwirtschaft geholfen werden. Wenn es gelte, einen zukünftigen Markt zu sichern, sei es besser mitzuziehen, wenn neue Strukturen entstehen, als zuzusehen, erklärte der Vorstand von Südmilch die Zusammenarbeit mit der Sachsenmilch. Mit Frischdienstlagern will die Südmilch auch den ostsächsischen Raum bis an die polnische und tschechoslowakische Grenze abdecken. Von dem Engagement im neuen Osten der Bundesrepublik Deutschland hat der Kurs der Südmilch-Aktie jedoch wenig profitiert. Im Oktober, als die Zusammenarbeit mit der Sachsenmilch vom Vorstand ins Rampenlicht gerückt wurde, notierte die Südmilch-Aktie rund 20 DM unter dem Kurs des ersten Börsentages, der am 2. Januar 1990 mit 203 DM festgestellt worden war.

Die erste Februaremission war die von *Kaufhalle*. Sie gehörte zu den großen Emissionen im jüngsten Börsenjahr. Die 700 000 Stammaktien zum Nennwert von 50 DM je Aktie ergaben einen nominalen Emissionsbetrag von 35 Millionen DM. Damit wurden 25 Prozent des Grundkapitals der Gesellschaft an die Börse gebracht. Angeboten wurden die Aktien, für die der Vorstand schon im Februar eine Dividende von 12 bis 13 DM in Aussicht gestellt hatte, zu einem Zeichnungspreis von 330 DM. Damit betrug der effektive Emissionsbetrag 231 Millionen DM. Die, die zum Zuge kamen, konnten zur ersten Börsennotierung am 5. Februar 1990 einen Zeichnungsgewinn von 30 DM feststellen, die Kaufhalle-Aktie notierte mit 360 DM. Doch die Aussicht auf mehr ließ viele Anleger abwarten, zählten doch gerade die Konsumwerte an der Börse zu den »Rennern mit Ostphantasie«. Die Aktien, die an den Börsen in Berlin, Düsseldorf, Frankfurt, Hamburg und München notiert werden, erlebten dann auch stürmische Tage. Gerüchte von ausländischen institutionellen Anlegern, die starkes Kaufinteresse an Konsumtiteln wie Kaufhalle hätten, waren öfter in den Börsensälen zu hören. Die »diversifizierte Unternehmensstruktur« berge einen Vorteil gegenüber allen Mitbewerbern, hieß es im Februar, noch vor der Währungs- und Wirtschaftsuntion mit der DDR. Der Warenhaus-Konzern aus Köln setzte in diesem Jahr auf Expansion durch Neuerwerbungen und auf Umsatzsteigerungen in den bereits bestehenden Häusern. Zu den vor der Börseneinführung hinzugekommenen Gesellschaften Oppermann Versand AG, Vobis Data Computer GmbH, der Schuhhandelsgruppe Reno und der Media-Gruppe wurde noch die Dahl-Gruppe mit sechs Kaufhäusern und vierzehn Bilka-Häuser übernommen; zwei weitere Häuser in Herne und Wesseling kamen im laufenden Geschäftsjahr 1990 hinzu. Zum Jahresende wird die Gesellschaft voraussichtlich 137 Häuser führen. Für Einzelhandelsgeschäfte in der DDR hatte der Vorstand im Mai 20 bis 30 Standorte für Kooperationen in Betracht gezogen. Um dieses Wachstum der Gesellschaft durch Eigenkapital festigen zu können, wurde im Juli ein genehmigtes Kapital von 70 Millionen DM beschlossen. In den ersten sechs Monaten 1990 gab Kaufhalle eine Umsatzsteigerung von 15 Prozent auf 929 Millionen DM an. Bei einer Bereinigung dieser Daten durch die erworbenen Häuser von Dahl und Bilka, errechnet sich auf einer gegenüber der Vorjahresperiode vergleichbaren Verkaufsfläche ein Umsatzplus von 6,6 Prozent. Die Aussichten dieses Konsumwertes werden von Fachleuten durchaus als gut eingeschätzt, vor allem auf dem Gebiet der nun ehemaligen DDR erhoffen sich Wertpapieranalytiker in den kommenden Monaten gute Erträge für Kaufhalle. Aber bei der Analyse des Kaufhalle-Titels wird nicht nur auf das »Ostgeschäft« verwiesen. Experten nennen schon seit Jahresbeginn 1990 den wertvollen Immobilienbesitz der Gesellschaft, der etwa 750 Millionen DM stille Reserven berge. Der Kurs der Kaufhalle-Aktie spiegelt diese guten Aussichten offensichtlich wider; er lag Anfang Oktober deutlich über 400 DM. Gegenüber dem Emissionspreis entspricht dies einem Kursgewinn von mehr als 20 Prozent.

»Geld verdienen mit Müll«. Solche Überschriften kennzeichneten die Berichterstattung über die erste Neuemission einer »lupenreinen« Umweltaktie, die am 5. Februar 1990 im geregelten Markt in Frankfurt zum ersten Mal gehandelt wurde. Mit den nominal 16,5 Millionen DM Stammaktien und 20 Millionen DM Vorzugsaktien der *B.U.S. Berzelius Umwelt-Service AG,* Frankfurt, hatten die, die schon immer auf den Wachstumsmarkt Umweltschutz setzen wollten, endlich ein Papier »ihres Herzens« auf dem deutschen Kurszettel. Schwergewichte im Umwelt-Portefeuille mußten nicht mehr nur auf ausländischen Märkten und in Mischkonzernen gesucht werden. Bisher wurde in Börsenbriefen zwar viel über »grobe« Beteiligungs-Anlagen am Umweltschutz – und die lukrativen Aussichten dafür – geschrieben, doch der willige Aktienkäufer tat sich bisher ein wenig schwer mit diesen Empfehlungen. Da kam die Berzelius-Aktie. Die Nachfrage nach diesem Papier war enorm. Die federführende Dresdner Bank AG teilte am 26. Januar, einen Tag nach Beginn der Zeichnungsfrist (25. bis 29. Januar) mit, daß die Neuemission B.U.S. »vergriffen« war. Wegen der außerordentlich starken Nachfrage aus dem In- und Ausland nach den Stamm- und Vorzugsaktien von B.U.S. wurde der Verkauf vorzeitig beendet. Die neuen Aktien waren überzeichnet. Schon am ersten Börsentag konnten die Glücklichen, die Teile von dem neuen »Aktienkuchen« abbekommen hatten, auf deutliche Kursgewinne blicken. Die Bezerlius-Stammaktie notierte mit 520 DM; der Emissionspreis hatte 330 DM betragen, und damit belief sich der Zeichnungsgewinn auf stolze 190 DM. Bei der Vorzugsaktie wurde der erste Kurs mit 395 DM festgestellt, ein (Brutto-) Gewinn von 125 DM für Zeichner, die gleich am ersten Tag wieder verkauft hatten. Im Zuge der Deutschlandhausse kletterte die Stammaktie von Berzelius, die ein Tochterunternehmen der Metallgesellschaft AG in Frankfurt ist, sogar deutlich über 600 DM. Einen Beitrag zu der guten Kursentwicklung leistete auch die mehrheitliche Beteiligung von Berzelius an der amerikanischen Horsehead Industrie Inc. in Palmerton im amerikanischen Bundesstaat Pennsylvania. Der Kauf von 9,75 Millionen Stück Horsehead-Aktien für 12,50 Dollar, bei der Börseneinführung der amerikanischen Umweltfirma, kennzeichnete die bislang größte Einzelinvestition in der Geschichte der Metallgesellschaft. Mit dieser strategischen Investition hat die deutsche »Umwelttochter« ihren Anteil an dem amerikanischen Unternehmen von 20 auf 45 Prozent aufgestockt. Die Horsehead beschäftigt sich, wie die B.U.S., mit der Entsorgung industrieller Abfälle – zum Beispiel mit der Entsorgung von Metallen, die als Rückstände in Reinigungsfiltern industrieller Maschinen hängen geblieben sind. Außerdem setzt B.U.S. auf die Aufbereitung von

Salzschlacken, die in den Vereinigten Staaten von Amerika bislang noch deponiert werden dürfen. Um kapitalstark genug für diese Kooperation zu sein, hat die B.U.S. ihr Kapital um 25 auf 111,5 Millionen DM erhöht. Ausgegeben wurden im August 385000 neue Stamm- und 115000 Vorzugsaktien. Die junge Stammaktie im Nominalwert von 50 DM kostete 440 DM, die Vorzugsaktie 340 DM. Allein im Geschäftsjahr 1990 plante das Umweltunternehmen Investitionen in Höhe von 240 Millionen DM. Bei den Börsianern jedenfalls hat das Unternehmen mehr als Gehör gefunden. Der Titel ist im Gespräch – und wird es vorerst auch bleiben. Die traurige Umwelterblast in der ehemaligen DDR wird dazu auch ihren Teil beitragen.

Wer bei jeder Autofahrt unzählige Minuten vor roten Ampeln steht, wird in seinem Ärger wohl nicht sofort erkennen, daß sich auch hinter diesen »grün-gelb-roten Standbildern« ein Wachstumsmarkt verbirgt. Die *Huber Signalbau AG,* München, die am 12. Februar 1990 mit nominal 5 Millionen DM stimmrechtslosen Vorzugsaktien in die geregelten Märkte von München und Frankfurt eingeführt wurde, hat sich an diesem Wachstumsmarkt in Deutschland einen Marktanteil von etwa 30 Prozent erarbeitet. Nominal 4 Millionen DM stammen aus einer Kapitalerhöhung auf 13,5 Millionen DM; die verbleibende Million kam aus dem Besitz der bisherigen Alleinaktionäre, Berliner Elektro Holding AG (bisher zu 60 Prozent am Signalbau-Huber-Grundkapital beteiligt) und Hannover Finanz GmbH (bisher 40 Prozent). In diesem Verhältnis 60 zu 40 verblieben 63 Prozent der Stammaktien in den Händen der früheren Eigentümer. Der Emissionspreis der Huber-Aktie lag bei 250 DM, der erste Börsenkurs bei 275 DM. Der Markt, in dem die Signalbau Huber tätig ist, wird nicht nur von der Gesellschaft selbst als zukunftsträchtig angesehen. Analytiker räumen dem Unternehmen und der Kursentwicklung der Huber-Aktie gute Chancen ein. Ihre wichtigsten Argumente sind das steigende Kraftfahrzeugaufkommen in der Bundesrepublik Deutschland, das moderne Verkehrsleitsysteme erfordert, und die prognostizierte starke Nachfrage von den Kommunen der neuen fünf Bundesländer. Im Kurs jedenfalls haben sich diese Hoffnungen bereits niedergeschlagen. Auch während der Kuweit-Baisse konnten die Aktien der Signalbau Huber AG ein Niveau um die 400 DM halten. Sollten die neuen Kommunen in der DDR mit genügend Haushaltsmitteln ausgestattet werden, um dem gestiegenen (und wohl weiter steigendem) Verkehrsaufkommen Herr zu werden, könnte es um die Aktie aus München bald noch besser bestellt sein. Dies war von Optimisten zu hören, die besonders im zweiten Halbjahr 1990 nach »unterbewerteten Aktien mit Ostphantasie« Ausschau gehalten hatten.

Auch die Börsenneuheit *Schön & Cie. AG* aus Pirmasens wird mit Ostphantasie in Zusammenhang gebracht. Doch der Vorstand des Maschinenbau-Unternehmens zeigt sich bemüht, eine zu weitreichende Spekulation zu dämpfen, die im wesentlichen ihren Ursprung in einem Großauftrag aus der Sowjetunion – rund 75 Millionen DM – im Geschäftsjahr 1989 hat. Im Geschäftsjahr 1988/89 erzielte das Unternehmen einen Umsatz von 114 Millionen DM. Eine längere Zeitspanne ohne sowjetische Großaufträge wurde vom Vorstandsvorsitzenden im September 1990 nicht ausgeschlossen. An der Börse jedoch hielten sich hartnäckig die Gerüchte, daß 1990 mit einer Verdopplung des Ergebnisses zu rechnen ist. Nominal 3 Millionen DM Stammaktien wurden im Frühjahr 1990 zu einem Emissionspreis von 650 DM vergeben. Die restlichen drei Viertel des gesamten gezeichneten Kapitals von 12 Millionen DM blieben bei der amerikanischen Muttergesellschaft Katy Industries Inc., Illinois. Da dieses Emissionsvolumen relativ klein war, hat das konsortialführende Institut, die Commerzbank, Interessenten aus Pirmasens und aus den Bundesländern Rheinland-Pfalz und Saarland bevorzugt bedient.

Ein weiterer Maschinenbauer wurde mit der *Berthold Hermle AG* aus Goslich an der Börse eingeführt. Insgesamt 100 000 stimmrechtslose Vorzugsaktien wurden zu einem Zeichnungspreis von 320 DM je Aktie im Nennwert von 50 DM unter der Federführung der Deutschen Bank angeboten. In der zweiten Aprilwoche lautete der erste Kurs dieser im geregelten Markt gehandelten Aktie auf 430 DM. Die Hermle-Vorzugsaktien sind mit einer garantieren Mehrdividende von 1 DM gegenüber den Stammaktien ausgestattet worden und waren für das Rechnungsjahr 1990 zu drei Viertel dividendenberechtigt. Sie stammten aus einer Kapitalaufstockung von 5 auf 25 Millionen DM. Die Stammaktien blieben im Besitz der beiden Gründerfamilien. Eine spätere Emission dieser Stammaktien wurde jedoch nicht ausgeschlossen. Das Unternehmen aus Goslich ist auf Werkzeug-Fräsmaschinen, Zentrifugen und präzise gedrehte Werkteile spezialisiert. Von Hermle selbst wird ein stetiger Expansionskurs gemeldet. In der ersten Jahreshälfte 1990 wurde der Umsatz um 28 Prozent auf 52 Millionen DM erhöht. Die Exportquote stieg von 30 auf 33 Prozent, und die Auftragslage nahm gegenüber dem

Vorjahr um 51 Prozent auf 79 Millionen DM zu. Hermle hat Tochtergesellschaften in Frankreich und Großbritannien. Mit der Errichtung einer eigenen Niederlassung in den Vereinigten Staaten von Amerika wurde begonnen. Mit dem Blick auf die rege Nachfrage von Werkzeugmaschinen in Deutschland hat das Unternehmen angekündigt, in Villingen-Schwenningen eine neue Fabrik zu bauen, in der Ende 1991 produziert werden soll.

Für je 480 Mark wurden im April 1990 die Stammaktien der *Herlitz International Trading AG,* Ismaning bei München, dem Publikum angeboten. Der effektive Emissionsbetrag belief sich auf 48 Millionen, der nominale auf 5 Millionen DM. Auch bei dieser Emission war eine rege Nachfrage zu registrieren. Die Aktien des internationalen Papierhandelshauses waren deutlich überzeichnet. Am Tag der ersten Börsennotierung notierte die Herlitz-Aktie 40 DM über dem Zeichnungspreis. Die Deutsche Gesellschaft für Anlageberatung mbH (Degab), eine Tochtergesellschaft der emissionsführenden Deutschen Bank AG, erwartete für 1990 ein DVFA-Ergebnis von 29 DM je Aktie und eine Dividende von 16 DM, die im Jahr 1991 auf 19 DM steigen könnte. (DVFA ist die Abkürzung für Deutsche Vereinigung für Finanzanalyse und Anlageberatung. Die Experten dieser Vereinigung haben Rechen-Regeln entwickelt, die es erlauben, vergleichbare Ertragszahlen zu ermitteln.) Beim Umsatz im Papierhandel liegt der Schwerpunkt von Herlitz (über 80 Prozent) im internationalen Geschäft. Von der Krise in der Golfregion zeigte sich das Unternehmen nicht beeindruckt. Lediglich zwei Prozent des Gesamtumsatzes, der im ersten Halbjahr 1990 um 28 Prozent auf 105 Millionen DM gesteigert werden konnte, entfielen auf den Irak und Kuwait. Neue Märkte in Asien und Osteuropa werden ins Visier genommen.

Plastikmodellbausätze für Börsianer, denen der Handel mit den »alten Aktien« zu langweilig geworden ist, haben im Mai Konkurrenz bekommen: Die Aktien des Modellbauers *Revell* sind für 285 DM je Aktie zur Zeichnung angeboten worden. Von den 72 000 angebotenen Stammaktien stammten 3,1 Millionen DM (nominal) aus dem Besitz der Monaco Inc., Morton Grove, Illinois, die eine Tochtergesellschaft der amerikanischen Revell Inc. ist, und dem Vorstandsvorsitzenden Kurt Haubrock. Nominal 500 000 DM sind einer Kapitalerhöhung zuzurechnen. Der Großaktionär Monaco blieb auch nach der Börseneinführung mehrheitlich an der deutschen Revell AG, Bünde bei Bielefeld, beteiligt. Das erwartete Ergebnis je Aktie wurde mit 15 DM angegeben und das Kurs/ Gewinn-Verhältnis mit 19. Diese Einschätzung lag deutlich unter dem durchschnittlichen Kurs/Gewinn-Verhältnis der Konsumwerte von etwa 30. An der Frankfurter Wertpapierbörse wurden die Revell-Aktien zum ersten Mal mit 300 DM an 2. Mai 1990 notiert. Die in Aussicht gestellte Dividende von 6 DM erschien gegen Jahresende gesichert, da nach Angaben des Unternehmens die gesteckten Umsatz- und Ertragsziele für 1990 erreicht werden. Der Bruttoumsatz der Gesellschaft und des Konzerns habe sich im ersten Halbjahr um 12 Prozent auf fast 29 Millionen DM erhöht. Von Analytikern wird jedoch hervorgehoben, daß für solche Konsumwerte wie Revell, mit dem Schwerpunkt Freizeitprodukte, das Geschäft im zweiten Halbjahr entscheidend sei. Wegen des »guten Konsumklimas« im Deutschland erwarten Fachhändler ein befriedigendes Weihnachtsgeschäft. Sollten aber nach den Bundestagswahlen Steuererhöhungen angekündigt werden, würden auch die Konsumwerte darunter zu leiden haben, hieß es unter Börsianern.

Bei der Neuemission der *Simona AG* aus Kirn (Nahe) wurde neben den üblichen Argumenten für den Gang an die Börse ein »ganz neuer« Grund genannt. Der Vorstandsvorsitzende des Herstellers von Kunststoff-Halbzeugen versprach sich neben der mit einer Börsennotiz verbundenen Publizität auch eine hohe Attraktivität auf dem Arbeitsmarkt. Speziell an den engen Markt für Führungspersonal hatte der Simona-Vorstand dabei gedacht. Dies ist ein typisches Problem des Mittelstandes, der trotz guter Geschäftsdaten – und die hat auch Simona aufzuweisen – bei der Suche nach qualifizierten Fachkräften in die Enge gerät. Relativ eng ist ebenfalls der Markt im Handel mit Simona-Aktien. Nominal wurden 7 Millionen DM emittiert. Die Aktie konnte zu einem Preis von 260 DM gezeichnet werden. Für 300 DM wurde das Stück zum ersten Mal im geregelten Markt notiert. Der Titel von Simona ist durchaus für ein Engagement in Umweltaktien geeignet. Aus dem 1954 sanierungsreifen Unternehmen ist ein spezialisierter Hersteller von Platten, Rohren, Stäben und Formteilen geworden, der seine langlebigen Investitionsgüter für Entgasung, Entwässerung, Mülldeponien und Trinkwasserversorgung liefert.

In der schwäbischen Kleinstadt Tübingen gibt es nicht nur Beamte und Studenten. Mit dem 1919 von Richard Wagner gegründeten Familienunternehmen hat ein international führender Produzent von Hartmetallwerkzeugen und digital gesteuerten Schleifmaschinen seinen Sitz in der alten Universitätsstadt: die *Walter AG*. Die Aktie wird seit dem 7. Juni in Stuttgart und Frankfurt amtlich gehandelt; der erste Kurs lautete auf 525 DM. Zuvor war ein Zeichnungsangebot zu 500 DM je Aktie im Nennwert von 50 DM ergangen. Nominal wurden 9,65 Millionen DM emittiert. Damit wurden 38,5 Prozent des Grundkapitals angeboten. Rund 60 Prozent des Grundkapitals verblieben nach Aufnahme der Notierung im Besitz der Familie Mambretti, die aus ihren Reihen den Vorstandsvorsitzenden stellt. Das Unternehmen, das in der Bundesrepublik Deutschland, Italien und in den Vereinigten Staaten produziert, erwartet, wie es in einem Zwischenbericht heißt, ein Ergebnis, das die in Aussicht gestellte Dividende von 9 DM je Aktie sicherstellt. Auch die Neuemission der Walter AG gehörte zu den Börseneinführungen, die besonders lokales Interesse bei der Zeichnung hervorriefen. Die Aktie konnte sich allerdings nicht dem negativen Einfluß der Kuweit-Baisse entziehen. Ihr Kurs »dümpelte« zum Beginn des vierten Quartals unter dem Emissionspreis von 500 DM dahin. Doch die Aktionäre hoffen auf die hohen Investitionen des Unternehmens. In den vergangenen fünf Jahren sind vom Konzern mehr als 100 Millionen DM investiert worden, vor allem in moderne Fertigungsanlagen. Im Geschäftsjahr 1990 sind weitere 35 Millionen DM geplant. Dadurch, so erklärte die Unternehmensleitung, seien die Erträge schon gewachsen. Mit zehn Prozent des Umsatzes lägen sie klar über dem Durchschnitt der Maschinenbaubranche.

Mehr als nur (Ost-)Phantasie zeigt ein traditionsreiches Familienunternehmen aus dem Saarland in seiner Geschäfts- und Expansionspolitik. Die *Villeroy & Boch AG* aus Mettlach investierte in der Zeitspanne von 1988 bis 1990 insgesamt rund 400 Millionen DM – ohne Akquisitionen. In den Jahren 1991 und 1992 sind allein 20 Millionen DM Investitionen für ein ganz besonderes Projekt geplant: Nach mehr als vierzig Jahren hat Villeroy & Boch sein ehemals entschädigungslos enteignetes Steingutwerk in Torgau an der Elbe wieder übernommen. Dort soll nun in neue Maschinen, Anlagen und Gebäude investiert werden, damit auf dem neuen/alten Werk in der ehemaligen DDR von 1991 an Porzellan hergestellt werden kann.

Das Engagement in dem früheren VEB-Kombinat Torgau, das nach der Neubesetzung der Führungsspitze in der Treuhandanstalt, Berlin, zum Abschluß gekommen war, scheint kein bloßer Solidaritätsakt des westdeutschen Unternehmens zu sein. Zwar wurde der Kaufpreis für das heruntergewirtschaftete Unternehmen, das in einer Gemeinde mit

24 000 Seelen in der Nähe von Leipzig beheimatet ist, nicht genannt, doch zumindest die Zweckerfüllung des »neuen Zweigwerkes« von Villeroy & Boch ist ökonomisch nachvollziehbar. Wegen der fortdauernden Hochkonjunktur hat sich das saarländische Unternehmen in Kapazitätsengpässen wiedergefunden. Mit der Übernahme des ehemaligen Kombinats, das in der ersten Jahreshälfte 1990 fast schon als nicht sanierungsfähig galt, sollen in einigen Produktionssparten die Lieferfristen bis zu einem halben Jahr abgebaut werden. Dies betrifft vor allem die Porzellanproduktion, denn in Torgau wird die bisherige Steingutproduktion (Geschirr und Sanitäranlagen) zugunsten einer hochwertigen Vitro-Porzellan-Herstellung weichen. Damit werden in Mettlach Freiräume für das am Markt erfolgreiche Knochenporzellan »Bone China« geschaffen.

Das alte Steingutkombinat ist die vierte Produktionsanlage, die Villeroy & Boch innerhalb relativ kurzer Zeit in den Unternehmensteil »Tischkultur« einbezieht. Vor Torgau wurde die französische Faiencery Longchamp übernommen, und in Luxemburg wurden zwei neue Werke, unter anderem für Gastronomie-Porzellan, errichtet. Nun werden dem Unternehmen gerade für den neuen Osten der Bundesrepublik gute Aussichten nachgesagt, die mit einer fortdauernd guten Entwicklung der Baukonjunktur und des privaten Konsums sogar noch steigerungsfähig seien.

Von Analytikern wird das Unternehmen gern als »europäischer Marktführer für Keramik« charakterisiert. Unter diesen Umständen war es keine Überraschung, daß Villeroy & Boch im Juni 1990 ein glänzendes Börsendebüt boten. Die nominal 35,11 Millionen DM Vorzugsaktien wurden für 580 DM je Aktie zur Zeichnung angeboten. Bald wurde von der bis dahin größten Neuemission 1990 »überzeichnet« gemeldet. Die damals zweitgrößte Neuemission in Deutschland – nur der Börsengang von Feldmühle Nobel im Mai 1986 war rund 2 Milliarden DM umfangreicher – wurde vorzeitig geschlossen. Am 8. Juni stellte sich der erste Börsenkurs der Villeroy-Vorzugsaktie auf 616,50 DM. Schon im Juli konnte das Niveau von 700 DM überschritten werden, doch das war nur vorübergehend im Umfeld der Deutschlandhausse. Im Vergleich zum F.A.Z.-Aktienindex ist allerdings deutlich zu sehen, daß sich der Kurs des Villeroy-Titels in der Hausse besser als der Index und in der Baisse ab August widerstandsfähiger als dieser Index entwickeln konnte. Dazu hatte aber auch Ende September die Übernahmenachricht aus Torgau geführt.

Aus der Eifel liefert die *Hirsch AG* Damenmode in alle Welt, und die Düsseldorfer Börse bekam im Juni 1990 einen weiteren »Heimat-Titel« für ihren geregelten Markt. Der nominale Emissionsbetrag belief sich auf 3,2 Millionen DM; eine Hirsch-Stammaktie konnte für 400 DM gezeichnet werden. Sie »kostete« zum ersten Börsentag des Neulings 430 DM. Kurz vor der Börseneinführung wurde das DVFA-Ergebnis auf 24 DM je Aktie geschätzt. Damit war der Hirsch-Titel nach Ansicht der emissionsführenden Westdeutschen Landesbank Girozentrale mit einem Kurs/Gewinn-Verhältnis von 16,7 im Branchenvergleich »konservativ bewertet«.

Die Aktien der Ende 1989 gegründeten *PAG Pharma-Holding AG,* Frankfurt, wurden dem Publikum am letzten Maitag 1990 für 355 DM angeboten. Diese Neuemission war speziell für »Leute aus der Branche« gedacht; sie wurde zunächst Apothekern zur Zeichnung angeboten. Nominal wurden 11, effektiv 78,1 Millionen DM emittiert. Am 12. Juni wurden die Papiere zum ersten Mal in Frankfurt amtlich gehandelt und wechselten für 357 DM den Besitzer. Das Unternehmensziel der PAG ist die Beteiligung an Pharma-Großhandelsbetrieben in europäischen Ländern. In der Eröffnungsbilanz standen als einzige Beteiligung Aktien der Andraea Noris-Zahn AG mit 67,1 Millionen DM auf der Aktivseite.

Ein weiteres mittelständisches Unternehmen ging mit der Holdinggesellschaft *Vossloh* aus Werdohl im Sauerland an die Börse. Für 420 DM wurden die Stammaktien des Unternehmens, das Geschäfte mit Schienenbefestigungen, Lampenfassungen und Innendekorationen betreibt, zur Zeichnung ausgelegt. Mit 443 DM wurde am 13. Juni 1990 der erste Kurs im geregelten Düsseldorfer Markt festgestellt. Im Rahmen der Umwandlung des Unternehmens von einer GmbH in eine AG wurde das Kapital um 7 auf 25 Millionen DM erhöht; aus dieser Kapitalerhöhung stammen die jungen Aktien. Die rund 50 Familiengesellschafter waren nach der Umwandlung und dem Börsengang noch zu 72 Prozent an Vossloh beteiligt. Dabei wurde betont, daß die Familienaktionäre in den nächsten Jahren nicht die Absicht haben, ihre Beteiligungen in größerem Umfang zu veräußern. Der Vorstand von Vossloh hatte wenige Tage vor dem ersten Handelstag eine Dividende von 22 Prozent für 1990 versprochen. Das Vorstandsmitglied der federführenden Emissionsbank, Ellen R. Schneider-Lenné von der Deutschen Bank AG, erwartete von geplanten Vossloh-Akquisitionen einen wesentlichen Wachstumsbeitrag für das sauerländische Unternehmen in den kommenden Jahren. Auf neue Märkte in den Vereinigten Staaten und Japan habe man den Blick gerichtet.

134000 Inhaber-Stammaktien bot die *Fröhlich Bauunternehmen AG*, Felsberg-Gensungen, für 270 DM zur Zeichnung an. Der nominale Emissionsbetrag belief sich auf 6,7 Millionen DM. Mit 390 DM lag der erste Börsenkurs am 6. Juli 1990 deutlich über dem Zeichnungspreis. Etwas mehr als 50 Prozent der Anteile blieben in Familienbesitz, und auch in Zukunft soll die Mehrheit des hessischen Bauunternehmens in der Hand der Familie bleiben, erklärte die Geschäftsleitung kurz vor dem Börsendebüt. Geplant wurde damals eine Dividende von 5 DM. Unter den Wertpapieranalytikern wird der neue Wert nicht selten zu den Ostfavoriten gezählt. Nur vierzig Kilometer vom Firmensitz entfernt befinde man sich auf dem Gebiet der ehemaligen DDR, und dort gebe es viel zu tun für ein Unternehmen der Bauindustrie, hieß es. Tatsächlich rechnet das Unternehmen schon 1990 mit einem Umsatz von 2 Millionen DM aus den fünf neuen Bundesländern, 1991 sollen es 5 Millionen werden. Einer der Anfänge wurde durch den Auftrag der Stadt- und Kreissparkasse Erfurt gemacht: Dort soll in der Zweigstelle am Domplatz für 600000 DM um- und angebaut werden.

Auch bei der *Sartorius AG* hält die Familie das Unternehmensheft fest in der Hand. Nach der Plazierung im Juli 1990 von nominal 5,48 Millionen DM Stammaktien und 5,14 Millionen DM Vorzugsaktien hat die Familie Sartorius immer noch das Sagen in dem Elektronik-Unternehmen: 69,5 Prozent der Stammaktien und 26,6 Prozent der Vorzugsaktien blieben in den Depots der Familie. Spekulationen über eine Neuordnung der Eigentumsverhältnisse wurden zwei Monate nach der Emission als gegenwärtig nicht relevant bezeichnet. Der Zeichnungspreis für die Stammaktien wurde auf 710 DM und für die Vorzugsaktie auf 610 DM festgelegt. Unter Verwendung des geschätzten DVFA-Ergebnisses 1990 von 35,50 DM je Aktie (Vorjahr 26,20 DM) errechnete sich (auf das Aktienkapital von 25 Millionen DM) ein Kurs/Gewinn-Verhältnis für die Stammaktien von 20 und für die Vorzugsaktien von 17,2. In der Wägetechnik zählt sich das Göttinger Unternehmen zu den Besten in der Welt. Die 1870 gegründete Gesellschaft produziert 70 Prozent ihrer Leistungen in diesem Marktsegment von feinmechanischen Elektronik-Geräten. Bei Präzisions- und Analysewaagen für Wissenschaft und Industrie habe man im Inland einen Marktanteil von 60 Prozent erreicht. Im internationalen Geschäft liege das Unternehmen mit 17 Prozent Marktanteil hinter der Mettler-Gruppe aus der Schweiz auf Rang zwei. Die Filtrationstechnik ist ein zweiter bedeutender Geschäftsbereich von Sartorius; fast 30 Prozent des Umsatzes werden in Produkten dieser Sparte erwirtschaftet. Die Sartorius AG verfolgt ehrgeizige Pläne: In Göttingen wurde im September 1990 ein Werksneubau angekündigt, und in den kommenden fünf Jahren verfolgt die Unternehmensleitung das Ziel, die Umsätze verdoppeln zu können.

Die *C.H.A. Chemie Holding AG,* München, ging im August an die Börse. Sie war damit die erste Neuemission, die sich unversehens in den Anfängen der Kuweit-Baisse wiederfand. Doch dies verhinderte einen Zeichnungsgewinn nicht. Für 250 DM je Aktie wurden nominal 6 Millionen DM Stammaktien angeboten. Sie notierten zum ersten Börsentag der Aktie am 14. August 1990 zu 273 DM das Stück. Die Aktien, die in München und Frankfurt gehandelt werden, entstammen zur Hälfte einer Kapitalerhöhung um 3 auf 23 Millionen DM. Großaktionäre der C.H.A. sind die Viag-Tochtergesellschaft SKW Trostberg und die Familien Bernau und Nottbohm. Die Produktpalette des Bauzulieferers umfaßt Kunststoff- und Holz-Fenster, Haustüren, Gartentore und Rollläden. Das Familienunternehmen, das 1952 gegründet worden war, hat im Juli 1990 bekanntgegeben, daß es die Reckendrees-Gruppe, Herzebrock, vollständig übernommen hat. Die Gruppe soll 1990 einen Umsatz von 80 Millionen DM erreichen, davon werden 18 Prozent dem Export zugeschrieben. Die Chemie Holding, die inzwischen 6 Beteiligungsgruppen mit insgesamt 24 Unternehmen hält, gab ihren Gesamtumsatz mit 220 Millionen DM an. Für 1990 wurde ein Gewinn je Aktie von 13 DM in Aussicht gestellt.

Nach Villeroy & Boch konnte sich die Neuemission der *Jungheinrich AG* aus Hamburg mit einem Plazierungsvolumen von 321 Millionen DM mit dem Prädikat »zweitgrößte Emission in diesem Jahr« schmücken. Der Hersteller von Gabelstaplern und anderen innerbetrieblichen Beförderungsfahrzeugen bot seine Vorzugsaktien zu 340 DM an. So lautete auch der Kurs zum ersten Handelstag der Aktie am 30. August 1990. Für den Rest des Jahres aber lag der Jungheinrich-Kurs dann überwiegend unter dem Zeichnungspreis. Die Vorzugsaktien wurden in den amtlichen Handel der Börsen Hamburg und Frankfurt einbezogen. Die Mittel, die dem Unternehmen durch die Neuemission zuflossen, wurden vom Vorstand nur als ein durchlaufender Posten bezeichnet. Mit der Umwandlung des Unternehmens von einer Personengesellschaft in eine AG seien beträchtliche stille Reserven – mehr als 800 Millionen DM – offengelegt worden, die fast genau mit 321 Millionen DM – siehe Emissionsvolumen – zu versteuern seien, hieß es. Der Anleger kann durch die Aufdeckung und die Versteuerung der stillen Reserven den Vorteil haben, daß mindestens vier Jahre lang mit einer Ausschüttung steuerfreier Dividenden gerechnet werden kann. Für das Geschäftsjahr 1990 wurde eine Dividende von 8 DM vorausgesagt.

Knapp versorgt mit regionalen Versorgern. Dieses Phänomen konnte bei der Neuemission von Stammaktien der *Kraftanlagen AG,* Heidelberg, beobachtet werden. In der Baisse begannen viele Anleger sorgfältig auszuwählen, und falls überhaupt die Anlage-Entscheidung auf einen am Aktienmarkt gehandelten Titel fiel, dann waren oft Versorger das Ergebnis der Recherche. Nicht selten wurden dabei regionale Unternehmen der Energieversorgung genannt. Da kamen die Aktien aus Nordbaden für 440 DM das Stück gerade recht. Nach dem ersten Tag der Zeichnungsfrist war der Wert »vergriffen«. Der erste Börsenkurs am 21. September lautete auf 457,50 DM – und das in einem Umfeld einer schwachen Gesamttendenz an allen internationalen Aktienmärkten. Nach der Plazierung der nominal 7 Millionen DM Stammaktien war die Agiv mit rund 65 Prozent und Lahmeyer mit etwas mehr als 25 Prozent am Grundkapital der Kraftanlagen AG beteiligt. »Beide Aktionäre haben sich verpflichtet, in den kommenden zwei Jahren ohne Zustimmung der BHF-Bank keine weiteren Aktien aus ihrem Besitz an den Markt zu geben«, hieß es in einer Erklärung zur Neuemission.

Die Börseneinführungen im vierten Quartal 1990 begannen mit den Aktien der *Gold-Zack Werke AG,* Mettmann. Die Gold-Zack-Aktie wurde im Strudel der fallenden Kurse mitgerissen. Ihr erster Börsenkurs von 325 DM lag unter dem Zeichnungspreis von 350 DM. Die Neuemission habe eben in einem »nicht sehr günstigen Börsenumfeld« stattgefunden, meinte die federführende Deutsche Bank und der Vorstand des Herstellers von textilen Kurzwaren. Das war wohl zu erwarten. Eine auf die Börse spezialisierte Zeitung schrieb: In Düsseldorf wurde bei der Notierungsaufnahme »völlig auf den sonst üblichen ›Bahnhof‹ verzichtet«. Ein Vorstandsmitglied der Gold-Zack Werke erklärte, daß die Entwicklung des Unternehmens insgesamt positiver zu bewerten sei als die möglichen Auswirkungen der aktuellen Börsenlage auf den Emissionskurs. Nachdem die nominal 4,95 Millionen DM Stammaktien in den amtlichen Handel eingeführt worden waren, blieb die Schickedanz-

Gruppe mit rund 66 Prozent Mehrheitsaktionär des Textilunternehmens. Von der früheren Deutschen Beamtenversicherung wurden Anfang Oktober 1 333 332 vinkulierte Namensaktien über nominal 66,67 Millionen DM zum Stückpreis von 675 DM je Aktie angeboten. Unter der Führung der Commerzbank ging die *DBV Holding AG*, Wiesbaden, an die Börse. Das Emissionshaus Commerzbank ist zu einem Viertel plus einer Aktie an der Holding beteiligt. Durch die Zusammenarbeit der beiden Gesellschaften wurden schon in den ersten Wochen der Kooperation für 400 Millionen DM neue Lebensversicherungen vermittelt. In den Filialen der Commerzbank sollen neben Lebens- und Unfallversicherungen auch Kranken- und Sachversicherungen der DBV angeboten werden. Die Prämieneinnahmen des Versicherers sollen im Geschäftsjahr 1990 um etwa zehn Prozent auf 2,2 Milliarden DM steigen. Mit dieser Neuemission war die Rangfolge der großen Börsengänge neu zu ordnen gewesen. Nun war die DBV Holding nach Feldmühle Nobel die zweitgrößte Aktienemission der vergangenen Jahre. Im Emissionsjahr 1990 wurde Villeroy & Boch vom ersten Platz verdrängt. Bei der Zeichnung wurden die 1,5 Millionen Versicherten der DBV bevorzugt behandelt. Von den vinkulierten Namensaktien versprechen sich die Beteiligten einen Schutz vor »Paketbildungen«.

Alles in allem war 1990 ein gutes Emissionsjahr. Die Anleger konnten interessante und attraktive Neuheiten auf dem Kurszettel finden. Ein Ende der »Emissionswelle« ist offenbar noch nicht in Sicht. Die unsichere Börsensituation hat eher zu einer Atempause geführt als zum endgültigen Verzicht auf Publizität. Wie bei den »alten Hasen« auf dem Kurszettel, die sich durch umfangreiche Kapitalerhöhungen in diesem Jahr eine solide Kapitalbasis geschaffen haben, sind auch die noch nicht börsennotierten Mittelstandsunternehmen offen für Neues. »Gesund wachsen« heißt die Devise, die mit Blick auf den europäischen Binnenmarkt und die sich öffnenden Märkte in Osteuropa ausgegeben wird. Dabei erinnert man sich oft an eine der klassischen Funktionen der Börse: das Beschaffen von Eigenkapital.

Im Jahr 1991 ist mit weiteren Börsenneulingen zu rechnen: Die Carl Baasel GmbH aus Starnberg, die Gothaer Finanzholding AG aus Köln, die Frankfurter Immobiliengesellschaft Westend AG, die Tübinger Unternehmensberatung Integrata GmbH und die Gebrüder März AG aus Rosenheim sind nur einige der vielen möglichen Kandidaten. Wer weiß – vielleicht findet man schon bald einen ehemals »volkseigenen« Betrieb als Eigentum eines breiten Publikums auf dem gesamtdeutschen Kurszettel.

Von Mexiko über Thailand nach Ungarn
Exotische Börsenplätze bieten exotische Chancen und Risiken

Als sonnige Touristenziele sind sie schon lange populär: Griechenland, die Türkei und Mexiko. Inzwischen haben findige Börsenprofis diesen Ländern aber einen Reiz anderer Art abgewonnen. Die drei Länder avancierten im ersten Halbjahr 1990 zu den Weltmeistern der Börsenkurs-Entwicklung. Während in Frankfurt, London oder New York die Anleger mit müden Kursschwankungen gelangweilt wurden, erlebten die Börsenplätze in Athen, Istanbul oder Mexiko wahre Kursfeuerwerke. Mexikanische Aktien verbuchten innerhalb von sechs Monaten Kursgewinne von durchschnittlich 47 Prozent, türkische Dividendenpapiere kletterten um 86 Prozent und griechische Titel gar um stolze 238 Prozent.

So eindrucksvoll und kräftig die Aktienkurse an diesen Börsen auch steigen mögen, so schnell können sie auch wieder purzeln. So verlor etwa in Taiwan der Aktienindex im ersten Halbjahr 1990 48 Prozent, in Süd-Korea 22 Prozent – und das zeitlich vor dem internationalen Börsenkrach anläßlich der Krise am Golf. Alljährlich werden die »Hitlisten der Weltbörsen« am oberen und unteren Ende von exotischen Kleinstbörsen angeführt. Die enormen Kursschwankungen werden in der Öffentlichkeit stark beachtet und geraten in die Schlagzeilen. Immer wieder verheißen außerdem unseriöse Anlageberater und Wertpapier-Handelshäuser astronomische Gewinnspannen bei Engagements in Brasilien, Indien oder Thailand. Und immer wieder werden solche Verlockungen für gutgläubige Anleger zum Verhängnis.

Ob Hausse oder Baisse, typisch für alle »Exotenbörsen« ist ihre extreme Marktenge. Allein in Tokio werden mehr als doppelt so viele Wertpapiere umgesetzt wie in allen asiatischen, arabischen, afrikanischen und südamerikanischen Börsenplätzen zusammengenommen. Im einzelnen verblüffen die geringen Marktkapitalisierungen und Umsätze der Börsen von Trinidad bis Taiwan. So beträgt der Gesamtumsatz in Istanbul – einer Lieblingsbörse von Exotenjägern der Jahre 1989/90 (Indexsprung 1989: 500 Prozent) – umgerechnet etwa 35 Millionen DM am Tag. Bis weit in das Jahr 1990 hinein konnte sich jeder Anleger sogar frei an der Bosporus-Börse bewegen und den Händlern Aufträge erteilen. Das basarähnliche Chaos ist nach einem Bombenanschlag sowie nach etlichen Betrügereien und Skandalen nun einem etwas organisierteren Ablauf gewichen. Aber schon die Umstellung der Auftragserteilung über das Telefon hat zu einem kurzzeitigen Kursrutsch geführt.

Zur Marktenge gesellt sich die Informationsenge. Teilweise abenteuerliche Publizitätspflichten lassen die ausländischen Aktionäre oftmals im ungewissen. Umsatzzahlen, Kurs-/Gewinn-Verhältnisse oder andere Börsenkenndaten bleiben meist im dunkeln. Auch die Schnelligkeit der Informationsübermittlung läßt in den allermeisten Fällen zu wünschen übrig. So kann es oft Tage dauern, bis der deutsche Anleger erfährt, was seine argentinische Aktie – in Argentinien allein locken fünf Börsen – nun gerade wert ist. Aber auch grundlegende Konjunkturdaten des Landes oder spezifische Unternehmensdaten, die ein Aktionär wissen sollte, sind meist nur mit großem Aufwand erhältlich.

Für unangenehme Überraschungen können aber auch undurchsichtige Abwicklungsverfahren sorgen. Neben exotischen Spesen- und Transaktionskosten kann die Ausführung von Kundenaufträgen oft Wochen dauern, Kursgarantien sind zumeist ausgeschlossen. Aus einigen Ländern werden dem Anleger Photokopien von Aktien zugesandt – eine Sitte, die ebenso albern wie verdächtig erscheint. Die rudimentären Abwicklungssysteme, extrem geringe Markttransparenzen und eine oft minimale Markttiefe begleiten und verursachen die typischen Kurssprünge an Exotenbörsen.

Ausländische Investoren haben neben allen Marktunzulänglichkeiten noch Währungsrisiken zu tragen. Gerade die wachstumsstarken Schwellenländer, die für Kapitalanlagen gerne empfohlen werden, kämpfen oft mit hohen Inflationsraten. Die nominellen Kursgewinne in inflationären Währungen entpuppen sich daher oft als reale Verluste. So sprangen beispielsweise brasilianische Aktien im ersten Halbjahr 1990 in Landeswährung gemessen im Kurs zwar um über stolze 200 Prozent nach oben. Auf D-Mark-Basis ergab sich dagegen ein mächtiger Verlust von 41 Prozent: Die Währungsverluste waren größer als die Kursgewinne der Aktien.

Zu alledem kommt hinzu, daß die wenigsten Heimatländer von Exotenbörsen einen freien Kapitalverkehr gewähren. In einigen Ländern wird der freie Marktzugang zur Börse durch eine Partiellierung der Aktien verhindert, etwa durch willkürliche Unterteilung in »free shares« und »restricted shares«. Andere Länder haben Obergrenzen für Kaufvolumina und Aktienbesitz von Ausländern restriktiv festgesetzt. Und schließlich halten einige Börsen sich vor ausländischer Kaufeslust gänzlich verschlossen. In Süd-Korea beispielsweise dürfen Ausländer nur Aktien kaufen, wenn sie ihre Geschäfte unter einem koreanischen Namen abwickeln lassen. Die Nutzung koreanischer Namen wird von dubiosen »Anlageberatern« gerne mit dem Hinweis vermittelt, in Korea heiße rund die Hälfte der Bevölkerung Kim, Lee oder Park, was die ohnedies lasche Kontrolle von Wertpapiererwerbern unmöglich mache. Von solchen Geschäften über anonyme Mittelsmänner ist dringend abzuraten, wenn man nicht unter Millionen Kims, Lees oder Parks seinen untergetauchten Geldpartner wieder heraussuchen will.

Auch wer in Taiwan sein Börsenglück versuchen will, dem ist nur eine Beteiligung über internationale Investmentfonds gestattet. Investmentfonds – vor allem spezielle Länderfonds – empfehlen sich für den Privatanleger ohnedies. Die großen Investmentgesellschaften bieten für einst als exotisch empfundene Kapitalmärkte immer mehr Fonds an. Anstatt also in Malaysia, Singapur, Tokio und Hongkong selbst den direkten Börseneinkauf zu wagen, erwirbt man Anteile eines der zahlreichen »Tiger«-, »Pazifik«- oder »Asien«-Fonds. Aktionär in Portugal zu werden, ist auch kein leichtes Spiel. Hier können Anteile am Hispano- und Iberiafonds die erträglichere Alternative sein.

Dabei reicht die Bandbreite der Offerten von offenen Länderfonds über spezielle Renten- oder Aktienfonds einzelner Regionen oder Länder bis hin zu »Closed-End-Funds«. Bei letzteren wird das anzulegende Kapital durch Zeichnung einer bestimmten von vornherein begrenzten Anzahl von Anteilen aufgebracht. Weitere Anteile werden nicht ausgegeben, es sei denn, die Anteilseigner beschließen Kapitalheraufsetzungen. Handel und Preisbildung erfolgen nach Angebot und Nachfrage, oftmals sogar direkt an der Börse. Die Anteile werden also nicht wie die bei deutschen Investmentfonds zu Inventarwerten bewertet.

Die als Aktiengesellschaften konstruierten Funds werden vor allem an der New Yorker oder Londoner Börse notiert, so daß man sich jederzeit ein Bild vom Wert der Anlage machen kann. Einige dieser Länderfonds sind aber mit kräftigen Kurssteigerungen der wirtschaftlichen Entwicklung in dem betreffenden Land vorausgeeilt. So sollte darauf geachtet werden, daß die Aufgelder (»Premiums«), das heißt die Differenz zwischen Inventarwert und Börsenkurs, nicht allzu hoch ausfallen. Wer sein Risiko auf verschiedene »Exoten« verteilen will, kann auf sogenannte

»Umbrella-Fonds« zurückgreifen. Hierbei kann der Anleger sein Weltportfolio selbst zusammenstellen.

Die Länderfavoriten der Kapitalanleger wechseln erstaunlich schnell. Waren noch vor wenigen Jahren die europäischen Exoten Spanien und Portugal beliebte Ziele spekulativer Investoren, wurden alsbald die ostasiatischen »Tiger« Singapur, Malaysia, Hongkong, Korea und später auch Thailand entdeckt. Aber auch deren Kurssprungstärke erlahmte bald, worauf nun im befreiten Osteuropa neue Börsenexoten ausgemacht werden. Vor allem auf Ungarn werfen mutige Investoren begierige Blicke. Wien hat sich dabei zum El Dorado für die sogenannten »Puszta-Gelder« gemausert. Im Telefonhandel der Girozentrale und der Ersten Österreichischen werden praktisch alle verfügbaren ungarischen Werte notiert – neben der in Wien auch amtlich eingeführten Ibusz-Aktie.

Der einfachste, aber nicht minder risikoreiche Weg, seine Geld in Aktien exotischer Märkte zu investieren, bleibt jedoch der Kauf von Auslandsaktien an deutschen Börsen. Hier reicht die Palette von Aktien der Türk Tuborg (türkische Brauerei) über australische und südafrikanische Rohstoffgesellschaften (De Beers, Barlow Rand, Anglo-American, CSR, MIM und Elders IXL) bis hin zu nordischen Dividendenpapieren von Elkem (norwegisches Stahlunternehmen), Norsk Data oder Nokia Corporation (finnischer Mischkonzern) und Fletcher Challenge (neuseeländischer Baukonzern).

Welchen Weg der exotenbegeisterte Anleger auch wählt: Es bleibt ein Weg exotischer Risiken. Mehr noch als bei Geldanlagen in heimatlichen Gefilden sind daher dringend eine gründliche Information und vertrauenswürdige Partner gefordert. Den kurzen Weg zum schnellen Geld gibt es in der Ferne noch weniger als zu Hause.

Anleihen haben viele Gesichter
Eine Übersicht über das vielfältige Angebot

Von jeder Mark im Geldvermögen der deutschen Privathaushalte werden im Durchschnitt 15 Pfennig in »festverzinslichen Wertpapieren« angelegt. Nach Spareinlagen und Versicherungen sind Rentenpapiere damit der drittgrößte Posten in der teutonischen Haushaltssparbüchse. Ende 1989 hatten deutsche Sparer 440 Milliarden DM am Rentenmarkt angelegt. Vom Neuanlagevolumen der privaten Haushalte entfiel 1989 mit 62,6 Milliarden DM sogar der größte Anteil auf festverzinsliche Wertpapiere. Termingelder und Sparbriefe waren mit 53,3 Milliarden DM nur zweitliebstes Sparmedium. Versicherungen landeten mit 50,1 Milliarden DM auf dem dritten und der Erwerb von Wohnungseigentum über Bausparen (45,3 Milliarden DM) nur auf dem vierten Rang. Keine Frage, das Anleihesparen ist in Deutschland populär geblieben.

Es sind vor allem vier Argumente, die die Anleger in Scharen zu festverzinslichen Wertpapieren greifen lassen. Erstens besticht die vergleichsweise hohe Sicherheit der Geldanlage konservativ eingestellte Investoren. Zweitens ist das Anleihesparen zumeist sehr berechenbar und bedarf nicht unbedingt der dauernden Beobachtung. Drittens verheißen festverzinsliche Wertpapiere eine sichere und marktgerechte Verzinsung. Und viertens können Anleihen jederzeit beliehen oder auch wieder verkauft werden.

Das Volumen aller deutschen Rentenwerte hat inzwischen astronomische Größenordnungen erreicht. Vom Umsatz der an den acht deutschen Börsenplätzen gehandelten Wertpapiere im Gesamtvolumen von 3,3 Billionen DM (1989) entfiel auf den Handel in Renten mit 2 Billionen DM der Löwenanteil. Die starke Stellung des Anleihemarktes zeigt sich auch darin, daß es an den deutschen Börsen über 15 000 Kurse für Rentenwerte, aber nur knapp 1350 Kurse für Aktien gibt.

Der deutsche Rentenmarkt erreichte 1990 einen neuen Emissionsrekord; bis dahin waren im Jahr 1985 die meisten Papiere neu ausgegeben worden. Der aktuelle Zuspruch für D-Mark-Wertpapiere erklärt sich auch aus den vergleichsweise hohen Zinsen. Seit 1982 sind auf D-Mark-Anleihen nicht mehr so hohe Zinsen gezahlt worden wie 1990. Auch die Realverzinsung (Differenz zwischen dem nominalen Zinsertrag und der

Preissteigerungsrate für die Lebenshaltung privater Haushalte) hat mit rund sechs Prozent ein ungewöhnlich hohes Niveau erreicht.

Dem Anleger, der sich diese günstigen Umstände zunutze machen will, bieten sich heute eine Fülle von Anlagealternativen am Rentenmarkt. Neben den klassischen Pfandbriefen und Kommunalobligationen, den öffentlichen Anleihen (Bund, Post oder Bahn) tummeln sich heute Null-Kupon-Anleihen und Optionsanleihen. Neben festverzinslichen Papieren werden variabel verzinsliche Titel gehandelt, neben Bankschuldverschreibungen warten Wandelanleihen und Industrieobligationen auf Anleger.

Pfandbriefe und Kommunalobligationen sind zwar seit der Währungsreform 1948 die meistverkauften Wertpapiere in Deutschland, doch verlieren sie seit einigen Jahren Marktanteile. Nach Berechnungen des Deutschen Pfandbrief Dienstes betrug ihr Anteil 1982 am Gesamtumlauf deutscher Renten noch 62,5 Prozent, 1989 war er schon auf 49,6 Prozent zusammengeschmolzen. Im gleichen Zeitraum ist der Anteil öffentlicher Anleihen dagegen von 20 auf 32 Prozent geklettert. Diese Entwicklung hat sich 1990 beschleunigt fortgesetzt. Die Realkreditinstitute verkauften 1990 sogar drastisch weniger Pfandbriefe und Kommunalobligationen als 1989. Ein wesentlicher Grund für diese Entwicklung war die Zinshausse im Jahr 1990. Deswegen verloren Pfandbriefe ihren traditionellen Zinsvorsprung vor öffentlichen Anleihen. Während die öffentliche Hand die herrschenden Marktzinsen zahlen kann, finden Pfandbriefbanken bei einem relativ hohen Zinsniveau auch wenig Abnehmer für entsprechend teure Hypotheken. Es werden folglich auch weniger Pfandbriefe (mit denen Hypotheken refinanziert werden) angeboten.

Immerhin ist das Interesse von Privatanlegern weiter gewachsen. Allein im direkten Schaltergeschäft der Emittenten legten Private 1989 3,1 Milliarden DM in Pfandbriefen (und Kommunalobligationen) an, gegenüber 2,5 und 2,0 Milliarden in den beiden vorangegangenen Jahren. Hinzu kommen die Verkäufe an Private über Geschäftsbanken, Sparkassen und andere Kreditinstitute, die üblicherweise ein Mehrfaches des Direktabsatzes der Pfandbriefbanken ausmachen. So haben Privatanleger 1989 insgesamt über 12 Milliarden DM in Pfandbriefen und Kommunalobligationen angelegt. Auch 1990 haben Private wieder tiefer in die Pfandbriefkiste gegriffen. Allein im ersten Halbjahr stieg der Direkterwerb von Privaten auf 3,5 Milliarden DM, verglichen mit nur 1,9 Milliarden DM im gleichen Vorjahreszeitraum.

Die Depfa-Bank Deutsche Pfandbrief- und Hypothekenbank AG, Wiesbaden, berichtet, daß in der Branche die sogenannten Tafelgeschäfte deutlich zugenommen hätten. Als »Tafelgeschäft« bezeichnet man es, wenn der Käufer – auf seinen Wunsch hin – ausgedruckte, auf den Inhaber ausgestellte Wertpapierurkunden ausgehändigt erhält. Diese Möglichkeit reizt offenbar einige Anleger, auf diese Weise der Besteuerungspflicht für Zinserträge zu entgehen. Andere Institute begründen die Nachfrage privater Anleger mit der Enttäuschung, die diese Anleger am Aktienmarkt erlitten hätten. Pfandbriefe und Kommunalobligationen boten in den Augen dieser Anleger gegenüber Aktien eine sichere Verzinsung bei vergleichsweise niedrigem Kursrisiko.

Der Pfandbrief zählt zu den ältesten Wertpapierarten in Deutschland. Seine ersten Vorläufer wurden bereits im 18. Jahrhundert ausgegeben. So finanzierte Friedrich II. von Preußen mit damals neuartigen Schuldscheinen den Wiederaufbau Schlesiens nach dem Krieg mit Österreich. Grundstücke wurden bis zur Hälfte ihres Wertes beliehen und die Forderungen der Kreditgeber in Form von Wertpapieren verbrieft. Die entscheidende Neuigkeit war das Recht der Gläubiger, die Grundstücke notfalls zu pfänden – daher der Name Pfandbrief.

Die Finanzinnovation von einst wird heute – obwohl inzwischen an der Börse gehandelt – oft als »langweilige« Anlageform verschmäht. Pfandbriefe und Kommunalobligationen werden als festverzinsliche Wertpapiere von gesetzlich eigens dazu ermächtigten Realkreditinstituten (deutsche Hypothekenbanken und öffentliche Banken) ausgegeben. Mittel aus Pfandbriefen dürfen nur für qualifizierte Hypothekendarlehen auf Grundstücke und Gebäude verwendet werden. Das Geld aus Kommunalobligationen dient für Darlehen, für die der Bund, ein Land, eine Gemeinde oder eine andere öffentliche Körperschaft haftet. Vergleichsweise strenge Vorschriften des Hypothekenbankgesetzes und des Gesetzes über Pfandbriefe, verbunden mit einer zusätzlichen Institutshaftung, machen die Papiere zu Anlagen mit erstklassiger Bonität.

Ausländische Investoren haben sich trotzdem für Pfandbriefe und Kommunalobligationen kaum begeistern können. Die Wertpapiere des deutschen Realkredits sind im Ausland oftmals kein Begriff und werden deshalb gar nicht in die Anlageüberlegungen einbezogen, nicht zuletzt deshalb, weil viele Pfandbriefemissionen für institutionelle Anlegergruppen nicht umfangreich genug sind. Außerdem können die Pfandbriefinstitute bei der Kurspflege für ihre Emissionen natürlich nicht jene

Finanzkraft mobilisieren, die den Bundesanleihen über die Deutsche Bundesbank zur Verfügung steht.

Auf der Beliebtheitsskala der Anleihesparer an zweiter Stelle liegen die sogenannten »*öffentlichen Anleihen*«. Auf die Anleihen der Bundesrepublik Deutschland, der Bundesländer, der Städte und Gemeinden, aber auch der Sondervermögen des Bundes (Bundesbahn, Bundespost) entfallen die größten Umsätze an der Börse. In der Regel betragen die Laufzeiten der öffentlichen Anleihen 10 Jahre, in vermeintlichen Hochzinsphasen bleiben sie aber auch darunter, in Niedrigzinsphasen auch darüber – so wurde zuletzt 1986 eine Bundesanleihe mit 30 Jahre Laufzeit und einem Kupon (Zinsschein) von 5,625 Prozent ausgegeben.

Öffentliche Anleihen sind unkündbar, der Anleger kann sie aber jederzeit an der Börse verkaufen. Der Bund garantiert über die Bundesbank, daß ein Markt für diese Anleihen vorhanden ist (»Marktpflege«). Die Stückelung und auch der Mindestanlagebetrag beträgt 100 DM; seit 1990 gibt es allerdings bei Anleihen mit variabler Verzinsung – »D-Mark-Floatern« – auch eine höhere Mindeststückelung von 1000 beziehungsweise sogar von 5000 DM. Da der Staat der Anleiheschuldner ist, gelten öffentliche Anleihen als Papiere mit höchster Sicherheit. Zwar ist ein Insolvenzrisiko und Bonitätsrisiko vernachlässigbar gering, aber ein Kursrisiko ist allemal gegeben. Dies ist abhängig von der Restlaufzeit der Anleihe und den Marktzinsänderungen in der Zukunft.

Das größte Risiko für den Anleger – wie bei allen festverzinslichen Anleihen – ist die Geldentwertung. Denn eine Bundesanleihe macht den Käufer zum Gläubiger nur einer Geldforderung, die zwar eines Tages zurückgezahlt und bis dahin verzinst wird, deren Kaufkraftgegenwert aber offenbleibt. Geldwertstabilität ist daher der stärkste Verbündete des Anleihesparers, Inflation sein größer Feind. Da öffentliche Anleihen auf D-Mark lauten, besteht natürlich kein Währungsrisiko.

Die Höhe des laufenden Ertrages hängt vom jeweils geltenden Kapitalmarktzins zum Zeitpunkt des Erwerbs einer Anleihe ab. Da die Papiere aber mit der höchsten Schuldnerqualität aufwarten können, liegen die Zinsen dieser Anleihen regelmäßig etwas niedriger als bei anderen börsennotierten Anleihen (etwa von Bankschuldverschreibungen oder von Auslandsanleihen). Der laufende Ertrag wird normalerweise jährlich, bei variabel verzinslichen Anleihen vierteljährlich ausgezahlt. Zinseinkünfte aus Bundesanleihen sind als normale Einkünfte aus Kapitalvermögen jährlich der Besteuerung zu unterwerfen, ein besonderer Steuervorteil besteht nicht.

Bundesobligationen werden seit Dezember 1979 von der Bundesrepublik Deutschland ausgegeben. Sie sind eine sogenannte »Daueremission« des Bundes mit einer festen Laufzeit von fünf Jahren. Bundesobligationen werden im Nennwert von 100 DM oder einem Mehrfachen davon in aufeinanderfolgenden Serien ausgegeben, wobei der Nominalzinssatz feststeht, aber der jeweilige Ausgabekurs je nach Marktlage herauf- oder herabgesetzt wird. Wenn zur Anpassung an die veränderte Zinslandschaft die Änderungen der Ausgabepreise zu groß werden oder das geplante Emissionsvolumen erreicht ist, wird eine neue Serie mit einem anderen Nominalzins aufgelegt und die vorangegangene Serie wird in den Börsenhandel eingeführt. Über die Börse können auch Geschäftsbanken Bundesobligationen kaufen. Der »Ersterwerb« ist allerdings auf natürliche Personen und Einrichtungen, die gemeinnützige, mildtätige oder kirchliche Zwecke verfolgen, beschränkt.

Im Gegensatz zu den Vereinigten Staaten von Amerika spielen *Industrieanleihen* hierzulande inzwischen nur noch eine bescheidene Rolle. Der Kurszettel der Industrieanleihen ist bis auf vier Papiere zusammengeschrumpft. Hierzulande ist in den vergangenen Jahren überhaupt keine Industrieanleihe mehr ausgegeben worden, weil die Unternehmen – übrigens auch aus Handels- und Dienstleistungsbranchen – auf günstigere Finanzierungsinstrumente ausgewichen sind. Als Sicherheit für die Industrieanleihen dient das Vermögen des Unternehmens. Ein Emissionskonsortium legt die Anleihen zur öffentlichen Zeichnung aus und plaziert sie bei den Anlegern. Die Papiere werden zwar im amtlichen Handel an der Börse eingeführt, doch sind die Umsätze – wie auch bei Bankschuldverschreibungen – sehr gering; aber täglich wird ein Einheitskurs ermittelt.

Während die Industrieanleihen zu Mauerblümchen im Rentensaal geworden sind, haben sich *D-Mark-Auslandsanleihen* zeitweise zu Anlagefavoriten gemausert. Dabei geht es um Anleihen, die zwar auf D-Mark lauten, aber von ausländischen Unternehmen, supranationalen Institutionen, Staaten, ausländischen Provinzen oder von Städten, aber auch von ausländischen Tochtergesellschaften deutscher Unternehmen begeben werden. Da die deutschen Zinsen über Jahre hinweg klar unter dem internationalen Durchschnitt lagen, waren D-Mark-Auslandsanleihen für Ausländer eine beliebte Finanzierungsquelle. Deutsche Anleger griffen bei den Papieren vor allem deshalb gerne zu, weil die Zinsen – wegen des höheren Bonitätsrisikos – durchweg höher lagen als für vergleichbare Bundesanleihen. Zu einem kleinen Run auf D-Mark-Auslandsanleihen kam es in der kurzen Geltungsphase der Quellensteuer für deutsche Rentenwerte im ersten Halbjahr 1989. D-Mark-Auslandsanleihen waren von der Steuer verschont geblieben und fanden daher viele neue Freunde.

Seit rund fünf Jahren erfreut der deutsche Rentenmarkt Emittenten und Anleger mit »neuen Instrumenten«. Im wesentlichen handelt es sich dabei um folgende Konstruktionen: *Anleihen mit Null-Kupon (Zero-Bonds), Anleihen mit variabler Verzinsung (Floating Rate Notes), Optionsanleihen und Doppelwährungsanleihen.* Banken und andere Institute bieten damit dem anlagesuchenden Publikum Möglichkeiten in D-Mark an, die bis dato nur in Dollar oder anderen Währungen zur Verfügung standen.

Bei der *Null-Kupon-Anleihe* wird der Zins nicht regelmäßig, das heißt jährlich oder halbjährlich, sondern angesammelt und erst bei Fälligkeit der Anleihe zusammen mit dem Anleihebetrag ausbezahlt. Da der Anleger damit während der gesamten Laufzeit – zumeist 15 Jahre oder länger – der Anleihe auf eine Zinszahlung verzichtet, steht dem Anleger bei der Rückzahlung der Emission nicht nur der Zins, sondern auch der Zinses-Zins zu. Wegen des Zinseszins-Effektes wird bei der Begebung einer Null-Kupon-Anleihe der Emissionskurs stark unter 100 Prozent liegen, zum Beispiel bei 30 oder 40 Prozent.

Allerdings gibt es bei der Null-Kupon-Anleihe zwei Varianten: Neben der eben bereits erwähnten Konstruktion mit einem Ausgabekurs unter dem Nennwert (die Rückzahlung erfolgt dann zu 100 Prozent), kennt man Anleihen, bei denen der Emissionskurs auf oder in die Nähe von 100 Prozent gelegt wird, bei denen die Rückzahlung dann mit entsprechend weit darüber liegenden Sätzen erfolgt (Zinsansammlung, Kapitalzuwachsanleihe).

Für den Anleger stellt sich zunächst die Frage, ob er bereit ist, auf eine jährliche Zinszahlung zu verzichten und dafür eine kontinuierliche Kapitalansammlung (Zins und Zinses-Zins) vorzieht. Ein wesentliches Motiv für den Erwerb von Null-Kupon-Anleihen liegt darin, daß die jährliche Wiederanlage keinen Zins-Schwankungen unterworfen ist. Da bei den »Zeros« die Zinsen automatisch wiederangelegt werden, werden dafür auch keine Kosten fällig. Außerdem ist die Anleihe wegen ihrer Konstruktion unkündbar für den Emittenten. Ein weiterer Anreiz kann für den Anleger darin liegen, daß der Ertrag aus der Null-Kupon-Anleihe erst bei Rückzahlung oder einem möglichen vorherigen Verkauf anfällt und sich somit (vorerst stille) Reserven bilden lassen. Auch kann sich unter Umständen ein steuerlicher Vorteil dadurch ergeben, daß der Anleger in Zeiten hohen Einkommens und starker steuerlicher Belastung den Zerobond erwirbt, sich aber zum Zeitpunkt ihrer Rückzahlung (plus Ertrag), zum Beispiel nach der Pensionierung, in einer günstigeren steuerlichen Situation befindet.

Der Anleger ist bei Null-Kupon-Anleihen nicht darauf angewiesen, sein Engagement bis zum Ende der Laufzeit durchzuhalten. Er kann die Anleihe in der Regel auch über die Börse verkaufen. Deutsche Anleihen mit Null-Kupon werden an der Börse amtlich gehandelt. Zu dem allgemeinen Spiel von Angebot und Nachfrage kommen die bei dieser Anlageform typischen Merkmale hinzu. So ist bei der Kursbildung vor allem zu berücksichtigen, wieviel Zinsen bereits aufgelaufen sind und wann die Anleihe wieder zurückgezahlt wird.

Durch den Zinseszins-Effekt besitzen Null-Kupon-Anleihen eine gewisse Hebelwirkung. Bei allgemein sinkendem Zinsniveau dürfte der Kurs prozentual stärker steigen als bei einer vergleichbaren normalen Anleihe. Bei allgemein steigendem Zinstrend wird der Anleihkurs zurückbleiben. Dann dürfte es aber für einen Neuanleger interessant sein, für den Rest der Laufzeit eine Null-Kupon-Anleihe zu erwerben, um sich eine hohe Rendite zu sichern.

Bei »Zeros« ist neben der Bonität des Schuldners besonders das richtige »Zins-Timing« wichtig. Wer Zerobonds in Zeiten niedriger Zinsen kauft, der kann lange auf schlecht rentierenden Papieren sitzenbleiben oder muß mit möglicherweise großen Kursverlusten verkaufen, zeichnen sich Zeros doch durch starke Kursschwankungen aus.

Anleihen mit variabler Verzinsung (auch Gleitzinsanleihen oder Floater genannt) zeichnen sich durch die regelmäßige Anpassung des Kupons an aktuelle Geldmarktsätze, die damit zusammenhängende enge Bindung des Kurses an den Nennwert (geringe Kursschwankungen) und oft durch eine garantierte Mindestverzinsung aus. Mit »Floatern« sichert sich der Anleger die jeweils aktuellen Marktzinsen. Dies ist in Zeiten steigender Zinsen – zum Beispiel im Jahr 1990 – ein großer Vorteil. Ein Kursrisiko besteht praktisch nicht mehr. Fallen allerdings die Zinsen, trägt der Anleger das volle Zinsrisiko. Die Anleihe mit variabler Verzinsung kann als Festgeldersatz angesehen werden, allerdings mit der zusätzlichen Variante, daß die Forderung durch ein Wertpapier verbrieft wird.

Bei der Festlegung des neuen Zinssatzes orientiert man sich an sogenannten Referenzzinssätzen, die ebenfalls in den Konditionen der Anleihe genannt sind. Die Orientierung kann zum Beispiel an der London Interbank Offered Rate (»Libor«) erfolgen. Das ist ein Referenzzinssatz, zu dem vorweg bestimmte erstklassige Bankadressen am Londoner Platz in bestimmten Währungen und für bestimmte kurze Laufzeiten (3 oder 6 Monate) anderen Banken Gelder überlassen.

Am deutschen Markt wird ein Referenzzins für D-Mark-Floater auf der Basis von Geldmarktsätzen ermittelt, die 12 renommierte deutsche Banken der Privatdiskont-AG mitteilen. Dieser Richtsatz wird mit Anlehnung an Libor »Frankfurt Interbank Offered Rate« oder kurz »Fibor« genannt.

Bei der *Doppelwährungsanleihe* hat es der Anleger mit zwei Währungen zu tun. So kann beispielsweise bei einer Anleihe der Emissionsbetrag und die Zinszahlungen auf D-Mark lauten, die Rückzahlung wird jedoch in Dollar geleistet. Die Konstruktion der Doppelwährungsanleihe erlaubt eine Risikostreuung des Gesamtertrages auf zwei Währungen. Gleichzeitig geht der Anleihezeichner ein Währungsrisiko ein, da sich durch mögliche Kursveränderungen an den Devisenmärkten nicht vorhersehen läßt, wieviel er bei der beispielsweise in Dollar erfolgenden Tilgung in deutscher Währung ausbezahlt bekommt. Ein fallender Dollarkurs würde den Rückzahlungsbetrag für den Anleger in Deutscher Mark vermindern, ein steigender Dollarkurs den Ertrag insgesamt erhöhen. Für den Emittenten, der die Anleihe auf Deutsche Mark aufgelegt hat, wird sich ebenfalls wegen der Schwankungen auf dem Devisenmarkt die Höhe des Rückzahlungsbetrages nicht voraussehen lassen. Der Emittent hat die Möglichkeit, das Währungsrisiko durch eine Kurssicherung am Devisenmarkt (Swap) zu begrenzen. Die Kosten eines derartigen Sicherungsgeschäftes würden jedoch beim Anleger stärker ins Gewicht fallen als beim Emittenten.

Zwei Spezialitäten auf dem Rentenmarkt sind *Wandel- und Optionsanleihen*. Wandelanleihen sind eine Mischform aus Anleihe und Aktie. Sie werden von großen Unternehmen zur Deckung ihres Kapitalbedarfs ausgegeben und sind anfangs eine Industrieobligation. Später kann der

Inhaber der Anleihe unter bestimmten Bedingungen – Wandelfrist, Verhältnis, Preis, die bei der Emission festgelegt sein müssen – das Papier in Aktien des Unternehmens umwandeln: daher der Name. Macht der Obligationär von seinem Umtauschrecht nicht Gebrauch, bleibt die Wandelanleihe automatisch eine Industrieobligation und garantiert eine feste Verzinsung. Den Vorteil des Wandlungsrechts muß sich der Anleger allerdings in der Regel mit einem – vergleichsweise – niedrigeren Zinssatz erkaufen. Die Laufzeit deutscher Wandelanleihen beträgt normalerweise zehn Jahre. Für den Anleger stellen Wandelanleihen eine Art Aktienspekulation mit Versicherung dar.

Bei Optionsanleihen hat der Inhaber, wie bei der Wandelanleihe, das Recht, unter bestimmten Bedingungen Aktien des Emittenten zu beziehen. Nur wird hierbei dieses Recht in einer selbständigen Urkunde, dem Optionsschein, getrennt verbrieft. Mit Beginn der Optionsfrist kann über den Optionsschein eigenständig verfügt werden. Der Anleger kann über Optionsschein und Anleihe getrennt disponieren. Es gibt dann an der Börse Notierungen der Anleihe mit und ohne Optionsschein sowie des Optionsscheins selbst. Für den Emittenten liegt der Vorteil darin, daß er relativ zinsgünstiges Kapital erhält und, falls die Option ausgeübt wird, Eigenkapital zu einem vergleichsweise hohen Ausgabekurs. Dem Anleger bietet die Optionsanleihe über ihre Laufzeit als Anleihe meist eine höhere Rendite als die Aktie. An den Kursveränderungen der Aktie nimmt der Inhaber mit begrenztem Risiko teil: Steigt der Kurs der Aktie, steigt auch der Wert der Option, fällt dagegen die Aktie, sinkt die Notierung der Optionsanleihe höchstens auf den Wert der »leeren« Obligation. Interessant ist vor allem die Hebelwirkung von Veränderungen des Aktienkurses für die Kurse des Optionsscheins.

Inzwischen sind Anleihen auch mit Optionen auf ein Wahlrecht bezüglich der Rückzahlungswährung (Währungsoptionsanleihe) oder auf einen bestimmten Betrag eines anderen festverzinslichen Wertpapiers ausgestattet. Bei der indexgebundenen Anleihe (»Bull«- oder »Bear«-Anleihe beziehungsweise Bond) ist der Rückzahlungskurs an einen Aktienindex gebunden. Dabei werden in der Regel zwei Tranchen aufgelegt. Im Falle des Bull-Bond erhöht sich der Tilgungsbetrag mit steigendem Aktienindex, und umgekehrt im Falle des Bear-Bond steigt der Rückzahlungsbetrag mit fallendem Aktienindex. Auch bei dieser Anleihe ist neben der Zinseinnahme das spekulative Element für den Anleger ausschlaggebend.

Bei einer »Annuitäten-Anleihe« werden nach verschiedenen Rückzahlungsplänen während eines vorgesehenen Zeitraumes sowohl die Zinsen gezahlt als auch Kapitalbeträge (pro rata) getilgt. Die Anleihe eignet sich besonders für Anleger, die für einen späteren Zeitraum über eine gewisse Frist hinweg jährliche Einnahmen aus Zins und Tilgung beziehen wollen.

Die neuen Anleihemodelle bieten dem Anleger eine immer größere Auswahl für individuelle Bedürfnisse und Anlageüberlegungen. Entsprechend ergeben sich für den Emittenten verschiedene Modalitäten in der Ausgestaltung des Anleihevorhabens, wobei die Handhabung des Zins- und Tilgungsdienstes den Belangen des Unternehmens und seinen finanziellen Möglichkeiten angepaßt werden kann. Trotzdem bleiben die Grundentscheidungen des Anlegers am Rentenmarkt immer gleich: Es gilt vor allem, sich eine Meinung über die künftige Zinstendenz zu bilden, dann eine Anlagedauer festzulegen, die Transaktionskosten niedrig zu halten, Sonderkonditionen (Optionen) zu erwägen, auf Zinstermine zu achten und – gegebenenfalls – Steuereffekte mitzunehmen.

Festverzinsliche Anleihen in fremden Währungen
Kein »El Dorado« für risikobewußte Anleger

Deutsche Anleger bevorzugen gegenüber Aktien nach wie vor festverzinsliche Wertpapiere, auch wenn die Dividendenwerte zunehmend an Beliebtheit gewinnen. Dennoch bleibt die Vorrangstellung der Anleihen und Obligationen ungebrochen, und es spricht einiges dafür, daß dies auch auf absehbare Zeit so bleiben wird.

Früher verband sich mit dem Anleger in festverzinslichen Wertpapieren das Bild des risikoscheuen Rentiers, der ein regelmäßiges Einkommen aus sicheren Papieren beziehen wollte. Mittlerweile haben auch spekulativ veranlagte Privatanleger die Anleihe für sich entdeckt.

Anleger lieben hohe Zinsen. Infolgedessen richtet sich der Blick vieler Privatanleger (und Investmentgesellschaften) auf einige ausländische Wertpapiermärkte, auf denen deutlich höhere Zinsen winken als in Deutschland. Dieser Zinsbonus erklärt sich fast immer aus den höheren Inflationsraten im Ausland. Und weil dem so ist, ist der Genuß höherer Zinsen gewöhnlich mit einem Wechselkursrisiko verbunden. Die Währung eines Landes mit einer hohen Inflationsrate verliert an den Devisenmärkten zumeist gegenüber Währungen mit einer stabilen Binnenkaufkraft an Wert. So kann der hübsche Zinsbonus einer Anlage in einem Hochzinsland durch Währungsverluste leicht wieder aufgezehrt, im ungünstigen Fall sogar übertroffen werden. Anleger, die in den vergangenen Jahren Anleihen auf australische und kanadische Dollar erworben haben, können davon ein Lied singen.

Der Traum eines Anlegers in festverzinslichen Wertpapieren ist ein hoher Zinskupon, wie er im Ausland winkt, ohne Währungsrisiko. Diese Anlagemöglichkeit dürfte es eigentlich wegen des Risikos der Abwertung der Fremdwährung gar nicht geben; gleichwohl gibt es Anleger, die ein solches »El Dorado« entdeckt haben wollen. Es sind die Hochzinsländer im Europäischen Währungssystem, vor allem Spanien, Großbritannien und Italien. In diesen Ländern liegt die Rendite von Staatsanleihen über der vergleichbarer deutscher Titel. In Italien winken gut 10 Prozent, in Großbritannien knapp 12 Prozent und in Spanien sogar zwischen 14 und 15 Prozent. In jüngerer Zeit haben die Währungen dieser Länder gegenüber der D-Mark allenfalls geringfügig an Wert

verloren. Wenn sich diese Tendenz fortsetzt, können deutsche öffentliche Anleihen mit Titeln aus diesen Ländern nicht konkurrieren. Möglicherweise steht sogar die Finanzierung der deutschen Einheit über den Kapitalmarkt auf dem Spiel. Ist diese Kalkulation richtig?
Vermutlich nicht, da die Stabilität der Währungen dieser Hochzinsländer gegenüber der D-Mark auf einer Fehlfunktion des Europäischen Währungssystems (EWS) beruht. Das EWS wird aber auf Dauer nicht mit dieser Fehlfunktion leben können. Daher sind Abwertungen von Peseta, Lira und Pfund auf mittlere Sicht durchaus denkbar, was Anlagen in festverzinslichen Anleihen dieser Länder doch weniger attraktiv macht, als es gegenwärtig scheint.

Wie das Europäische Währungssystem funktioniert

Das Ziel des 1979 gegründeten Europäischen Währungssystems war und ist es, durch kalkulierbare Wechselkursrelationen den Handel zwischen den Teilnehmerländern zu intensivieren und durch die disziplinierende Wirkung eines Wechselkursverbundes eine Annäherung der wirtschafts- und geldpolitischen Vorstellungen zu bewirken. Am Ende dieses Prozesses soll die Einführung einer gemeinsamen Währung stehen, die von einer Europäischen Zentralbank gesteuert wird.

Der Kern des EWS ist die geringe Schwankungsbreite der Wechselkurse. Von einem festgelegten Mittelkurs ausgehend darf sich der Wechselkurs zweier Währungen, also etwa von D-Mark und französischem Franc, im Normalfall an den Devisenmärkten nur 2,25 Prozent nach oben beziehungsweise nach unten verändern. Droht eine größere Abwertung beziehungsweise Aufwertung, müssen die Notenbanken die schwächere Währung an den Devisenmärkten durch Käufe stützen. Neben den eigenen Devisenreserven kann die Notenbank der schwächeren Währung auch auf Kreditlinien im Rahmen eines Gemeinsamen Fonds zurückgreifen, in den die Notenbanken der beteiligten Länder einen Teil ihrer Devisenreserven eingebracht haben. Spanien und Großbritannien haben sich Bandbreiten von jeweils 6 Prozent ausbedungen. Die Schwankungen der Währungen dieser Länder können also gegenüber der D-Mark höher ausfallen als die Veränderungen des Franc-Kurses gegenüber der D-Mark.

Für den Fall, daß sich die Währung eines Landes trotz Eingriffe der

Notenbanken nicht stabilisieren läßt (etwa weil die Inflationsrate immer weiter steigt), sind Neufestsetzungen der Mittelkurse möglich. In diesem Fall wird eine Währung offiziell abgewertet. Von dem neuen Mittelkurs aus gelten wieder die Bandbreiten von jeweils 2,25 Prozent. Anfang der achtziger Jahre hat es mehrfach solche Neuanpassungen gegeben. Vor allem in den ersten Jahren der Präsidentschaft François Mitterrands mußte der Franc wegen der stabilitätsgefährdeten Wirtschaftspolitik Frankreichs mehrfach gegenüber der D-Mark abgewertet werden.

Seit mehreren Jahren aber hat es keine Neufestsetzungen von Wechselkursen im EWS gegeben, und keine Währung des EWS ist seit 1987 ernstlich in eine längere Phase der Abwertungsgefahr geraten, obgleich die Annäherung der Inflationsraten unterdessen ins Stocken geraten ist. Mittlerweile hat sich innerhalb des EWS ein D-Mark-Block gebildet. Dabei handelt es sich um Währungen von Ländern, die ihre stabilitätspolitischen Vorstellungen an denen Deutschlands ausrichten und in den vergangenen Jahren ein erhebliches Maß an Anpassung verwirklichen konnten. Zu diesen Ländern zählen vor allem Frankreich und die Niederlande, in Grenzen noch Belgien, Dänemark und Irland sowie außerhalb des EWS Österreich, das seine Zinspolitik an der Politik der Deutschen Bundesbank ausrichtet. Die Stabilität der Währungen der genannten Länder gegenüber der traditionell starken D-Mark ist demnach wohlbegründet, und es besteht auch kaum Anlaß, an weiterhin stabilen Wechselkursen zu zweifeln.

Ganz anders sieht es mit den südlichen Ländern und mit dem jüngst in den Wechselkursmechanismus eingetretenen Großbritannien aus. In diesen Ländern sind die Inflationsraten ungebührlich hoch, einige leiden überdies an ausgeuferten Staatsdefiziten und schwachen Wachstumsaussichten. In den vergangenen Jahren hat der politische Wille, die Europäische Gemeinschaft zu einer Währungsunion zusammenzuschweißen, Neufestsetzungen der Wechselkurse verhindert. Hinzu kommt, daß offizielle Abwertungen im EWS von der Regierung des betreffenden Landes als Schmach empfunden und als ungünstig für die eigenen Wahlchancen angesehen werden.

Die Regierungen der Schwachwährungsländer im EWS hatten in den vergangenen Jahren also guten Grund, für stabile Wechselkurse einzutreten, wogegen sich die Starkwährungsländer, allen voran Deutschland, mit ihren Wünschen nach einer Aufwertung der D-Mark nicht durchsetzen konnten. Um ihren Willen durchzusetzen, erhöhten die Regierungen der Schwachwährungsländer ihre Zinsen, um Kapital anzulocken und so ihre Währungen zu stützen. Angesichts der politischen Lage und dieser Zinspolitik fanden sich an den Devisenmärkten keine Teilnehmer, die bereit waren, einmal auf eine offizielle Abwertung zu spekulieren. Kurz gesagt: Da die meisten Politiker nicht wollten und sich die Märkte nicht trauten, blieben die Wechselkurse nahezu konstant. Anleger, die diese Zeichen richtig deuteten, kauften dementsprechend festverzinsliche Anleihen der Hochzinswährungen, da sie die Gefahr von Wechselkursverlusten gering einschätzten.

Es spricht einiges dafür, daß dieser Zustand nicht ewig dauert, denn er beruht auf wirtschaftlicher Unvernunft. Für die Länder mit starken Währungen wie Deutschland, Frankreich und die Niederlande ergeben sich durch einen unflexiblen Verbund mit Schwachwährungsländern Inflationsrisiken. Die starken Länder importieren aus den südlichen Ländern und Großbritannien immer teurer werdende Güter, ohne daß ein stabilitätsfördernder Ausgleich durch eine Aufwertung der eigenen Währung, wie es eigentlich geschehen sollte, erfolgt. Die Länder mit harten Währungen »importieren« also Inflation.

Daß sich dieser Zustand in den vergangenen Jahren nicht deutlicher äußerte, liegt an der gleichzeitigen Verbilligung vieler Rohstoffpreise und des Dollar. Mit der Verteuerung des Rohöls seit August 1990 beginnt diese Kompensation aber an Bedeutung zu verlieren. Auch für die Länder mit harten Währungen nehmen nun die Stabilitätsrisiken zu, was ein größeres Interesse an einer Aufwertung gegenüber Währungen von Ländern mit hoher Inflationsrate nach sich ziehen müßte.

Die Freude der südeuropäischen Länder und Großbritanniens über ihre Hochzinspolitik ist mittlerweile auch getrübt. Die hohen Zinsen haben zwar die Wechselkurse stabilisiert und so zu einem Import von Stabilität aus den Ländern mit Preisniveaustabilität geführt. Aber die hohen Zinsen belasteten die in diesen Ländern ohnehin angeschlagene Konjunktur. Außerdem leiden strukturschwache Länder unter unflexiblen Wechselkursen, weil sie Wettbewerbsnachteile nicht durch eine Abwertung ihrer Währung ausgleichen können.

Es gibt viele Beobachter, die als Folge steigender Rohstoffpreise mit einer Verschärfung der Spannungen im Europäischen Währungssystem rechnen und eine Neufestsetzung von Wechselkursen auf mittlere Sicht für möglich halten. Wer also hochverzinsliche Anleihen europäischer

Emittenten kauft, ist gut beraten, aufmerksam auf die Wechselkursentwicklung zu achten.

Die stabilitätssicheren Alternativen

Ernsthafte Anlagealternativen bieten im Europäischen Währungssystem die festverzinslichen Wertpapiere der anderen Starkwährungsländer, das sind vor allem die Niederlande und Frankreich. Außerhalb des EWS käme noch Österreich hinzu. Da diese Länder ihre Geldpolitik freiwillig an der der Deutschen Bundesbank ausgerichtet haben, ist in naher Zukunft kaum mit nennenswerten Abwertungen von Gulden, Franc und Schilling gegenüber der D-Mark zu rechnen. Andererseits rentieren die Staatsanleihen dieser Länder (Stand: Herbst 1990) etwas höher als deutsche Bundesanleihen. Französische Staatsanleihen erbrachten zu dieser Zeit gut 10 Prozent, niederländische gut 9 Prozent.

Der Grund für diese Zinsaufschläge gegenüber deutschen Staatsanleihen, die 9 Prozent brachten, ist einerseits in den schmaleren Märkten der Niederlande und Österreichs zu suchen. Für internationale Großanleger, die Zinstendenzen wesentlich mitbestimmen, sind diese Märkte zu klein. Frankreich hat seinen Kapitalmarkt in den vergangenen Jahren zwar erheblich modernisiert und braucht in dieser Hinsicht keinen Vergleich mit Deutschland zu scheuen. Aber die Franzosen zahlen nach wie vor einen Zinsaufschlag wegen ihrer Vergangenheit. Die Abwertungen Anfang der achtziger Jahre und die Abschaffung der letzten Kontrollen des Kapitalverkehrs erst zu Beginn des Jahres 1990 lassen viele große Anleger noch Zurückhaltung üben. Sie trauen der französischen Stabilitätspolitik und dem wirtschaftlichen Liberalismus in diesem traditionell dem Denken an den »guten Staat« verhafteten Land noch nicht ganz. Immerhin: Sollte Frankreich seine Stabilitätspolitik fortsetzen, könnte sich der Zinsvorsprung auch für lange Laufzeiten verringern. Bei den kurzfristigen Zinsen ist dies schon geschehen, ohne daß der Kurs des Franc gegenüber der D-Mark gelitten hätte. Im Gegenteil: Es gibt Marktbeobachter, die eine leichte Aufwertung des Franc für denkbar halten.

Eingeschränkt gilt diese Analyse auch für Belgien (einschließlich Luxemburg), Dänemark und Irland, deren Währungen in vielen Monaten des Jahres 1990 eine bemerkenswerte Stabilität gegenüber der D-

Mark gezeigt haben. Die belgische Regierung hat im Herbst 1990 sogar angekündigt, dem »D-Mark-Block« beitreten zu wollen. Immerhin scheinen die Währungsrisiken von Anlagen in diesen Ländern aber doch etwas größer zu sein. Alle drei Länder leiden unter recht hohen Haushaltsdefiziten; Irland bleibt auch im Hinblick auf andere wirtschaftliche Kennziffern (wie etwa das Pro-Kopf-Einkommen) hinter dem harten Kern der Gemeinschaft zurück.

Geringerer Zuspruch für Publikums-Investmentfonds

Aber wachsendes Angebot zur gemeinschaftlichen Geldanlage

Der Zuspruch, den deutsche Publikums-Investmentfonds in den ersten drei Quartalen 1990 gefunden haben, ist nicht besonders groß gewesen. Folgt man den Angaben des Bundesverbandes Deutscher Investment-Gesellschaften in Frankfurt, der freilich die gesamte Branche nicht in vollem Umfang repräsentiert, dann hat sich das Mittelaufkommen in den Monaten Januar bis September 1990 auf 4,8 Milliarden DM belaufen. In der vergleichbaren Vorjahreszeit waren es 12,8 Milliarden DM gewesen. Als Mittelaufkommen wird eine Restgröße ausgewiesen. Vom Gesamtabsatz neuer Zertifikate werden die Beträge abgesetzt, die im gleichen Zeitraum für die Rücknahme von Anteilen benötigt worden sind. Das Mittelaufkommen ist also eine Netto-Größe.

Für die niedrigere Unterbringung neuer Fonds-Anteile im Publikum war ausschlaggebend, daß die Anleger gegenüber einer Geldanlage in Rentenfonds sehr zurückhaltend gewesen sind. Zwar hat es in den Absatzergebnissen dieser Fonds einige Schwankungen gegeben. Aber es wirkt sich offenbar nach wie vor auf den Absatz von Rentenfonds-Zertifikaten hinderlich aus, daß in Zeiten steigender Zinsen die Anteilwerte von Rentenfonds zwangsläufig sinken. Der Zinsertrag kann in den meisten Fällen nur einen Teil dieser Kursverluste ausgleichen, so daß ein optisch höchst unbefriedigendes Ergebnis der Wertentwicklung verbleibt. In den zwölf Monaten bis Ende September 1990 wiesen denn auch nicht weniger als 26 Publikums-Investmentfonds mit dem Anlageschwerpunkt Deutschland Wertveränderungen je Anteil zwischen plus und minus ein Prozent auf. Das sind etwa ein Drittel aller Fonds dieser Art.

Schon in früheren Perioden steigender Zinsen hatte sich gezeigt, daß die Anleger Rentenfondszertifikate verschmähen. Bei der Beurteilung einer Direktanlage in Anleihen faßt der Anleger offenbar die Kursentwicklung an der Börse und den Zinsertrag nicht zu einer einzigen Zahl zusammen. Die Direktanleger scheinen sich damit zu trösten, daß sie festgeschriebene laufende Erträge erhalten und daß Rückgänge im Börsenkurs nur eine vorübergehende Erscheinung sind, weil die Papiere später einmal zum Nennwert von 100 Prozent zurückgezahlt werden.

Genau diese Überlegung könnten auch Rentenfonds-Anleger anstellen, erhält doch auch »ihr« Fonds aus seinen Papieren laufende Erträge und kann auf eine Einlösung der Papiere zum Nennwert warten. Aber die Rentenfonds-Anteile werden täglich bewertet (wie es bei Aktienfonds geschieht), und das führt nun einmal dazu, daß Kursrückgänge auch einen Rückgang des Tages-Preises mit sich bringen.

Auch Rentenfonds, die ihr Vermögen international gestreut anlegen, spüren diesen »Preiseffekt« beim Verkauf neuer Zertifikate. Bei ihnen war der Absatzrückgang noch drastischer als bei Rentenfonds, die inländische Papiere erwarben. In den neun Monaten Januar bis September 1990 konnten international anlegende Publikums-Rentenfonds noch 2,0 Milliarden DM neu mobilisieren, während es im Vorjahr 13,6 Milliarden DM gewesen waren. Allerdings spielt bei diesen Fonds auch noch die Entwicklung der Währungskurse und der internationalen Zinsdifferenzen eine Rolle. Die höheren Zinsen, die für inländische D-Mark-Anlagen zu erzielen waren, haben die Anziehungskraft international anlegender Fonds stark gemindert.

Die Gesellschaften, die Aktienfonds-Zertifikate anbieten, sind auf vergleichsweise kräftige Nachfrage gestoßen. Während für die ersten drei Quartale 1989 nur ein Mittelzufluß von 6 Millionen DM gemeldet wird, waren es in der gleichen Zeit ein Jahr später fast 3 Milliarden DM. Auffällig war, daß die 1989 verschmähten Aktienfonds mit dem Anlageschwerpunkt Deutschland im Jahr 1990 besonders stark gefragt waren. Wahrscheinlich waren die steigenden Aktienkurse der beste Verkaufsmotor. Im dritten Quartal 1990, in das der Höchststand der Aktienkurse am deutschen Aktienmarkt fiel, wurden für fast 800 Millionen DM neue Zertifikate deutscher Aktienfonds untergebracht.

Dem Investmentverband waren Ende September 1990 insgesamt 280 Investmentfonds angeschlossen, davon waren 12 Immobilienfonds, und 268 waren Wertpapierfonds. Innerhalb eines Jahres hat sich die Zahl der Publikums-Investmentfonds um 37 erhöht. 9 der neuen Fonds investieren in Aktien, 25 in Rentenpapieren und 3 sind »gemischte« Fonds, das heißt, ihre Mittel werden sowohl in Aktien als auch in festverzinslichen Wertpapieren angelegt. Zu den neuen Angeboten auf dem Investmentmarkt gehören Fonds, die ihr Vermögen sehr kurzfristig anlegen (geldmarktnahe Fonds) oder Fonds, die nur für eine bestimmte Laufzeit bestehen sollen. Das entspricht der Tendenz in der Branche, für spezielle Anlageziele auch spezielle Fonds anzubieten.

Die Laufzeit von geldmarktnahen Fonds ist nicht begrenzt, so daß ein Anleger ein solches Zertifikat auch längere Zeit behalten kann. Das mag vor allem bei vergleichsweise hohen Zinsen für kurzfristige Mittel reizvoll sein, weil das Kursrisiko eines solchen Fonds sehr begrenzt ist. Eigentlich sind geldmarktnahe Fonds – »richtige« Geldmarktfonds waren im Herbst 1990 noch nicht auf dem deutschen Markt – jedoch dazu gedacht, vorübergehend anlagebereite Mittel an sich zu ziehen. Als Käufer der Anteile kommen also hauptsächlich Unternehmen in Frage, die eine Zwischenanlage suchen, aber auch Privatleute, die Gelder »parken« wollen. In Zeiten einer »normalen« Zinsstruktur wird die spezielle Aufgabe der geldmarktnahen Fonds deutlicher als in einer Hochzinsphase.

Das Vermögen der Publikumsfonds hat sich innerhalb Jahresfrist leicht zurückgebildet, und zwar bis Ende September 1990 auf 121 (Ende September 1989: 123) Milliarden DM. Darin kommen allerdings nicht nur die Kursrückgänge an den Wertpapiermärkten der Welt in dem betrachteten Zwölfmonatszeitraum zum Ausdruck. Es muß auch bedacht werden, daß die Investmentfonds (mit wenigen Ausnahmen) Ausschüttungen vornehmen, die das Fondsvermögen am Ausschüttungstag vermindern.

Verglichen mit dem Vermögen, das in Publikums-Rentenfonds angelegt ist, spielen die Aktienfonds nach wie vor eine untergeordnete Rolle. Während Ende September 1990 immerhin 90 (Ende September 1981: 91) Milliarden DM in Rentenfonds angelegt waren, brachten es die Aktienfonds lediglich auf 13,7 (14,6) Milliarden DM. Die gemischten Fonds spielen mit einem verwalteten Vermögen von 1,3 (1,5) Milliarden DM keine wesentliche Rolle. Das Vermögen der offenen Immobilienfonds wird mit 16,2 (15,9) Milliarden DM ausgewiesen.

Ungebrochen war dagegen der Absatz der Spezialfonds. Als Spezialfonds werden Investmentfonds bezeichnet, deren Anteile einem bestimmten Erwerberkreis vorbehalten sind, zum Beispiel institutionellen Anlegern wie Versicherungen oder Belegschaftsmitgliedern. Im Jahr 1989 flossen den Spezialfonds (Wertpapier- und offene Immobilienfonds) insgesamt 16,8 Milliarden DM zu, während es die Publikumsfonds, deren Anteile von jedermann erworben werden können, auf nicht ganz so viel – 16,4 Milliarden DM – brachten, wie aus der Statistik der Deutschen Bundesbank hervorgeht. In den ersten sieben Monaten 1990 stieg das Mittelaufkommen der Spezialfonds gegenüber der entsprechenden Vorjahreszeit auf 9,9 (8,6) Milliarden DM. Die Publikumsfonds konnten in dieser Zeit Zertifikate für lediglich 3,8 (11,1) Milliarden DM verkaufen. Der Absatz von Zertifikaten an das Publikum ist also 1990 nicht berauschend gewesen und könnte, aus Sicht der Kapitalanlagegesellschaften, noch verbessert werden. (Für den Anleger ist freilich die Wertentwicklung seines Fondsanteils entscheidend und nicht, wieviele Anteile des Fonds ausgegeben sind. Die Wertentwicklung der Anteile und das Fondsvolumen sind zwei Größen, die voneinander stark abweichen können. Das geht aus den in diesem Kapitel abgedruckten Tabellen eindeutig hervor.) Gelegentlich wird ein enttäuschender Absatz auch darauf zurückgeführt, daß die Informationen über die Fonds nicht umfassend genug sind. Ein Beispiel dafür sind die Angaben über die Wertentwicklung.

Der Bundesverband Deutscher Investment-Gesellschaften ermittelt (für die Fonds jener Gesellschaften, die ihm angeschlossen sind) die Wertentwicklung von Investmentfonds je Anteil und veröffentlicht diese Berechnungen. Bei diesen Berechnungen werden die Ertragsausschüttungen von Investmentfonds mit eingerechnet. Das ist deshalb erforderlich, weil jede Fondsleitung die Möglichkeit hat, in gewissen, von Gesetz und Satzung vorgegebenen Grenzen, die Höhe der Ausschüttung zu bestimmen. Dabei kann auch der Fall eintreten, daß nicht nur vom Fonds laufend erzielte Erträge wie Zinsen und Dividenden ausgeschüttet werden, sondern auch Teile der Substanz, zum Beispiel dann, wenn realisierte Kursgewinne an die Anteilinhaber ausgezahlt werden.

Es ist offensichtlich, daß eine Ausschüttung je Anteil um so höher ausfallen kann, je mehr realisierte Kursgewinne mit ausgezahlt werden. Wenn nun verschiedene Fonds in dieser Beziehung eine voneinander abweichende Geschäftspolitik betreiben, was unterstellt werden muß, wird allein dadurch den Vergleich zwischen Fonds im Laufe der Zeit immer stärker verzerrt. Da sich am Tag der Ausschüttung der Anteilpreis eines Fonds entsprechend vermindert, muß sich der Anteilpreis eines Fonds mit hoher Substanzausschüttung stärker vermindern als der eines anderen.

Deshalb werden bei diesen Wertberechnungen die Ausschüttungen ungeschehen gemacht, so daß sich eine unterschiedliche Geschäftspolitik bei der Ausschüttung von Substanz auf die Preise nicht mehr auswirkt. Da jedoch die gesamte Ausschüttung und nicht nur Substanzteile bei der

Wertberechnung einbezogen werden, leidet der Vergleich einer Geldanlage in Investmentfonds mit anderen Geldanlagen, bei denen die Erträge nicht berücksichtigt werden.

An dieser Handhabung will der Verband jedoch nichts ändern, weil der Nachteil der Vergleichbarkeit der Fondsergebnisse nach außen sehr viel geringer wiegt als der Vorteil der Vergleichbarkeit von Fondsergebnissen untereinander, die bei Berücksichtigung der Ausschüttung möglich wird. Aber es ist ein anderer Gesichtspunkt, der vielleicht doch eines Tages zu neuen Berechnungen veranlassen wird.

Bisher ist es üblich, daß bei der Wertberechnung die Anteile bei Beginn des betrachteten Zeitraums zum jeweiligen Anteilwert eingesetzt werden. Investmentzertifikate müssen jedoch grundsätzlich zu einem höheren Wert, dem Ausgabepreis, erworben werden; dem Anteilwert wird zur Deckung der jeweiligen Vertriebskosten ein mehr oder weniger hoher Prozentsatz als Ausgabekosten hinzugefügt. Solche Zuschläge betragen zum Beispiel 2,5 Prozent oder 5 Prozent des Anteilwertes. Wenn bei der Wertberechnung zu Beginn der Investmentanlage die tatsächlich vom Anleger aufzubringenden Ausgabepreise eingesetzt werden, würde nicht mehr – wie bisher – der Anlageerfolg berechnet, den die Fondsleitung erwirtschaftet hat, sondern der Anlageerfolg, den ein Anleger tatsächlich erzielen konnte – vorbehaltlich weiterer Kosten der Investmentanlage wie Depotgebühren und so weiter.

Die Einbeziehung von Ausgabekosten in die Wertberechnung hieße, daß sich die Wertentwicklung je Anteil gegenüber der bisherigen Berechnungsart weniger positiv darstellen würde, weil die – einmaligen – Erwerbskosten berücksichtigt werden. Je kürzer der betrachtete Anlagezeitraum ist, desto stärker schlagen die Ausgabekosten ertragszehrend zu Buche. Umgekehrt spielen die einmaligen Erwerbskosten eine um so geringere Rolle, je länger die Anlagedauer beziehungsweise der betrachtete Wertberechnungszeitraum ist.

Bei der Bewertung des Investmentvermögens am Ende der Anlagezeit könnte es bei der Wahl des Anteilwertes bleiben, weil der Anteilwert in der Regel den Preisen entspricht, die der Anleger auch beim Verkauf erzielt. Rücknahmepreise und Anteilwerte sind weitgehend identisch.

Die Erträge des Fondsvermögens werden zum Zeitpunkt der jeweiligen Ausschüttung zu dem dann geltenden Anteilwert als wiederangelegt betrachtet. Bei dieser Regelung wird unterstellt, daß der Anleger Ausschüttungen zum Anteilwert in Fondsanteilen anlegen kann. Dies trifft freilich nur unter gewissen Umständen zu, wenn er zum Beispiel ein Anlagekonto bei der entsprechenden Investmentgesellschaft unterhält. In anderen Fällen jedoch wird auf den Ausgabepreis im Falle der Wiederanlage von Erträgen nur ein Rabatt gewährt, der gemeinhin jedoch nicht die gesamte Höhe der Ausgabekosten erreicht. In diesen Fällen erfolgt die Wiederanlage von Erträgen also nicht zum Anteilwert, sondern zu darüberliegenden Preisen.

Selbst wenn bei der Berechnung der Wertentwicklung weiterhin von einer Wiederanlage der Erträge zum Anteilwert ausgegangen wird, würde die Einbeziehung der Ausgabekosten in die Wertberechnung der Anteile ein Fortschritt sein. Offenbar bestehen für eine solche »anlegerfreundliche« Handhabung gegenwärtig jedoch wenig Chancen, wie Manfred Laux, Hauptgeschäftsführer des Bundesverbandes Deutscher Investment-Gesellschaften in Frankfurt, erläutert hat. Laux weist darauf hin, daß sich die europäische Investmentbranche nach zweijährigen, zum Teil offenbar recht mühsam geführten Verhandlungen darauf verständigt habe, die Richtlinien für eine gemeinsame europäische Vorgehensweise für die Wertberechnung an das Modell des Bundesverbandes Deutscher Investment-Gesellschaften anzulehnen. Das Modell sieht auch vor, daß die Erträge zum jeweilgen Anteilwert wiederangelegt werden.

Der Absicht, Investmentanleger umfassend zu informieren, werde man sich aber nicht verschließen, meinte Laux. Er könne sich deshalb durchaus vorstellen, daß die Ergebnisse der Wertentwicklung zwar wie bisher berechnet werden, aber künftig ausdrücklich noch ein zusätzlicher Hinweis gegeben werde. Darin könnte darauf aufmerksam gemacht werden, daß in der Wertentwicklung die Ausgabekosten nicht enthalten sind.

Jeder Besitzer von Investmentanteilen werde dann daran erinnert, daß er die Kosten der Investmentanlage noch berücksichtigen müsse. Wie stark sich die einmaligen Ausgabekosten auf die Wertentwicklung auswirken, hängt zunächst einmal von der jeweiligen Besitzdauer der Anteile ab. Es könnte aber auch sein, sagt Laux, daß beim Vertrieb der Anteile der Kundschaft, zum Beispiel abhängig vom jeweiligen Anlagebetrag, unterschiedlich hohe Ausgabekostenzuschläge berechnet werden. Diese Möglichkeit in Betracht zu ziehen zeige, daß es keinen Sinn mache, Wertentwicklungen mit Ausgabepreisen zu berechnen, die vielleicht für einen Teil der Anleger gar nicht zutreffen.

Die Frage, ob Ausgabekosten in die Wertentwicklung eingerechnet werden sollten oder nicht, erhält ihre besondere Note durch das zunehmende Aufkommen von geldmarktnahen Fonds. Wenn Anteile an solchen Fonds nur kurzfristig gehalten werden, fallen einmalige Ausgabekosten besonders stark ins Gewicht. Die Abdeckung der Ausgabekosten könnte hier womöglich einen gesamten Monatsertrag an Zinsen erfordern.

Über die Wertentwicklung der Fonds unterrichten die Tabellen, die jetzt folgen. Die Angaben über die Wertentwicklung enthalten keine Ausgabekosten. Die Fonds sind nach Anlageschwerpunkten aufgeführt, wobei die Einteilung übernommen wurde, die der Bundesverband Deutscher Investment-Gesellschaften gewählt hat. Es sei darauf hingewiesen, daß sich die Einordnung eines Fonds im Lauf der Jahre geändert haben kann.

Die Fonds werden in der Reihenfolge ihrer Wertentwicklung in den fünf Jahren zum 30. September 1990 aufgeführt. Fonds, die noch keine fünf Jahre bestehen, werden im Anschluß daran nach ihrem Abschneiden in den zwölf Monaten zum 30. September 1990 genannt. Die Nennung des Fondsvolumens und der Mittelzuflüsse soll die Information abrunden.

Eine in der Vergangenheit erzielte Wertentwicklung – ob positiv oder negativ – darf nicht einfach auf die Zukunft übertragen werden; die künftige Wertentwicklung hängt auch von künftigen Dispositionen der Fondsverwalter ab.

Investmentfonds

Fonds[1]	Investment-Gesellschaft[2]	Wertentwicklung in Prozent[3]				Fondsvermögen in Mio. DM[4]	Mittelaufkommen – netto – laufendes Jahr in DM[5]
		5 Jahre 30.9.85–30.9.90	10 Jahre 30.9.80–30.9.90	20 Jahre 30.9.70–30.9.90	1 Jahr 30.9.89–30.9.90		
AKTIENFONDS – ANLAGESCHWERPUNKT DEUTSCHLAND							
a) Fonds, die mindestens fünf Jahre bestehen							
SMH-Special-Fonds I*	SMH	124,2	372,7	–	–3,3	434,5	271 376 851
DIT-Fonds für Vermögensbildung*	DIT	74,8	222,4	501,4	–1,8	247,1	140 560 590
Provesta	DWS	71,3	–	–	–11,3	171,2	27 653 297
FT Frankfurt-Effekten-Fonds*	Frankfurt-Trust	55,4	299,9	–	–10,1	165,8	68 943 307
Thesaurus*	DIT	47,6	230,1	427,3	–11,9	236,6	25 778 915
Concentra*	DIT	45,1	240,2	423,7	–12,3	852,7	100 749 496
Adifonds	ADIG	40,7	230,7	437,6	–11,5	462,1	10 991 635
Deka Fonds*	DEKA	40,0	229,6	446,5	–6,3	1386,1	572 235 615
Investa	DWS	36,7	228,4	451,8	–9,8	1233,3	347 421 957
Uni Fonds*	UNION	33,5	210,6	456,5	–9,9	1545,2	(23 861 316)
Fondak*	ADIG	32,7	225,4	447,4	–11,3	620,4	19 813 527
Oppenheim Privat	Oppenheim	27,3	138,7	–	–6,1	–	–
MK Alfakapital	MK	23,9	169,1	–	–13,1	168,4	47 263 175
Bayern-Spezial*	DWS	18,7	–	–	–14,1	17,0	(13 492 869)
Adiverba	ADIG	13,0	238,4	543,7	–21,7	536,0	43 264 737
b) Fonds, die noch keine fünf Jahre bestehen							
ALTE LEIPZIGER TRUST Fonds A	AL-TRUST	–	–	–	–2,1	31,0	9 289 009
DVG-Fonds SELECT-INVEST*	DVG	–	–	–	–2,9	36,0	1 507 539
KKB-Invest-Fonds	UNION	–	–	–	–6,0	10,6	6 368 410
DIT-Spezial*	DIT	–	–	–	–6,7	110,0	45 373 259
Zürich Aktienfonds DWS	DWS	–	–	–	–7,4	2,6	(9 703 040)
Colonia Aktienfonds RK	Rheinische KAG	–	–	–	–8,4	13,2	2 262 381
E & G Privat-Fonds MK	MK	–	–	–	–9,5	7,9	3 154 068
Zürich Invest Aktien	Zürich Invest	–	–	–	–9,7	61,8	33 409 964
Hansaeffekt	Hansainvest	–	–	–	–10,5	19,4	11 748 567
DIT Wachstumsfonds*	DIT	–	–	–	–11,1	230,0	156 858 527
ELFOAKTIV	ELFO	–	–	–	–11,2	26,8	16 772 591
Nordstern-Invest RK	Rheinische KAG	–	–	–	–11,8	11,8	642 333
Köln-Aktienfonds Deka	DEKA	–	–	–	–13,2	91,8	24 295 663
BfG: Invest Aktienfonds	BfG: INVEST	–	–	–	–17,1	108,5	63 164 192

Wertentwicklung von Investmentfonds

176 Aktien, Renten, Investmentfonds

Fonds[1]	Investment-Gesellschaft[2]	Wertentwicklung in Prozent[3]				Fondsvermögen in Mio. DM[4]	Mittelaufkommen – netto – laufendes Jahr in DM[5]
		5 Jahre 30.9.85–30.9.90	10 Jahre 30.9.80–30.9.90	20 Jahre 30.9.70–30.9.90	1 Jahr 30.9.89–30.9.90		
GEMISCHTE FONDS							
a) Fonds, die mindestens fünf Jahre bestehen							
Plusfonds	ADIG	53,6	227,4	–	–6,0	156,4	14 459 822
Universal-Effect-Fonds	UNIVERSAL	52,8	285,1	–	–8,3	–	–
HWG-Fonds	UNIVERSAL	43,1	252,7	–	–3,3	–	–
GKD-Fonds	DWS	23,5	138,4	–	–6,3	99,0	4 581 623
Fondra*	ADIG	22,8	153,0	338,7	–11,4	350,9	(23 049 138)
Südinvest 2*	BKG	18,1	151,8	–	–14,1	25,5	(13 515 540)
AEGIS Wachstum-Fonds	Rheinische KAG	15,4	93,2	–	–13,9	16,0	(1 309 512)
UniRak	UNION	13,0	145,9	–	–8,3	161,7	(4 138 290)
Bethmann-Universal-Fonds Taunus	UNIVERSAL	12,5	–	–	–18,6	–	–
b) Fonds, die noch keine fünf Jahre bestehen							
Ring-International DWS	DWS	–	–	–	6,6	24,1	16 632 180
Deutscher Industrie Vorsorgefonds DWS	DWS	–	–	–	–11,9	18,2	180 730
Trinkaus Capital Fonds, Inka	INKA	–	–	–	–14,2	9,8	(6 547 450)
Elfoflex	ELFO	–	–	–	–16,5	25,6	5 702 586
Oppenheim Spezial III	Oppenheim	–	–	–	–16,6		
AKTIENFONDS – ANLAGESCHWERPUNKT AUSLAND							
a) Fonds, die mindestens fünf Jahre bestehen							
Akkumula	DWS	84,3	312,2	389,8	–14,2	165,2	60 571 336
FT Interspezial	Frankfurt-Trust	52,8	266,1	269,1	–4,8	27,4	1 784 268
SMH-International Fonds	SMH	43,2	162,9	–	–23,5	22,7	10 280 426
Privatfonds	DWS	41,9	190,8	–	–10,4	13,3	(2 600 652)
Fondis	ADIG	33,8	245,5	361,1	–23,4	398,8	26 217 794
Deutscher Vermögensbildungsfonds A	DVG	30,3	221,9	–	–15,8	36,5	(4 700 817)
Kapitalfonds Spezial	Gerling Investment	30,1	182,9	301,1	–16,1	30,7	(2 378 754)

Wertentwicklung von Investmentfonds (Fortsetzung)

Fonds[1]	Investment-Gesellschaft[2]	Wertentwicklung in Prozent[3]				Fondsvermögen in Mio. DM[4]	Mittelaufkommen – netto – laufendes Jahr in DM[5]
		5 Jahre 30.9.85–30.9.90	10 Jahre 30.9.80–30.9.90	20 Jahre 30.9.70–30.9.90	1 Jahr 30.9.89–30.9.90		
Intervest	DWS	28,1	169,6	308,1	–18,5	101,5	(10 971 968)
Ivera Fonds	Gerling Investment	27,1	170,0	221,5	–15,5	6,8	(612 113)
FT Interspezial II	Frankfurt-Trust	27,1	209,2	–	–12,6	45,3	(2 881 187)
Gerling Dynamik Fonds	Gerling Investment	26,9	191,9	377,6	–15,4	37,4	1 998 060
Wekanord	Nordinvest	17,5	101,0	163,9	–12,2	21,2	11 449 350
CRS-Fonds	Frankfurt-Trust	17,0	–	–	–10,2	22,4	5 369 597
Deutscher Vermögensbildungsfonds I	DVG	8,7	198,0	–	–14,7	28,6	(12 781 935)
Ring-Aktienfonds	DWS	3,1	93,9	–	–17,3	169,9	47 209 163
Interglobal	DIT	0,1	103,2	–	–31,3	31,1	(3 225 753)
MK Analytik Fonds	MK	–0,4	47,3	9,7	–19,4	21,9	(906 914)
Südinvest 1	BKG	–2,6	125,3	184,6	–15,9	17,4	(9 856 397)
MK Investors Fonds	MK	–5,9	80,8	42,5	–21,8	77,3	(6 060 053)
DIT-Fonds für Wandel- und Optionsanleihen	DIT	–6,8	–	–	–38,4	21,6	1 166 220
Hansasecur	Hansainvest	–8,5	82,8	156,4	–16,3	15,8	(1 360 010)
UniGlobal	UNION	–12,3	39,6	96,1	–22,4	88,9	(4 395 964)
DekaSpezial	DEKA	–15,0	39,0	–	–26,3	45,7	(4 803 804)
b) Fonds, die noch keine fünf Jahre bestehen							
FMM-Fonds	Frankfurt-Trust	–	–	–	1,4	19,5	3 011 235
PEH-Universal-Fonds I	UNIVERSAL	–	–	–	–23,1	–	–
MAT Internationaler Aktienfonds	MAT	–	–	–	–26,0	45,0	(26 571 918)
PEH-Universal-Fonds OS	UNIVERSAL	–	–	–	–55,5	–	–
AKTIENFONDS – ANLAGESCHWERPUNKT AUSLAND – SPEZIALITÄTEN-, REGIONAL- UND HEMISPHÄRENFONDS							
a) Fonds, die mindestens fünf Jahre bestehen							
DWS-Energiefonds	DWS	49,6	–	–	–1,6	46,3	5 525 698
FT Nippon Dynamik Fonds*	Frankfurt-Trust	33,1	207,1	–	–37,9	18,2	(1 024 337)
Industria	DIT	33,0	174,9	285,4	–16,5	361,4	(46 003 358)

Wertentwicklung von Investmentfonds (Fortsetzung)

178 Aktien, Renten, Investmentfonds

Fonds[1]	Investment-Gesellschaft[2]	Wertentwicklung in Prozent[3]				Fondsvermögen in Mio. DM[4]	Mittelaufkommen – netto – laufendes Jahr in DM[5]
		5 Jahre 30.9.85–30.9.90	10 Jahre 30.9.80–30.9.90	20 Jahre 30.9.70–30.9.90	1 Jahr 30.9.89–30.9.90		
AriDeka	DEKA	32,1	168,0	375,8	-13,3	327,4	28 111 487
DWS-Rohstoffonds	DWS	27,4	–	–	-29,3	37,5	(6 361 361)
UniSpecial	UNION	24,1	49,4	–	-3,1	42,3	(2 906 564)
DEVIF-Invest	DEVIF	23,3	185,9	–	-16,4	12,1	(3 764 566)
VAF	DIT	15,0	131,4	–	-16,5	61,5	5 524 863
DIT-Rohstoffonds	DIT	8,9	–	–	-15,3	93,9	(9 996 820)
DIT-Pazifikfonds*	DIT	6,3	–	–	-47,7	34,6	6 323 670
Aditec	ADIG	-1,4	–	–	-31,4	249,9	(32 334 123)
FT Amerika Dynamik Fonds	Frankfurt-Trust	-10,2	57,7	–	-31,1	8,0	(671 853)
DIT-Technologiefonds	DIT	-11,3	–	–	-28,5	27,5	(3 343 163)
Oppenheim Spezial II	Oppenheim	-15,7	–	–	-25,9	–	–
DWS-Technologiefonds	DWS	-19,5	–	–	-31,3	60,3	2 880 057
Japan-Pazifik-Fonds*	Nordinvest	-24,0	19,9	–	-36,2	6,4	(386 313)
Transatlanta*	DIT	-24,5	40,4	121,3	-34,8	68,9	2 631 385
Australien-Pazifik-Fonds*	Nordinvest	-29,2	–	–	-27,7	8,6	(500 165)
b) Fonds, die noch keine fünf Jahre bestehen							
Fondiro	ADIG	–	–	–	-16,2	155,2	(38 716 917)
Oppenheim Europa	Oppenheim	–	–	–	-16,6	–	–
DIT-FONDS-ITALIEN*	DIT	–	–	–	-17,0	12,4	(8 018 076)
Eurovesta	DWS	–	–	–	-17,3	416,9	(48 495 747)
DIT-Fonds Großbritannien*	DIT	–	–	–	-18,3	16,6	(8 317 856)
DIT-Fonds Schweiz*	DIT	–	–	–	-19,9	73,5	(10 931 216)
Augsburger Aktienfonds Euroinvest	Euroinvest	–	–	–	-21,4	19,1	(11 346 866)
BIL Aktienfonds Euroinvest	Euroinvest	–	–	–	-21,8	21,3	(5 101 410)
DIT-Fonds Frankreich*	DIT	–	–	–	-25,1	33,1	8 342 227
DIT-Fonds Iberia*	DIT	–	–	–	-34,3	87,1	(4 194 445)
DWS-Iberia-Fonds	DWS	–	–	–	-35,1	71,3	(5 679 843)
Fondamerika*	ADIG	–	–	–	-35,4	33,4	(2 920 501)
Adiasia*	ADIG	–	–	–	-38,8	186,1	(10 122 021)

Wertentwicklung von Investmentfonds (Fortsetzung)

Fonds[1]	Investment-Gesellschaft[2]	Wertentwicklung in Prozent[3]					Fondsvermögen in Mio. DM[4]	Mittelaufkommen – netto – laufendes Jahr in DM[5]
		5 Jahre 30.9.85–30.9.90	10 Jahre 30.9.80–30.9.90	20 Jahre 30.9.70–30.9.90	1 Jahr 30.9.89–30.9.90			

RENTENFONDS – ANLAGESCHWERPUNKT DEUTSCHLAND
a) Fonds, die mindestens fünf Jahre bestehen

Fonds	Investment-Gesellschaft	5 Jahre	10 Jahre	20 Jahre	1 Jahr	Fondsvermögen	Mittelaufkommen
MK Rentex Fonds	MK	33,1	122,2	–	2,0	140,3	10 132 471
MK Rentak Fonds	MK	27,2	107,2	–	3,5	103,7	(2 155 622)
Südinvest 3	BKG	26,9	104,9	–	0,8	106,4	21 642 957
Hamburg-Mannheimer Rentenfonds BKG*	BKG	25,8	99,2	–	0,9	143,6	(11 467 458)
Gerling Rendite Fonds	Gerling Investment	25,7	115,9	379,4	0,8	954,4	17 194 372
DekaTresor	DEKA	25,2	–	–	4,3	464,1	(115 691 248)
Basis-Fonds I	Frankfurt-Trust	25,2	–	–	6,4	18,3	(1 831 764)
Allianz Rentenfonds*	ALLIANZ	24,9	–	–	1,6	2174,9	(264 912 705)
Rentensparfonds	UNIVERSAL	24,3	98,7	–	–0,2	–	–
Inrenta*	DWS	24,0	96,3	296,2	1,0	1334,0	(30 545 787)
FT Interzins*	Frankfurt-Trust	23,6	109,1	312,4	1,0	150,5	(28 212 811)
Ring-Rentenfonds	DWS	23,3	101,7	–	–0,7	840,5	8 007 477
ARA-Renditefonds DIT*	DIT	23,2	–	–	0,2	99,6	(3 336 095)
Inka-Rent	INKA	23,2	99,9	–	1,0	57,7	(22 836 464)
UniZins*	UNION	23,0	–	–	–0,4	376,4	(12 067 762)
Oppenheim Priva-Rent	Oppenheim	23,0	105,4	–	–0,4	–	–
Deutscher Vermögensbildungsfonds R	DVG	22,7	86,5	–	2,2	107,4	73 307
Gotharent-ADIG*	ADIG	22,6	99,5	–	–1,3	196,4	(18 726 810)
Oppenheimer Inland-Rent*	Oppenheim	21,9	84,9	–	3,2	–	–
Deutscher Rentenfonds*	DIT	21,8	94,9	304,0	0,2	1317,5	183 212 611
Colonia-Rentenfonds RK	Rheinische KAG	21,8	97,5	–	0,5	311,0	(2 712 208)
Nordstern-Fonds RK	Rheinische KAG	21,4	97,3	–	0,7	164,4	1 730 351
NB-Rentenfonds RK	Rheinische KAG	21,1	–	–	–0,2	46,7	(3 109 121)
Hansarenta*	Hansainvest	21,1	91,8	287,2	–0,7	664,0	(68 397 012)
RenditDeka*	DEKA	20,7	93,8	288,2	–2,1	1724,0	(199 253 634)
Adirenta*	ADIG	20,1	108,5	323,3	–1,4	3259,3	(46 430 001)

Wertentwicklung von Investmentfonds (Fortsetzung)

Fonds[1]	Investment-Gesellschaft[2]	Wertentwicklung in Prozent[3]				Fondsvermögen in Mio. DM[4]	Mittelaufkommen – netto – laufendes Jahr in DM[5]
		5 Jahre 30.9.85–30.9.90	10 Jahre 30.9.80–30.9.90	20 Jahre 30.9.70–30.9.90	1 Jahr 30.9.89–30.9.90		
Hansazins	Hansainvest	19,6	–	–	2,7	28,9	1 062 792
FT Re-Spezial	Frankfurt-Trust	19,1	114,7	–	0,6	109,6	(34 819 763)
Nürnberger Rentenfonds	DWS	17,7	78,1	–	-0,3	73,1	(1 790 716)
Oppenheim Spezial I	Oppenheim	17,0	123,6	–	-2,6		
Inka-Re-Invest	INKA	16,7	–	–	-2,2	97,3	(31 104 006)
VEF	DIT	16,4	116,1	–	-1,1	139,3	5 085 094
SMH-Rentenfonds	SMH	14,6	100,9	–	-4,3	93,1	(26 020 016)
AEGIS Einkommen-Fonds	Rheinische KAG	11,5	102,7	–	-3,8	24,0	(6 993 130)
b) Fonds, die noch keine fünf Jahre bestehen							
UniKapital	UNION	–	–	–	7,2	1169,7	(214 995 799)
DVG-Fonds Select-Rent	DVG	–	–	–	6,3	29,8	(553 298)
FT Accurent K*	Frankfurt-Trust	–	–	–	6,1	114,6	48 450 773
Deutscher Rentenfonds »K«*	DIT	–	–	–	5,4	634,6	307 015 278
Adikur	ADIG	–	–	–	5,3	295,3	(22 440 871)
MMWI-Renakop-Fonds	MMWI	–	–	–	3,1	139,8	42 673 151
Akku-Invest	WESTKA	–	–	–	3,0	31,0	5 478 838
DVG-Fonds All-Rent	DVG	–	–	–	3,0	26,4	(19 291)
Wüstenrot Rentenfonds AK*	ALLIANZ	–	–	–	2,6	221,2	(1 670 767)
KKB-Rendite-Fonds	UNION	–	–	–	1,6	7,0	(1 072 548)
Alte Leipziger Trust Fonds R	Al-Trust	–	–	–	1,3	115,8	2 478 629
LVM-Fonds-Union	UNION	–	–	–	1,3	98,5	7 192 757
Albingia Renditefonds DWS	DWS	–	–	–	1,1	50,7	1 263 141
BfG: Invest Rentenfonds	BfG: Invest	–	–	–	0,9	144,2	22 081 649
Kapitalfonds Prozins	Gerling Investment	–	–	–	0,8	30,0	6 043 382
Zürich Renditefonds DWS	DWS	–	–	–	0,8	21,8	(55 728 856)
Zürich Invest Renten	Zürich Invest	–	–	–	0,7	56,6	41 339 822
LG-Rentenfonds Deka	DEKA	–	–	–	0,5	37,7	1 384 202
VR-Vermögensfonds	UNION	–	–	–	0,3	47,2	10 839 094
SKA Invest Rentenfonds D	SKA	–	–	–	0,2	25,6	1 590 727
Vereinte Renditefonds KI*	KI	–	–	–	0,1	64,7	9 252 502

Wertentwicklung von Investmentfonds (Fortsetzung)

Investmentfonds

Fonds[1]	Investment-Gesellschaft[2]	Wertentwicklung in Prozent[3]				Fondsvermögen in Mio. DM[4]	Mittelaufkommen – netto – laufendes Jahr in DM[5]
		5 Jahre 30.9.85–30.9.90	10 Jahre 30.9.80–30.9.90	20 Jahre 30.9.70–30.9.90	1 Jahr 30.9.89–30.9.90		
Winterthur Fonds DIT	DIT	–	–	–	–0,1	22,0	(216 168)
BL-Rent DWS	DWS	–	–	–	–0,1	32,0	1 058 530
BBV-Fonds-Union	UNION	–	–	–	–0,2	158,9	9 979 609
ARAG Renditefonds KI*	KI	–	–	–	–1,1	28,0	2 524 332
WWK-Rent ADIG*	ADIG	–	–	–	–1,5	40,2	10 333 784
PVFrent-allfonds	ALLFONDS	–	–	–	–1,5	66,0	15 955 194
Barmenia Renditefonds DWS	DWS	–	–	–	–1,6	37,6	3 377 086
Victoria Rent-Adig*	ADIG	–	–	–	–2,0	244,9	(13 138 079)
Elfozins	ELFO	–	–	–	–2,1	20,4	3 962 991
Volkswohlbund Rendite-SKA	SKA	–	–	–	–2,1	21,6	224 667
Stuttgarter Rentenfonds FT	Frankfurt-Trust	–	–	–	–2,1	22,9	(623 991)
Köln-Rentenfonds Deka	Deka	–	–	–	–2,2	153,5	23 597 782
DBV+Partnerrent-ADIG*	ADIG	–	–	–	–2,9	73,7	1 259 962
CONDOR-Fonds-Union	UNION	–	–	–	–3,9	71,7	8 021 216
RENTENFONDS – ANLAGESCHWERPUNKT AUSLAND							
a) Fonds, die mindestens fünf Jahre bestehen							
Adirewa	ADIG	41,1	–	–	–6,3	698,9	(63 017 733)
FT Accuzins	Frankfurt-Trust	36,2	–	–	0,0	121,0	(33 969 241)
Inter-Renta	DWS	36,1	151,4	404,7	2,1	22 902,6	1 367 080 693
Fondirent	ADIG	35,4	–	–	–0,9	10 738,2	(29 113 000)
Re-Inrenta	DWS	26,0	115,2	–	–0,0	133,3	(5 821 213)
UniRenta	UNION	25,7	124,4	351,1	–1,1	7 357,5	84 577 847
OP-Rendakta	Oppenheim	21,9	94,8	–	1,2	–	–
DekaRent-International	DEKA	21,0	95,8	277,6	–7,8	4 320,9	262 389 111
Internationaler Rentenfonds	DIT	16,5	167,6	440,6	–2,2	6 899,0	179 560 743
DEVIF-Rent	DEVIF	15,6	99,1	–	–10,2	63,8	(4 769 082)
Nordrenta	Nordinvest	15,4	133,1	–	–4,1	795,9	5 792 653
Nordcumula	Nordinvest	14,2	–	–	–19,1	45,1	1 781 351
Magdeburger Wert-Fonds DIT	DIT	12,4	–	–	2,1	22,4	6 770 850
Thesaurent*	DIT	8,9	–	–	–5,8	121,1	(8 399 109)
Hansainternational	Hansainvest	8,1	125,3	–	–6,3	2 294,2	112 273 627
SMH-Dollar-Rentenfonds	SMH	–10,6	–	–	–13,9	47,6	(2 284 537)

Wertentwicklung von Investmentfonds (Fortsetzung)

182 Aktien, Renten, Investmentfonds

Fonds[1]	Investment-Gesellschaft[2]	Wertentwicklung in Prozent[3]				Fondsver-mögen in Mio. DM[4]	Mittelaufkom-men – netto – laufendes Jahr in DM[5]
		5 Jahre 30.9.85–30.9.90	10 Jahre 30.9.80–30.9.90	20 Jahre 30.9.70–30.9.90	1 Jahr 30.9.89–30.9.90		
b) Fonds, die noch keine fünf Jahre bestehen							
NB-Eurorent	DIT	–	–	–	3,0	42,6	2 051 133
DVG-Fonds Inter-Select-Rent	DVG	–	–	–	2,8	49,8	(8 915 642)
DIT-Eurozins	DIT	–	–	–	2,3	5 656,7	(543 909 299)
Zürich Invest Inter-Renten	Zürich Invest	–	–	–	2,1	28,9	6 999 545
Oppenheim Spezial IV	Oppenheim	–	–	–	1,5	–	–
Internationaler Rentenfonds »K«	DIT	–	–	–	1,0	2 790,3	(196 461 603)
SKA Invest Rentenfonds I	SKA	–	–	–	-0,3	59,5	9 917 136
Gerling Global Rentenfonds	Gerling Investment	–	–	–	-0,6	151,5	683 259
Colonia-Intersecur RK	Rheinische KAG	–	–	–	-1,9	126,5	12 004 862
Allianz Inter-Rent Fonds	ALLIANZ	–	–	–	-2,3	121,2	14 920 770
Volkswohlbund international-SKA	SKA	–	–	–	-2,6	70,9	11 361 346
BB-Multirent-Invest	BB-Invest	–	–	–	-2,8	227,6	68 778 756
INKA-Rendite	INKA	–	–	–	-3,0	73,3	(7 135 334)
LG-International-Rentenfonds Deka	DEKA	–	–	–	-3,7	77,7	2 618 196
Augsburger Rentenfonds Euroinvest	Euroinvest	–	–	–	-4,8	28,2	(2 156 942)
BfG: Invest Zinsglobal	BfG: Invest	–	–	–	-5,1	462,9	38 408 200
MK Interrent	MK	–	–	–	-5,7	114,8	(6 609 582)
SMH-Rentenfonds-International	SMH	–	–	–	-5,9	63,4	(4 291 760)
MAT Internationaler Rentenfonds	MAT	–	–	–	-9,1	74,1	(31 246 306)
MAT Japan Furusato Fonds	MAT	–	–	–	-20,2	29,6	(6 615 512)
Japan CB	UNIVERSAL	–	–	–	-32,2	–	–
GRUNDSTÜCKS-FONDS							
a) Fonds, die mindestens fünf Jahre bestehen							
Grundwert-Fonds 1	DEGI	37,7	101,0	–	9,0	4 710,3	145 780 992
Grundbesitz-Invest	DGI	34,8	97,4	–	8,6	3 327,9	93 609 419
Haus-Invest	DGI	33,3	95,0	–	7,4	1 269,5	(163 015 827)
Despa-Fonds	DESPA	32,5	91,1	282,6	7,1	1 992,7	(76 248 368)
A.G.I.-Fonds Nr. 1	A.G.I.	31,5	81,9	–	6,6	462,0	(4 047 429)

Wertentwicklung von Investmentfonds (Fortsetzung)

Investmentfonds 183

Fonds[1]	Investment-Gesellschaft[2]	Wertentwicklung in Prozent[3]				Fondsvermögen in Mio. DM[4]	Mittelaufkommen – netto – laufendes Jahr in DM[5]
		5 Jahre 30.9.85–30.9.90	10 Jahre 30.9.80–30.9.90	20 Jahre 30.9.70–30.9.90	1 Jahr 30.9.89–30.9.90		
iii-Fonds Nr. 2	III	31,0	81,0	200,9	8,4	565,1	(61 872 912)
DIFA-Fonds Nr. 1	III	30,8	84,2	252,5	7,4	1 874,6	(127 414 640)
iii-Fonds Nr. 1	III	30,4	83,3	216,3	6,9	1 069,1	12 810 514
DIFA-Grund	DIFA	26,8	–	–	4,1	487,1	(69 908 939)
b) Fonds, die noch keine fünf Jahre bestehen							
Westinvest 1	RWGI	–	–	–	9,3	220,2	66 897 893
BfG: ImmoInvest	BfG: Immo	–	–	–	6,7	163,8	42 593 023
HANSAimmobilia	Hansainvest	–	–	–	5,7	149,5	24 830 621

1 Die mit einem Stern (*) gekennzeichneten Fonds legen aufgrund ihrer Vertragsbedingungen oder aufgrund ihrer dauerhaft verkündeten Anlagepolitik nicht im Ausland, im Fall international anlegender Fonds nicht im Inland an.
2 Abkürzungen der Investmentgesellschaften: Adig = Allgemeine Deutsche Investment-GmbH, München/Frankfurt; A.G.I. = A.G.I. Allgemeine Grundbesitz-Investment-GmbH, Wiesbaden; Allfonds = Allfonds Gesellschaft für Investmentanlagen mbH, München; Allianz = Allianz Kapitalanlage-GmbH, Stuttgart/Oberursel (Taunus); BWK = Baden-Württembergische Kapitalanlage-GmbH, Stuttgart; BKG = Bayerische Kapitalanlage-GmbH, München; Bayern-Invest = Bayern-Invest Kapitalanlage-GmbH, München; BB-Invest = BB-Investment GmbH, Berlin; Bfg:Immo = Immobilien-Investment GmbH, Frankfurt; BfG: Invest = BfG: Investment-Fonds GmbH, Frankfurt; Commerz-Invest = Commerzbank Investment Management GmbH, Frankfurt; Degi = Degi Deutsche Gesellschaft für Immobilienfonds mbH, Frankfurt; Deka = Deka Deutsche Kapitalanlage-GmbH, Frankfurt; Despa = Despa Deutsche Sparkassen-Immobilien-Anlage-GmbH, Frankfurt; Degef = Deutsche Gesellschaft für Fondsverwaltung mbH, Frankfurt; DGI = Deutsche Grundbesitz-Investment-GmbH, Frankfurt; DIFA = DIFA Deutsche Immobilien Fonds AG, Hamburg; DVG = Deutsche Vermögensbildungs-GmbH, Frankfurt; DIT = Deutscher Investment-Trust Gesellschaft für Wertpapieranlagen mbH, Frankfurt; DEVIF = DEVIF Deutsche Gesellschaft für Investment-Fonds GmbH, Frankfurt; dbi = dresdnerbank investment management Kapitalanlage-GmbH, Frankfurt; DWS = DWS Deutsche Gesellschaft für Wertpapiersparen mbH, Frankfurt; Euroinvest = E.I. Euroinvest Kapitalanlage-GmbH, Frankfurt; Elfo = Equity & Law Fondsmanagement Gesellschaft für Kapitalanlagen mbH, Wiesbaden; Frankfurt-Trust = Frankfurt-Trust Investment-GmbH, Frankfurt; Gerling Investment = Gerling Investment Kapitalanlage-GmbH, Köln; Hansainvest = Hanseatische Investment-GmbH, Hamburg; Inka = Internationale Kapitalanlage-GmbH, Düsseldorf; III = Internationales Immobilien-Institut AG, München; KI = KI Kapital-Invest Kapitalanlage-GmbH, Frankfurt; MAT = MAT Main Anlage Trust Kapitalanlage-GmbH, Frankfurt; MMWI = M.M. Warburg Invest Kapitalanlage-GmbH, Frankfurt/Hamburg; MI = Metzler Investment GmbH, Frankfurt; MK = Münchner Kapitalanlage AG, München; Nordinvest = Norddeutsche Investment-GmbH, Hamburg; Oppenheim = Oppenheim Kapitalanlage-GmbH, Köln; Rheinische KAG = Rheinische Kapitalanlage-GmbH, Köln; RWGI = Rheinisch-Westfälische Grundstücks-Investment GmbH, Düsseldorf; SMH = Schröder Münchmeyer Hengst Investment GmbH, Frankfurt; SKA Investment = Schweizerische Kreditanstalt Investment GmbH, Frankfurt; SBV KAG = Schweizerischer Bankverein Kapitalanlage-GmbH, Frankfurt; Union = Union-Investment-GmbH, Frankfurt; Universal = Universal-Investment-GmbH, Frankfurt; Westka = Westka Westdeutsche Kapitalanlage-GmbH, Düsseldorf; Zürich Invest = Zürich Investment-GmbH, Frankfurt.
3 Berechnungsbasis der Wertentwicklung: Einmalanlage, Anlage zum Anteilwert, Endbewertung zum Anteilwert, Ertragswiederanlage zum Anteilwert.
4 Stand Ende September 1990.
5 Die Angaben in Klammern sind Minuswerte (Mittelrückflüsse).

Quelle: Bundesverband Deutscher Investment-Gesellschaften, Frankfurt.

Wertentwicklung von Investmentfonds (Fortsetzung)

IV. Kapitel
Edelmetalle, Kunst, Sammlermärkte

Private lösen ihre Goldhorte auf
Zentralbanken verhalten sich unterschiedlich

Die börsengehandelten Edelmetalle, nämlich Gold, Silber, Platin und Palladium, haben die privaten Anleger enttäuscht. Die Bereitschaft, sich von Edelmetallen zu trennen, hat zugenommen. Dieser grundlegende Wandel in der Einstellung privater Anleger gegenüber den Edelmetallen hat weitreichende Folgen auch für die statistische Seite der einzelnen Märkte und damit auch auf den Preis. Während es bisher, von einigen wenigen Ausnahmen abgesehen, die Regel war, daß Jahr für Jahr nicht unbeträchtliche Mengen an Edelmetallen von privaten Käufern erworben wurden, ist die Nachfrage von dieser Seite inzwischen teils deutlich geschrumpft, teils hat sie sich auch ins Gegenteil verkehrt. Im Gegensatz zu früheren Zeiten finden private Verkäufe jetzt nicht statt, weil hohe Preise dazu reizen, sondern weil die Baisse das Halten bestehender Engagements aussichtslos erscheinen läßt.

Traditionell sind die privaten Horte an Edelmetallen die »Speckpolster«, über die die einzelnen Märkte verfügen, wenn es nicht mehr gelingt, die industrielle Nachfrage aus der laufenden Produktion und vorhandenen kommerziellen Vorräten zu befriedigen. Bei angemessen hohen Preisen kommt in solchen Situationen Ware aus diesen privaten Beständen frei, die den Bedarf der Industrie zu decken vermag.

Das neue, 1990 deutlich gewordene und jeweils nur in Jahrzehnten einmal zu beobachtende Phänomen ist jedoch der »Ausverkauf« einer offenbar wachsenden Zahl von privaten Horten buchstäblich um jeden Preis. Wenn man freilich genauer auf die zurückliegenden Jahre blickt, kann man erkennen, daß die private Verkaufsbereitschaft bereits früher eingesetzt hat, aber nur durch neue Käufe von anderer Seite oder durch irreführende Statistiken verschleiert beziehungsweise verdeckt wurde.

Über die Hintergründe dieses grundlegenden Wandels besteht weitgehend Einigkeit: Keines der herkömmlichen Motive für den privaten Erwerb von Edelmetallen gilt mehr. Zu diesen Motiven zählten die Furcht vor folgenreichen politischen Spannungen zwischen Ost und West, vor monetären Krisen, von einem Zusammenbruch des internationalen Devisenmarktes hin bis zu ausufernder Inflation, und vor akut werdenden Versorgungsstörungen an einzelnen Edelmetallmärkten.

Das neue politische Klima zwischen Ost und West sowie die tatsächlichen Veränderungen im ehemaligen Ostblock und in der Sowjetunion machen eine Konfrontation in diesem Verhältnis nach fast einhelliger Ansicht unwahrscheinlich. Monetäre Krisenerscheinungen sind zwar nicht auszuschließen, doch haben sich die internationalen Finanzmärkte mit ihrem Angebot inzwischen so weit entwickelt, daß interessierte Anleger auf eine Vielzahl von Möglichkeiten zurückgreifen können, um ihr Kapital im Krisenfall zu sichern. Gold und andere Edelmetalle, die früher diese Funktion erfüllten, sind zu diesem Zweck weitgehend überflüssig geworden. Inflation ist, wie manche Experten immer wieder hervorheben, nicht das Problem dieser Jahre. Im übrigen steuern die Notenbanken der führenden Industrieländer Teuerungstendenzen bislang mit einer restriktiven Geldpolitik entgegen, die für hohe reale Zinsen und bei Engagements in den ertraglosen Edelmetallen für Verluste in Form entgangener Zinsen sorgt. Schließlich haben sich die Strukturen bei der Produktion und bei der Versorgung der Edelmetallmärkte während der vergangenen Jahre erheblich verändert.

Nicht zuletzt wegen des akuten Devisenbedarfs der Sowjetunion fließt das Angebot an Gold, Platin und Palladium von dort heute sehr viel freier und breiter auf den westlichen Markt als früher. Daneben sind überall in der Welt neue Vorkommen entdeckt und so weit entwickelt worden, daß sie entweder bereits zum laufenden Angebot beitragen oder dies in absehbarer Zukunft tun können.

Das einzige Moment der Unsicherheit ist derzeit noch Südafrika, weil angekündigt worden ist, daß eine künftige, von der schwarzen Bevölkerung getragene Regierung die Produktionsstätten für Edelmetalle und andere Rohstoffe verstaatlichen würde, eine Möglichkeit, die nach Meinung von Fachleuten mit Sicherheit zu einem krassen Rückgang der Förderung führte. Aber diesen Aspekt scheinen die Edelmetallmärkte wenigstens im Augenblick für nicht bedrohlich zu halten.

Eine andere Frage ist, ob die Baisse der Edelmetalle die Produktion nicht nachhaltig drosseln wird und die bereits gefaßten Pläne zur Erweiterung von Kapazitäten nicht scheitern läßt. Nach der Überzeugung vieler Analytiker ist dies ein Punkt, der die Preisbildung derzeit noch nicht wesentlich mitbestimmt und auch im Laufe des Jahres 1991 noch keine herausragende Rolle einnehmen wird. Zunächst einmal dürften sich die Bergwerksproduzenten darauf konzentrieren, ihre Produktivität zu steigern. Zum anderen entsteht ein im Einzelfall unterschiedlicher,

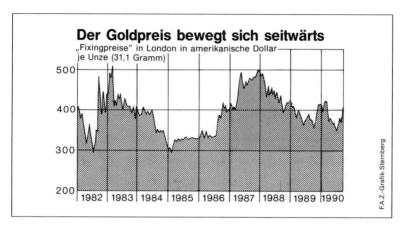

insgesamt aber nicht unbeträchtlicher Teil der Edelmetallproduktion geradezu zwangsläufig bei der Gewinnung von Buntmetallen, und hier künden die Zeichen für die nächsten Jahre weiter von Expansion. Zudem ist zu bedenken, daß es im Falle neu erschlossener Edelmetallvorkommen vielfach billiger ist, die Produktion aufzunehmen oder weiter voranzutreiben, als sie einzustellen und die getätigten Investitionen abzuschreiben, selbst wenn zunächst einmal Betriebsverluste erwirtschaftet werden.

Bei Gold, das seine Rolle als monetäres Metall offensichtlich noch längst nicht ausgespielt hat, gibt es Besonderheiten, über die die anderen Edelmetalle nicht verfügen. Gewisse Zentralbanken neigen weiterhin dazu, Gold aus ihren Reserven zu verkaufen. Mit dem Erlös werden Haushaltsdefizite abgebaut oder Auslandsverbindlichkeiten verringert. In einigen Fällen sind Zentralbanken oder Institutionen ähnlichen Charakters ihres Goldes offenbar ebenso überdrüssig geworden wie private Anleger, die das Preisrisiko und die ihnen entgehenden Zinsen nicht mehr hinzunehmen bereit sind. Dies gilt für Länder im Mittleren Osten, die 1990 mehrfach große »Partien« Gold am freien Markt angeboten haben.

Andere Zentralbanken, die über hohe Währungsreserven verfügen und diese aus Sicherheitsgründen streuen wollen, haben in den vergangenen Jahren in beachtlichem Umfang Gold erworben. Darunter befanden sich vor allem asiatische Notenbanken. Die drastische Liquiditätsverknappung und die Kapitalvernichtung, die in Japan stattgefunden hat und weiter voranschreiten könnte, berühren den japanischen Kapitalexport in die asiatische Region und haben offenbar bereits zu einem Rückruf von Kapital geführt. Zugleich sinkt vor allem die amerikanische Nachfrage auch nach asiatischen Gütern aus konjunkturellen Gründen, während die »Ölrechnung« der asiatischen Ausfuhrländer steigt, so daß die bisherigen Handelsüberschüsse drastisch zurückgehen könnten. Dies kann dazu führen, daß die Goldkäufe asiatischer Zentralbanken nicht nur sinken, sondern daß aus diesen staatlichen Horten in überschaubarer Zukunft sogar Material auf den Markt gelangt. Die Frage, wo die Nachfrage herkommen soll, die dieses denkbare Angebot aufnehmen könnte, bleibt bis auf weiteres unbeantwortet.

Faszinierend, aber zerbrechlich: Meißner Porzellan

Mehr als ein schönes Objekt für die Vitrine

Es war am 15. Januar 1708, nachmittags um fünf Uhr, als Johann Friedrich Böttger in seinem »Laboratorio« bei Dresden ein weißes, dünnwandiges Schälchen aus dem Feuer holte. Nach langen Versuchsreihen war es ihm damit gelungen, dem Geheimnis des chinesischen Porzellans auf die Spur zu kommen; er hatte das Porzellan-Arkanum entdeckt. Seitdem schmückten sich der Adel und später das Bürgertum in Europa mit dem »weißen Gold«, dessen Faszination für Sammler auch heute noch ungebrochen ist. Vor allem die ersten Produkte Johann Friedrich Böttgers und der 1710 gegründeten Manufaktur in Meißen gelten als Wertsteigerung versprechende Geldanlage. Fachleute halten die Porzellane der Manufaktur August des Starken vielfach noch unterbewertet und man ist von einer Aufwertung in den nächsten Jahren überzeugt. Immerhin werden die zerbrechlichen Objekte auf dem internationalen Kunst- und Antiquitätenmarkt immer seltener und ein unbeschädigtes Stück Meißner Porzellan aus der ersten Hälfte des 18. Jahrhunderts mit guter Provenienz wird in den nächsten Jahren kontinuierlich im Wert steigen.

Von großer Bedeutung für die Wertschätzung Meißner Porzellans war die Auflösung der Porzellan-Sammlung Jahn, 1989, beim Kölner Auktionshaus Lempertz. Mit einem Erlös von 3,2 Millionen DM wurde die Kollektion versteigert; fast alle Lose wurden mit Preisen weit über den Schätzungen bezahlt. Zu der excellenten Sammlung des Hamburger Kaufmanns-Ehepaares gehörte unter anderem ein Walzenkrug (Meißen, um 1710 bis 1715) aus poliertem Böttgersteinzeug mit vergoldeter Bronzemontierung, der für 100000 DM verkauft wurde. Eine Teedose, ebenfalls aus Böttgersteinzeug und in Meißen um 1710 hergestellt, war kurz zuvor beim Londoner Auktionshaus Phillips mit 22000 Pfund (67000 DM) bewertet worden. Doch umsichtige Sammler können auch noch preisgünstig gute Qualität kaufen. So ging beim Hamburger Auktionshaus Stahl 1989 ein Kännchen aus Böttgerporzellan (Meißen, um 1720) mit buntem Hausmaler-Dekor vermutlich von Gerrit van de Kaade für nur 6000 DM weg.

Auch in London wird Meißner Porzellan manchmal unterbewertet und so ist es erstaunlich, daß ein Paar Blattschälchen aus Böttgerporzellan (um 1715) mit Hausmalerei aus der Augsburger Werkstatt von Bartholomäus Seuter, die einst in die Sammlung Blohm gehörten, für 990 Pfund (3000 Mark) bei Christie's in London den Besitzer wechselten. Die Auflösung der Sammlung Blohm in London verdiente ohnehin die Aufmerksamkeit der Sammler frühen Porzellans der Manufaktur. Hier kamen unter anderem auch frühe Figuren zum Aufruf, die dem Modelleur J. C. L. Lück zugeschrieben werden. Die Figur einer Bäuerin, die um 1717 aus Böttgersteinzeug gearbeitet wurde, brachte immerhin 9900 Pfund (30000 DM). Ein Harlekin, ebenfalls aus Böttgersteinzeug und mit roter, grüner, brauner und goldener Bemalung versehen, wurde vom Auktionator bei 7150 Pfund (21000 DM) zugeschlagen.

Guterhaltene Porzellanfiguren gelten als Raritäten der frühen Produktion der Manufaktur Meißen, während Gebrauchsporzellane doch etwas häufiger auftauchen. Beim Gebrauchsporzellan können die Arbeiten der frühen Hausmaler, die von individueller Schönheit gekennzeichnet sind, einen großen Reiz für Sammler haben. Über in Augsburg bemaltes Meißner Porzellan zwischen 1718 und 1750 informiert vor allem das zweibändige Werk von Siegfried Ducret, der auch bei seinen Quellenstudien herausgefunden hat, daß Meißner Porzellan auf legalem Weg nach Augsburg gelangte und von den Hausmalern nach den Wünschen der Kundschaft und damit absatzorientiert dekoriert wurde.

Von Bedeutung sind die Augsburger Hausmaler-Familien Seuter und Aufenwerth. Johannes Aufenwerth arbeitete als Goldarbeiter, Feuermaler, Silberhändler und – wahrscheinlich, um die mageren Einkünfte aufzubessern – auch als Porzellanhausmaler. Johannes Aufenwerth dienten Stiche als Vorlagen für die Porzellanbemalung; er gilt als wenig künstlerisch begabt und erlangte zu Lebzeiten keinen Wohlstand. Seine Arbeiten entstanden zwichen 1715 und 1720 und wurden mit den Buchstaben IAW signiert. Ebenfalls als Porzellanmalerinnen arbeiteten Aufenwerths Töchter Anna Elisabeth, verheiratete Wald, und Sabina, verheiratete Hosenestel. Von Anna Elisabeth Wald tauchte 1987 bei Lempertz in Köln ein Koppchen mit Untertasse auf, das um 1720/25 mit Chinesenszenen zwischen fedrigen Blumen in Eisenrot, Manganviolett, Grün, Schwarz, Gelb und Gold bemalt wurde. Der Preis für das Koppchen lag bei 4400 DM.

Von wesentlich größerer künstlerischer Begabung legen die Arbeiten von Abraham und Bartholomäus Seuter Zeugnis ab. Ein Walzenkrug aus Meißner Porzellan, der um 1725 mit Vermeilmontierung und Goldchinoiserien von Bartholomäus Seuter versehen wurde, erzielte beim Berliner Auktionshaus Spik Ende 1987 40000 DM. Von Abraham Seuter wurde nur wenige Wochen zuvor beim Versteigerungshaus Koller in Zürich eine Schokoladentasse mit Untertasse aus Meißner Porzellan um 1722/25 angeboten. Die Tasse, die mit Szenen der Enten-, Falken- und Hirschjagd dekoriert ist, fand für 6900 Schweizer Franken einen Käufer.

Unter den Hausmalern von weiterer Bedeutung für die Meißner Porzellanmanufaktur sind der böhmische Porzellan- und Glasmaler Ignaz Preissler und der Breslauer Porzellanmaler Ignaz Bottengruber. Für Preissler, der zwischen 1729 und 1739 in Kronstadt tätig war, ist Laub- und Bandelwerk in gold- und purpurgehöhter Schwarzlotmalerei typisch; er bevorzugte mythologische Jagd- und Kriegsszenen sowie Landschaften mit Städten und Schiffen. Bottengruber bemalte neben Meißner Porzellan auch chinesisches und Wiener Porzellan. Aus seiner Werkstatt, die von 1720 bis 1736 tätig war, kamen ganze Service mit Jagd- und Kriegsszenen, Bacchanalien und Putten, biblischen und mythologischen Darstellungen, die der Porzellanmaler mit üppigem Rank- und Bankwerk umgab. Ein Monatsteller Dezember von Bottengruber mit Kindern bei der Schlittenfahrt und Putto mit Steinbock bemalt, brachte bei Christie's 1989 in London 6050 Pfund (18000 DM). Ein Koppchen mit Untertasse, das Bottengruber mit Götterfiguren dekorierte, erzielte ebenfalls bei Christie's in London 25300 Pfund (76000 DM) und eine Meißner Kaffeekanne, die aus dem zweiten Jagdservice des Porzellanmalers stammte, brachte 1988 bei den Genfer Herbstauktionen von Christie's 33000 Schweizer Franken (40000 DM).

Von Ignaz Preissler lassen sich auf dem internationalen Kunst- und Antiquitätenmarkt auch immer wieder hervorragende Objekte finden, die teilweise noch mit erschwinglichen Preisen ausgezeichnet sind. Ein Paar Blattschälchen mit Chinoiserien und Laub- und Bandelwerk von Ignaz Preissler aus der Sammlung Blohm wurden 1989 bei Christie's in London für 6600 Pfund (20000 DM) verkauft. Im Herbst 1987 hatte Sotheby's in Genf eine Spülkumme mit Schwarzlotmalerei von Preissler für 28600 Schweizer Franken (34000 DM) versteigert. Die Kumme zeigt eine Ansicht des Berliner Schlosses mit Schiffen und Figurenstaffage.

Außergewöhnlich sammelwürdig, da für die frühe künstlerische Entwicklung der Porzellanmanufaktur Meißen bedeutungsvoll, sind die von

Johann Gregor Höroldt bemalten Porzellane. Er kam 1720 von Wien nach Meißen, um sich dort um die Dekoration des Porzellans nach ostasiatischen Vorbildern zu bemühen. Höroldt ist für seine Chinoiserie-Dekore und seine Bemalung im Kakiemon-Stil in die Geschichte der Manufaktur eingegangen. Ein Tabaktopf mit bunten Chinoiserien, indianischen Blumen und Goldspitzenbordüre aus der Sammlung Jahn brachte 1989 beim Auktionshaus Lempertz in Köln 52 000 DM. Beim Auktionshaus Koller in Zürich wurden im November 1987 mehrere Lose Meißner Porzellans mit Höroldt-Bemalung angeboten. Ein Teller mit großem asiatischen Blumenstrauß und Kauffahrteiszenen erzielte 26 450 Schweizer Franken (31 000 DM), eine Doppelhenkel-Schokoladentasse mit Untertassen, die bunte Chinoiserien zeigt, ging für 33 350 Schweizer Franken (40 000 DM) weg und eine mit großfigurigen Chinesenszenen versehene Kaffeekanne wechselte für 47 040 Schweizer Franken (56 000 DM) den Besitzer.

Unter Höroldt erfuhr dann auch das Kakiemon-Dekor besondere Förderung. Es ist bekannt, daß Höroldt »indianische Stücke zu imitieren« hatte, weshalb ihm japanische Imari-Porzellane aus der Sammlung des Königs zur Verfügung gestellt wurden. Diese waren im Stil der 2. Kakiemon-Periode bemalt und erfreuten sich damals in Europa großer Beliebtheit. Das Kakiemon-Porzellan hat seinen Namen nach Sakaido Kizoemon, genannt Kakiemon, der seit 1645 in der Nähe von Arita Porzellan bemalte, das über den Hafen von Imari ausgeführt wurde. Zu den Kakiemon-Mustern zählen Kiefer, Prunus und Schwarzdorn, Päonie, Chrysantheme, Lotos, Kornähre und Reisbüschel sowie Paradiesvogel, Phönix, Kranich, Rebhuhn, Wachtel, Drache, Löwe, Tiger, Eichhörnchen und Insekten. Ein Deckelkrug der Meißner Porzellanmanufaktur (um 1730) mit Kakiemon-Dekor, wurde bei Sotheby's in London Ende 1988 für 26 400 Pfund (79 000 DM) versteigert.

Für die Entwicklung des frühen plastischen Schaffens an der Porzellanmanufaktur Meißen ist der Name Johann Joachim Kaendler in die Annalen eingegangen. Er schuf besondere Gefäßformen, die nur noch selten im Kunst- und Antiquitätenhandel und bei Versteigerungen zu finden sind. Bezeichnend für Kaendler, der von 1733 bis 1775 als Modellmeister an der Manufaktur arbeitete, sind seine Tierfiguren, seine Figuren der Commedia dell'Arte und die Affenkapelle. Auch Kannen in Tierform entwarf Kaendler am Anfang seiner Schaffensperiode an der Meißener Porzellanmanufaktur. In der Sammlung Jahn befand sich eine Kanne in Hahnenform (um 1734), die 1989 für 29 000 DM verkauft wurde. Sotheby's in Genf versteigerte 1988 eine Figur des Hofnarren Joseph Fröhlich (um 1752) von Johann Joachim Kaendler für 46 200 Schweizer Franken (55 000 DM) und eine Katze (um 1736/40) ebenfalls von dem Modellmeister für 57 200 Schweizer Franken (68 000 DM).

Auf einen gemeinsamen Entwurf von J. J. Kaendler und J. F. Eberlein geht das Schwanen-Service für Heinrich Graf Brühl zurück. Das Porzellan mit Schwanenrelief, bunten indianischen Blumen und dem Allianzwappen des Grafen ist eine Rarität. Eine Schokoladentasse mit Untertasse aus dem Service wurde dann bei Christie's 1988 in Genf auch für immerhin 49 500 Schweizer Franken (59 000 DM) unter den Hammer gebracht.

Ob Gebrauchsporzellan oder Porzellanfiguren, der Sammler der frühen Porzellanobjekte der Manufaktur Meißen kauft ein Stück sächsische oder deutsche Geschichte, dessen technische und künstlerische Vollkommenheit auch heute noch faszinieren. Daß es sich aber nicht nur um ein schönes Objekt für die Vitrine handelt, sondern auch um eine interessante Geldanlage, sollte die Freude am Porzellansammeln noch vergrößern.

Glas der Nachkriegszeit wird bereits hoch bewertet
Vor allem Objekte aus Italien und Skandinavien finden Liebhaber

Glas ist die ehrlichste Ware, die auf dem internationalen Kunst- und Antiquitätenmarkt angeboten wird. Es läßt sich zwar restaurieren und reparieren, aber stets werden Beschädigungen für den Käufer sichtbar bleiben. So kann auch der nicht versierte Sammler schnell erkennen, in welchem Zustand sich ein Glasobjekt befindet – er muß dazu nur das Stück betrachten. Diese »Ehrlichkeit« sowie Transparenz, Glanz, Farbigkeit und vielfältige Bearbeitungstechniken können Glas zu einer spannenden Sammelleidenschaft machen, wie es beispielsweise bei Uwe Friedleben der Fall war. Er galt seit den sechziger Jahren als Glasexperte und hinterließ bei seinem Tod 1987 rund 1500 Gebrauchsgläser vom Spätmittelalter bis zum 20. Jahrhundert. Die Glassammlung wurde 1990 beim Stuttgarter Auktionshaus Nagel aufgelöst und brachte einen Erlös von mehr als 2 Millionen DM. Friedleben sammelte äußerst engagiert und ermöglichte auch eine wissenschaftliche Publikation, die Thomas Drexel, Leiter der Formsammlung der Stadt Braunschweig, verfaßte. Die erste Auflage des Glas-Standardwerkes »Gebrauchsglas – Gläser des Alltags vom Spätmittelalter bis zum beginnenden 20. Jahrhundert«, dessen Basis die Kollektion Friedleben ist, erschien 1977; die zweite Auflage 1983.

Zustand, Provenienz, Zuschreibung und Datierung machen eine Glas-Sammlung wertvoll. Doch keinesfalls nur das Glas des Spätmittelalters, der Renaissance, des Barock und Rokoko oder des Klassizismus, Historismus und Jugendstil ist sammelwürdig. Vielmehr hat sich in den achtziger Jahren deutlich gezeigt, daß das Glas der Nachkriegszeit bereits hoch bewertet wird. Hier sind vor allem die Objekte aus Italien und Skandinavien zu erwähnen, die in Ausstellungen kunsthistorische Wertschätzung und dann bei Auktionen großes Käuferinteresse erfuhren. Bunte Aschenbecher, die einst auf Nierentischen standen, Keulenvasen, die Musiktruhen zierten oder Tierfiguren, die im Licht der Tütenlampen an den Italienaufenthalt erinnerten, wurden in den sechziger und siebziger Jahren als Kitsch abgetan und aus den Wohnzimmern verbannt. Wenn sie nicht weggeworfen wurden, so wanderten sie auf den Speicher oder in den Keller. Und manchem ist möglicherweise nicht bewußt, welcher Schatz auf dem Dachboden liegt. Denn die Vase mit der asymetrischen Form und den grellen Farben kann durchaus einen sechsstelligen D-Mark-Betrag wert sein, stammt sie nachweisbar aus einer entsprechenden Glasmanufaktur und liegt ein Entwurf eines bedeutenden Künstlers zugrunde.

Beim italienischen Glas sind besonders die Arbeiten von Venini, Seguso, Barovier, Salviati, Fratelli 'Tosi, Fontana Arte und Avem gefragt. Bei den skandinavischen Gläsern der Nachkriegszeit werden Werke der Manufakturen Orrefors und Kosta favorisiert. So gab es beispielsweise im Mai 1990 bei der Versteigerung »Dekorative Kunst des 20. Jahrhunderts« in Genf einen Rekordpreis für ein Objekt von Venini. Es handelte sich um eine viereckige Vase mit blauen, grünen, weißen, gelben und roten Farbstreifen, die von Fulvio Bianconi entworfen wurde und die Marke »Venini Murano Italia« trägt. Die Vase, die vom Auktionator auf 75 000 bis 85 000 Schweizer Franken geschätzt wurde, ging für 176 000 Schweizer Franken (211 000 DM) weg. In der gleichen Versteigerung wechselte eine blau-grün-rote Arlecchino-Vase in Pezzato-Technik (Flicken-Technik), ebenso von Fulvio Bianconi für Venini entworfen, den Besitzer zum Preis von 24 200 Schweizer Franken (29 000 DM). Auch bei diesem Objekt lag die Taxe des Auktionators bei 15 000 bis 20 000 Schweizer Franken und wurde um einiges überboten.

Bereits im November 1989 war bei den Versteigerungen von Christie's in Genf die rege Nachfrage nach diesen Arlecchino-Vasen deutlich geworden. Eine solche Vase, die zum ersten Mal bei der Mailänder Triennale 1951 ausgestellt wurde, war auf 15 000 bis 18 000 Schweizer Franken geschätzt worden und brachte immerhin 28 600 Schweizer Franken (34 000 DM). Außer den Glasobjekten von Venini waren in der Christie's Auktion im November 1989 auch Stücke von Archimede Seguso gefragt. Eine Vase in asymetrischer Tropfenform mit ametystfarbenem Glas war mit einem Schätzpreis von 15 000 bis 20 000 Schweizer Franken im Katalog angekündigt worden. Die 34,5 Zentimeter hohe Vase, die die eingravierte Signatur des Künstlers trägt und um 1952 hergestellt wurde, erzielte einen Preis von 26 400 Schweizer Franken (31 000 DM). Eine saphirblaue ähnliche Vase des Künstlers, die nur 31 Zentimeter hoch ist und um 1955 entstand, kletterte von einem Schätzpreis von 20 000 Schweizer Franken sogar schnell auf 30 800 Schweizer

Franken (37000 DM). Bemerkenswert dann auch ein Auktionsergebnis für vier Glasfiguren aus der Commedia dell'Arte (Murano, um 1948), die Fulvio Bianconi für Venini entworfen hatte. Sie brachten im Dezember 1988 beim Auktionshaus Finarte in Mailand 2,8 Millionen Lire (rund 3700 DM).

Die Nachfrage nach den Spitzenstücken der Glasproduktion der fünfziger Jahre im italienischen Murano ist groß und hat offensichtlich auch einen solventen Sammlerkreis. Oft ist die Orientierung für den Sammler aber in diesem Sammelgebiet schwierig, da nur wenig Literatur existiert.

Wer sich für das italienische Glas der fünfziger Jahre interessiert, sollte unbedingt Waltraud Neuwirts »Italienisches Glas 1950–1960«, das 1987 in Wien erschien, zu seinen Büchern zählen. Ferner sollte man den Kontakt zu den Experten der Auktionshäuser suchen. Besonders stark um den Markt für fünfziger Glas bemüht sich international das Auktionshaus Christie's, das durch Dan Klein diese Abteilung aufbauen ließ. In der Bundesrepublik Deutschland engagieren sich unter anderem Ketterer (München), Nagel (Stuttgart), Fischer (Heilbronn) und Carola van Ham (Köln) um dieses Sammelgebiet.

Der Interessierte sollte also die Auktionskataloge in Augenschein nehmen, eventuell eine Vorbesichtigung machen und dann abwägen, ob er ein seinem Geschmack und seinen Preisvorstellung entsprechendes Objekt kaufen möchte oder nicht. Beim skandinavischen Glas der Nachkriegszeit sollte man die Angebote des Auktionsverk und bei Bukowski in Stockholm nicht unbeobachtet lassen.

Das Auktionsverk nahm am 4. August 1985 auch die erste Sonderauktion für Kunstglas in Skandinavien vor. Dort, wo die Firma Orrefors im südschwedischen Småland beheimatet ist, wurden 260 Glasobjekte mit einem Erlös von 750 000 schwedischen Kronen (rund 250 000 DM) verkauft. Fast alle Lose hatten den dreifachen oder vierfachen Preis der Taxierung erzielt, so auch eine Vase in Ariel-Technik aus dem Jahr 1955 mit der Signatur »E. Öhrstöm/Orrefors«, die 33 000 schwedische Kronen (rund 11 300 DM) brachte. Nur zehn Tage später, bei einer Versteigerung in Stockholm, war dann die Überraschung für Orrefors-Sammler perfekt. Eine dickwandige Ariel-Vase, wiederum von Edvin Öhrström für Orrefors entworfen und um 1945 gefertigt, wechselte für 150 000 schwedische Kronen (rund 51 000 DM) den Besitzer.

In der Bundesrepublik Deutschland kam das Glas der Manufakturen Orrefors und Kosta vor allem durch die Ausstellung »Glas in Schweden

1915–1960) 1986 ins Gespräch. Prompt tauchten auch verstärkt Objekte in den Auktionen auf und im März 1989 erzielte bei Fischer in Heilbronn eine Ariel-Vase, wiederum entworfen von Edvin Öhrström für Orrefors und diesmal 1966 hergestellt, 10100 DM. Dies erscheint noch sehr preiswert, bedenkt man, daß skandinavisches Glas auf dem internationalen Kunst- und Antiquitätenmarkt durchaus Ansehen genießt. Bereits 1987 versteigerte Christie's in Monte Carlo das Glasobjekt »Lancet II«, das 1957 nach einem Entwurf von Timo Sarpaneva von Iittala hergestellt wurde, für 21530 Pfund (63000 DM).

Wer also eine Sammlung mit italienischem oder skandinavischem Glas der Nachkriegszeit aufbauen möchte, sollte möglichst bald kaufen und eine mögliche Baisse auf dem internationalen Kunst- und Antiquitätenmarkt ausnutzen. Beim Sammelobjekt Glas ist zu bedenken, daß das Material sehr fragil ist und durch Scherben eine Reduktion des Angebotes erfolgt. Die seltenen Stücke in sehr gutem Zustand werden also immer größere Raritäten und damit wohl überproportional teurer. Bei allen Käufen sollte der Sammler aber auch die »Glaskrankheit« achten. Diese ist in den vergangenen Jahren nicht nur bei Gläsern des 17. und 18. Jahrhunderts, sondern auch bei Objekten des 20. Jahrhunderts festgestellt worden.

Nach Ansicht von Experten entstehen durch aggressive Umwelteinflüsse an Gläsern aus den genannten Jahrhunderten haarfeine Risse, die zunächst nur unter dem Mikroskop sichtbar sind, sich dann aber progressiv bis zur totalen Zerstörung des Glases entwickeln. Warum gerade Gläser aus dem 17., 18. und 20. Jahrhundert betroffen sind, haben Fachleute auch schon erforscht. Bei der Glasherstellung wurde damals dem Glasgemenge mitunter ein hoher Alkali-Anteil beigegeben, um es leichter verarbeiten zu können. Werden solche Gläser in einer Umgebung mit hoher Luftfeuchtigkeit aufbewahrt, so kann die Luftfeuchtigkeit ihnen das Alkali entziehen und sie beschädigen.

Der Glassammler sollte sich nicht scheuen, Experten der Kunsthandwerkmuseen, der Auktionshäuser oder Spezialhändler anzusprechen, wenn er vielleicht zweifelnd einem geerbten oder einst gekauften Stück gegenübersteht.

Das Funkeln der Diamanten hat Reiz
Talisman, Glücksbringer, Anlageobjekt und Schmuck

Fasziniert haben Diamanten die Menschen schon seit Jahrtausenden. Ihre Härte, die durch nichts anderes als die der eigenen Artgenossen zu bezwingen ist, brachte die Griechen dazu, dem kristallinen Gestein den Namen zu geben: »Adamas – Der Unbezwingbare«. Das Leuchten der damals noch ungeschliffenen Steine erinnerte andere an »Sternenteilchen«.

Schon in vorchristlicher Zeit soll in Hafenstädten mit Diamanten gehandelt worden sein. Getragen wurden sie als Talisman und Glücksbringer, später wurden sie zum Symbol für Liebe und Vertrauen. Jene Steine und wohl auch die, über die Plinius der Ältere fast hundert Jahre nach Christus berichtete, stammten aus Indien und Borneo. Diese beiden Länder waren bis in das achtzehnte Jahrhundert hinein die einzigen bekannten Lieferanten für Diamanten. Das änderte sich erst, als 1725 Funde in Brasilien entdeckt wurden. Inzwischen war auch die Nachfrage beträchtlich gestiegen. Denn die Entwicklung der Schleifkunst seit dem Beginn des fünfzehnten Jahrhunderts hatte gezeigt, wie man aus dem harten, aber sonst eher unansehnlichen Gestein ein funkensprühendes Wunderwerk der Lichtbrechung machen kann. Dieses war nun nicht mehr nur für Könige erschwinglich, sondern fand schnell auch Abnahme in der Aristokratie.

Wie entstehen Diamanten? Im Jahre 1796 haben Wissenschaftler entdeckt, daß sie aus reinem kristallinen Kohlenstoff bestehen. Damit war aber noch nichts über ihre Herkunft gesagt. Heute weiß man, daß Diamanten vor mehr als 3 Milliarden Jahren in der Lava aktiver Vulkane unter enormen Temperatur- und Druckverhältnissen entstanden und vor rund 90 Millionen Jahren bei Vulkanausbrüchen aus 100 bis 200 Kilometern Tiefe an die Erdoberfläche gelangt sind. Diamanten kommen in zwei Arten von Lagerstätten vor. Zum einen handelt es sich dabei um sogenannte »angeschwemmte Vorkommen«, aus denen die Diamanten herausgewaschen werden. Fachleute sprechen von »alluvialen Lagerstätten«. Nicht minder wichtig sind die diamantenhaltigen »Kimberlit-Schlote«, die 1871 in Südafrika entdeckt wurden.

Dieses Datum markiert zugleich den Beginn von Bemühungen, den

Preis für Diamanten zu schützen. Solange die Steine in nur begrenzter Zahl (Brasilien lieferte als portugiesische Kolonie zwischen 1725 und 1802 lediglich insgesamt 600 Karat an das Mutterland) zu haben waren, bestand dazu kein Anlaß. Die Entdeckung der enormen Vorkommen am Orange River änderte alles. Zuvor wurden jährlich nur wenige Pfund Diamanten entdeckt, nun förderte man sie tonnenweise. Da der Preis für Schmuckdiamanten – und nur dazu nutzte man die Steine damals – in erster Linie von deren Seltenheit abhängig war, drohte ein Wertverlust großen Ausmaßes – und dies, nachdem man erst zwei Jahre zuvor (1869) dazu übergegangen war, Diamanten an der Pariser Börse zu bewerten.

In den achtziger Jahren des vergangenen Jahrhunderts haben die britischen Geschäftsleute, die den Abbau der Diamanten in Südafrika finanzierten, ihre Interessen gebündelt. Inzwischen hatte die Produktion den Bedarf weit überstiegen. Konkurrierende Verkäufe durch tausende von – zumeist privaten – Schürfern drückten zusätzlich auf die Preise. Die 1888 von Cecil Rhodes gegründete De Beers Consolidated Mines setzte eine Zusammenlegung wichtiger Produktionsstätten durch und konnte so die Förderung begrenzen. Gleichzeitig wurde ein Konsortium von Diamantenhändlern in London und Südafrika gegründet, um die De Beers-Produktion abzusetzen. Diese beiden Aktionen gelten als Grundlage der modernen Diamantenindustrie.

Wenn heute Diamanten als verhältnismäßig wertbeständige Geldanlage bezeichnet werden können, ist das ein Ergebnis der Bemühungen des einzig wirklich funktionierenden Rohstoff-Kartells der Welt. Gegründet wurde es in den dreißiger Jahren dieses Jahrhunderts von Ernest Oppenheimer. Der Sohn eines Zigarrenmachers aus Friedberg, der 1906 nach Südafrika ausgewandert war, hatte dort 1917 die Anglo American Corporation ins Leben gerufen, die Ende der zwanziger Jahre eine Mehrheitsbeteiligung an De Beers übernahm. Um einen Kollaps am Diamantenmarkt zu verhindern, gründete Oppenheimer 1930 zunächst »The Diamond Corporation«, die Diamanten aller Erzeuger aufkaufen und dann »zu einem für den Markt aktzeptablen Preis« wieder verkaufen soll. 1934 kam die »Diamond Trading Corporation« hinzu. Beide Unternehmen zusammen bilden die »Central Selling Organisation«, kurz CSO genannt. Diese in London, einem Zentrum des Diamantenhandels seit 1744, ansässige Organisation kontrolliert noch heute rund 85 Prozent des Handels mit Rohdiamanten in der gesamten Welt.

Die von ihr überall erworbenen Rohdiamanten werden in London sortiert und bewertet. Zehnmal im Jahr, an jedem fünften Montag, bietet die Organisation in London, Kimberley und Luzern insgesamt etwa 150 privilegierten Direkteinkäufern in den sogenannten »sights« eine Auswahl von Steinen an, deren Zusammenstellung sich zum Teil an den Wünschen der Käufer, zum Teil an den Vorstellungen der CSO hinsichtlich der Markt- und Preisentwicklung orientiert. Die Steine befinden sich in einer Schachtel. Der Wert dieser Schachtel beläuft sich im Durchschnitt auf etwa 500 000 Dollar. Der Käufer kann die ihm vorgelegte Auswahl nur pauschal akzeptieren oder ablehnen, ein Austausch einzelner Steine ist lediglich in äußerst seltenen Fällen möglich.

Über diese »sights« kanalisiert die CSO das Angebot am Weltmarkt. Sie hat nach dem Zusammenbruch des Marktes Anfang der achtziger Jahre Rohdiamanten aus dem Markt genommen und die Zahl der zugelassenen Direkteinkäufer praktisch halbiert. So war es möglich, trotz des Preisverfalls für geschliffene Steine, die Preise für Rohdiamanten vergleichsweise hoch zu halten. Das Syndikat kann sich daher rühmen, die Preise noch nie gesenkt zu haben. Bei Nachfrageflaute wird nach wie vor das überschüssige Angebot in den Tresor gelegt, die Abnahmeverpflichtungen gegenüber nicht-konzerneigenen Bergwerken werden reduziert und manchmal auch eigene Bergwerke stillgelegt.

So hat die CSO in den Jahren der Diamantenbaisse zwischen 1981 und 1985 einen Vorrat vorwiegend großer hochqualitativer Steine im Wert von rund 2 Milliarden Dollar angesammelt. Wie kam es dazu? Ende der siebziger Jahre entstand im Zuge der Ölkrise stürmische Nachfrage nach großen Diamanten, die als Absicherung gegen die Inflation gekauft wurden. Das trieb die Preise für geschliffene Ware nach oben. Ein lupenreiner Einkaräter der obersten Güteklasse kostete plötzlich 55 000 Dollar oder etwa 80 000 DM. Dann stieg der Kurs des Dollar und die Ölpreise brachen ein. In den Industrieländern machten sich Rezessionserscheinungen bemerkbar und die Ölexportländer mußten beträchtliche Einnahmeeinbußen hinnehmen. Das hatte schnell Wirkung, auch auf den Diamantenmarkt. Der Preis des Einkaräters sackte auf 9000 Dollar beziehungsweise 22 000 DM ab. Etwas länger dauerte es, bis die Stabilisierungsmaßnahmen der CSO griffen. Erst 1986 konnte man davon sprechen, die Krise des Marktes sei vorbei. Dennoch wurden zwei Jahre alte Pläne zur Einrichtung eines Diamanten-Termin-Kontraktes an der Londoner Rohstoffbörse LCE ad acta gelegt. Zuvor war ein zu Beginn der siebziger Jahre in Kalifornien gestarteter Versuch, Diamanten auf Termin als Investitionsmedium zu handeln, an Problemen der Standardisierung des Kontraktes gescheitert.

Zurück zum Jahr 1986. Verbesserte Absatzchancen machten in diesem und in den folgenden Jahren auch stufenweise eine Erhöhung der Preise für Rohdiamanten möglich. Das wirkte sich auch auf die Brillantenpreise aus. Der lupenreine Einkaräter erster Güte kostet heute wieder rund 45000 DM. Wichtig ist allerdings, daß alle vier Faktoren der Bewertung stimmen: die »4 C« – Gewicht (carat), Farbe (colour), Reinheit (clarity) und Schliff (cut). Um den Wiederverkaufswert – vor allem des »klassischen Anlagediamanten« von 1 Carat, Farbe River D, lupenrein – zu sichern, sollte der Stein auch über ein international anerkanntes Zertifikat verfügen. Der internationale Diamantenhandel bewertet Steine mit Expertisen des Gemological Institute of America (GIA) oder des Hoge Raad voor Diamanten in Antwerpen am höchsten. Beide bieten am ehesten Gewähr, beim Wiederverkauf keine Qualitätsabschläge hinnehmen zu müssen. Steine mit diesen Gutachten werden oft um bis zu 100 Prozent höher bewertet als unqualifizierte Diamanten.

Ob der früher von Anlagefachleuten erteilte Rat, etwa 10 Prozent eines Vermögens in mobilen Sachwerten, darunter auch Diamanten anzulegen, heute noch gelten kann, muß wohl jeder Anleger für sich selbst entscheiden. Das Argument der Wertstabilität, das nach wie vor angeführt wird, mag einigen Anlegern, die 1980 Steine zu den damaligen Höchstpreisen gekauft haben – und bis zum Herbst 1990 hohe Verluste hinnehmen mußten – wie Hohn klingen.

Zusätzlich ist zu bedenken, daß die Diamant-Käufer auch erst einmal durch Wertsteigerungen die Handelsspanne – die Differenz zwischen seinem Kaufpreis und dem Preis, der ihm beim Verkauf tatsächlich geboten wird – »verdienen« muß, ehe sich für ihn ein greifbarer Wertzuwachs ergibt. Wenn Verkäufer von Diamanten gefragt werden, zu welchem Preis sie denn einen soeben erst von ihnen an den Kunden verkauften Stein zurücknehmen würden, erhält man vielfach nur sehr gewundene Antworten. Denn seine Handelsspanne offenbart niemand gern. Deshalb ist es mit der Wertsteigerung, vor allem mit der realisierten Wertsteigerung von Diamanten so eine Sache.

Einige Vorteile haben Diamanten auf jeden Fall: sie sind verhältnismäßig anonym, leicht zu transportieren und praktisch nicht zu beschädigen – solange man sie nicht ins Feuer wirft. Und außerdem können

Diamanten nicht nur Anlagegegenstand, sondern auch – und vielleicht sogar vor allem – Schmuckstück sein. Dann spielen so materielle Dinge wie die Höhe einer Handelsspanne wohl keine Rolle mehr.

Ein Spiegel der Zeit
Das Ende der DDR-Briefmarken-Ära

Für den Philatelisten sind bewegte Zeiten angebrochen. Wieder einmal zeigt sich, daß die »Aktie des kleinen Mannes« wirtschaftliche und politische Veränderungen in mancherlei Form widerspiegelt. Politisch ist klar, daß es mit dem Ende der DDR auch keine Marken dieses Postgebiets mehr gibt; wirtschaftlich gesehen besteht verständlicherweise viel Unsicherheit, denn noch läßt sich nicht erkennen, ob die DDR-Marken, aber auch die Postwertzeichen von Berlin, dramatische Preissteigerungen erfahren werden.

Bei Spitzenwerten wird es zweifellos beträchtliche Preiserhöhungen geben; dies zu erwarten erfordert keine großen prophetischen Gaben. Schon vor der endgültigen Vereinigung der beiden Teile Deutschlands waren zum Beispiel die DDR-Marken »Deutsch-Chinesische Freundschaft« oder die Marx-Blöcke knapp und begehrt und somit entsprechend teuer. Aber wie es mit der Massen-Ware weitergeht – das muß sich noch entscheiden. Manche DDR-Werte haben seit dem Frühjahr 1990 ihre Preise schon verdoppelt, andere sind kaum verändert.

Doch ganz allgemein ist eine Belebung auf dem deutschen Briefmarkenmarkt unverkennbar. Die übliche Sommerflaute war 1990 viel kürzer als in den Vorjahren; die Auktionen dieses Jahres signalisierten einen weiteren Aufschwung. Die mehr als 200 Versteigerungsunternehmen hierzulande berichten von einem florierenden Markt mit hochwertigen Angeboten, wie sie nur in Zeiten einer guten Konjunktur zu verzeichnen sind. Das kommt dem Sammlergebiet DDR und Berlin sichtlich entgegen.

Selbst bei einem kräftig erhöhten Angebot durch die Sammler in der DDR, die Bargeld haben möchten, wird die Stimmung auf dem Markt optimistisch sein; Wertsteigerungen haben stets stimulierend auf die Nachfrage gewirkt, wie auch die Wertpapierbörsen immer wieder zeigen. Mit den »gezackten Aktien« ist es nicht viel anders.

Nach wie vor gilt für den Briefmarkenmarkt, daß Klasse vor Masse geht. Manche Briefmarkenhändler wollen das immer noch nicht wahrhaben und versuchen mit »konstruierten« Sonderaktionen das schnelle Geld zu machen, so auch mit ausgefallenen Angeboten von DDR-

Postsachen, deren wirklicher Wert zumindest zweifelhaft ist. Gutgläubigkeit hat sich jedoch im Markengeschäft noch nie bezahlt gemacht. Doch zunächst soll sich der Sammler erst einmal vor Augen halten, daß er nun ein abgeschlossenes Sammelgebiet vor sich hat. Das hat seine Vorteile, denn der richtige Sammler kann sich nun darauf konzentrieren, Lücken zu füllen und seine Sammlung zu komplettieren. Vollständige Sammlungen sind nicht nur der Traum eines jeden Philatelisten, sondern sie sind auch entsprechend mehr wert als lückenhafte Kompendien.

Auf den bisherigen Briefmarken-Auktionen ist die Nachfrage nach kompletten DDR-Sammlungen sprunghaft gestiegen. Gleiches gilt für das Sammelgebiet Deutsche Bundespost Berlin, das fast noch interessanter ist, weil es keine so großen Druck-Auflagen aufweist wie die DDR. Außerdem haben viele Sammler von Bundespost-Marken auch gleich den Bereich Berlin mitgesammelt. Es gehörte irgendwie zusammen, ganz abgesehen davon, daß viele Berliner Marken graphisch besonders attraktiv gestaltet sind und auch dem Laien viel Geschichtliches vermitteln.

In seiner Marken-Ausgabepolitik war Westberlin ebenfalls sammlerfreundlich. Man kann sich vorstellen, daß die Berlin-Sammler bestrebt sind, alles zu ergattern, was mit dem Schicksal der geteilten Stadt seit 1945 philatelistisch zusammenhängt. Das beschränkt sich nicht nur auf die Briefmarken, sondern wird sich auch auf Ganzsachen, Belege, Stempel und Behelfswertzeichen ausdehnen. Hier ist ein weites Feld, das auch finanziell interessant ist.

Im Gegensatz zum Berlin-Sammler hatte es der DDR-Interessent zum Teil wesentlich schlechter. Angesichts der Marken-Flut der DDR-Post verlor mancher Sammler die Lust an diesem Sammelgebiet. Vor einigen Jahren sorgte zudem noch die Unsitte der sogenannten »Sperr-Werte« für Ärger bei westdeutschen Sammlern. Hierdurch dürfte es noch manche Lücken in westlichen Sammlungen geben. Es war überhaupt zeitweise schwierig, an gutes Material heranzukommen, denn jeder private Austausch von Marken war verboten. Der SED-Staat hatte sogar das harmlose Hobby des Briefmarkensammelns politisiert und damit auch kriminalisiert. Nur die organisierten Sammler bekamen überhaupt Sammlermarken.

Wenig bekannt dürfte ferner sein, daß das Sammeln von Marken aus dem Dritten Reich für den DDR-Philatelisten verboten war. Hier könnte sich ein Markt entwickeln, der Chancen für den westdeutschen

Sammler eröffnet, der die Marken aus der Hitler-Zeit unbeschränkt sammeln durfte. Engagierte Philatelisten aus den neuen Bundesländern sind denn auch schon dabei, die Lücke »Drittes Reich« zu füllen. Das lassen nicht zuletzt die steigenden Preise für dieses Sammelgebiet erkennen, das allerdings in letzter Zeit allgemein weiter an Gunst gewonnen hatte.

Die Vereinigung Deutschlands ist also keine einseitige Sache für den Briefmarkensammler, sondern wird die Sammelaktivitäten in den alten und in den neuen Bundesländern forcieren. Der freie Markt setzt sich auch im »gezackten Geschäft« durch.

Das wird nicht von heute auf morgen geschehen. Die mehr als vierzigjährige Trennung hat ihre Spuren in den Briefmarken-Alben hinterlassen, aber auch in der Einstellung der Sammler selbst. Der Bundesbürger sah sich doch über Jahre hinaus lediglich als Devisenbringer für das SED-Regime und wurde schlicht ausgenutzt. Kein Wunder, daß viele Sammler nur halbherzig bei der Sache waren. Manche sprachen geringschätzig von »bedrucktem Papier«, denn die kleine DDR wollte ein großes Briefmarkenland sein und scheute weder Mühe noch Kosten, das zu beweisen.

Seit 1949 hat die ehemalige DDR mehr als doppelt soviel Marken herausgebracht wie die Bundesrepublik. In der Herausgabe von Blöcken waren die Marken-Funktionäre der DDR-Post besonders eifrig. Den ersten »richtigen« Block hatte die Bundesrepublik 1959 (Komponisten-Block) herausgebracht, die DDR aber schon 1953, nämlich die pompösen Marx-Blöcke. Bis zuletzt hielten die DDR-Postler an dieser Politik des »Mehr scheinen als sein« fest. Ein Blick in den »Michel-Katalog« läßt das klar erkennen.

Nun ist das alles schon Geschichte. Am 3. Oktober 1990 ist auch auf dem Markt der Briefmarken eine Ära zu Ende gegangen. In nüchternen Worten teilte der Bundesminister für Post und Telekommunikation in Bonn mit, daß sich die Vereinigung der beiden Teile Deutschlands auch auf die Briefmarkenausgaben auswirken werde.

Vom 3. Oktober 1990 an werden nur noch Briefmarken mit der Bezeichnung »Deutsche Bundespost« herausgegeben. Alle für den Zeitraum danach von der DDR geplanten Markenvorhaben wurden eingestellt. Im gleichen Sinn äußerte sich auch die Generaldirektion Postdienst der Deutschen Post der DDR, die alle bis zum 30. Juni 1990 herausgegebenen Briefmarken mit dem Aufdruck »Deutsche Demokratische Republik« als ungültig erklärte. Die Marken mit der Bezeichnung »Deutsche Post«, die vom 2. Juli an erschienen sind, werden nur noch bis zum 31. Dezember 1990 an den Schaltern verkauft und verlieren ihre Gültigkeit am 1. Januar 1992.

Auch Marken der Ausgabe »Deutsche Bundespost Berlin« werden vom 3. Oktober 1990 an nicht mehr herausgegeben; sie verlieren ebenfalls ihre Gültigkeit am 1. Januar 1992 und können bis Ende 1990 noch an den Postschaltern gekauft werden. Bis zum 31. März 1991 können Briefmarkensammler nach Berliner Marken bei den Versandstellen für Postwertzeichen erhalten und ihre Sammlungen komplettieren, schreibt das Bundespostministerium fast begütigend. Übrigens wurden für die Berlin-Ausgaben 1990 noch spezielle Regelungen getroffen und für November vorgesehene Ausgaben vorgezogen.

Äußeres Zeichen der Vereinigung für Sammler ist die erste Dauerserie für ganz Deutschland. Das hat es seit 1947 nicht mehr gegeben. Die in der ehemaligen DDR am 2. Juli 1990 erschienenen Marken in D-Mark-Währung tragen die Aufschrift »Deutsche Post«, wie bei den Kontrollratsausgaben 1946/47, die damals auch in ganz Deutschland gültig waren. Damit ist die Ära DDR-Postwertzeichen endgültig beendet worden, ein Sammelgebiet ist abgeschlossen, was zuletzt 1959 der Fall gewesen ist. Bis dahin hatte das Saarland eigene Marken herausgegeben, zuletzt die Wertzeichen der Bundesrepublik mit dem Aufdruck »Saarland«. Die letzte Marke stammte übrigens von 6. Mai 1959 und war Wilhelm von Humboldt gewidmet. Allerdings können auch die Ausgaben der Französischen Besatzungszone für Baden, Württemberg und Rheinland-Pfalz von 1945 bis 1949 als getrennte Sammelgebiete betrachtet werden, aber auch die Gemeinschaftsausgaben für die amerikanische, britische und sowjetische Besatzungszonen. Meist werden sie aber der Bundesrepublik vorgeschaltet.

In der sowjetischen Besatzungszone gibt es ebenfalls abgeschlossene Sammelgebiete, wenn auch auf wenige Ausgaben beschränkt, wie Berlin-Brandenburg, Ost-Sachsen, Provinz Sachsen, Thüringen (mit dem berühmten Weihnachtsblock auf dickem und dünnem Papier und dem Block Nationaltheater Weimar), ferner West-Sachsen (mit dem Block Leipziger Messe 1946). Ein begehrter Wert wird auch weiterhin die Ost-Sachsen-Marke 12 Pfennig rot mit der russischen, kyrillischen Inschrift »Poczta« bleiben, von der es allerdings viel Fälschungen gibt.

Zeitgeschichtlich interessant dürften Marken mit Spargummi und diversen Überdrucken sein. Solche Überdrucke sucht vor allem der spezialisierte Lokal- und Motiv-Sammler. Ähnlich ist es mit den Dienstmarken, den Marken des Zentralen Kurierdienstes, zum Beispiel für die Kreispolizeiämter, für vertrauliche Dienstsachen und für Einschreibezettel. Wer denkt da nicht unwillkürlich an den unseligen Staatssichersdienst der DDR, den Stasi – Marken sind verräterisch.

Für Spezialisten sind die vergangenen Monate seit der Wende im November 1989 eine Fundgrube. Manches Stück wird einmal als Rarität erkannt werden, meint zum Beispiel das Stuttgarter Briefmarken-Magazin. Die Möglichkeiten, die politischen Veränderungen mit Postwertzeichen und Belegen darzustellen, seien »unzählig«. Tatsächlich hat das deutsch-deutsche Postwesen in nur wenigen Tagen um den 1. Juli 1990 heraus eine solche Flut von Ereignissen erlebt, daß mancher selbst höhergestellte Postbeamte nicht immer auf dem laufenden gewesen ist. Was soll da der normale Sammler tun, der mit tausendfachen Möglichkeiten konfrontiert wird? Bis Ende November 1990 konnte der Philatelist noch unter 2300 gültigen Briefmarken der DDR, unter fast 600 von Berlin und knapp 1000 der Deutschen Bundespost wählen und diese Werte beliebig kombinieren.

Der erfahrene Sammler wird deshalb alle Briefe mit solchen Mischfrankaturen aufheben und die Marken keinesfalls ausschneiden oder ablösen. Auch die Stempel sind sehr interessant, denn manche gab es nur einen Tag. Neue Sammelgebiete eröffnen sich dabei. Aber manche Sammler sind darüber traurig, daß es künftig wieder »normal« zugehen werde.

Die Konkurrenz unter drei Marken-Ländern hat sich auf jeden Fall günstig auf die künstlerische Gestaltung der Marken ausgewirkt. Dadurch ist manch kleines Kunstwerk entstanden, das selbst einen erfahrenen Sammler noch begeisterte. Aber auf die propagandistisch aufgemotzten Marken der früheren DDR kann man gut verzichten; es waren verlogene Marken, die heute nur noch von historischem Wert sind. Für Jung-Sammler sollten solche Marken sogar abschreckend wirken: Beim Durchblättern einer DDR-Sammlung wird dem aufmerksamen Philatelisten nämlich erst richtig bewußt, wie man auch mit Briefmarken ein Volk belügen und betrügen kann. Es ist gut, daß diese Ära zu Ende ist.

V. Kapitel
Steuern und Versicherungen

Wie Wertpapiere besteuert werden
Der Anleger hat Gestaltungsmöglichkeiten

Der Fiskus ist für die meisten Menschen ein unerbetener Partner, der einen Anteil an möglichst allen wirtschaftlichen Vorteilen einfordert, sich an den Nachteilen aber weniger gern beteiligt. Das gilt auch für die Wertpapieranlage. Unbeschränkt steuerpflichtige Privatpersonen profitieren allerdings von einer aus Sicht vieler ausländischer Staaten eigenartigen Trennung zwischen dem Vermögensgegenstand (dem Wertpapier) und den daraus sprudelnden Erträgen. Die Quelle selbst – das Wertpapier – bleibt nach deutschem Steuerrecht – von Ausnahmen abgesehen – steuerliche Privatsache. Nur das, was aus der Quelle an Erträgen fließt – die Einkünfte aus Kapitalvermögen – unterliegt der Einkommensteuer. Natürlich gibt es auch hier, wie überall im Steuerrecht, Ausnahmen; zu ihnen gehören Spekulationsgeschäfte und wesentliche Beteiligungen an Kapitalgesellschaften. Für sie gelten besondere steuerliche Grundsätze, auf die noch eingegangen wird.

Wie Einnahmen von der Steuer behandelt werden

Einnahmen sind die Erträge aus der befristeten Nutzungsüberlassung von Kapitalvermögen. Kapitalerträge sind als Einnahmen des Kalenderjahres zu behandeln, in dem sie fällig oder gutgeschrieben werden. Auf die wirtschaftliche Zugehörigkeit der Einnahmen zu bestimmten Kalenderjahren kommt es seit dem 1. Januar 1989 nicht mehr an.

Steuerlich werden demjenigen die Erträge zugerechnet, der den Tatbestand der Einkünfte-Erzielung erfüllt; das ist in der Regel der Eigentümer des Kapitals. Das zivilrechtliche Eigentum reicht im Zweifelsfalle nicht aus; die Eigentümerrechte müssen auch ausgeübt werden. So sind Erträge aus Wertpapieren, die Eltern ihren Kindern übertragen, nur dann den Kindern zuzurechnen, wenn die Übertragung nach außen hin (zum Beispiel der Bank gegenüber) sichtbar wird. Außerdem müssen die Papiere entsprechend den Bestimmungen über die elterliche Vermögensvorsorge im Wertpapierdepot verwaltet werden. Die Vorschriften sind so vielgestaltig, daß Übertragungen von Wertpapieren und anderen

Vermögensgegenständen auf Kinder oder andere Angehörige ohne Rechtsbeistand nicht vorgenommen werden sollten.

Aktien: Bei Gewinnausschüttungen inländischer Kapitalgesellschaften ist die darauf entfallende Kapitalertragsteuer und die anrechenbare Körperschaftsteuer (9/16 der Dividende gleich 56,25 Prozent) anzugeben. Beides wird bei der Einkommensteuererklärung angerechnet beziehungsweise erstattet. Die zu versteuernden Einnahmen sind aus der Steuerbescheinigung abzulesen, die die Bank dem Wertpapiersparer aushändigt.

Steuerguthaben: Anteilseigner, die voraussichtlich nicht zur Einkommensteuer veranlagt werden, erhalten das Körperschaftsteuerguthaben auf Antrag erstattet. Das betrifft vor allem Arbeitnehmer, deren Einkommen unter den Veranlagungsgrenzen liegen und deren Nebeneinkünfte weniger als 800 DM betragen. Dieser Steuerpflichtige muß bei seinem Finanzamt eine »Nichtveranlagungs-(NV)Bescheinigung« beantragen; sie ist für drei Jahre gültig. Wertpapiersparer, deren Aktien bei einem inländischen Kreditinstitute verwahrt werden, können die Erstattung auf zwei Wegen erlangen, über das Sammelverfahren und den Einzelantrag auf Vergütung. Beim Sammelverfahren hinterlegt er seine NV-Bescheinigung beim Kreditinstitut. Dieses ist dann berechtigt, die Dividende zuzüglich des Steuerguthabens auszuzahlen. Sammelverfahren heißt es, weil das Kreditinstitut in Vorlage tritt und sich die verauslagten Vergütungsbeträge beim Bundesamt für Finanzen in Bonn zurückholt. Hinterlegt der Sparer die NV-Bescheinigung nicht bei seinem depotführenden Kreditinstitut, kann er unter bestimmten Voraussetzungen einen formlosen Einzelantrag auf Vergütung des Steuerguthabens beim Bundesamt für Finanzen in Bonn stellen. Er muß dann seine NV-Bescheinigung und die Bescheinigung über das Steuerguthaben beifügen.

Bezugsrechte: Der Bezug von Bezugsrechten und (bei einem Verkauf) die Bezugsrechtserlöse gelten als Bestandteil des privaten Vermögens und werden nicht als Einkünfte aus Kapitalvermögen klassifiziert; sie bleiben einkommensteuerfrei, sofern sie nicht in einem kurzfristigen Spekulationsgeschäft anfallen.

Festverzinsliche Wertpapiere: Zu den Einkünften aus Kapitalvermögen zählen Erträge aus festverzinslichen Wertpapieren sowie der Unterschiedsbetrag zwischen Emissionspreis und Einlösungspreis (siehe Zero-Bonds).

Zufluß: Besteuert werden Einnahmen aus festverzinslichen Wertpapieren grundsätzlich im Jahr des Zuflusses. Fließen die Einnahmen innerhalb von 10 Tagen nach Ablauf des Kalenderjahres zu, also bis einschließlich 10. Januar, gehören sie steuerlich noch zum abgelaufenen Kalenderjahr. Als zugeflossen gelten die Zinsen, wenn sie dem Konto des Sparers gutgeschrieben werden.

Bundeswertpapiere: Betroffen davon ist vor allem der Bundesschatzbrief vom Typ B, bei dem die Zinsen erst am Ende der Laufzeit ausgeschüttet werden. Das kann von Nachteil sein: Früher wurden die anfallenden Zinsen beim Bundesschatzbrief Typ B jährlich versteuert; die steuerlichen Freibeträge – vor allem der Sparerfreibetrag von 600 DM (Verheiratete 1200 DM) – konnten somit Jahr für Jahr ausgeschöpft werden. Nun werden die angesammelten Erträge erst am Ende der Laufzeit nach 7 Jahren oder bei vorzeitiger Rückgabe der Steuer unterworfen. Die Folge: Die Summe der Zinsen ist deutlich höher, und der Freibetrag kann nur einmal genutzt werden. Die Steuerersparnis für 6 Jahren geht verloren. Die Regelungen führen dazu, daß der Bundesschatzbrief Typ A bevorzugt wird, dessen Zinsertrag jährlich gezahlt wird.

Zero-Bonds: Zero-Bonds sind – ähnlich wie unverzinsliche Schatzanweisungen – festverzinsliche Wertpapiere, bei denen keine laufenden Zinsen ausgezahlt werden, sondern bei denen der Unterschiedsbetrag zwischen Emissions- und Einlösungsbetrag das einzige Entgelt darstellt. Dieser Unterschiedsbetrag ist steuerpflichtiger Kapitalertrag. Wird der Zero-Bond (Null-Kupon-Anleihe) während der Laufzeit veräußert, tritt die Ertragsrealisierung und Versteuerung im Jahr des Verkaufs ein. Steuerpflichtiger Ertrag sind die rechnerischen Zinsen, die auf die Besitzzeit des Anlegers entfallen. Wie sich die Zinsen errechnen, geht aus einem Schreiben des Bundesfinanzministeriums vom 24. Januar 1985 (Bundessteuerblatt 1985, I Seite 77) hervor. Bei einem Verkauf während der Laufzeit kann der erzielte Verkaufspreis für den Zero-Bond höher oder niedriger sein als der ursprüngliche Emissionspreis zuzüglich der kalkulierten Zinsen. Erzielt der Sparer weniger, kann er den Mindererlös steuerlich nicht abziehen; auch ist ein Mehrerlös nicht steuerpflichtig; beides liegt in der privaten Vermögenssphäre. Das gilt auch für ausländische Zero-Bonds, wenn der in D-Mark erzielte Mehr- oder Mindererlös auf Währungsverschiebungen beruht.

Der Bundesfinanzhof hat zum Unterschiedsbetrag zwischen Ausgabebetrag und Rückzahlungsbetrag jedoch mit Urteil vom 13. Oktober 1987 (VIII R 156/84) eine wichtige Regelung getroffen: Danach bleibt der Unterschiedsbetrag (Emissions-Diskont) aus Vereinfachungsgründen steuerlich außer Betracht, wenn er neben dem vereinbarten Zinssatz wirtschaftlich nicht ins Gewicht fällt. Steuerfrei bleibt der Diskont dann, wenn er bei einer Laufzeit unter 2 Jahren 1 Prozent nicht überschreitet, bei 2 bis 4 Jahren 2 Prozent, bei 4 bis 6 Jahren 3 Prozent, bei 6 bis 8 Jahren 4 Prozent, bei 8 bis 10 Jahren 5 Prozent und bei Laufzeiten von 10 und mehr Jahren 6 Prozent. Auch hierbei spielen Wert-Unterschiede, die auf Kursschwankungen beruhen, keine Rolle.

Stückzinsen: Werden festverzinsliche Wertpapiere im Laufe eines Zinszahlungszeitraums mit dem laufenden Zinsschein veräußert, hat der Erwerber dem Veräußerer in der Regel den Zinsbetrag zu vergüten, der auf die Zeit seit dem Beginn des laufenden Zinszeitraums bis zur Veräußerung entfällt. In der Banksprache sind das die Stückzinsen. Der Veräußerer hat die besonders in Rechnung gestellten und vereinnahmten Stückzinsen als Einkünfte aus Kapitalvermögen zu versteuern. Der Erwerber der Wertpapiere kann die von ihm gezahlten Stückzinsen in dem Kalenderjahr, in dem der Zinsschein eingelöst wird, als negative Einnahmen von den Gesamtzinsen absetzen.

Investmentfonds: Im Gegensatz zu Zinsen und Dividenden, die nach Abzug der Werbungskosten grundsätzlich in voller Höhe zu versteuern sind, sind die Erträge aus Investmentanteilen beim privaten Sparer regelmäßig nur zum Teil steuerpflichtig. Erträge werden besteuert, Vermögensveränderungen dagegen nicht. So bleiben die in den Ausschüttungen enthaltenen Kursgewinne aus dem Verkauf von Wertpapieren durch den Fonds sowie die Erlöse aus der Verwertung von Bezugsrechten steuerfrei. Bei den offenen Immobilienfonds bleiben grundsätzlich Erträge unbesteuert, die aus der Veräußerung von Grundstücken stammen, sofern zwischen Anschaffung und Veräußerung des jeweiligen

Grundstücks mehr als 2 Jahre vergangen sind. Nicht ausgeschüttete (thesaurierte) Erträge werden wie Ausschüttungen besteuert; sie gelten mit Ablauf des Geschäftsjahres als zugeflossen, in dem sie vereinnahmt wurden. Aktienfonds stellen ihren Anteilseigenern Steuergutschriften über die von den Kapitalgesellschaften einbehaltene und ans Finanzamt abgeführte Körperschaftsteuer aus, die wie bei Aktien (siehe oben) angerechnet werden.

Wie steuerpflichtige Einnahmen um Werbungskosten vermindert werden

Aufwendungen, die dem Erwerb, der Sicherung und Erhaltung von Einnahmen dienen, sind als Werbungskosten abzugsfähig, denn sie mindern die Leistungsfähigkeit des Steuerzahlers. Der Kaufpreis jedoch und die dazugehörigen Anschaffungsnebenkosten zählen nicht dazu, weil lediglich eine Vermögensumschichtung erfolgt: Der Sparer gibt Kapital und erhält ein Wertpapier. Zwar erhöhen die Anschaffungsnebenkosten die Anschaffungskosten insgesamt, doch sind Aufwendungen für private Vermögensgegenstände – von Ausnahmen abgesehen – einkommensteuerlich unerheblich. Das heißt, Kaufpreis und Anschaffungsnebenkosten – wie Bankspesen, Börsenumsatzsteuer und Maklerprovisionen – sind keine Werbungskosten. Dasselbe gilt für die Veräußerungskosten.

Die Trennung zwischen Anschaffungsnebenkosten und Werbungskosten ist nicht immer einfach. Wenig Schwierigkeiten mit der steuerlichen Anerkennung machen Depotgebühren, Mietgebühren für Schließfächer, in denen ertragbringende Wertpapiere verwahrt werden, Gebühren für Telefongespräche mit dem Wertpapiersachbearbeiter der Bank oder dem Vermögensberater, Bezugsgebühren für Börseninformationsdienste, nicht aber für die üblichen Tageszeitung, auch wenn sie wegen des Kursteils angeschafft werden. Abziehbar sind des weiteren Anschaffungskosten für entsprechende Fachliteratur, Beiträge für eine Wertpapier-Schutzvereinigung sowie Fahrtkosten und Kosten für Hotel und Verpflegung, die mit den Einnahmen in Verbindung stehen, also für die Teilnahme an einer Hauptversammlung, vorausgesetzt, die Aufwendungen stehen in einem angemessenen Verhältnis zu den Einnahmen.

Größere Schwierigkeiten bereiten Kurssicherungsgeschäfte, da der

Aufwand sich nicht nur auf die Sicherung des Ertrages, sondern möglicherweise auch auf die Sicherung des privaten Vermögensgegenstandes bezieht. Kosten für Rechtsstreitigkeiten wegen der Wertpapiere und entsprechende Beratungskosten werden weitgehend als Privatsache angesehen.

Kredite für Wertpapiere – Umstrittener Schuldzinsenabzug

Schuldzinsen für einen Kredit zur Anschaffung von Wertpapieren sind in in vollem Umfang Werbungskosten, wenn auf Dauer gesehen ein Überschuß der Einnahmen über die Ausgaben erwartet werden kann. Wird ein Überschuß nicht durch Einnahmen, sondern nur durch Kursgewinne erzielt – die im Privatvermögen nicht besteuert werden –, sind die Schuldzinsen nicht abzugsfähig.

Maßgeblich für die Abzugsfähigkeit ist die Absicht des Wertpapiersparers, Kursgewinne zu erzielen oder auf Dauer mit Einnahmen zu rechnen. Da der Fiskus keine Motivforschung betreiben kann, richtet er sich in der Praxis nach erkennbaren Merkmalen, wie den im Zeitpunkt der Anschaffung der Papiere anzutreffenden Zinsen und Dividenden oder allgemein gültigen Erwartungen, zum Beispiel eine angekündigte oder erwartete Wiederaufnahme von Dividendenzahlungen. Die Schuldzinsen dürfen die Erträge durchaus in einzelnen Jahren übersteigen; allerdings ist offen, wann nach Ansicht des Fiskus die Einkunftserzielungsabsicht in eine private Vermögensdisposition (Hoffen auf Kursgewinne) umschlägt. Da Aufwendungen für Privatvermögen steuerlich nicht abzugsfähig sind, können die Schuldzinsen von diesem Zeitpunkt an nicht mehr abgezogen werden, auch wenn ihnen geringe Einnahmen gegenüberstehen.

Die zeitlich unbestimmte Begrenzung der Einkunftserzielungsabsicht kann zu einer wenig befriedigenden Konsequenz führen: Kauft ein Sparer Wertpapiere in einem Konjunkturabschwung – mit sinkenden Unternehmenserträgen, fallenden Kursen und mageren oder gestrichenen Dividenden – streicht ihm der Fiskus möglicherweise auch noch den Schuldzinsenabzug. Kauft er dagegen im Aufschwung, profitiert er nicht nur von kräftigen Kursgewinnen und höheren Dividenden, sondern kann darüber hinaus auch mühelos seine Schuldzinsen absetzen. Der Konjunkturverlauf entscheidet bei Aktien in erheblichem Maße über die

Abzugsfähigkeit von Schuldzinsen. Im Vorteil ist der kreditfinanzierte Erwerb von festverzinslichen Wertpapieren, da sie in der Regel auf Dauer berechenbare Einnahmen bringen, auch wenn sie schon nach einem Jahr wieder verkauft werden.

Spekulationsgeschäfte

Spekulationsgeschäfte mit Wertpapieren liegen vor, wenn der Zeitraum zwischen Anschaffung und Veräußerung nicht mehr als 6 Monate beträgt. Kursgewinne, die ansonsten als Privatsache nicht besteuert werden, unterliegen der Einkommensteuer. Gewinne aus Spekulationsgeschäften werden nicht besteuert, wenn der aus diesen Geschäften erzielte Gesamtgewinn im Kalenderjahr weniger als 1000 DM betragen hat. Verluste aus Spekulationsgeschäften dürfen nur bis zur Höhe des Spekulationsgewinns, den der Sparer im gleichen Kalenderjahr erzielt hat, ausgeglichen werden, wobei es sich um Spekulationsgeschäfte jeder Art handeln kann; ein steuerlicher Ausgleich ist also auch bei Spekulationsgeschäften zwischen Grundstücken und Wertpapieren zulässig. Ein übersteigender Betrag kann weder mit anderen Einkünften verrechnet noch als Verlustabzug geltend gemacht werden.

Bei Schuld- und Rentenschuldverschreibungen von inländischen Schuldnern (außer Wandelanleihen oder Anleihen mit gewinnabhängiger Verzinsung oder Anschaffung im Ausland) und bei Forderungen, die in ein inländisches öffentliches Schuldbuch eingetragen sind, werden keine Spekulationsgeschäfte innerhalb der Sechsmonatsfrist unterstellt. Hier bleiben kurzfristige Kursgewinne unbesteuert.

Der unentgeltliche Erwerb eines Wertpapiers, zum Beispiel durch Erbschaft und Schenkung, gilt nicht als Anschaffung. Die Wertpapiere gelten als durch den Rechtsvorgänger angeschafft.

Werden Wertpapiere derselben Art – zum Beispiel Aktien desselben Unternehmens – zu verschiedenen Zeiten und Kursen angeschafft, wird für die Berechnung der Sechsmonatsfrist grundsätzlich unterstellt, daß die zuletzt angeschafften Stücke als zuerst verkauft gelten. Dieser Nachteil kann vermieden werden, wenn numerisch nachgewiesen wird (etwa durch Verwahrung in einem Streifbanddepot), wann und zu welchem Kurs das verkaufte Papier erworben wurde. Bei Girosammelverwahrung ist dies nur dann möglich, wenn die Wertpapiere derselben Art von verschiedenen Kreditinstituten verwaltet werden oder in getrennten Wertpapierdepots (Wertpapierkonten, Unterdepots) bei demselben Kreditinstitut verwaltet werden.

Maßgebliche Beteiligungen im Privatvermögen

Wird privates Vermögen veräußert, und handelt es sich nicht um ein Spekulationsgeschäft, bleibt ein Veräußerungsgewinn einkommensteuerfrei. Veräußerungsverluste können steuerlich ebenfalls nicht angesetzt werden. Besitzt der Steuerzahler allerdings eine wesentliche Beteiligung (mehr als ein Viertel mittelbar oder unmittelbar) an einer Kapitalgesellschaft, gehört der Gewinn zu den Einkünften aus Gewerbebetrieb und wird – bis auf die Möglichkeit von Freibeträgen – uneingeschränkt besteuert. Paragraph 17 Einkommensteuergesetz knüpft daran noch zahlreiche weitere Voraussetzungen.

Was Kunstsammler über Steuerfragen wissen müssen

Vor Dispositionen fachkundigen Rat einholen, kann nicht schaden

Das Interesse an Kunsthandwerken und Sammlungsstücken wächst von Jahr zu Jahr. Gesammelt wird in der Regel aus ideellem Interesse. Neben der Bereicherung der Lebensqualität tritt jedoch heute bei vielen Sammlern verstärkt der Aspekt der Geldanlage in den Vordergrund. Denn nach wie vor gibt es Auktionen, auf denen Rekordpreise für Kunstwerke und Sammlungsstücke aller Art erzielt werden. Den spektakulären Meldungen wird oft hinzugefügt, daß der Verkäufer das Werk oder den Gegenstand einst für wenig Geld erwarb. Kunstwerke erzielen in der Tat teilweise Renditen, die weit über denjenigen von Finanzanlagen liegen. So hat Forbes in seinem Wirtschaftsmagazin für Europa darauf hingewiesen, daß Gunter Sachs seine Kunstsammlung, die Experten auf weit über 100 Millionen DM taxieren, für weniger als 2 Millionen DM erworben habe.

Wer die Möglichkeit hat, Geld in Kunst zu investieren, muß sich bei aller Begeisterung darüber im klaren sein, daß auch hier der Fiskus ein Wörtchen mitredet. Je mehr der Kunstmarkt wächst und je mehr der Kreis der Sammler zunimmt, desto aufmerksamer werden sich auch die Finanzbehörden um diesen bisher weitgehend unbeachteten Bereich kümmern.

Der Kunstbegeisterte macht seine erste Begegnung mit den Steuergesetzen in der Regel, wenn er ein Sammlungsstück erwirbt. Es ist Umsatzsteuer zu entrichten. Wird er im Ausland fündig, fallen Zoll und Einfuhrumsatzsteuer an. Hängt er ein Bild im Büro auf, stellt sich die Frage, ob der Kaufpreis als Betriebsausgabe oder als Werbungskosten geltend gemacht werden kann. Kunstgegenstände können im Einzelfall der Vermögensteuer unterliegen. Häufig werden Kunstwerke und Sammlungen auch veräußert, verschenkt oder vererbt. Dieser Blick auf alltägliche Sachverhalte zeigt, daß für den Kunstliebhaber eine ganze Reihe Steuergesetze von Bedeutung sein können.

Bei der Umsatzsteuer sollte sich der Sammler auskennen

Erwirbt der Kunstfreund ein Werk beim Künstler, Kunsthändler oder im Rahmen einer Auktion, so muß er Umsatzsteuer entrichten. Diese Belastung ist bei dem heutigen Preisniveau auf dem Kunstmarkt nicht zu unterschätzen. Schon viele Käufer sind nach der Auktion beim Abholen ihres gerade erkämpften Schatzes wegen der umsatzsteuerlichen Belastung, mit der in der Euphorie nicht gerechnet wurde, ins Schwitzen geraten.

Um das künstlerische Schaffen zu fördern, wird der Erwerb von Kunstgegenständen durch einen ermäßigten Steuersatz von zur Zeit sieben Prozent begünstigt. Dieser Steuersatz ist ohne Rücksicht, ob es sich um alte oder moderne Werke handelt, auf Ölgemälde, Gemälde in Temperafarben, ausgemalte Handzeichnungen, Bleistiftzeichnungen, Kohle- oder Federzeichnungen, Stiche, Steindrucke, Radierungen, Collagen und Werke der Bildhauerkunst anzuwenden. Bei einem Teil der modernen Werke ist es jedoch umstritten, ob der ermäßigte Steuersatz zum Zuge kommen kann, da diese oft in andersartigen Techniken oder Ausdrucksmitteln gestaltet worden sind. Wird gleichzeitig mit dem Kunstwerk ein Rahmen gekauft, der nach Art und Wert diesem entspricht, so kommt dafür ebenfalls der ermäßigte Steuersatz zur Anwendung.

Nicht nur die Preise für Werke der bildenden Kunst, sondern auch für Sammlungsstücke bewegen sich auf hohem Niveau. Gegenstände, die verhältnismäßig selten sind oder deren hoher Wert in keinem Verhältnis zum reinen Materialwert steht, nicht mehr benutzt und speziell gehandelt werden, sind Sammlungsstücke. Das Steuerrecht verlangt aber zusätzlich, daß sie einen charakteristischen Schritt in der Entwicklung der menschlichen Errungenschaften dokumentieren oder einen Abschnitt dieser Entwicklung veranschaulichen und von Museen für ihre nach wissenschaftlichen Grundsätzen aufgebaute Sammlung gesucht werden. Auch Gegenstände aus dem Gebiet der Technik und frühere Serienprodukte, von denen gegenwärtig nur noch einige Exemplare vorhanden und die somit nicht beliebig beschaffbar sind, können Sammlungsstücke sein.

Beim Erwerb von Antiquitäten ist grundsätzlich der allgemeine Steuersatz von zur Zeit 14 Prozent anzuwenden. Will man hier Umsatzsteuer und Zoll sparen, sind aussagekräftige Nachweise erforderlich. Denn

Antiquitäten im Sinne des Steuerrechts sind Gegenstände, deren Wert hauptsächlich auf ihrem Alter (mindestens 100 Jahre) und ihrer hierdurch bedingten Seltenheit beruht. Eine Ausnahme, die zur Steuerbegünstigung führt, ist nur dann gegeben, wenn es sich zweifelsfrei um Kunstgegenstände oder Sammlungsstücke handelt. Dies ist aber nur sehr selten der Fall.

Um die Problematik zu verdeutlichen, werden im folgenden einige Beispiele angeführt:

- Möbel vergangener Stilepochen können nicht schlechthin als Sammlungsstücke angesehen werden. Denn antike Möbel werden in der Regel nicht unter wissenschaftlichen Gesichtspunkten erworben, sondern häufig nur, um sich mit alten Stücken zu umgeben, das heißt mit diesen zu wohnen.
- Soll ein Teppich als Sammlungsstück anerkannt werden, ist insbesondere eine Beschreibung, die den Teppich als kunsthistorisch und völkerkundlich einzigartiges Exemplar ausweist, nötig.
- Ein Schmuckstück hat einen geschichtlichen Wert, wenn es die Schmuckkultur seiner Zeit in ihren wesentlichen Merkmalen wiedergibt und diese Stilepoche in besonderer Weise veranschaulicht.
- Uhren sind dann als Sammlungsstücke umsatzsteuerbegünstigt, wenn sie den hohen Entwicklungsstand des Uhrmacherhandwerks einer bestimmten Region und eines eingegrenzten Zeitraums beweisen und vergleichbare Stücke in öffentlichen Sammlungen gezeigt werden.
- Historische Wertpapiere sind Sammlungsstücke, die zunehmend gesucht werden, nur beschränkt verfügbar sind und deshalb ständig im Werte steigen. Sie sind von kulturhistorischem Wert. Darüber hinaus erschließt auch die künstlerische Gestaltung und die oft vorhandene Wiedergabe von historischen Gegenständen oder Szenen dem Betrachter die damalige Epoche.

Nur wenigen Sammlern ist bekannt, daß sie die objektive Beweislast für das Vorliegen eines Kunstgegenstandes oder eines Sammlungsstückes im Sinne des Zollrechts und des Umsatzsteuerrechts tragen. Zu diesem Zweck kann ein Gutachten eines anerkannten Sachverständigen erstellt und vorgelegt werden. Da dies mit hohen Kosten verbunden ist, wird bei der Einfuhr den Zollbehörden meist eine vom Händler erstellte Expertise eingereicht. Diese darf allerdings zur Begründung der fachlichen

Einordnung nicht nur globale Hinweise auf die einschlägige Literatur und vergleichbare Exponate enthalten. Einen derartigen Nachweis können die Finanzbehörden, wegen der unüberschaubaren Fülle der Gegenstände, die gesammelt werden, nur in eindeutigen Fällen anerkennen. Es ist daher ratsam, wenn man Einfuhrumsatzsteuer und Zoll sparen will, Erwerbungen im Ausland richtig vorzubereiten. In Zweifelsfällen besteht für den Sammler die Möglichkeit, bei der für Kunstgegenstände und Sammlungsstücke zuständigen Zolltechnischen Prüfungs- und Lehranstalt der Oberfinanzdirektion Berlin, Lentzeallee 8–10, 1000 Berlin 33, Auskünfte einzuholen.

Einkommensteuerliche Auswirkungen des Sammelns

Für den ambitionierten Sammler und für den Kunstinteressierten, der nur sein Büro mit einem Bild ausstatten will, stellt sich nun die Frage, ob die Anschaffung von Kunstgegenständen, Sammlungsstücken und Antiquitäten auch einkommensteuerliche Auswirkungen hat.

Gesammelt wird auch heute überwiegend aus persönlichem Interesse. Die Aufwendungen gehören deshalb nach der Systematik des Einkommensteuergesetzes zu den Kosten der Lebensführung und können grundsätzlich steuerlich nicht berücksichtigt werden. Damit sind auch die Kosten für die Restaurierung, den Diebstahlschutz und so weiter einkommensteuerlich nicht relevant.

Immer häufiger werden jedoch Geschäftsräume und Büros mit Gemälden, Plastiken und Antiquitäten ausgestattet. Dabei muß es sich nicht unbedingt um ein Steckenpferd handeln. Triste und niveaulose Räume kann sich heute weder ein Unternehmer noch ein Freiberufler leisten. Es tritt neben die Qual der Wahl das Problem, ob das Finanzamt die Aufwendungen als Betriebsausgaben anerkennt.

Betriebsausgaben sind alle Aufwendungen, die durch den Betrieb veranlaßt sind. Es genügt, wenn der Unternehmer annimmt, daß sie im Interesse des Betriebs liegen. Die Anforderungen, die an den Nachweis gestellt werden, steigen jedoch mit dem Grad der Berührung der privaten Lebenssphäre und der Außergewöhnlichkeit. Deshalb werden Aufwendungen für die Anschaffung von hochwertigen Bildern und Antiquitäten im betrieblichen Bereich von den Finanzbehörden oft von vornherein zu den nicht abzugsfähigen Lebenshaltungskosten gerechnet. Dafür kann im konkreten Fall die Tatsache sprechen, daß sämtliche Kunstgegenstände von ein und demselben Maler erworben wurden und daß sich weitere Werke desselben Künstlers im Privatbesitz befinden oder ein Spitzenstück angeschafft wurde. Hier ist durchaus die Auffassung vertretbar, daß private Motive (Kunstsammlung beziehungsweise Kapitalanlage) mehr als nur eine untergeordnete Rolle gespielt haben.

Der einzelne Finanzbeamte verkennt aber im Normalfall häufig, daß es in erster Linie auf den Verwendungszweck der Kunstwerke ankommt und nicht darauf, ob diese gewöhnlich zur privaten Lebenssphäre gehören. Zur Basis unternehmerischer Entscheidungsfreiheit in der Marktwirtschaft gehört ohne Zweifel, daß dem Geschäftsmann bei der Auswahl der für seinen Betrieb anzuschaffenden Wirtschaftgüter nicht hineingeredet wird. Es kann ihm nicht verwehrt werden, seine Räume statt mit Kalenderblättern oder billigen Drucken mit Kunstwerken so zu gestalten, daß diese dem heute geforderten Ambiente entsprechen.

Dennoch werden die Finanzbeamten angehalten, die Ausstattung von Geschäftsräumen, besonders von Chefzimmern, auf ihre Angemessenheit zu überprüfen. Dies soll allerdings nur dann geschehen, wenn die Aufwendungen ins Gewicht fallen. Bei der Beurteilung der Angemessenheit wird darauf abgestellt, ob ein ordentlicher und gewissenhafter Unternehmer die Aufwendungen ebenfalls auf sich genommen hätte. Neben der Größe der Firma, der Höhe des Umsatzes und des Gewinns wird vor allem die Bedeutung des Repräsentationsaufwands für den Geschäftserfolg und seine Üblichkeit in vergleichbaren Betrieben als Beurteilungskriterium herangezogen.

Ist eine Betriebsprüfung angekündigt und ist zu erwarten, daß die Ausstattung der Geschäftsräume zum Streitpunkt wird, sollte die Argumentation mit dem Steuerberater sorgfältig vorbereitet werden. Denn mancher Prüfer ist geneigt, die Motive des Steuerpflichtigen unbeachtet zu lassen und eine typisierte Lebenserfahrung an ihre Stelle zu setzen. Insbesondere muß dargelegt werden, daß die Besucher eine entsprechende Atmosphäre erwarten. Selbstverständlich hat der Finanzbeamte anzuerkennen, daß hier regelmäßig auch persönliche Neigungen eine Rolle spielen. Diese sind nur dann schädlich, wenn jedem auffällt, daß die Ausstattung mit hochwertigen Gegenständen nur dem privaten Interesse dient.

An dieser Stelle ist festzuhalten, daß die Betriebsbezogenheit dann evident ist, wenn wertvolle Holzschnitte, Stahlstiche oder hochwertige

Bilder und Plastiken mit beruflicher Aussage erworben werden. Der enge Zusammenhang zwischen ausgeübtem Beruf und künstlerischer Darstellung indiziert den betrieblichen Aufwand. Die Finanzbehörden können die Aufwendungen auch für eine größere Anzahl von Kunstwerken und Antiquitäten in den Geschäftsräumen als Betriebsausgaben dann nicht ablehnen, wenn die Anschaffungskosten in einem vernünftigen Verhältnis zum Gewinn stehen.

Sind die Hürden der Angemessenheitsprüfung überwunden, stellt sich unausweichlich die Frage, ob und wie Kunstgegenstände und Antiquitäten der Absetzung für Abnutzung (AfA) unterliegen. Da eher ein Wertzuwachs als eine Wertminderung in Betracht kommt, ist die Lösung des Problems der Abschreibungsfähigkeit und des Abschreibungszeitraums äußerst schwierig. Im Grundsatz gilt aber, daß der Kaufpreis für Gegenstände, die zur Ausstattung der Geschäftsräume oder des Arbeitszimmers erworben werden, im Wege der AfA als Betriebsausgaben oder Werbungskosten steuerlich berücksichtigt werden können. Liegt der Anschaffungspreis nicht über 800 DM (vermindert um die Umsatzsteuer), kann er sofort in voller Höhe abgeschrieben werden.

Mit der Problematik der »Abnutzung« von Gemälden hat sich der Bundesfinanzhof in einem Urteil vom 23. April 1965 – VI 327/64 U (Bundessteuerblatt 1965 Teil III Seite 382) grundlegend auseinandergesetzt. Er stellt zum einen die Prämisse auf, daß die Abschreibungsfähigkeit von Kunstgegenständen von den Umständen des Einzelfalles abhängt und zum anderen, daß zwar Werke der sogenannten »Gebrauchskunst«, nicht hingegen Werke von anerkannten Meistern, zu den abnutzbaren Wirtschaftsgütern zählen. Bei Anschaffungskosten für ein Bild bis zu 2000 DM (Streitjahr 1962) liegt nach Ansicht der Richter des Bundesfinanzhofs Gebrauchskunst vor. Gemälde, die nicht von anerkannten Meistern geschaffen wurden, hätten zwar eine ziemlich lange physikalische Nutzungsdauer, ihre wirtschaftliche sei dagegen bei einem sich schnell wandelnden Zeitgeschmack im allgemeinen wesentlich kürzer. Gebrauchskunst diene in der Regel der Dekoration eines Raumes und würde bei Modernisierungen wieder beseitigt. Schon nach kurzer Zeit seien sie weitgehend wertlos. Der Bundesfinanzhof schätzte, da es sich um Bilder für ein Café handelte, die voraussichtliche Nutzungsdauer auf 20 Jahre. Heute muß, da das Urteil des Bundesfinanzhofs schon einige Jahre zurückliegt, die Wertgrenze für

Gebrauchskunst mindestens 10000 DM betragen. Außerdem erscheint der Abschreibungszeitraum von 20 Jahren wegen des sich immer schneller wandelnden Geschmacks und der höheren Belastung durch äußere Einflüsse nicht mehr gerechtfertigt.

Der Bundesfinanzhof hält konsequent an seiner Auffassung fest, daß für Kunstwerke anerkannter Meister generell eine AfA nicht zulässig sei. Denn bei Werken eines in Fachkreisen geschätzten Künstlers trete kein laufender Wertverzehr ein. Diese würden eher im Wert steigen.

Dieser Ansicht kann nicht uneingeschränkt gefolgt werden. Die Erfahrung zeigt nämlich, daß auch das Urteil von Fachleuten, besonders über lebende oder vor kurzem verstorbene Künstler, zeitbedingt ist und später oft geändert wird. Im Normalfall gerät der Künstler in Vergessenheit und sein Werk verliert an Wert. Nur bei einer geringen Anzahl von Kunstwerken bringt die fortschreitende Zeit durch besondere Anerkennung des Künstlers einen wirtschaftlichen Wertzuwachs. Es können daher Kunstwerke nur in besonderen Fällen als Spitzenstücke und daher als wirtschaftlich nicht abnutzbar bezeichnet werden.

Es ist jedoch zu beachten, daß zwischen der wirtschaftlichen und der technischen (physikalischen) Abnutzung differenziert werden muß. So hat der Bundesfinanzhof in einer Entscheidung vom 2. Dezember 1977 – III R 58/75 (Bundessteuerblatt 1978 Teil II Seite 164) eingeräumt, daß bei Werken anerkannter Meister eine technische Abnutzung nicht generell verneint werden könne. Ein Anwalt hatte 1973 anläßlich einer Ausstellung sechs Bilder eines mehrfach preisgekrönten Malers erworben. Die Bilder kosteten circa 50000 DM und wurden in der Kanzlei aufgehängt. Der Kläger wies darauf hin, daß die Bilder in den Büroräumen schädlichen Umwelteinflüssen ausgesetzt seien, die einen unaufhaltsamen Abnutzungsprozeß bewirken würden. Die Richter waren jedoch der Auffassung, daß eine technische Abnutzung bei diesen Kunstwerken sich nur in so großen Zeiträumen vollziehe, daß sie steuerlich vernachlässigt werden müsse.

Bei der Aufmerksamkeit, wie sie extrem hochwertigen Kunstgegenständen, die in speziellen Ausstellungsräumen präsentiert werden, gewidmet wird, kann es möglich sein, daß eine Abnutzung erst nach vielen Jahren sichtbar wird. In Geschäftsräumen sind Kunstgegenstände jedoch den verschiedensten Einwirkungen ausgesetzt. Die Raumtemperatur ist nicht konstant, die Luftfeuchtigkeit kann nicht ausreichend reguliert werden, Licht und unsachgemäße Berührung zeigen schon bald ihre Zerstörungskraft. Zum Beispiel kann bei Aquarellen und Stichen eine direkte Lichteinwirkung schon in wenigen Jahren ein Verbleichen bewirken. Pastelle sind unfixiert durch jede Berührung gefährdet. Bei traditionellen künstlerischen Werkstoffen kann bereits die Farbmischung erhebliche konservatorische Probleme hervorrufen. Fingerabdrücke auf monochromen Farbflächen lassen sich nicht retuschieren und machen das Kunstwerk nahezu wertlos. Auch die Technik, etwa dick aufgetragene Farbschichten, kann eine Auflösung der Oberfläche hervorrufen und damit einen Wertverlust bewirken.

Bei Arbeiten und Objekten zeitgenössischer Künstler mit neuartigen Werkstoffen ist der Zerfall, die Integration des Kunstwerks in den Naturprozeß, oft Teil der künstlerischen Aussage. Nicht zu vergessen ist eine lieblose Behandlung der Kunstwerke durch Reinigungspersonal. Dies alles hat zur Folge, daß in Geschäftsräumen aufgehängte oder aufgestellte Kunstwerke in der Regel einer erhöhten Pflege bedürfen. Der damit einhergehende konservatorische Aufwand, der nur beschränkt den Verfall aufhalten kann, bestätigt den technischen Nutzungsverlust und damit die grundsätzliche Abschreibungsfähigkeit auch von Kunstwerken anerkannter Meister. Nur wenn Werke in eigens hergerichteten Ausstellungsräumen oder Vitrinen gezeigt werden, dürfte von einer steuerlich unbeachtlichen Abnutzung auszugehen sein.

Bei Kunstwerken anerkannter Meister, die zur Ausstattung von Geschäfts- und Büroräumen angeschafft werden, ist daher in der Regel eine fingierte Nutzungsdauer wegen wirtschaftlicher und/oder technischer Abnutzung von 20 bis 30 Jahren sachgerecht.

Sind hochwertige Antiquitäten ständig im Büro oder im Arbeitszimmer in Gebrauch, so kommt ebenfalls eine AfA wegen technischer Minderung in Betracht. Dies gilt auch, wenn ihr Wert kontinuierlich steigt. Diese Auffassung vertritt der Bundesfinanzhof mit Urteil vom 31. Januar 1986 – VI R 78/82 (Bundessteuerblatt 1986 Teil II Seite 355). Bei einem über 100 Jahre alten Schreibtisch und -sessel könne deshalb lediglich eine Nutzungsdauer von 15 beziehungsweise 20 Jahren angenommen werden. Der Erwerb von Antiquitäten kann daher von steuerlichem Interesse sein. Neben der Frage der Notwendigkeit und der Abstimmung mit den privaten Belangen wird auch hier die Frage der wirtschaftlichen oder technischen Abnutzung eine herausragende Rolle spielen. Wird dieser Problemkreis bereits bei der Anschaffung mitberücksichtigt, kann so manche Steuermark gespart werden.

Zersetzen sich die Farben eines Bildes oder bricht der antike Schreibtisch plötzlich zusammen, so sind die Aufwendungen zur Erhaltung ebenfalls steuerlich berücksichtigungsfähig. Sind die Gegenstände nicht mehr zu retten, kommt, sofern der gewählte AfA-Zeitraum noch nicht abgelaufen ist, eine sofortige Abschreibung in Betracht. Auch eine Alarmanlage muß das Finanzamt anerkennen.

An dieser Stelle wird ausdrücklich darauf hingewiesen, daß es sich nicht empfiehlt, wegen der nur geringen Möglichkeit bei extrem hochwertigen Kunstgegenständen über die AfA Steuern zu sparen und wegen der zu erwartenden Wertsteigerungen diese in das Betriebsvermögen aufzunehmen. Denn im Veräußerungsfall oder bei einer späteren Entnahme zu Privatzwecken oder bei der Betriebsaufgabe hat dies zur Folge, daß dann der erzielte Erlös als »Gewinn« (abzüglich des Buchwerts) zu versteuern ist.

Wann unterliegen Kunstwerke der Vermögensteuer?

Der Vermögensteuer unterliegt das gesamte Vermögen eines Steuerpflichtigen. Zu diesem Vermögen gehören auch Kunstgegenstände und Sammlungen, wenn ihr Wert die Freigrenze von insgesamt 20 000 DM übersteigt. Beträgt zum Beispiel bei einem alleinstehenden Steuerpflichtigen der Wert der insgesamt vorhandenen Kunstgegenstände und Sammlungen 19 000 DM, so bleiben sie außer Ansatz; beträgt der Wert 20 001 DM, so ist der gesamte Kunstbesitz steuerpflichtig. Im Falle der Zusammenveranlagung (Ehegatten und Kinder) vervielfacht sich die Freigrenze entsprechend. Es wird jeweils für die beteiligten Personen eine Gesamtfreigrenze gebildet und berücksichtigt, wobei es völlig gleichgültig ist, wem zum Beispiel die Kunstgegenstände gehören. Eine dreiköpfige Familie hat bei Kunstgegenständen somit eine Freigrenze von 60 000 DM.

Zu beachten ist, daß Kunstgegenstände, die von Künstlern (in- oder ausländischen) geschaffen wurden, die im Zeitpunkt der Anschaffung noch leben beziehungsweise lebten, ohne Rücksicht auf den Wert nicht dem steuerpflichtigen Vermögen hinzuzurechnen sind. Um nicht in Beweisnot zu geraten, sollte der Erwerb eines Kunstwerks zu Lebzeiten des Künstlers auf jeden Fall durch Belege nachzuvollziehen sein. Befreit sind jedoch nur Kunstgegenstände, die sich im Privatvermögen befinden. Anzumerken ist, daß Kunstgegenstände und Sammlungen ganz oder teilweise bei der Vermögensteuer außer Betracht bleiben, wenn ihre Erhaltung im öffentlichen Interesse liegt und bestimmte Auflagen erfüllt sind. Gehören Kunstwerke zum Betriebsvermögen, sind sie in der Regel steuerpflichtig und werden im Rahmen der Vermögensaufstellung zur Ermittlung des Einheitswerts des gewerblichen Betriebs oder des einem freien Beruf dienenden Vermögens berücksichtigt.

Die Feststellung des in der Vermögensteuererklärung anzugebenden Wertes, bereitet nicht nur dem Kunstsammler, sondern auch den Finanzbeamten größte Schwierigkeiten. Für Kunstgegenstände und Sammlungen, die zum privaten Vermögen gehören, ist der Wert anzusetzen, der im gewöhnlichen Geschäftsverkehr bei einer Veräußerung am Stichtag der Vermögensteuererklärung zu erzielen gewesen wäre. Dabei sind alle Umstände, die den Preis beeinflussen, zu berücksichtigen. Ungewöhnliche oder persönliche Verhältnisse bleiben außer Betracht.

Die Preisbildung ist, egal, ob das Kunstwerk bei einer Auktion, bei einem Kunsthändler oder von einem Privatmann erworben wurde, mit vielen Unwägbarkeiten, Zufälligkeiten und Risiken verbunden. Es ist auch zu beachten, daß Kunstwerke nicht nur auf dem Weltmarkt, sondern selbst schon im Inland regional unterschiedlich bewertet werden, und daß es für beispiellose Kunstwerke überhaupt keinen gewöhnlichen Geschäftsverkehr gibt. Die Finanzämter werden daher durch die Vermögensteuer-Richtlinien angewiesen, den Wert von Kunstgegenständen und Sammlungen besonders vorsichtig zu ermitteln. Dabei sei besonders auch die schwierige Verwertungsmöglichkeit zu berücksichtigen. Diese Anweisung erscheint bei flüchtiger Betrachtung eigenartig, da doch die Zeitungen ständig von neuen Rekordumsätzen der Auktionshäuser berichten und die Kunsthändler zum Teil klagen, daß sie die Nachfrage nicht befriedigen könnten. Der Kunstsammler sollte sich bei der Wertfindung für die Vermögensteuer aber nicht von diesen Tatsachen leiten lassen.

Wie findet man nun zu dem Preis, der im gewöhnlichen Geschäftsverkehr bei der Veräußerung eines Kunstwerks am Stichtag der zu erstellenden Vermögensteuererklärung zu erzielen gewesen wäre? Wenn möglich, sollte man stets von konkreten Anhaltspunkten ausgehen. Hierfür kommt einmal der Anschaffungspreis oder der Verkaufspreis in Betracht. Diese können aber immer nur eine Richtschnur bilden, an der man sich orientieren kann. Denn in der Regel sind gerade bei der Bemessung des Preises für ein Kunstwerk auf seiten des Käufers und Verkäufers besondere Momente ausschlaggebend gewesen. Auf diese Weise zustande gekommene Preise können aber keinen Maßstab für den bei der Vermögensteuer anzusetzenden Wert sein.

Selbst wenn das Kunstwerk bei einem anerkannten Kunsthändler erstanden wurde, so ist der Kaufpreis mit den verschiedensten individuellen Faktoren belastet, die für den gewöhnlichen Geschäftsverkehr ohne Bedeutung sind. Der Preis kann nämlich im Einzelfall nicht unwesentlich durch die Mittlerrolle des Kunsthändlers beeinflußt sein. Auf keinen Fall muß man sich nach Auktionsspitzenpreisen richten. Insbesondere ist bei der Wertfindung für die Vermögensteuer das Aufgeld außer Betracht zu lassen. Auch der Versicherungswert ist nicht der richtige Anknüpfungspunkt. Erfahrungsgemäß besteht hier nämlich die Tendenz, zum einen wegen der hohen Prämien eine Unterversicherung abzuschließen, zum anderen werden besonders bei Versicherungen im Zusammenhang mit Ausstellungen die angegebenen Werte mehr gewünschte als tatsächlich erzielbare Werte sein.

Zur Berücksichtigung von Veräußerungspreisen hat der Reichsfinanzhof in seinem heute noch richtungweisenden Urteil vom 18. September 1930 – III A 290/29 (Reichssteuerblatt 1931 Seite 585) Stellung genommen. In dieser Entscheidung wurde in Übereinstimmung mit dem Gutachten eines Sachverständigen der Wert eines kostbaren Gemäldes, das der Steuerpflichtige im Oktober 1927 für 750 000 Reichsmark verkauft hatte, zum 1. Januar 1925 und zum 1. Januar 1927 auf 200 000 Reichsmark festgelegt. Der Betrag, für den der Steuerpflichtige das Gemälde veräußert habe, sei ein ausgesprochener Liebhaberpreis gewesen. Als Fazit dieser Entscheidung bleibt festzuhalten, daß beim Verkäufer der tatsächlich erzielte Preis für Zwecke der Vermögensteuer immer auf den Betrag zurückzuführen ist, der bei einer üblichen Veräußerung voraussichtlich erzielt worden wäre.

Im allgemeinen kann, wenn sonst keine der oben genannten Anhaltspunkte vorhanden sind, von den Auktions- und sonstigen publizierten Verkaufspreisen für die Wertermittlung ausgegangen werden. Dabei ist im Einzelfall von den dort genannten Preisen aber ein Abschlag von 50 bis maximal 75 Prozent vorzunehmen, um allen individuellen Besonderheiten pauschal Rechnung zu tragen. Wenn besonders hohe Werte zur Diskussion stehen, ist es ratsam, schon vor Abgabe der Vermögensteuererklärung einen vereidigten Sachverständigen mit der Erstellung eines Gutachtens zu beauftragen. Dieses Gutachten sollte mit der Erklärung beim Finanzamt eingereicht werden. Ist die Vermögensteuererklärung so vorbereitet, werden die Finanzbeamten in aller Regel den angegebenen Wertansatz für lange Zeit übernehmen. Sie tun es, weil sie zu einer vorsichtigen Bewertung angehalten werden und sich der Schwierigkeiten einer Korrektur sehr wohl bewußt sind.

Antiquitäten, die zur Wohnungseinrichtung gehören, unterliegen als Luxusgegenstände der Vermögensteuer, wenn sie einen gehobenen Wohnstil eindeutig und zweifelsfrei überschreiten. Das letztere ist immer dann der Fall, wenn ihr Wert zur Nutzung in einem besonders krassen Mißverhältnis steht. Das hat der Bundesfinanzhof mit Urteil vom 17. Mai 1990 – II R 181/87 (Bundessteuerblatt 1990 Teil II Seite 710) entschieden. Wegen der Wertermittlung wird auf die obigen Ausführungen hingewiesen. Zu beachten ist jedoch, daß nur eine Freigrenze von 10 000 DM gilt. In diesen Betrag sind noch Schmuck und Gegenstände aus edlem Metall (soweit nicht Hausrat) mit einzubeziehen. Bilden die Antiquitäten für sich gesehen eine Sammlung, so sind sie dort zu berücksichtigen.

Die Freigrenzen wurden bisher wegen der Zusammenveranlagung nur von einer überschaubaren Zahl von Kunstsammlern überschritten. Außerdem war der Wert von Kunstgegenständen, Sammlungen und Antiquitäten meist sehr viel niedriger. Aber gerade in den letzten Jahren hat sich dieses Bild entscheidend verändert. Heute ist nämlich nicht nur das Preisniveau bedeutend höher, sondern es ist auch eine größere Bevölkerungsschicht in der Lage und willens, einen Teil ihres Vermögens in schönen Dingen anzulegen.

Unter Berücksichtigung dieser allgemein bekannten Tatsachen kann der Finanzbeamte die Augen in Zukunft nicht mehr vor diesem Problemkreis verschließen.

Der Verkauf der Sammlung muß geplant werden

Manchmal ist der Sammler bestrebt oder auch gezwungen, sich von seinen mit viel Liebe und Eifer zusammengetragenen Stücken zu trennen; vielleicht will er sich einem neuen reizvolleren Gebiet widmen oder ein besonders wertvolles Exemplar erwerben. Hier ist Vorsicht angebracht. Es könnte sein, daß Umsatzsteuer, Einkommensteuer und Gewerbesteuer zu entrichten sind.

Unternehmer im Sinne des Umsatzsteuergesetzes ist, wer eine gewerbliche oder berufliche Tätigkeit selbständig ausübt. Den Gegensatz dazu bilden die Tätigkeiten im Rahmen des Privatlebens. Die Grenzen sind hier jedoch flüssig, da jede nachhaltige Tätigkeit zur Erzielung von Einnahmen (kein Gewinn notwendig!) nach dem Umsatzsteuergesetz gewerblich oder beruflich ist. Nach der neuesten Rechtsprechung des Bundesfinanzhofs kommt es aber hier entscheidend darauf an, daß sich der Sammler »wie ein Händler« verhält. Ein Sammler, der seine Schätze wie ein Kunsthändler veräußert, indem er zum Beispiel Preislisten versendet, ist Unternehmer.

Für die Praxis kann aber festgehalten werden, daß Veräußerungen von Gegenständen aus einer privaten Sammlung im Regelfall nicht der Umsatzsteuer unterliegen, auch wenn sie in einer größeren Anzahl von Einzelakten erfolgen und zu beträchtlichen Erlösen führen. Man sollte aber den Ideenreichtum der Finanzbehörden und der Steuergerichte nicht unterschätzen. Es ist daher angezeigt, sich rechtzeitig mit der Problematik auseinanderzusetzen und entsprechende Vorkehrungen zu treffen.

Auch für die Einkommensteuer sind die im Zusammenhang mit privatem Kunstbesitz und Sammlungen anfallenden Verkäufe und Tauschgeschäfte in aller Regel unbeachtlich, weil der Wille fehlt, hieraus eine Einkommensquelle zu machen. Wird die Sammlung als Ganzes in einem Vorgang veräußert, sei es auch mit erheblichem Gewinn, ist ein Vorgang im privaten Vermögensbereich gegeben, den das Einkommensteuergesetz nicht erfaßt. Dies ist auch dann der Fall, wenn die komplette Sammlung an einen Auktionator übergeben wird, der die Stücke einzeln versteigert. Unerheblich dürfte es auch sein, sofern die gesamte Sammlung von vornherein auf einmal veräußert werden soll, wenn dies auf einer oder mehreren Auktionen erfolgt.

Problematisch wird es aber auch bei der Einkommensteuer, wenn regelmäßig Gegenstände veräußert werden oder eine Sammlung durch mehrere Einzelverkäufe aufgelöst wird und der Kunstliebhaber sich wie ein Antiquitäten- oder Kunsthändler verhält. Einkünfte, die steuerlich zu berücksichtigen sind, liegen im Unterschied zur Umsatzsteuer jedoch nur dann vor, wenn der Sammler zusätzlich in der Absicht tätig ist, Gewinn zu erzielen. Ob ein Gewinn aber tatsächlich erzielt wird, ist unbeachtlich. Die Beweislast für die Feststellung der Gewinnerzielungsabsicht trifft das Finanzamt.

Wegen der Fülle der möglichen Fallgestaltungen konnte an dieser Stelle nur ein kurzer Abriß gegeben werden, der zum Nachdenken und zu einer sorgfältigen Planung anregen soll. Die ganze Problematik wird aber erst deutlich werden und zum Tragen kommen, wenn Preiseinbrüche auf dem Kunstmarkt so manchen Hausse-Sammler zu Panikverkäufen verleiten. In wilder Hast und mit allen Mitteln werden diese versuchen, ihre nur nach kaufmännischen Gesichtspunkten zusammengetragenen Kunstwerke (oft auch mit Krediten finanziert!) wie ein Händler zu veräußern. Auf die Reaktion der Finanzverwaltung und der Steuergerichte darf man schon jetzt gespannt sein. Nirgendwo ist der Fiskus zimperlich, wenn es darum geht, dem Staat das zu geben, was des Staates ist.

Die Weitergabe von Kunstwerken sollte rechtzeitig bedacht werden

Nun ist ein Bereich anzuschneiden, von dem junge Sammler glauben, daß sie sich noch nicht damit beschäftigen müssen; vielmehr wird die Frage der Weitergabe von Kunstwerken vielfach möglichst lange vor sich hergeschoben. Das sollte aber im Interesse der Sammlung und der Erben keine Frage des Alters sein. Wenn der Kunstsammler alle Mühen des Erwerbs vergessen hat und die Kunstgegenstände zum vertrauten, ja geliebten Umfeld geworden sind, ist der richtige Augenblick gekommen, um sich Gedanken darüber zu machen, an wen die Schätze einmal weitergegeben werden sollen.

Der Sammler, der sich mit der Verteilung seines Kunstbesitzes an die Erben beschäftigt oder eine Schenkung zu Lebzeiten in seine Überlegungen einbezieht, sollte aber nicht nur die Lösung der zivilrechtlichen Fragen, sondern auch die der Erbschaftsteuer oder Schenkungsteuer anstreben. Denn die Freude für den Erben oder Beschenkten währt mitunter nicht lange. Hat der Bedachte den Erbschaftsteuer- oder Schenkungsteuerbescheid erst einmal erhalten, ist guter Rat oft teuer. Kann nämlich die Steuerforderung nicht bezahlt werden, tritt genau das ein, was eigentlich verhindert werden sollte: der Verkauf.

Der Erbschaftsteuer unterliegt der Erwerb von Todes wegen und der

Erwerb durch Schenkung unter Lebenden. Die Steuer entsteht mit dem Tod des Erblassers, bei Schenkungen mit dem Zeitpunkt der Ausführung. Steuerschuldner ist der Zuwendungsempfänger, bei einer Schenkung ersatzweise auch der Schenker. Jeder der Erbschaftsteuer unterliegende Erwerb, dazu gehört auch der von Kunstgegenständen, Sammlungen und Antiquitäten, ist vom Erwerber binnen einer Frist von drei Monaten dem für die Verwaltung der Erbschaftsteuer zuständigen Finanzamt anzuzeigen; bei Schenkungen ist auch der Schenker anzeigepflichtig. Das Erbschaftsteuergesetz stellt für die Besteuerung auf das persönliche Verhältnis des Erwerbers zum Erblasser oder Schenker ab und zerlegt dieses in vier Steuerklassen. Je nach Steuerklasse sind unterschiedlich hohe Freibeträge zu berücksichtigen. Hausrat, Kunstgegenstände und Sammlungen bleiben beim Erwerb durch Personen der Steuerklasse I oder II (Ehegatte, Kinder) in Höhe von insgesamt 40000 DM und in den übrigen Steuerklassen in Höhe von insgesamt 10000 DM steuerfrei. Es ist zu beachten, daß Kunstgegenstände und Sammlungen zum Hausrat gerechnet werden. Es gibt also daneben keine besondere Befreiung für Kunstwerke.

Der Besteuerung wird die Bereicherung unterworfen, die beim Erben oder dem Beschenkten eingetreten ist. Es spielt daher auch hier eine Rolle, mit welchem Wert die Kunstgegenstände anzusetzen sind. Dies ist deshalb so bedeutsam, weil die Höhe der Steuer auch noch von dem Verwandtschaftsverhältnis des Erwerbers zum Erblasser oder Schenker abhängt. Je höher der Wert der Zuwendung und je entfernter der Verwandtschaftsgrad, um so höher ist der Steuersatz. Dieser kann im ungünstigsten Fall bis zu siebzig Prozent betragen. Bei der Erstellung der Schenkungsteuer- oder der Erbschaftsteuererklärung ist daher die Wertfindung von noch eminenterer Bedeutung als bei der Vermögensteuer. Der Wert ist hier nach den gleichen Grundsätzen zu bestimmen wie bei der Vermögensteuer. Wegen der Einzelheiten wird daher auf die dort gemachten Ausführungen verwiesen.

Es wird aber ausdrücklich darauf aufmerksam gemacht, daß es nicht auf den Wert im Zeitpunkt der Abgabe der entsprechenden Erklärung oder der Steuerfestsetzung ankommt, sondern auf den Wert am Todestag, beziehungsweise bei Schenkungen auf den Wert am Tag der Ausführung der Zuwendung. Spätere allgemeine Wertkorrekturen nach oben oder unten können daher weder von der Finanzverwaltung, noch vom Erben geltend gemacht werden. Bei Schenkungen ist daher eine genaue

Marktbeobachtung sinnvoll, um den günstigsten Zeitpunkt auszuwählen. Auch hier ist es angebracht, wenn außergewöhnlich hohe Werte zur Diskussion stehen, schon vor dem Anzeigen der Schenkung oder der Abgabe der Erbschaftsteuererklärung einen vereidigten Sachverständigen mit der Erstellung eines Gutachtens zu beauftragen, um unnötige Schwierigkeiten mit dem Finanzamt zu vermeiden. Liegt der Wert der Kunstgegenstände oder der Sammlung über dem in Einzelfall anzuwendenden Freibetrag, so wird im Gegensatz zur Vermögensteuer nicht der gesamte Erwerb der Erbschaftsteuer unterworfen, sondern nur der übersteigende Betrag.

Eine über die Zugehörigkeit zum Hausrat hinausgehende Befreiung von der Erbschaftsteuer erschien dem Gesetzgeber bisher nur vertretbar, wenn die Erhaltung der Gegenstände und Sammlungen wegen ihrer Bedeutung für Kunst, Geschichte oder Wissenschaft im öffentlichen Interesse liegt.

Ausblick

Die steuerlichen Rahmenbedingungen für Kunst sollen entscheidend verbessert werden. Die Bundesregierung hat daher den Entwurf eines Gesetzes zur steuerlichen Förderung von Kunst und Kultur sowie von Stiftungen beschlossen. Danach sollen Kunstgegenstände von der Vermögensteuer befreit sein, wenn diese für Ausstellungszwecke unentgeltlich zur Verfügung gestellt und so der Allgemeinheit zugänglich gemacht werden. Vermögensteuer- und Erbschaftsteuerschulden können durch Hingabe besonders wertvoller Kunstwerke getilgt werden. Außerdem soll der Spendenabzug bei Zuwendungen an Stiftungen deutlich verbessert und der Handlungsfreiraum für künstlerisches und kulturelles Engagement durch gezielte steuerliche Entlastungsmaßnahmen erweitert werden. Wann der begrüßenswerte Gesetzentwurf Wirklichkeit wird, kann zur Zeit noch nicht überblickt werden.

Vorsicht vor dem Drang, Steuern zu sparen

Die vorstehenden Ausführungen sollen den Blick für das Steuerrecht schärfen. Sie konnten freilich nur die wichtigsten mit Kunstgegenständen, Sammlungen und Antiquitäten im Steuerrecht auftretenden Probleme aufzeigen. Die Fülle der Fallgestaltungen sprengt den Rahmen jeder Abhandlung.

Zum Schluß soll noch auf einige bekannte – bei zunehmender Sammelleidenschaft um so lieber verdrängte – Schwachstellen hingewiesen werden. Den Finanzbehörden ist bewußt, daß Kunstwerke oft mit Geld erworben werden, das am Fiskus vorbeigemogelt wurde. Was auf den ersten Blick als Ei des Kolumbus erscheint, kann sich aber sehr schnell als Windei entpuppen. Vielen Kunstsammlern wird bei ihren Bemühungen, die Sammlung vor dem Auge des Gesetzes zu verbergen, immer wieder die eigene Eitelkeit und der Drang, möglichst damit auch noch Steuern zu sparen, zum Verhängnis. So lassen sich viele bei entsprechenden Gelegenheiten in der Öffentlichkeit als Kunstsammler feiern. Auch bei Diebstählen werden sonst ausgesprochen verschlossene Sammler mit ihren Informationen und Wertangaben – nicht zuletzt an die Öffentlichkeit – großzügig, um einen Weiterverkauf zu verhindern und das Auffinden zu erleichtern. In diesem Moment muß der Finanzbeamte hellhörig werden. Oft genügt ein Blick in die Vermögensteuererklärung, um festzustellen, daß dort keine Angaben über Kunstgegenstände und Sammlungen enthalten sind. Sie wurden schlicht »vergessen«. Dies führt dann auch zu der Frage der Finanzierung. Welche Folgen das unter Umständen haben kann, muß sich jeder Sammler selbst vor Augen führen.

Um Steuern zu sparen, werden oft auch die Prämien für die Versicherung der in der Wohnung aufbewahrten Kunstgegenstände als Betriebsausgaben gebucht, oder es werden die Aufwendungen für eine spezielle Alarmanlage steuerlich geltend gemacht. Verlangt dann der Betriebsprüfer Erläuterungen und Unterlagen oder will er gar die Wohnung besichtigen, so reicht es nicht aus, über Nacht die Bilder abzuhängen, Teppiche verschwinden zu lassen und antike Möbel in den Keller zu räumen. Sie haben nämlich sichtbare Spuren hinterlassen. Eine Krisensitzung beim Steuerberater ist angezeigt.

Jedem Sammler ist daher zu raten, sich nicht nur mit Leidenschaft seiner Sammlertätigkeit zu widmen, sondern auch stets die Vorschriften des Steuerrechts in sein Blickfeld mit einzubeziehen. Eine Bestandsaufnahme des Wertes sollte als feste Verpflichtung am Ende eines jeden Jahres stehen. Freilich muß dem Steuerberater das Hobby bekannt sein. Er sollte auch regelmäßig über die Entwicklung der Sammlung und beabsichtigte Verkäufe informiert werden, um rechtzeitig auf steuerliche Auswirkungen hinweisen und gravierende Fehlentscheidungen ausschließen zu können.

Freier Versicherungsmarkt für »Großrisiken«
Ausländische Anbieter haben es vorerst noch schwer

Bier und Wurst haben mit Versicherungen im Grunde wenig zu tun. Das eine ist für den schnellen Verzehr gedacht, das andere für langfristige Vorsorge und Sicherheit. Doch gibt es etwas Verbindendes: das deutsche Reinheitsgebot. Nach Bierbrauern und Metzgern sind es die deutschen Versicherer, die eine Art Reinheitsgebot beschwören und die deutschen Kunden vor Angeboten aus dem Ausland schützen wollen.

Nur deutsche Versicherungen böten ausreichende Sicherheit für die sicherheitsliebenden Deutschen, behaupten sie. Was aus dem Ausland auf den deutschen Markt dränge, sei oft verbraucherunfreundlich und risikoreich; gelegentlich ist sogar von Mogelpackungen die Rede. Davor müsse der Verbraucher geschützt werden. Die Warnung wird manchem Kunden Angst machen: Wer möchte schon seine private Altersvorsorge in den Trümmern eines zusammengebrochenen Versicherungsunternehmens untergehen sehen? Dennoch sind sich viele Fachleute und Politiker einig, daß die Schutzzäune für Versicherungsprodukte um den deutschen Markt herum abgebaut werden müssen. Unter den Fittichen einer hoheitlichen Aufsicht hatten sich die Versicherungsgesellschaften in der Bundesrepublik wohlgefühlt. Abgeschirmt vom Wettbewerb aus dem Ausland haben sie sich zu großen Finanzunternehmen entwickelt. Nun soll ihnen der staatliche Schutzschild entzogen werden.

Die Regierungen der Mitgliedsländer der Europäischen Gemeinschaft haben in einer »Europäischen Akte« vom Juli 1987 dem Plan zugestimmt, daß bis Ende 1992 alle Hemmnisse für einen freien Verkehr von Personen, Waren, Dienstleistungen und Kapital in der Gemeinschaft abgebaut werden müssen. Die Europäische Kommission in Brüssel ist von den Regierungen beauftragt worden, diesen Plan durch entsprechende Richtlinien und Verordnungen durchzusetzen.

Es sind bereits zahlreiche De-Regulierungsmaßnahmen durchgeführt worden. Der entscheidende Durchbruch aber gelang der Kommission mit ihrer 2. Schaden-Deregulierungs-Richtlinie, die in Deutschland am 1. Juli 1990 in geltendes Gesetz umgesetzt wurde. Sie hat das »Importverbot« für ausländische Versicherungsprodukte in einem maßgeblichen Marktsegment aufgehoben. Über die Grenzen der Mitgliedsländer und der Schweiz hinweg soll Dienstleistungsfreiheit herrschen. Sie gilt vorerst aber nur für »Großrisiken«, das heißt für Versicherungsverträge mit Unternehmen, die mindestens zwei von drei Größenmerkmalen überschreiten: 250 Beschäftigte und rund 26 Millionen DM Umsatz oder 13 Millionen DM Bilanzsumme.

Für Unternehmen, die diese »Schwellenwerte« überschreiten, ist ein behördlicher Versicherungsschutz nicht mehr vorgesehen; sie können ihren Versicherungsbedarf – auch über die Grenzen hinweg – frei aushandeln. Für die Industrieversicherungen gilt seither Vertragsfreiheit.

Damit beginnt für die deutsche Versicherungswirtschaft ein neues Kapitel. Während die Bundesrepublik in den letzten drei Jahrzehnten zur führenden Exportnation der Welt aufstieg, blieb die Versicherungsbranche im nationalen Geschäft stecken. Weniger als zehn Prozent ihrer Prämieneinnahmen von 140 Milliarden DM im Jahr bezieht sie aus dem Ausland. Das kann nun anders werden. Es sind nicht nur politische, sondern auch wirtschaftliche Zwänge, die dazu führen, daß sich die Grenzen öffnen. Während Exporte vom heimischen Schreibtisch aus versichert werden können, erfordern die zunehmenden Auslandsinvestitionen der Kunden die Anwesenheit der Versicherer vor Ort. Sie müssen ihnen ins Ausland folgen, wollen sie sie nicht an ausländische Konkurrenten verlieren. Auslandserfahrung bringt heimischen Versicherern nicht nur internationales Know-how, sondern auch internationale Kundschaft und Risikostreuung über die Grenzen hinweg.

Die großen deutschen Industrieversicherer wie Allianz und Gerling haben längst begonnen, sich für Auslandsmärkte und internationale Konkurrenz auch auf heimischem Boden zu rüsten: durch Aufbau, Aufkauf und Beteiligung an Stützpunkten im Ausland, aber auch durch neue Produktkonzeptionen und Organisationsstrukturen.

Die Mehrzahl der Versicherungsunternehmen in der Bundesrepublik steht der Liberalisierung der Industrieversicherungen wohlwollend gegenüber. Die meisten von ihnen sind in diesem Spezialgeschäft ohnehin nicht zu Hause; außerdem liegt der Anteil der Industrieversicherungen am Prämienaufkommen weit unter 10 Prozent. Kaufleute untereinander benötigen keinen Verbraucherschutz durch eine Aufsichtsbehörde! Dieses Motto durchzieht wie ein roter Faden die im Juli 1990 wirksam gewordene 2. Schaden-Deregulierungs-Richtlinie.

Das Massengeschäft mit Lebens- und Autoversicherungen, Hausrat-

und Haftpflicht-, Kranken- und Unfallversicherungen aber bleibt von der erwähnten Richtlinie verschont. Allerdings hat die Europäische Kommission auch hierfür Richtlinienentwürfe angekündigt, die noch vor Ende 1992 auch das Breitengeschäft liberalisieren. Was in dem einen Mitgliedsstaat ordnungsgemäß in den Verkehr gekommen ist, soll ohne zusätzliche Hemmnisse auch in den anderen Ländern der Gemeinschaft angeboten werden dürfen. Wenn diese Liberalisierung Realität wird, ändert sich auch für den normalen Verbraucher die Welt der Versicherungen. Er kann seine Hausrats- oder Lebensversicherung bei einem Makler seiner Wahl oder direkt bei einem Versicherer in jedem Mitgliedsland der Gemeinschaft abschließen. Die Unternehmen können ihre eigenen Produkte über die Grenzen hinweg oder über Niederlassungen oder Makler im Nachbarland anbieten.

Eine so weitgehende Liberalisierung versucht die deutsche Versicherungsbranche zu verhindern. Der Verbraucher wäre überfordert, ausländische Angebote zu beurteilen, sagt sie. Die Konditionen sehen in den Nachbarländern zu unterschiedlich aus. So schreibt die deutsche Autohaftpflicht eine Mindestdeckung für Personenschäden von 1,5 Millionen DM und für Sachschäden von 400 000 DM vor, die spanische dagegen nur von umgerechnet 125 000 DM und für Sachschäden von 35 000 DM. Der Schutz des Unfallopfers müsse gewährleistet sein, sagen die inländischen Versicherer und pochen auf gleichlautende Bedingungen, bevor die Grenzen geöffnet werden. Gleichwohl hat die Europäische Kommission eine Kraftfahrzeug-Richtlinie angekündigt, die darauf keine Rücksicht nimmt. Sie soll für Unternehmen oberhalb der Schwellenwerte gelten. Betriebe können ihre Autoflotten dann bei einer Gesellschaft ihrer Wahl versichern, sofern diese einen inländischen Schadenabwickler benannt hat. Privatpersonen aber bleibt dieser Weg vorerst verschlossen. Die Kraftfahrzeug-Zulassungsämter wären überfordert, festzustellen, ob ein angemessener Versicherungsschutz vorhanden ist.

Vorschläge der Bundesregierung, die Tür für ausländische Lebensversicherungen einen Spaltbreit zu öffnen, haben Proteste der inländischen Branche zur Folge gehabt. Sie möchte die Steuerprivilegien für die Lebensversicherung nicht durch ausländische Angebote gefährden, die die gleiches Recht beanspruchen könnten. Fachleute sind sich jedoch darin einig, daß es nicht Sache des Staates sein kann, Preis und Inhalt von Produkten vorzuschreiben und zu überprüfen; er könne nur aus Sicherheitsgründen Mindeststandards setzen wie beim Auto.

Die Versicherer in der Bundesrepublik sehen das freilich anders. Die Aufhebung der Genehmigungspflicht für Versicherungsbedingungen und die Beseitigung amtlich vorgeschriebener Kalkulationsvorschriften in der Lebens- oder der Autohaftpflichtversicherung würde ihrer Ansicht nach die Markttransparenz zerstören, Preisvergleiche unmöglich machen und könnten bei einem rigorosen Preiswettbewerb Konkurse von Versicherungsgesellschaften heraufbeschwören.

Dabei wird unterstellt, daß der Verbraucher Versicherungsprodukte vergleichen könnte. Tatsächlich aber ist das Bundesaufsichtsamt schon vor längerer Zeit von dem Prinzip der Einheitlichkeit der Vertragsbedingungen abgewichen. Aufgabe der Behörde ist es nicht, darüber zu befinden, ob Versicherungsbedingungen für alle Verbraucher geeignet sind. Das sei Sache des Marktes, erklärte der Präsident des Aufsichtsamtes. Vielmehr habe die Behörde lediglich darüber zu befinden, ob Versicherungsbedingungen angemessen und fair sind. Im Gegensatz zu den Unternehmen fordert das Amt nicht die Genehmigungspflicht von Versicherungsbedingungen und Tarifkontrolle, sondern lediglich eine Bedingungsaufsicht und Mißbrauchskontrolle. Versicherungsunternehmen – auch aus dem Ausland – sollten zur Vorlage ihrer Konditionen verpflichtet werden. Das Amt könne gegebenenfalls Qualitätssiegel geben, wenn die Konditionen bestimmten Musterbedingungen entsprächen. Jedenfalls sieht es nicht seine Aufgabe darin, das deutsche System zu zementieren. Eine Exportnation wie die deutsche könne sich nationale Eigenarten auf Kosten der anderen nicht leisten; der Vorwurf des Protektionismus der deutschen Versicherungswirtschaft sei gefährlich. Man sei zu Zugeständnissen bereit, um einen gemeinsamen Binnenmarkt zu errichten.

Haben Ausländer überhaupt eine Chance auf dem deutschen Versicherungsmarkt? Zunächst werden sie es wohl schwer haben. Die D-Mark ist so stark, daß viele Vorteile ausländischer Angebote dahinter verblassen. Außerdem besitzen die deutschen Versicherungsunternehmen einen Heimvorteil. Sie haben den Markt über ihre firmengebundenen Außendienstmitarbeiter fest im Griff. Er ist gleichsam der Garant für das »Reinheitsgebot« auf dem Versicherungsmarkt.

Seit jedoch viele neue Anbieter von Versicherungen auftreten und mit attraktiven Produktkombinationen große Verkaufserfolge erzielen, kommt die Branche in Bewegung. Die Versicherer wetteifern um die Gunst freier Vertriebsgesellschaften, Banken und anderer Absatzkanäle und bieten ihnen in vielen Fällen besser kalkulierte und konstruierte Produkte an als der eigenen Verkaufsorganisation. Während sich der unabhängige Makler als Interessenvertreter und Berater seines Kunden fühlen kann, sieht sich der firmengebundene Vermittler in die unangenehme Rolle eines Erfüllungsgehilfen seines Arbeitgebers gedrängt.

Das beschleunigt eine Entwicklung, die an den Wandel der Gütermärkte in den sechziger Jahren erinnert: Damals löste sich der Handel aus den Bindungen der Hersteller. Er schloß sich zu großen Einkaufsorganisationen zusammen, um sich einen günstigen Zugang zu den Beschaffungsmärkten zu sichern und um einen zentralen Service zur Steigerung der eigenen Leistungsfähigkeit nutzen zu können. Dieser Wandel von der Produktions- zur Absatzwirtschaft erfaßt nun auch die Versicherungsmärkte.

Er bleibt nicht ohne Einfluß auf die Versicherungsprodukte. Wer einen Blick auf sie wirft, stellt schon heute erhebliche Konditionsunterschiede fest, die von den Zahlungsmodalitäten und Obligenheiten über den Leistungsumfang bis zum Preis reichen.

Welche Versicherungen notwendig sind, muß jeder Verbraucher für sich bestimmen. Bis auf den Basisschutz – wie den Pflichtversicherungen, der Feuerversicherung und der privaten Haftpflichtversicherung – sind private Versicherungen Teil der Lebensqualität und besonderer Risikoumstände. So benötigt im Regelfall niemand, der einer gesetzlichen Krankenversicherung angehört, eine private Zusatzversicherung. Wer allerdings ins Ausland fährt, kommt in bestimmen Ländern ohne sie nicht aus.

Sicherheit kostet Geld, manchmal auch zu viel Geld. »Unkenntnis auf dem Gebiet der Versicherungen«, so mahnt der Geschäftsführer des Arbeitgeberverbandes der Versicherungsunternehmen in Deutschland, führt jährlich zu gewaltigen Verlusten und zu viel persönlichem Leid. Die Beträge, die durch falsche oder nicht ausreichende Versicherungen verlorengehen, summieren sich jährlich zu Milliardenbeträgen. Häufig zeigt sich erst im Schadenfall, daß die Leistungen, die die Versicherung zahlt, nicht ausreichen oder – schlimmer noch – daß überhaupt kein Versicherungsschutz besteht. Es gibt aber auch den umgekehrten Fall, daß Versicherungen abgeschlossen und dafür Jahr für Jahr oder Monat für Monat Beiträge bezahlt werden, die nicht notwendig sind. Ebenso kann unzweckmäßiges Verhalten im Schadenfall zu erheblichen Nachteilen und finanziellen Einbußen führen.

VI. Kapitel
Anlegen und Finanzieren

Grundregeln der Geldanlage
Der Sparer muß selbst entscheiden

Im Jahr 1990 haben die privaten Haushalte in der Bundesrepublik Deutschland aller Voraussicht nach etwa 190 Milliarden DM von ihrem verfügbaren Einkommen nicht verbraucht, sondern gespart. Das ist ein beeindruckender Betrag. Damit man sich eine bessere Vorstellung davon machen kann: Diese Summe entspricht 190 000 Häusern, von denen jedes eine Million DM kostet.

Wachsendes Geldvermögen

Ein gewisser Teil der Ersparnis ist tatsächlich auch wieder zum Bau neuer, oft eigengenutzter Wohnungen und Häuser verwendet worden. Das meiste Geld jedoch wandert zu Finanzinstituten und schlägt sich in der Statistik der Deutschen Bundesbank dann als »Geldvermögen« nieder. Mittlerweile ist das Geldvermögen privater Haushalte wohl in die Nähe von 3000 Milliarden DM gerückt; genaue Zahlen liegen bis jetzt allerdings erst für das Jahresende 1989 vor. Damals umfaßte das Geldvermögen der privaten Haushalte 2805 Milliarden DM, wenn Aktien und festverzinsliche Wertpapiere zu den Tageskursen an den Börsen eingesetzt werden.

Das Sparbuch ist beliebt

Die Geldanlage bei Banken stand mit 1237 Milliarden DM an der Spitze. Bei Versicherungen waren 592 Milliarden DM, in festverzinslichen Wertpapieren 440 Milliarden, in Aktien 185 Milliarden und bei Bausparkassen 121 Milliarden DM angelegt. Der Rest von 260 Milliarden DM betrifft »sonstige« Geldanlagen, darunter auch Ansprüche gegenüber betrieblichen Pensionsfonds. Die Gelder, die bei Kreditinstituten angelegt waren, entfallen zum größten Teil auf Sparkonten: 694 Milliarden waren Spareinlagen DM. Daneben wurden 330 Milliarden DM als Termingelder gehalten. Als Bargeld und Sichteinlagen wurden schließ-

Anlegen und Finanzieren

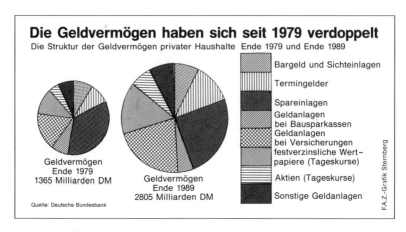

lich 213 Milliarden DM ermittelt. Der weitaus überwiegende Teil des Geldvermögens ist verzinslich angelegt. Die Bundesbank nennt für das Jahr 1989 einen durchschnittlichen Zinsertrag von 5 Prozent des Vermögens oder insgesamt 116,5 Milliarden DM. Diese Einkünfte spielen für die privaten Haushalte eine wichtige Rolle. Immerhin kann dieses Jahr mehr als die Hälfte der neuen Ersparnisbildung aus der Wiederanlage der Erträge aus bereits vorhandenem Vermögen bestritten werden.

Fachleute helfen bei der Geldanlage

Die volkswirtschaftlichen Zahlen über die private Ersparnis sind natürlich das Ergebnis vieler einzelner Entscheidungen. Mancher wird beispielsweise in diesem Jahr nicht sparen können, sondern muß vielleicht sogar auf Reserven zurückgreifen. Andere wiederum werden mehr erübrigen können, als dem gegenwärtigen statistischen Durchschnittswert von etwas mehr als jährlich 3000 DM je Kopf der Bevölkerung entspricht. Geld sparen und Geld anlegen ist eine sehr persönliche Angelegenheit, die von vielen Umständen abhängt und beeinflußt wird. Nicht jeder will und kann sich jedoch mit Einzelheiten beschäftigen, und es ist auch nicht jedermanns Sache, sich die erforderlichen Kenntnisse und Fertigkeiten anzueignen. Es ist deshalb weithin üblich, Fachleute bei Kreditinstituten, Versicherungen und anderen Finanzinstituten mit der Verwaltung von Geld und von Vermögen zu beauftragen.

Der Sparer muß selbst entscheiden

Wer sich freilich nicht selbst um seine Geldanlagen kümmern kann oder will, sollte wenigstens selbst die große Linie festlegen. Dazu sind zwar auch einige Überlegungen anzustellen, und in diese können durchaus wieder fremde Ratgeber mit einbezogen werden. Aber jeder Sparer und jeder Anleger muß sich darüber klar sein, daß ihm niemand die Entscheidung abnehmen kann, was und wie gespart werden soll. Denn niemand als der Sparer und Anleger allein kann schließlich festlegen, welche Ziele mit der Geldanlage verfolgt werden sollen. Die Ziele zu verwirklichen, kann er dann auch Fachleuten überlassen. Sparziele zu formulieren ist jedoch nur dann wirklich sinnvoll, wenn zuvor eine Bestandsaufnahme der persönlichen Verhältnisse erfolgt ist. Die Ziele, die es zu erreichen gilt, liegen dann meist schon auf der Hand. Lücken werden deutlich und können geschlossen werden, und es ist dann auch einfacher, die verschiedenen Formen der Geld- und Vermögensanlage zu bestimmen, mit denen die Ziele erreicht werden sollen.

Sich ehrlich Rechenschaft geben

Die Bestandsaufnahme sollte sich freilich nicht darin erschöpfen, festzustellen, bei welchen Kreditinstituten Sparkonten unterhalten werden und wie hoch das jeweilige Guthaben ist. Man sollte sich vielmehr ehrlich Rechenschaft über die eigene Situation geben. Eine Zusammenstellung des bereits vorhandenen Geldvermögens anzufertigen, ist dann nur ein Teil des ratsamen Vorgehens.

Versicherungen nicht vergessen

Zu einer Bestandsaufnahme gehört auch die Prüfung, ob die eigene finanzielle Absicherung oder die der Familie für die Wechselfälle des Lebens ausreichend ist. Über welches Einkommen kann man bei – auch länger fortdauernder – Krankheit verfügen? Wie wird die Familie leben, wenn der Ernährer gestorben ist? Welche Haftpflichtversicherungen bestehen? Wie ist die Absicherung bei Unfällen? Aus einer Zusammenstellung der bestehenden Versicherungen geht nicht nur hervor, welcher

Teil des Einkommens bereits für die Vorsorge ausgegeben wird. Wenn eine solche Liste auch die jeweilige Vertragsdauer umfaßt, werden die Zeitpunkte deutlich, zu denen wieder Dispositionen getroffen werden können.

Ordnung gehört zur Vorsorge

Vielleicht ergibt sich bei der Beschäftigung mit diesen Fragen auch, daß die häusliche Ordnung bei Urkunden und Dokumenten noch verbessert werden kann. Vielleicht ist das Anmieten eines Banksafes ratsam; dort sind Dokumente sicher verwahrt. Der Zugang zum Safe sollte freilich nicht nur einer Person möglich sein. Ferner sollte geprüft werden, wer für welche Konten Vollmacht hat, wer aus abgeschlossenen Versicherungen begünstigt wird und ob es ein Testament gibt. Wer sich von Zeit zu Zeit Klarheit über diese Einzelheiten verschafft, kann erforderliche Änderungen rechtzeitig veranlassen.

Die Grundfaktoren

Bei der Geldanlage spielen die drei Faktoren Sicherheit, Liquidität und Rentabilität die entscheidende Rolle. Auch die steuerliche Seite will bedacht sein. Es ist jedoch fast nie richtig, eine Anlageentscheidung im wesentlichen auf steuerliche Überlegungen zu stützen, weil Steuergesetze über Nacht geändert werden können.

Sicherheit

Die Kernfrage ist, ob über den angelegten Betrag zum vereinbarten Zeitpunkt wieder verfügt werden kann. Geldanlagen bei Kreditinstituten gelten als besonders sicher, weil die Institute – mit wenigen Ausnahmen – besonderen Sicherungseinrichtungen angeschlossen sind. Einlagen der Kunden werden deshalb bei Fälligkeit auch ausbezahlt, wenn nicht im Einzelfall die Einlage so hoch ist, daß die Absicherung nicht mehr gilt. Im praktischen Fall kann diese Begrenzung freilich vernachlässigt werden; bei den privaten Banken liegt diese Grenze bei 30 Prozent der haftenden Eigenmittel eines Instituts. Bei einer Bank, deren haftende Eigenmittel 10 Millionen DM betragen, sind also Kundeneinlagen bis zu jeweils 3 Millionen DM abgesichert.

Anlagen in börsennotierten Wertpapieren, vor allem in Aktien, weisen ein Kursrisiko auf. Festverzinsliche Wertpapiere können bis zum Zeitpunkt der Rückzahlung einen Börsenkurs haben, der über oder unter dem Rückzahlungspreis liegt. Der Anleger trägt auch das Risiko, ob der Schuldner überhaupt zurückzahlt. Kaufkraftverluste von Geldforderungen während der Laufzeit einer Anlage gehen zu Lasen des Anlegers. Deshalb sind die Bemühungen der Deutschen Bundesbank, die Stabilität unserer D-Mark möglichst gut zu erhalten, so wichtig.

Liquidität

Liquide ist eine Anlage, die rasch in Bargeld verwandelt werden kann. Börsennotierte Wertpapiere besitzen daher eine hohe Liquidität: Sie können an jedem Handelstag an der Börse verkauft werden. Welcher Börsenpreis dabei erzielt wird, ist allerdings eine andere Frage. Bei den meisten Geldanlagen wird der Zeitpunkt, zu dem eine Umwandlung in Bargeld verlangt werden kann, vertraglich vereinbart. Das gilt vor allem für Geldanlagen bei Banken (vereinbarte Kündigungsfristen) und bei Versicherungen. Festverzinsliche Wertpapiere haben in der Regel vereinbarte Rückzahlungstermine. Wenig liquide sind dagegen Anlagen, für die immer erst ein spezieller Käufer gesucht werden muß (Immobilien, Beteiligungen, Kunstwerke).

Rentabilität

Unter Rentabilität versteht man den Ertrag, den eine Geldanlage bringt. Er kann fest vereinbart sein (Zinsen) oder schwanken (Dividende auf Aktien). Zu den Erträgen einer Anlage gehören gegebenenfalls auch steuerliche Vergünstigungen oder andere staatliche Hilfen (Prämien). Wertveränderungen des eingesetzten Vermögens müssen ebenfalls berücksichtigt werden (Kursgewinne oder Kursverluste beim Verkauf über die Börse, Gewinne oder Verluste aus einer Veränderung von Wechselkursen). Maßstab der Rentabilität ist die Rendite. Die Rendite ist eine auf das Jahr umgerechnete Prozentzahl für den Ertrag einer Anlage.

Die Mischung entscheidet

Bei der Geldanlage kommt es darauf an, die jeweils richtige Mischung von Sicherheit, Liquidität und Rentabilität zu finden. Dabei gelten folgende Regeln: Sichere und sehr liquide Anlagen bringen niedrige Erträge. Hohe Renditen gehen mit hohen Risiken einher. Kurzfristige Anlagen bringen grundsätzlich weniger als eine längerfristige Bindung – es sei denn, es herrscht, wie im Jahr 1990, eine »inverse« Zinsstruktur. Man spricht von einer inversen Zinsstruktur, wenn für kürzerfristige Mittel höhere Zinsen gezahlt werden als für längerfristiges Kapital.

Kernstück ist die Anlagedauer

Zu den wichtigsten Entscheidungen der Geldanlage gehört es, für welche Frist ein bestimmter Betrag festgelegt werden kann. Wenn »nur so« gespart werden soll, muß die Geldanlage besonders liquide sein, und das bedeutet, wie erwähnt, geringe Erträge. In vielen Fällen kann die Anlagedauer jedoch recht gut abgeschätzt werden. Der klassische Fall ist die Vorsorge für das Alter. Den Zeitpunkt des Ruhestandes kann man einigermaßen sicher voraussehen. Damit steht auch die Anlagedauer fest, und die Sparform kann danach bestimmt werden.

Sonderfall Immobilienfinanzierung

Das eigene Haus oder zumindest die eigenen vier Wände stehen auf der Wunschliste vieler Sparer ganz oben. Die Festlegung auf dieses Sparziel erleichtert die Geldanlage. Bei der Finanzierung der Immobilie sollte bedacht werden, daß sich auch dabei die Ziele ändern. Zunächst geht es den meisten Immobilienbesitzern darum, die Belastung (Ausgaben für Zins und Tilgung der aufgenommenen Kredite) so gering wie nur möglich zu halten. Entscheidend ist die Höhe der monatlichen Zahllast, nicht irgend ein Effektivzins oder die Dauer der eingegangenen Zahlungsverpflichtung. Erst einige Zeit später rückt dann die Überlegung in den Vordergrund, für die Kredite so wenig wie möglich Zins zu zahlen. In dieser Phase kommt es zu Umfinanzierungen und zu Sondertilgungen. Schließlich sollen die Kredite zu einem bestimmten Zeitpunkt, etwa bis zum Eintritt in den Ruhestand, zurückgezahlt sein.

Als Notgroschen die Kreditzusage

Zunächst sollte sich jeder Anleger eine Reserve für den Notfall schaffen. Das kann ein Sparguthaben sein, aber auch die Zusage der Bank, auf dem laufenden Konto gegebenenfalls einen Kredit einzuräumen. Dann kann das Geld, das eigentlich auf dem Sparbuch bereitgehalten werden müßte, längerfristig und damit höher verzinslich angelegt werden. Aus der Sicht des Sparers sollte es eigentlich gleichgültig sein, ob er nach der Finanzierung eines Notfalls wieder ein Sparguthaben auffüllt oder einen Kredit auf dem laufenden Konto tilgt. Ob diese Rechnung im Einzelfall aufgeht, hängt einmal von den Beträgen ab, für die jeweils Guthabenzinsen beziehungsweise Kreditzinsen zu zahlen sind, ferner von der Dauer des Sparens beziehungsweise der Kreditinanspruchnahme. Jedenfalls muß der Notgroschen heute nicht mehr unbesehen ein Sparguthaben sein (das übrigens auch zu meist besonders günstigen Bedingungen beliehen werden kann).

Geldanlagen »streuen«

Niemand weiß, was die Zukunft bringt. Es ist daher ein Gebot der Klugheit, nicht alles auf eine Karte zu setzen. Vermögensanlagen sollen deshalb »gestreut« werden, sich auf verschiedene Formen erstrecken. Zu denken ist an die Geldanlage bei Banken, Versicherungen und Bausparkassen, an den Erwerb von Wertpapieren (verschiedene Arten aus verschiedenen Ländern in verschiedenen Währungen), an Edelsteine, Schmuck und Edelmetalle (Barren, Münzen oder auf Konten), an Briefmarken, Kunst und Antiquitäten, an Immobilien und Unternehmensbeteiligungen. Natürlich hängt die Möglichkeit, die Anlagen zu streuen, von der Höhe des Vermögens ab. Nicht jeder, der ein Haus besitzt und darin wohnt, wird einen entsprechenden Betrag zusätzlich in festverzinslichen Wertpapieren angelegt haben. Zur ausgewogenen Geldanlage gehört jedoch unbedingt eine im Rahmen der jeweiligen Möglichkeiten liegende Verteilung auf verschiedene Vermögensgegenstände. Deshalb sollte ein Hausbesitzer, der einen erheblichen Teil seines Vermögens in seiner Immobilie festgelegt hat, zunächst nicht sein Immobilienengagement verstärken, sondern andere Anlagen bevorzugen.

Nicht verzetteln

Das Gebot der Vermögensstreuung sollte allerdings nicht übertrieben werden. Sich mit jeweils einigen wenigen Aktien einen eigenen Aktienfonds zu zimmern, ist aus Kostengründen wenig ratsam. Die Geldanlage sollte übersichtlich sein und sich nicht verzetteln. Daher empfiehlt es sich auch, die Dienste von Finanzinstituten mit Überlegung in Anspruch zu nehmen. Soll man sich nur auf ein Institut konzentrieren und dort »ein guter Kunde« werden? Oder ist die Zusammenarbeit mit mehreren Instituten ratsam? Die Frage kann nicht generell beantwortet werden; wichtig ist nicht zuletzt, um welche Beträge es geht. Auch ein Privatanleger ist gut beraten, eine »Hausbank« zu haben, die ihn und seine Einkommens- und Vermögensverhältnisse kennt.

Den Zinseszinseffekt nutzen

Wenn ein Anleger in der Lage ist, die Erträge seiner Ersparnisse immer wieder zu sparen, beschleunigt er das Wachstum eines Vermögens. Diese Strategie kostet ihn freilich nicht nur den Verzicht auf den Verbrauch der Erträge, er muß sich außerdem auch allfällige Steuerbelastungen der Erträge zusätzlich leisten können. Die Wiederanlage der Erträge führt zu einem Zinseszinseffekt: Die Erträge, die das Kapital gemehrt haben, bringen wiederum Erträge. Deshalb hat sich ein Sparguthaben, das zu drei Prozent Zinseszins angelegt wurde, nach 24 Jahren verdoppelt. Erreicht der Ertrag einer Anlage dagegen jährlich sechs Prozent, dann hat sie sich bereits nach 12 Jahren verdoppelt; in 24 Jahren hat sich der Ausgangsbetrag vervierfacht. Aktienbesitzer sollten versuchen, an Kapitalerhöhungen »ihrer« Gesellschaften teilzunehmen. Eine beliebte Strategie, die keinen Einsatz zusätzlicher Mittel erfordert, ist das »opération blanche« genannte Verfahren, so viele Bezugsrechte zu verkaufen, daß aus dem Erlös für die verbliebenen Bezugsrechte der Bezugspreis der neuen Aktien bestritten werden kann.

Nicht ungeduldig werden

Zur Geldanlage gehört eine gehörige Portion Geduld. Anlagen sollten »reifen« können. Eine nach reiflicher Überlegung vorgenommene Disposition sollte nicht sogleich wieder umgestoßen werden. Geduld üben heißt allerdings nicht, untätig zu bleiben, wenn unerwartete Entwicklungen eintreten und Entscheidungen fordern. Der Anleger sollte sich jedoch vor falscher Betriebsamkeit hüten. Richtig ist, daß heute auf den Finanzmärkten beweglicher gehandelt werden muß als noch vor 20 oder 30 Jahren. »Aktien kaufen und vergessen« sollte keine Richtschnur mehr sein. Und das Sprichwort »Wer ruhig schlafen will, kauft Renten, wer gut essen will, kauft Aktien«, gilt auch nicht mehr. Heute kann auch der Besitzer von festverzinslichen Wertpapieren immer weniger ruhig schlafen, weil die Zinsbewegungen auf dem Rentenmarkt und damit auch die Kursbewegungen heftiger geworden sind und häufiger auftreten, und Aktionäre werden vielfach mit vergleichsweise mageren Dividendenausschüttungen kurz gehalten. Gegenüber vielen »neuen Instrumenten« auf den Finanzmärkten ist gesunde Zurückhaltung angebracht. Man sollte sich zuerst mit den Besonderheiten der damit möglichen Spekulationen oder Absicherungen vertraut machen, und die Chancen und die Risiken verstehen lernen, die in diesen neuen Möglichkeiten liegen, ehe Engagements erfolgen.

Keine »einsamen Entschlüsse«

Bei der Anlage von Geld und bei der Verwaltung von Vermögen sollte sich jeder Anleger vor »einsamen Entschlüssen« hüten. Das vertrauensvolle Gespräch mit Angehörigen oder Freunden ist ebenso wichtig wie der Gedankenaustausch mit Fachleuten. Allerdings sollte man bei Gesprächen über die Geldanlage daran denken, daß kaum jemand bereit ist, eigene Fehlentscheidungen offen zu bekennen. Der bei Anlegern im allgemeinen überwiegende Optimismus – ohne Vertrauen in die Zukunft macht Sparen und Geldanlegen eben keinen Sinn – überträgt sich nur zu leicht auch auf die Schilderung von Anlageerfolgen.

»Tips« nüchtern bewerten

Sogenannte »heiße Tips«, zumal dann, wenn sie an viele Empfänger gerichtet sind, erweisen sich vielfach als zweifelhaft. Immer sollte die Frage gestellt und am besten auch beantwortet werden, warum man einen bestimmten Hinweis erhält. Es sollte auch bedacht werden, daß Angestellte von Unternehmen wie es zum Beispiel Anlageberater eines Kreditinstituts und Versicherungsvertreter sind, in erster Linie die Interessen des Unternehmens vertreten, sogar vertreten müssen. Die Interessen des Anlegers muß der Anleger selbst vertreten. Vielfach herrscht die Erwartung, Anlagevorschläge müßten allein im Interesse des Kunden erfolgen. Bei dieser Erwartung wird übersehen, daß ein Geschäft beiden Partnern Erfolg bringen sollte. In einen Anlagevorschlag darf also auch das Interesse des Anbieters einfließen. Für den Anleger kommt es darauf an, den Umfang dieses Interesses zu erkennen und zu entscheiden, ob er nicht zu kurz kommt.

Erfahrungen richtig nutzen

Man sollte sich davor hüten, Anlageentscheidungen, die sich in der Vergangenheit als richtig erwiesen haben, unbesehen auf die Zukunft zu übertragen. Selten gleichen sich die vielen Faktoren, die das Geschehen auf den Finanzmärkten bestimmen, so genau, daß eine Fortschreibung überkommener Erfahrungen ungeprüft erfolgen sollte. Einer der schwierigsten Punkte bei Anlageentscheidungen ist sicher, zu entscheiden, wann von herkömmlichen Regeln abgewichen werden sollte. Auch in solchen Fällen kann und muß sich der Anleger dadurch helfen, daß er einen Kompromiß schließt. Er sollte wegen der ungewissen Zukunft seine Vorsicht nicht vergessen und eben nie alles auf eine Karte setzen.

Aktienkurse können verführen

Wenn die Aktienkurse an den deutschen Börsen so flott steigen wie in den letzten Jahren, mag mancher versucht sein, sein ganzes Geld dort anzulegen und wegen der sicher historischen Chancen, die die Vereinigung der beiden deutschen Staaten mit sich bringen könnte, von einer Streuung des Vermögens absehen. Die Konzentration auf Aktien wäre jedoch eine gewagte Spekulation, die aufgehen kann – oder auch nicht. Ferner sollte als eine eiserne Regel gelten: Anlagen in Risikowerten, und dazu zählen Aktien, sollten nur aus freien Mitteln finanziert werden. Gelder, die zu einem bestimmten Zeitpunkt wieder zur Verfügung stehen müssen, gehören nicht an den Aktienmarkt. Erst recht sollten Aktienkäufe auf Kredit sorgfältig bedacht werden. Zwar können heute über Kontrakte an Terminbörsen und durch den Kauf bestimmter Optionsscheine Absicherungen vorgenommen werden. Doch das kostet nicht nur Geld und mindert damit die erhofften Erträge. Eine solche Anlagestrategie erfordert auch ein überdurchschnittliches zeitliches Engagement. Auch kleine Anlagebeträge können heute mit begrenztem Risiko an Aktienmärkten investiert werden. In- und ausländische Kreditinstitute bieten eine Fülle von Investmentfonds an, die auch eine Geldanlage in festverzinslichen Wertpapieren, in fremden Währungen sowie in speziellen Branchen und Ländern erlauben.

Wertpapiere mit Tücken

Auf den Finanzmärkten werden immer wieder Wertpapiere angeboten, die wichtige Besonderheiten aufweisen. Zu den Neuheiten 1990 gehören die »gedeckten Optionsscheine«. Diese Papiere verbriefen ein Recht, zum Beispiel zum Bezug einer bestimmten Menge Aktien zu einem bestimmten Preis. Dieses Recht kann bei entsprechender Entwicklung des Aktienkurses sehr viel wert sein. Zu beachten ist aber, daß dieses Recht nur innerhalb einer bestimmten Frist besteht. Wenn diese Frist abgelaufen ist, ist die Option überhaupt nichts mehr wert, und zwar unabhängig davon, was früher einmal dafür bezahlt wurde. Es handelt sich also um besonders tückische Wertpapiere, die immer gut im Auge behalten werden müssen, damit man keine Überraschungen erlebt.

Die Fälligkeiten staffeln

Wenn nicht genau feststeht, zu welchen Zeitpunkten Geld benötigt wird, sollte ein gewisser Teil des Vermögens in festverzinslichen Wertpapieren mit gestaffelten Fälligkeiten angelegt werden. So wird sichergestellt, daß immer über einen Teil des Vermögens neu disponiert werden kann. Wird freiwerdendes Geld nicht benötigt, wird es in passenden Papieren neu angelegt. Man sucht sich beispielsweise fünf Emissionen heraus, die im gleichen Monat der Jahre 1991, 1992, 1993, 1994 und 1995 zur Rückzahlung fällig werden. Der anzulegende Betrag wird in fünf gleich große Teile aufgeteilt und in diese Wertpapiere investiert. Diese Strategie hat zunächst den Vorteil, daß die Zinszahlungen für das angelegte Geld im gleichen Monat eingehen. Im Jahr 1991 wird zugleich der erste Teilbetrag zurückgezahlt. Wird er nicht benötigt, können dafür neue Papiere (mit Fälligkeit 1996) erworben werden. Das hält die Kette der Fälligkeiten in Gang. Je nach der Höhe des insgesamt investierten Beitrages können Zinsen, die wieder gespart werden können, in einer Summe in einer bestimmten Fälligkeit angelegt oder zur Erhöhung der Bestände zu allen Fälligkeiten benutzt werden. Wenn das angelegte Vermögen nur umfangreich genug ist, können sogar mehrere Dispositionstermine im Jahr gewählt werden. Anleger, die sich diese Arbeit ersparen wollen, sollten Fondsanteile erwerben, bei denen die Erträge nicht ausgeschüttet, sondern im Fondsvermögen behalten (thesauriert) werden. Wenn Geld benötigt wird, kann eine entsprechende Zahl von Anteilen zum Tageswert verkauft werden.

Sparen nicht zum Selbstzweck werden lassen

Wenn die Geldanlage ein bestimmtes Ziel hatte, ergibt es sich von selbst, daß sie aufgelöst wird, wenn dieses Ziel erreicht ist. Aber auch wenn »nur so« gespart wurde, sollte sich der Anleger von Zeit zu Zeit die Frage vorlegen, wie das angesammelte Vermögen am besten genutzt werden kann – und das kann durchaus auch in einer Geldausgabe bestehen, in einer bewußten Verminderung des Vermögens. Mit einem Wort: man sollte das Sparen nicht zum Selbstzweck werden lassen. Lebenskunst besteht nicht nur darin, Geld anzusammeln, es geschickt zu verwalten und vielleicht zu mehren. Lebenskunst zeigt sich auch darin, wie man

Geld und Vermögen richtig nutzt, richtig ausgibt. Auch dafür gibt es kein Patentrezept. Denn nicht nur das Sparen, auch das Geldausgeben ist eine höchst persönliche Angelegenheit.

Das Einmaleins der Immobilienfinanzierung
Bauherren und Käufer müssen auf viele Einzelheiten achten

Etwa 40 Prozent der deutschen Bevölkerung verfügen bereits über Immobilieneigentum, das sie selbst bewohnen. Ein gleichhoher Prozentsatz wünscht sich jedoch noch den Umzug in das eigene Haus oder zumindest in die eigene Wohnung. Auch wenn jetzt immer häufiger davon die Rede ist, daß in der Bundesrepublik Deutschland eine Generation von Erben heranwächst, ist doch für viele der Bau oder der Erwerb von Immobilieneigentum eine besondere finanzielle Anstrengung.

Das Finanzierungsziel festlegen

Gewöhnlich muß sich ein Bauherr oder Käufer mit vielen für ihn ungewohnten Sachverhalten vertraut machen. Finanzierungsfragen sollten jedoch rechtzeitig geklärt werden, denn was nutzt es, wenn ein schönes Grundstück gefunden ist, aber die Mittel nicht ausreichen, es zu kaufen und zu bebauen? Freilich macht es Mühe, sich für den »richtigen« Finanzierungsweg zu entscheiden. So wie ein Sparer in Fragen der Geldanlage letztlich selbst entscheiden muß, wie er die Schwerpunkte setzt und welche Sparziele er verwirklichen will, so muß auch ein Kreditnehmer letztlich selbst entscheiden, welches Finanzierungsziel ihm vorschwebt.

Drei Finanzierungsstrategien

Grundsätzlich gibt es drei Strategien für die Baufinanzierung: möglichst niedrige monatliche Zahlungen, Abwicklung in einer vorgegebenen Zeitspanne oder möglichst niedriger Zins-(Kosten-)aufwand.
   In aller Regel wird ein Bauherr oder Käufer darauf achten müssen, daß seine monatliche Zahllast aus der Kreditaufnahme so gering wie nur möglich ist. Unter Zahllast wird dabei die Ausgabe für die Finanzierung verstanden. Die monatlichen Ausgaben setzen sich aus den Zinsen und den Tilgungsbeträgen zusammen (und gegebenenfalls noch aus den

weiteren, mit der Finanzierung verbundenen Kosten, wie zum Beispiel laufenden Versicherungsprämien). Das ist die eigentliche Belastung. Manche Kreditanbieter zählen freilich sehr feinsinnig die Tilgung von Krediten (die sich der Kreditnehmer in die eigene Tasche zahlt, weil eine Verminderung von Schulden sein Vermögen erhöht) nicht als »Belastung«, obwohl die Tilgung zunächst einmal aus dem monatlichen Haushaltsbudget bestritten werden muß.

Das Finanzierungsziel »möglichst niedrige monatliche Belastung« steht grundsätzlich im Widerspruch zu den beiden anderen möglichen Zielen. Manchmal soll jedoch ein Immobilienkredit innerhalb einer vorgegebenen Zeit, zum Beispiel bis zum Überwechseln in den Ruhestand, zurückgezahlt sein. Dann ergibt sich bei gegebener Finanzierungsstruktur die Höhe der monatlichen Zahllast aus der Finanzierungsdauer.

Schließlich kann es ein Finanzierungsziel sein, den Zinsaufwand so gering wie nur möglich zu halten. Dieser Gesichtspunkt hat seit dem 1. Januar 1987 stark an Bedeutung gewonnen. Denn wer seine Wohnung oder sein Haus nach diesem Zeitpunkt gebaut oder gekauft hat, muß keinen »Nutzungswert« mehr versteuern. Das bedeutet gleichzeitig aber auch, daß er Zinsaufwendungen für das selbstgenutzte Immobilieneigentum nicht mehr absetzen kann. Selbstgenutztes Immobilieneigentum wird seit 1987 steuerlich wie der Kauf anderer Konsumgüter behandelt. Deshalb ist es sinnvoll, möglichst wenig Zinsen dafür aufzuwenden.

Finanzierungsreserven schaffen

Immobilieneigentum zu erwerben, ohne sich hinreichend gegen die Wechselfälle des Lebens abgesichert zu haben, ist wenig ratsam. Deshalb sollte rechtzeitig Klarheit geschaffen werden über folgende Fragen: Können die Verpflichtungen, die im Zusammenhang mit einer Baufinanzierung eingegangen werden sollen, auch dann erfüllt werden, wenn ein Verdiener krank wird oder stirbt? Welche finanziellen Folgen könnten Unfälle, auch von Familienmitgliedern, haben?

Ein Bauherr, der nicht wie ein Käufer einer Immobilie von vornehrein die Summe der auf ihn zukommenden Verpflichtungen kennt, sollte nicht nur zeitliche Verzögerungen des Baus einkalkulieren, sondern auch immer im Auge behalten, daß eine zusätzliche Finanzierung erforderlich werden könnte.

Die Finanzierung eines Immobilienobjektes wird am besten in mehreren Schritten verwirklicht. Als grobe Richtschnur konnte im Herbst 1990 gelten, daß für je 100000 DM Kreditbedarf monatliche Ausgaben von rund 900 DM erforderlich sind. Ausschlaggebend für die Höhe der Ausgaben ist natürlich das jeweilige Zinsniveau am Kapitalmarkt. Wenn die Zinsen niedriger sind als im Herbst 1990, gelten auch andere Richtsätze. Aber mit weniger als etwa 600 DM monatlich je 100000 DM Kreditsumme ist man in der Vergangenheit bisher nur selten ausgekommen. Ein Objekt, das 400000 DM kostet und in das 100000 DM Eigenmittel investiert werden können, bedeutet mithin 300000 Kreditaufnahme und damit monatliche Ausgaben von rund 2700 DM.

Im allgemeinen bereitet es heute keine Schwierigkeiten, von Kreditinstituten Kredite für den Immobilienerwerb zu erhalten, wenn ein Eigenkapital von etwa 25 bis 30 Prozent der Gesamtausgaben nachgewiesen werden kann. Je nach den persönlichen Einkommensverhältnissen kann aber auch ein Eigenkapitalanteil von lediglich 20 Prozent oder sogar noch weniger ausreichend sein.

Der Wert, den Kreditinstitute einer Beleihung zugrundelegen, ist jedoch nicht der Kauf- oder Baupreis, sondern ein nach speziellen Überlegungen ermittelter Wert, der mehr oder weniger weit unter dem tatsächlichen Kauf- oder Baupreis liegt (Beleihungswert). Ein Beispiel verdeutlicht die Zusammenhänge. Die Gesamtausgaben eines Immobilienobjektes belaufen sich auf 400000 DM. Die Bank ermittelt einen Beleihungswert von 320000 DM. Das sind 80 Prozent der Gesamtausgaben. Die erste Hypothek wird, entsprechend den üblichen Bankregeln, bis zu 60 Prozent des Beleihungswertes gegeben. 60 Prozent des Beleihungswertes sind in diesem Fall 192000 DM. Der Betrag von 192000 DM entspricht aber nur 48 Prozent der Gesamtausgaben. Die Lücke zum Eigenkapital können zum Beispiel Bauspardarlehen schließen, die als typische Kreditmittel »für die zweite Rangstelle« gedacht sind.

Unter bestimmten Umständen gibt die öffentliche Hand günstige Gelder zum Bau von Immobilien. Die Vorschriften sind jedoch sehr kompliziert und in jedem Bundesland verschieden. Auskünfte über Einzelheiten können in der Regel bei den Gemeinde- oder Stadtverwaltungen beziehungsweise bei den Verwaltungen der Landkreise eingeholt werden. Da öffentliche Gelder grundsätzlich nur dann gewährt werden, wenn mit dem Vorhaben noch nicht begonnen wurde, empfiehlt es sich, rechtzeitig Erkundigungen einzuholen.

Steuerliche Vergünstigungen

Ein weiterer wichtiger Punkt sind steuerliche Vergünstigungen für den Bauherrn beziehungsweise den Käufer einer Immobilie. Auch diese Vorschriften sind kompliziert, und es empfiehlt sich, rechtzeitig mit Fachleuten zu sprechen und sich eingehend beraten zu lassen.

Besonders gefördert wird der Erwerb selbstgenutzten Immobilien-Eigentums. Das geschieht über Paragraph 10e Einkommensteuergesetz, der eine frühere, weitergehende Regelung in Paragraph 7b ersetzt hat. Paragraph 7b gilt nur noch innerhalb einer Übergangsregelung in bestimmten Fällen. Paragraph 10e sieht vor, daß unter bestimmten Umständen acht Jahre lang bis zu 15 000 DM im Jahr für eine zu eigenen Wohnzwecken genutzte Wohnung vom zu versteuernden Einkommen wie Sonderausgaben abgezogen werden können. Das heißt: Der Bauherr beziehungsweise der Käufer spart bis zu knapp 8000 DM im Jahr Einkommensteuer; wie hoch die Ersparnis genau ist, hängt von den jeweiligen persönlichen steuerlichen Verhältnissen ab. Aus der maximalen Steuerersparnis konnte im Herbst 1990 eine Kreditaufnahme von etwa 70 000 DM finanziert werden.

Weitere Finanzierungsquellen können Darlehen des Arbeitgebers sein. Ferner gewähren Pensionskassen und Versicherungen, aber vielleicht auch Familienmitglieder oder sogar fremde Privatpersonen Darlehen.

Variable Zinsen – festgeschriebene Zinsen

Grundsätzlich müssen Darlehen mit jederzeit veränderlichen (»variablen«) Zinsen von solchen mit mehr oder weniger lange festgeschriebenen Zinssätzen unterschieden werden. Zu einem gegebenen Zeitpunkt sind grundsätzlich Darlehen mit variablen Zinsen billiger als Darlehen mit festgeschriebenen Zinsen, und bei festgeschriebenen Zinsen sind grundsätzlich kürzere Zeitspannen billiger als eine längere Bindungsdauer. Ob sich ein Bauherr oder Immobilienkäufer bei der Kreditaufnahme für variable Zinsen oder für eine Zinsfestschreibung entscheiden sollte, kann nicht allgemeingültig entschieden werden. Variable Zinsen können sich verändern. Darin liegen Risiko und Chance zugleich. Wenn das Zinsniveau relativ hoch ist, spricht vieles dafür, eine Baufinanzierung auf Basis variabler Zinsen vorzunehmen. Zu bedenken ist jedoch, daß theoretisch nach oben keine Grenze gesetzt ist. Die Zinsbelastung könnte also durchaus erdrückend werden. Abhilfe kann allenfalls eine Vereinbarung über eine Zinsobergrenze schaffen. Ein sogenannter »cap« kostet freilich einen Zinszuschlag. Umgekehrt: Werden die Zinsen für fünf oder für zehn Jahre oder gar für die gesamte Laufzeit des Kredits festgeschrieben, dann ändert sich in dieser Zeit wie vereinbart an der Verzinsung der Baudarlehen nichts. Der Bauherr oder Käufer nimmt an einem möglichen Zinsrückgang also nicht teil. Er hat allerdings die Sicherheit, daß seine Finanzierung während der vereinbarten Zeit der Zinsfestschreibung auch nicht teurer wird. In aller Regel ist es einfacher zu ertragen, daß eine Finanzierung sich nicht verbilligt, als daß sie teurer wird. Insofern ist grundsätzlich die Zinsfestschreibung vorzuziehen, weil sie Risiken und Chancen begrenzt. Die Finanzierung ist kalkulierbar.

Es liegt auf der Hand, daß die Dauer der Zinsfestschreibung um so länger sein sollte, je niedriger das Zinsniveau ist. Gegebenenfalls sollte man sogar feste Zinsen für die gesamte Laufzeit vereinbaren. Die Laufzeit einer Hypothek kann durchaus 30 Jahre erreichen, und auf diese Zeit kann auch der Zins festgeschrieben werden. Gleichwohl ist der Kreditnehmer nicht länger als 10 Jahre an einen vereinbarten Zins gebunden. Denn der Kreditnehmer hat trotz länger vereinbarter Festschreibungszeit nach dieser Zeit ein Kündigungsrecht, während sich die Bank endgültig gebunden hat. Wenn der Zinsunterschied zwischen Hypotheken mit 10 Jahren Zinsfestschreibung und Zinsfestschreibung für die gesamte Laufzeit nicht allzu groß ist, sollte man ruhig die längste mögliche Festschreibung wählen.

Am Effektivzins orientieren

Die eigentliche Aufgabe in der Baufinanzierung ist nicht die Antwort auf die Frage, für welche Zeitspanne die Zinsfestschreibung nun erfolgen sollte. Am schwierigsten ist es, das günstigste, das preiswerteste Angebot herauszufinden. Eine wichtige Hilfe für die Entscheidung ist der Effektivzins eines Darlehens. Dieser Zins ergibt sich nur nach einer komplizierten Berechnung, und deshalb sind Vorschriften erlassen worden, wie der Effektivzins zu bestimmen ist. Aber Vorsicht: Effektivzins ist nicht gleich Effektivzins, abgesehen davon, daß der Effektivzins »nach Preisangabenverordnung« auch nicht die gesamten Kreditkosten widerspiegelt. Letztlich hilft nur eine genaue Berechnung, die kaum jemand selbst vornehmen kann. Es kann sich empfehlen, die tatsächlichen Kosten von Finanzierungen von unabhängigen Beratern berechnen zu lassen. Beachtet werden sollte, daß die in der Regel erforderlichen vierteljährlichen oder monatlichen Zahlungen zinssteigernd wirken.

Man darf nicht den Fehler machen, Darlehen verschiedener Art unbesehen über den Effektivzins zu vergleichen. Denn ein Effektivzins für ein Darlehen mit variabler Verzinsung ist anders zu beurteilen als der Effektivzins eines Darlehens mit einer Zinsfestschreibung. Schließlich dürfen auch nicht die Effektivzinssätze für Darlehen mit unterschiedlich langer Zinsbindungsdauer sowie für Darlehen mit unterschiedlich hohen monatlichen Zahlungen miteinander verglichen werden.

Komplizierte Überlegungen und eigene Berechnungen kann man weitgehend vermeiden, wenn man ein Vorgehen wählt, das zum Beispiel auch die Stiftung Warentest in einem Sonderheft über die Baufinanzierung dargestellt hat. Es wird empfohlen, Kreditangebote einzuholen und dabei folgende Daten fest vorzugeben: den tatsächlich benötigten Auszahlungsbetrag, den vom Kreditnehmer tragbaren monatlichen oder vierteljährlichen Betrag der Rate (Zins und Tilgung) sowie die Dauer der Zinsfestschreibung. Sehr wichtig ist, dann auch vom Anbieter die Berechnung der Höhe der Restschuld zu erbitten. Wenn sich alle Anbieter an das Schema halten, ist das Angebot mit der geringsten Restschuld am günstigsten. Es weist dann auch den niedrigsten Effektivzins auf.

Die Möglichkeit, ein Darlehen aufzunehmen, das mit einem Abschlag von einigen Prozentpunkten auf den Nominalbetrag der Schuld ausgezahlt wird, ist unter steuerlichen Gesichtspunkten bei selbstgenutztem Immobilieneigentum von Bedeutung. Zwar sind für die heutigen Bauherren oder Käufer alle Kosten einer eigengenutzten Wohnung steuerlich nicht absetzbar und der Bau oder Erwerb wird gegebenenfalls nur über Paragraph 10e gefördert. Aber das gilt nur für die Zeit nach dem tatsächlichen Einzug. Bestimmte Kosten, die vor dem Bezug der eigenen vier Wände entstanden sind, können gleichwohl geltend gemacht werden. Dazu gehört bei entsprechender Steuerung der Zahlungsströme auch ein Auszahlungsverlust bei einer Hypothek. Es muß daher eine der Strategien der Baufinanzierung einer eigengenutzten Immobilie sein, möglichst viele der unvermeidbaren Kosten in die Zeit vor den tatsächlichen Einzug zu verlegen.

Ein Beispiel: Eine Hypothekenbank nennt als aktuelle Konditionen für eine Hypothek 9,45 Prozent Nominalzins, zehn Jahre festgeschrieben, Auszahlungskurs 100 Prozent, anfänglich ein Prozent Tilgung. Wird die bei einem Kreditbetrag von 100000 DM fällige Jahreszahlung (die Annuität, die Zins und Tilgung umfaßt) von 10450 DM nachträglich in einer Summe entrichtet, stellt sich der Effektivzins auf 9,45 Prozent und die Restschuld nach 10 Jahren auf 84476,88 DM. Einen gleich hohen Effektivzinssatz von 9,45 Prozent weist ein Darlehen auf, das bei 10 Jahren Laufzeit einen Nominalzinssatz von 8,43 Prozent, aber nur einen Auszahlungskurs von 94 Prozent hat. Damit 100000 DM zur Verfügung stehen, muß dieses Darlehen auf nominal 106382,98 DM lauten. Nach 10 Jahresleistungen von jeweils 10450 DM beträgt die Restschuld 84462,58 DM.

Es handelt sich also um zwei identische Darlehen, und für die Hypothekenbank ist es grundsätzlich völlig gleich, aus welcher Kombination von Nominalzins und Auszahlungskurs sich der von ihr verlangte Effektivzins ergibt. Die Bank wird also sowohl das eine wie das andere Darlehen gewähren. Für den Kreditnehmer ergibt sich freilich ein großer Unterschied. Er zahlt zwar in beiden Fällen jährlich 10450 DM und hat nach 10 Jahren noch gut 84000 DM Schulden. Nur kann der Kreditnehmer im zweiten Fall den Auszahlungsverlust von 6382,98 DM steuerlich geltend machen, und dies bringt ihm eine Steuerersparnis.

Anschlußfinanzierungen enthalten Risiken und Chancen

Wird eine Immobilie mit Darlehen finanziert, deren Zins nicht für die gesamte Laufzeit festgeschrieben ist, muß immer wieder eine Anschlußfinanzierung gefunden werden. Zu welchen Bedingungen diese Anschlußfinanzierung erfolgen kann, weiß niemand; handelt es sich um selbstgenutztes Wohnungseigentum, sollte darauf geachtet werden, daß bei einer Anschlußfinanzierung kein neuer Auszahlungsverlust vereinbart wird. Denn nach dem Bezug der eigenen Wohnung kann ein Auszahlungsverlust steuerlich nicht mehr geltend gemacht werden. Außerdem wirkt sich der dann niedrigere Nominalzins unvorteilhaft aus: Die Tilgungen bringen eine niedrigere »Rendite«.

Erster Ansprechpartner ist die Hausbank

Eine Baufinanzierung ist, obwohl die Absicherung in der Regel durch die Belastung des Grundstücks erfolgt, doch in hohem Maße ein Personalkredit, vor allem dann, wenn bei relativ niedrigem Einsatz von Eigenkapital eine »Finanzierung aus einer Hand« erfolgt. Es liegt nahe, seine Finanzierungswünsche zunächst der »Hausbank« vorzutragen, jenem Institut, über das der Bauherr seinen Zahlungsverkehr abwickelt und das daher die Verhältnisse gut überblicken kann. Eine Absicherung der Baufinanzierung bei der Hausbank empfiehlt sich auch dann, wenn fremde Kreditgeber herangezogen werden. Es kann bei der Abwicklung einer Finanzierung immer zu Verzögerungen kommen. Etwaiger vorübergehender Liquiditätsbedarf sollte durch die Zusage eines entsprechenden Kreditrahmens auf dem laufenden Konto bei der Hausbank gedeckt werden können.

Grundsätzlich sollte man sich bei Kreditvereinbarungen nicht auf drückende Rückzahlungsverpflichtungen einlassen, sondern die monatliche »Zahllast« so gering wie möglich halten. Freilich sollte man möglichst flexible Vereinbarungen treffen, die später, wenn sich das Einkommen erhöht hat, zusätzliche Tilgungen nicht ausschließen. Sehr beweglich sind in dieser Beziehung Bauspardarlehen, bei denen jederzeit zusätzliche Rückzahlungen möglich sind.

Wie der Einsatz von Eigenkapital und die Aufnahme von Krediten auf mehrere Immobilienobjekte am zweckmäßigsten gestaltet werden sollte, muß mit Fachleuten besprochen werden, die vor allem auch die steuerlichen Vorschriften kennen und beurteilen können. Es ist daran zu erinnern, daß nur Zinsen für Kredite, die mit steuerpflichtigen Einkünften in Zusammenhang stehen, sich gegebenenfalls steuersenkend auswirken. Es empfiehlt sich daher, Kreditvereinbarungen unter diesem Blickwinkel hieb- und stichfest zu gestalten, damit man sich keine Steuernachteile einhandelt.

Rechtzeitig an Reparaturen und Erhaltung denken

Wenn die eigenen vier Wände erst einmal bezogen sind, wird kaum jemand bereit an künftige Finanzierungsaufgaben denken: Die meisten sind froh, erst einmal so weit gekommen zu sein. Eine Immobilie nutzt sich jedoch ab, und eines Tages werden Reparaturen unumgänglich. Dafür sollte rechtzeitig vorgesorgt werden. Für Reparaturen, vielleicht auch spätere Umbauten, kann ein Bausparvertrag abgeschlossen werden. Fachleute empfehlen dafür eine Sparrate von etwa 1 DM je Monat und je Quadratmeter Wohnfläche, doch ist das eine zusätzliche Ausgabe, die unmittelbar nach Bezug meist nur schwer geleistet werden kann. Auf längere Sicht sollte jedoch auch an die mit Sicherheit später einmal fälligen Erhaltungsausgaben gedacht werden sowie an spätere Umschuldungen.

Der Rechenstift entscheidet nicht allein

Zusammenfassend läßt sich feststellen, daß eine Baufinanzierung eine sehr individuelle Angelegenheit ist. Keine Finanzierung gleicht der anderen, weil eben die persönlichen Umstände in jedem Fall anders liegen. Die einzelnen Bausteine der Baufinanzierung (Hypothek oder Grundschuld, Bauspardarlehen und so fort) und die einzelnen Kreditgeber (Hausbank, andere Kreditinstitute, Arbeitgeber, Versicherungsgesellschaften) müssen entsprechend den jeweiligen persönlichen Bedürfnissen ausgewählt und zu einem Finanzierungspaket verbunden werden.

Der Wunsch, ein eigenes Haus oder eine eigene Wohnung zu besitzen und nutzen zu können, sollte freilich nie so übermächtig werden, daß die Verwirklichung dieses Ziels zu einer drückenden Last wird. Wenn sich das gesamte Leben einer Familie diesem Wunsch unterordnen muß, wenn kaum Raum für andere Ausgaben bleibt, können leicht Spannungen entstehen. Man sollte sich auch fragen, ob man seinen Kindern einen Gefallen erweist, wenn man sie frühzeitig in die Pflicht nimmt, einen mühsam geschaffenen Besitz zu übernehmen und zu erhalten.

Im eigenen Haus oder in der eigenen Wohnung zu wohnen bringt freilich so viele Vorteile, daß viele Investoren gar nicht so genau rechnen und die unkalkulierbaren Faktoren wie das Gefühl der Unabhängigkeit und die Aussicht auf eine zusätzliche Absicherung in der Altersversorgung sehr hoch veranschlagen. Deshalb können Baufinanzierungsfragen nur zu einem gewissen Teil mit dem Rechenstift gelöst werden.

Die Zinsfestschreibungsfrist »richtig« wählen
Überlegungen zur schrittweisen Aufnahme von Hypotheken

Es gehört zu den »klassischen« Finanzierungsregeln, langfristig gebundene Vermögenswerte auch langfristig zu finanzieren. Auf diese Weise können Risiken vermieden werden. Beim Bau beziehungsweise beim Erwerb von Immobilien wird freilich heutzutage in vielen Fällen von dieser Regel abgewichen. Die Gründe dafür sind durchaus einleuchtend: Es herrscht die Ansicht vor, die schrittweise Finanzierung sei letztlich preiswerter als eine von vorneherein langfristige Finanzierung. Wenn die Zinsstruktur auf den Märkten dauerhaft »normal« ist, wenn also kurzfristiges Kapital immer weniger kostet als langfristiges Kapital, ist das sogar richtig. Aber man darf nicht vergessen, daß die Zinsstruktur auch »verkehrt« sein kann; gerade die jüngste Vergangenheit bietet mit ihrer »inversen« Zinsstruktur ein Beispiel dafür, daß kurzfristige Mittel – zum Teil erheblich – teurer sein können als längerfristiges Kapital. Außerdem sollten die Umtriebe nicht unterschätzt werden, die kurzfristig aufeinanderfolgende Finanzierungen erfordern, abgesehen davon, daß es zu Liquiditätsbeschaffungsproblemen kommen kann. Man sollte sich also schon darüber klar sein, welche Folgen es haben kann, wenn man bestimmte Finanzierungswege verwirklicht.

In aller Regel werden deshalb auch heute noch Immobilien mit langfristig zur Verfügung stehenden Mitteln finanziert, verbunden jedoch mit der Absprache, daß die Verzinsung dieser Mittel von Zeit zu Zeit neu abgesprochen wird. Das Finanzierungsrisiko verringert sich damit auf ein Zinsrisiko: Kapital steht zwar zur Verfügung, man weiß nur nicht, was es kostet.

Die praktischen Probleme, die mit Baufinanzierungsfragen zusammenhängen, können am ehesten durch Beispiele erläutert werden. Wird dabei auf die Vergangenheit zurückgegriffen, kann zudem anschaulich erläutert werden, welche Entscheidungen sich – aus späterer Sicht – als richtig und welche sich als weniger zweckmäßig erwiesen haben. Man muß sich jedoch immer vor Augen halten, daß die zukünftige Entwicklung unbekannt ist, Finanzierungsentscheidungen also immer eine Spekulation sind.

Im Spätsommer 1980 bot eines der großen deutschen Kreditinstitute für die langfristige Finanzierung, die heutige Deutsche Pfandbrief- und Hypothekenbank AG (Depfa-Bank) in Wiesbaden, Hypothekendarlehen für die private Immobilienfinanzierung zu folgenden Bedingungen an: Der Nominalzins von 8 Prozent wurde bei einem Auszahlungskurs von 97,75 Prozent auf 5 Jahre festgeschrieben, bei einem Auszahlungskurs von 96,50 Prozent auf 10 Jahre. Der Effektivzinssatz für beide Festschreibungsfristen war nahezu identisch: bei 5 Jahren lautete er auf 8,89 Prozent, bei 10 Jahren auf 8,88 Prozent.

Je nach dem für die Zinsfestschreibung gewählten Zeitraum stand ein Kreditnehmer folglich im Jahr 1985 beziehungsweise im Jahr 1990 vor der Notwendigkeit, eine Anschlußfinanzierung zu den dann jeweils herrschenden Bedingungen vorzunehmen.

Wer 1980 eine zehnjährige Zinsbindung vereinbart hatte, mußte kurz vor Ablauf im September 1990 feststellen, daß das Zinsniveau fühlbar gestiegen war; es lag rund 20 Prozent höher. Hypotheken kosteten bei hundertprozentiger Auszahlung nun nominal rund 9,5 Prozent Zins. Allerdings ist der zu finanzierende Betrag in den zehn Jahren von 1980 bis 1990 gesunken. Eine achtprozentige Hypothek über 100 000 DM, die mit 1 Prozent zuzüglich ersparter Zinsen getilgt wird, sinkt in zehn Jahren auf eine Restschuld von rund 85 513 DM. 9,5 Prozent Zinsen auf diese Restschuld erfordern 8123,74 DM. Hält der Kreditnehmer die ursprünglich vereinbarte Annuität, den jährlichen Betrag für Zins und Tilgung (9000 DM) aufrecht, so stellt er fest, daß er 876,26 DM als anfängliche Tilgung leisten kann. Das sind 1,02 Prozent der Schuld. Der Nominalzins von 9,5 Prozent gilt allerdings nur für eine Zinsbindung von 10 Jahren. Will sich der Kreditnehmer kürzer (oder länger) festlegen, sind 9,55 Prozent Zins fällig. Dann übersteigt der Zins zuzüglich 1 Prozent Tilgung der Restschuld bereits die frühere Annuität, wenn auch nur geringfügig: 10,55 Prozent von 85 513 DM ergeben rund 9022 DM.

Anders hat sich die Finanzierung eines Kreditnehmers entwickelt, der 1980 eine fünfjährige Zinsfestschreibung wählte. Er mußte im Herbst 1985 eine Anschlußfinanzierung abschließen. Zu diesem Zeitpunkt war das Zinsniveau niedriger als 1980 und erst recht niedriger als 1990. Bei der Depfa-Bank standen bei jeweils huntertprozentiger Auszahlung zu diesem Zeitpunkt zur Auswahl: Hypotheken mit 5 Jahren Zinsfestschreibung zu nominal 6,95 Prozernt, mit 10 Jahren Zinsfestschreibung zu nominal 7,45 Prozent und mit 15 Jahren Zinsfestschreibung zu nominal 7,75 Prozent.

Das Finanzierungsvolumen einer achtprozentigen Hypothek über 100 000 DM mit einem Prozent anfänglichem Tilgungssatz vermindert sich in fünf Jahren auf rund 94 133 DM. Hat sich der Kreditnehmer bei der Anschlußfinanzierung wieder für eine Dauer von fünf Jahren entschlossen, lief die Bindungsfrist im Herbst 1990 ab. Wurde auch die jährliche Annuität bei 9000 DM belassen, dann sank ein Darlehen über 94 133 DM zu 6,95 Prozent Nominalzins in fünf Jahren auf eine Restschuld von rund 80 013 DM. Gegenüber der Finanzierung mit ursprünglich 10 Jahren Zinsfestschreibung ist die Restschuld hier 5500 DM niedriger. Es muß sich auswirken, daß für das zehnjährige Darlehen durchgehend 8 Prozent Nominalzins gezahlt werden, während im anderen Fall das zweite fünfjährige Darlehen eben nur 6,95 Prozent erfordert.

Wird bei der Anschlußfinanzierung 1985 nicht die ursprüngliche Annuität (9000 DM) aufrechterhalten, sondern eine Annuität vereinbart, die sich errechnet aus 6,95 Prozent Zins zuzüglich 1 Prozent Tilgung auf die Restschuld von 94 133 DM, das sind also rund 7485 DM, sinkt die Restschuld im Jahr 1990 nur auf rund 88 700 DM.

Aus der Sicht des Jahres 1990 wäre es im Jahr 1985 allerdings ratsam gewesen, die Anschlußfinanzierung nicht auf 5 Jahre zu beschränken, sondern sich den 1985 herrschenden Zinssatz für 15 Jahre (bis zum Herbst 2000) zu sichern. Ein Darlehen über 94 133 DM zu nominal 7,75 Prozent sinkt in 15 Jahren bei Zahlung von jährlich 9000 DM für Zins und Tilgung auf eine Restschuld von rund 48 740 DM. Jemand, der 1980 auf zehn Jahre finanziert hatte und sich nun auf weitere fünf Jahre bindet (zu 9,55 Prozent nominal), kommt im Jahr 1995 auf eine Restschuld von rund 80 470 DM. Wenn er bis zum Jahr 2000 auf eine Restschuld von 48 740 DM kommen will, müßte er im Jahr 1995 eine Finanzierung auf fünf Jahre mit einem Effektivzins von lediglich 4,09 Prozent verwirklichen können. Denn nur bei diesem Zinssatz sinkt die Restschuld 1995 (80 470 DM) bei einer Annuität von 9000 DM auf 48 740 DM. Die Erwartung, daß 1995 fünfjähriges Geld zu effektiv 4 Prozent Zins erhältlich sein soll, erscheint jedoch reichlich spekulativ.

Unter welchen Kapitalmarktbedingungen kann ein Kreditnehmer, der 1985 den »Fehler« begangen hat, sich neu nur auf 5 Jahre statt auf 15 Jahre zu verpflichten, später den gleichen Stand wie jemand erreichen, der diesen »Fehler« nicht begangen hat? Er hat immerhin den Vorteil, von einem vergleichsweise niedrigeren Finanzierungsvolumen ausgehen zu können, denn seine Restschuld beträgt 1990 nur noch rund 80 013

DM. Schließt er nun auf 5 Jahre (bis 1995) ab – die Konditionen lauten 9,55 Prozent Nominalzins – und zahlt er unverändert jährlich 9000 DM Zins und Tilgung, verringert sich seine Restschuld bis 1995 auf rund 71 790 DM. Er darf, um die erwähnte Restschuld von 48 740 DM im Jahr 2000 zu erreichen, bei einer Leistung von weiter jährlich 9000 DM einen Zins von höchstens effektiv 7,33 Prozent vorfinden. Diese Erwartung erscheint nicht ganz so spekulativ wie die Hoffnung auf Zinskosten von 4 Prozent zum gleichen Zeitpunkt.

Wie stellt sich die Finanzierung dar, wenn der Kreditnehmer, der 1985 auf eine Bindung für 15 Jahre verzichtet und sich für 5 Jahre entschieden hatte, nun im Jahr 1990 auf 15 Jahre festlegt? Der Nominalzins der Depfa für diesen Zeitraum beträgt 9,55 Prozent. Ein Darlehen über 80 013 DM sinkt bei diesem Zinssatz und einer Annuität von 9000 DM bis zum Jahr 2005 auf eine Restschuld von rund 38 350 DM.

Auf die gleiche Restschuld von 38 350 DM kommt der Kreditnehmer, der sich 1985 auf 15 Jahre gebunden hat und deshalb im Jahr 2000 eine Restschuld von 48 740 DM finanzieren muß, wenn der Effektivzinssatz – bei einer Annuität von weiterhin 9000 DM – 16,55 Prozent beträgt. Das heißt: Liegt der Effektivsinssatz darunter, wird auch die Restschuld kleiner. Kann im Jahr 2000 beispielsweise zu den Bedigungen finanziert werden, wie sie 1990 herrschten, sinkt die Restschuld bei Nominalzinsen von rund 9,5 Prozent bis zum Jahr 2005 auf rund 22 000 DM.

Verglichen damit stellt sich die Restschuld eines Kreditnehmers, der 1980 auf 10 Jahre und dann 1990 auf 15 Jahre finanziert hat, im Jahr 2005 auf rund 59 950 DM.

Abschließend kann eine Finanzierung immer nur dann beurteilt werden, wenn sie vollständig abgeschlossen ist. Bis dahin kann immer wieder eine »falsche« Zinsfestschreibungsfrist gewählt werden, ein Zeitraum, nach dessen Ablauf eine Anschlußfinanzierung zu vergleichsweise ungünstigen Konditionen erforderlich wird.

Die hier erläuterten Berechnungen und Betrachtungen untermauern den Rat, sich in Zeiten relativ niedriger Zinsen möglichst lange und in Zeiten relativ hoher Zinsen kürzer zu binden. Doch welches Zinsniveau ist relativ niedrig und welches ist relativ hoch? Anhaltspunkte dafür können aus der Vergangenheit gewonnen werden. Auf dieser Grundlage könnte man zu dem Schluß gelangen, sich bei Effektivzinsen von acht Prozent und darüber möglichst nicht allzu lange zu binden. Das heißt umgekehrt, daß man sich Effektivzinsen von unter acht Prozent längerfristig sichern sollte.

Freilich sagt die Zinshöhe, die in der Vergangenheit herrschte, nichts darüber aus, wie das Zinsniveau in der Zukunft sein wird. Entscheidungen über Zinsbindungsfristen sind daher eine Spekulation. Wenn aber die Finanzierungsrechnung ergibt, daß die herrschenden Zinsen gezahlt werden können, dann sollte die Zinsfestschreibung im Zweifel längerfristig erfolgen. Denn es ist grundsätzlich leichter, auf künftige Zinsersparnisse zu verzichten, als künftige Zinssteigerungen zahlen zu müssen. Und wenn eine sehr langfristige Zinsfestschreibung wirklich ein Fehler war, kann der Kreditnehmer nach zehn Jahren kündigen, wohlgemerkt: der Kreditnehmer. Der Kreditgeber ist im Wort – und das kann 30 Jahre währen.

Bauspardarlehen oder Hypothek
Eine Beispielrechnung

Für die Finanzierung von Modernisierungen oder Umbauten von Immobilien werden gerne Bausparmittel eingesetzt, weil die Zinsen für solche Darlehen kapitalmarktunabhängig und deshalb in aller Regel vergleichsweise günstig sind. Freilich stehen Bauspardarlehen nur unter bestimmten Voraussetzungen zur Verfügung: Ein Bausparvertrag muß »zugeteilt« sein beziehungsweise zugeteilt werden, damit ein Bauspardarlehen gewährt wird. Deshalb ist es nicht verkehrt, Rücklagen für Reparaturen, an die man rechtzeitig denken sollte, auf einem Bausparvertrag anzusammeln.

Eine Finanzierung über einen Bausparvertrag wird jedoch vielfach auch dann angeboten, wenn noch keine Sparleistungen vorausgegangen sind. Dann wird entweder vorgeschlagen, die erforderliche Ansparung, die über einen Kredit beschafft wird, in einem Betrag zu leisten, oder man kann das Eigenkapital in Raten innerhalb des vereinbarten Finanzierungspaketes »nachsparen«. Der aufgenommene Kredit wird dann später durch das Bauspardarlehen abgelöst.

Ob Finanzierungen über einen erst neu abzuschließenden Bausparvertrag günstig sind oder nicht, hängt – wie es nicht anders zu erwarten ist – von den Bedingungen der zu vergleichenden Kredite, also von dem Angebot der Bausparkasse und von anderen Kreditmöglichkeiten des Kunden und deren Kosten ab. Letztlich kann immer nur eine Berechnung im Einzelfall ergeben, über welchen Finanzierungsweg das angestrebte Finanzierungsziel am besten zu verwirklichen ist.

In einem Beispielfall sollen Unterschiede zwischen einer Finanzierung über einen neu abzuschließenden Bausparvertrag und einer Marktfinanzierung (Hypothek) aufgezeigt werden. Es wird von einem Finanzierungsbedarf von 50 000 DM ausgegangen.

Zunächst zur Variante »Finanzierung über die Bausparkasse«. Eine Bausparkasse bietet die Bereitstellung des Geldbedarfs (50 000 DM) wie folgt an: Es wird ein Bausparvertrag über 100 000 DM abgeschlossen. Bis zur Zuteilung des Bausparvertrages, die in 31 Monaten nach Abschluß unterstellt wird, wird ein Zins von 7,9 Prozent für die Zwischenfinanzierung verlangt. Danach ist das Bauspardarlehen, für das ein fester Nominalzinssatz von 6 Prozent gilt, in monatlichen Raten für Zins und Tilgung von jeweils 700 DM zurückzuzahlen. Die Anzahl der Raten bis zur Tilgung des Bauspardarlehens wird mit 79,3 angegeben.

Die Bausparkasse nennt als Gesamtaufwand für diese Finanzierung rund 25918 DM, wobei zwar die Darlehensgebühr von 2 Prozent des Bauspardarlehens eingerechnet ist, nicht jedoch die Abschlußgebühr für den Bausparvertrag (und auch keine Kontoführungsgebühren). Die Außerachtlassung der Abschlußkosten wird damit begründet, daß die Vergleichsrechnung für eine Finanzierung über den freien Kapitalmarkt ebenfalls ohne Berücksichtigung von Kredit-Bearbeitungsgebühren angestellt werde.

Insgesamt ergibt sich, wie die Bausparkasse vorrechnet, eine Finanzierungszeit von 110,3 Monaten, während der zunächst 31 Raten über monatlich je 658,33 DM und anschließend 79,3 Monatsraten zu je 700 DM zu leisten sind. Die Monatsrate von 658,33 DM entsteht aus dem Jahreszins von 7900 DM für das Zwischenfinanzierungsdarlehen über 100000 DM (wovon 50000 DM als Eigenkapital auf den Bausparvertrag eingezahlt werden und 50000 DM an den Kreditnehmer als benötigte Summe ausgezahlt werden), die Rate von 700 DM aus den Bausparbedingungen.

Die Kosten dieser Finanzierung lassen sich dem absoluten Betrag nach errechnen aus der Summe 31 mal 658,33 DM (macht 20408 DM) plus 79,3 mal 700 DM (macht 55510 DM, zusammen also 75918 DM) abzüglich des erhaltenen Kreditbetrages von 50000 DM. Es verbleibt ein Betrag von 25918 DM.

Absolute Kostenbeträge geben jedoch keinen rechten Eindruck von den tatsächlichen Kosten, weil der Zeitfaktor nicht berücksichtigt wird. Das geschieht erst, wenn die effektive jährliche Zinsbelastung in Prozent ausgedrückt errechnet wird. Das kann finanzmathematisch beziehungsweise nach den Vorschriften der Preisangaben-Verordnung erfolgen. In beiden Fällen geht das jedoch nicht mehr ohne rechentechnische Hilfsmittel, und das ist ein Umstand, der die Beurteilung von Kreditangeboten erheblich erschwert.

Laien in Finanzdingen mögen davon überrascht werden, daß der Effektivzins der angebotenen Bausparfinanzierung nicht zwischen 7,9 Prozent als Obergrenze und 6 Prozent als Untergrenze liegt, wie entsprechend den Nominal-Zinssätzen zu vermuten wäre, die für die Zwischenfinanzierung und später für das Bauspardarlehen in Ansatz gebracht werden. Vielmehr ergibt sich ein Effektivzins nach den Regeln der Preisangabe-Verordnung von 10,29 Prozent.

Nun zum Beispiel einer Finanzierung über den Markt. Zu dem Zeitpunkt, zu dem die Bausparkasse ihr Finanzierungsangebot abgegeben hatte, kosteten Hypotheken mit einer vergleichbaren Laufzeit bei hundertprozentiger Auszahlung 9,6 Prozent Nominal-Zins. Werden auf 50 000 DM, die zu 9,6 Prozent Zins aufgenommen werden, zunächst 31 Raten von je 658,33 DM und daran anschließend Monatsraten von 700 DM geleistet, ist die Hypothek nach 110,3 Monaten – wenn die Finanzierung über die Bausparkasse endet – noch nicht vollständig zurückgezahlt. Folglich ist die Bauspar-Finanzierung in diesem Fall günstiger.

Der Grund dafür liegt in dem Zwischenfinanzierungszins von 7,9 Prozent. Dieser Zins lag unter dem Marktzins. Er gehörte, wie die Bausparkasse erläuterte, zu einem »Sonderprogramm«. Ein Kreditnehmer muß sich natürlich keine Gedanken darüber machen, auf welche Überlegungen ein Zinssatz zurückgeht, der ihm abverlangt wird. Verlangt die Bausparkasse eben einen Zwischenfinanzierungszins von 7,9 Prozent, dann ist ihr Angebot im Beispielfall günstiger als eine Hypothek.

Wenn die Bausparkasse für die Zwischenfinanzierung jedoch einen höheren Zinssatz verlangen würde, zum Beispiel 9,55 Prozent, verschieben sich die Ergebnisse einer Vergleichsrechnung. Die ursprüngliche Monatsrate muß dann nicht auf 658,33 DM lauten, sondern auf 795,83 DM (9,55 Prozent gerechnet auf 100 000 DM, davon ein Zwölftel). An der Höhe des Bauspardarlehens und am Zeitpunkt, zu dem es zur Verfügung steht, ändert sich nichts; die Zwischenfinanzierung wird außerhalb des Bausparvertrages abgewickelt. Folglich kann auch bei diesen Zinskosten nach 31 Monaten mit der Zuteilung eines Bauspardarlehens in der gleichen Höhe gerechnet werden. Werden die erforderlichen Monatsraten von 700 DM geleistet, ist das Darlehen wie zuvor in 79,3 Monaten getilt. Der Gesamtaufwand für diese Finanzierung steigt jedoch auf 30 180 DM und der Effektivzins auf 12,51 Prozent. Werden zur Tilgung des Bauspardarlehens die Raten gezahlt, die für die Zwischenfinanzierung fällig waren (795,83 DM), verkürzt sich die Laufzeit des Bauspardarlehens auf 67,23 Monate, und die gesamte Finanzierungszeit beläuft sich dann auf 98,23 Monate.

Wenn für die Zwischenfinanzierung des Bauspardarlehens eine monatliche Rate von 795,83 DM gezahlt werden muß, dann muß in einer

Vergleichsrechnung, die eine Hypothekenfinanzierung betrifft, der gleiche Betrag eingesetzt werden. Eine Hypothek mit 9,6 Prozent Nominalzins, auf die Monatsraten von 795,83 DM geleistet werden, ist nach 91,3 Monaten zurückgezahlt. Das heißt: Die Finanzierung über die Bausparkasse dauert bei Monatsraten von 795,83 DM rund 7 Monate länger, ist also ungünstiger.

Ein weiterer Umstand ist zu bedenken. Die Abschlußkosten des Bausparvertrages und die Kredit-Bearbeitungsgebühren sind in den Berechnungen nicht berücksichtigt worden. Diese Kosten können jedoch unterschiedlich hoch sein. Im Beispielfall muß ein Bausparvertrag über 100 000 DM abgeschlossen werden, während der Kreditbetrag auf 50 000 DM lautet. Man sollte sich verschiedene Finanzierungsmöglichkeiten immer einschließlich aller Kosten vorrechnen lassen.

Grundsätzlich bleibt festzuhalten, daß der Vorteil eines relativ niedrigen Bauspar-Darlehenszinses um so stärker aufgezehrt wird, je länger eine Zwischenfinanzierung des Bausparvertrages erforderlich und je teurer diese ist.

Die Kurse der Zukunft kann niemand kennen
Prognosen von Aktienkursen versprechen keinen Gewinn

Die im Spätsommer 1990 einsetzende Baisse an den Aktienmärkten hat fast alle Kurspropheten völlig unvorbereitet betroffen. Gleichwohl hat sie diese Ratgeber nicht davon abgehalten, innerhalb kurzer Zeit neue Ratschläge zu erteilen. Auch wenn sich die Kurse nicht verhalten wie erwartet, bleibt kein Börsenguru für länger als wenige Tage stumm. Wer sich jedoch etwas intensiver mit Prognosen von Aktienkursen befaßt, stößt bald auf einen merkwürdigen Gegensatz: Es gibt eine große Anzahl von Menschen, die mit dem Verkauf von Aktienkursprognosen Geld verdienen, obgleich nach heutigem Kenntnisstand Prognosen sehr wahrscheinlich gar keinen geldwerten Vorteil versprechen.

Mit Hilfe seriöser Untersuchungsmöglichkeiten kommt man für die großen Aktienmärkte der Welt zu dem Schluß, daß systematische, also überdurchschnittlich erfolgreiche Prognosen nicht möglich sind. Statt dessen ist es am sinnvollsten, eine für den Aktienmarkt repräsentative Zahl von Titeln zu erwerben und einfach liegenzulassen, ohne sich um Empfehlungen zu kümmern. Wer dies tut, erzielt Ergebnisse, die zumindest in der Vergangenheit besser waren als Resultate vieler »Musterportfolios«, mit denen Aktienverkäufer werben. Schließlich ist bemerkenswert, daß in einer Zeit, in der viele Anleger glauben, durch die Hilfe von Computern lasse sich die Qualität von Aktienkursprognosen verbessern, der Computer in Wirklichkeit genau das Gegenteil bewirkt: Nicht zuletzt die moderne Informationstechnologie hat, wie im letzten Abschnitt beschrieben, die Voraussetzungen für nützliche Kursprognosen stark eingeschränkt.

In diesem Beitrag sollen die geläufigsten Prognoseverfahren dem Anleger knapp und allgemeinverständlich vorgestellt werden. Nicht selten verstecken sich die Aktienkurspropheten in ihren Veröffentlichungen, seien es Börsendienste, Fachzeitschriften oder Bücher, hinter Fachbegriffen, die die Seriosität ihrer Prognosen untermauern sollen. Um die Grundlagen der Prognoseverfahren zu verstehen, bedarf es dieser Kunstsprache allerdings nicht.

Thema dieses Beitrages sind mit der »fundamentalen« und der »technischen« Analyse die wohl populärsten Kurstheorien. Immer mehr Beachtung findet in jüngster Zeit auch die allerdings sehr umstrittene Elliott-Wellen-Theorie. Zwar handelt es sich bei ihr im Kern auch um eine Form der »technischen« Analyse, da die Wellen-Theorie aber ein sehr viel detaillierteres Fundament besitzt, erscheint eine separate Behandlung angebracht. Am Ende des Aufsatzes soll jene Theorie stehen, die mit guten Gründen systematische Kursprognosen für ein Ding der Unmöglichkeit hält.

1. Fundamentale Analyse: Der »richtige« Unternehmenswert

Aktien verbriefen ein Eigentumsrecht an einer Aktiengesellschaft. Die Aktien börsennotierter Unternehmen werden an Börsen, also organisierten Handelsplätzen gekauft und verkauft. Aber wie bestimmt sich der Preis (Kurs) einer Aktie? Wenn eine Aktie ein Eigentumsrecht beinhaltet, liegt die Annahme nahe, daß die Summe des Wertes aller Aktien dem Wert des Unternehmens entspricht. Ebenso läßt sich leicht vermuten, daß der Wert des Unternehmens nicht unabhängig ist von den künftigen Erträgen, die der Erwerb einer Aktie verspricht. Also müßte der Wert der Aktie abhängig von künftigen Erträgen, also erwarteten Dividendenausschüttungen und erwarteten Kurssteigerungen sein.

Das Ziel der fundamentalen Aktienanalyse ist die Sammlung und Auswertung aller Daten, die Aussagen über die künftige Ertragsentwicklung eines Unternehmens gestatten. Dazu zählen unternehmensspezifische Daten wie der Auftragseingang, Finanzierungskennziffern, Kosten der Beschaffung von Rohstoffen und die Zahlen aus der Bilanz, aber auch branchenbezogene Informationen wie die Konkurrenzsituation und Pläne möglicher neuer Wettbewerber. Schließlich finden gewöhnlich auch volkswirtschaftliche und politische Rahmendaten Berücksichtigung in der fundamentalen Aktienanalyse.

Aus der Analyse dieser Daten leitet die fundamentale Schule den sogenannten »richtigen Unternehmenswert« ab. Dividiert man diesen durch die Zahl der ausgegebenen Aktien, errechnet sich der »eigentlich richtige« Aktienkurs. Diese Information beinhaltet für den Anleger solange keine Kaufempfehlung, wie der aktuelle Börsenkurs diesem »richtigen« Kurs entspricht. Nach Ansicht fundamentaler Aktienanalytiker ist aber genau dies häufig nicht der Fall. Sie behaupten, daß es »unterbewertete« und »überbewertete« Aktien gibt. Bei »unterbewerteten« Titeln liegt der aktuelle Börsenkurs unter dem »eigentlich richtigen« Kurs, weshalb eine solche Aktie nach Ansicht dieser Schule kaufenswert ist. Bei »überbewerteten« Aktien gilt das Umgekehrte. Aus der Arbeitsweise dieser Schule erklärt sich, warum viele Anbieter von Kauftips mit Angaben wie »Das Kursziel der Aktie liegt bei 800 DM« werben können: Das Kursziel entspricht dem errechneten »richtigen« Wert. Da sich der Wert eines Unternehmens gewöhnlich innerhalb kurzer Zeit nicht wesentlich ändern sollte, halten Fundamentalisten dramatische Kursveränderungen, etwa die im August 1990 einsetzende Aktienbaisse, für Übertreibungen. Dementsprechend prophezeiten viele Anhänger dieser Schule im Herbst eine rasche Rückkehr zu den alten Kursen, ohne daß diese Prognose eine unmittelbare Bestätigung fand.

Damit die Prognosen der fundamentalen Schule dem Anleger einen Nutzen bringen, müssen sie zwei Voraussetzungen erfüllen. Zum einen müssen sie stimmen, der »richtige« Unternehmenswert muß also korrekt berechnet sein. In der Tat besitzen fundamentale Aktienanalytiker aber unterschiedliche Arbeitsmethoden. Angesichts der Fülle von Daten gewichten sie einzelne Informationen unterschiedlich, so daß sogar sich widersprechende Anlageempfehlungen beobachtet werden können, wenn sich zwei oder mehr Analytiker zu einer Aktie äußern. Der Bezug fundamentaler Aktienanalysen beinhaltet noch keine Gewähr für Korrektheit.

Wie aber kommt es, daß der Börsenkurs einer Aktie verschieden von dem errechneten »richtigen« Kurs ist? Die Antwort der fundamentalen Aktienanalyse lautet: Es gibt Informationen, die noch nicht in die Kursbildung eingegangen sind, über die aber der fundamentale Aktienanalytiker verfügt. So behauptet der »Fundamentalist« etwa zu wissen, daß die Börsenteilnehmer in bestimmten Situationen übertrieben optimistisch oder pessimistisch denken und handeln. Mit anderen Worten, der Aktienanalytiker ist schlauer als viele Marktteilnehmer, und wenn man sein Wissen nutzt, kann man damit Geld verdienen. Wichtig ist allerdings die Voraussetzung, daß der Markt nicht ewig »dumm« bleibt. Irgendwann, so der fundamentale Analytiker, werde der Markt schon erkennen, daß er die Aktie falsch bewerte, und seine Entscheidung korrigieren. Der kluge Anleger, der dem Analytiker rechtzeitig folgte, erzielt dann einen Gewinn. Die Behauptung der Schule, daß sie mehr wisse als die anderen Marktteilnehmer und daß sich dieses Wissen nutzen läßt, bietet Ansatzpunkte für eine Kritik der fundamentalen Lehre, die im Abschnitt über die »Theorie des Zufallspfades« ausführlich behandelt wird.

2. Technische Analyse: ökonomische Daten sind uninteressant

Im Unterschied zur fundamentalen Aktienanalyse beschäftigen sich die Anhänger der »technischen Analyse« nicht mit Wirtschaftsdaten. Statt dessen interessieren sie sich nur für Daten, die der Aktienmarkt selbst liefert, das sind Kursverläufe und Börsenumsätze. Die »Techniker« behaupten, nach heutigem Wissensstand wohl mit Recht, daß die Ermittlung eines »richtigen Wertes«, wie sie die Fundamentalisten anstreben, entweder gar nicht oder aber nur mit sehr langer zeitlicher Verzögerung möglich ist. Sie behaupten ferner, daß die Annahme, besser über Unternehmensdaten informiert zu sein als andere Anleger, zumindest für den »normalen Investor« unrealistisch ist. Schließlich behaupten sie, daß sich der Kursverlauf einer Aktie zumindest für einige Zeit gar nicht am »richtigen Wert« orientieren muß.

Der Ansatzpunkt der technischen Analyse ist die Behauptung (nach Ansicht ihrer Vertreter: die Erkenntnis), daß sich Aktienkurse in Trends entwickeln und daß man Beginn und Ende dieser Trends bestimmen kann. Als Untersuchungsgegenstand dienen vor allem grafische Darstellungen des Kursverlaufs, die sogenannten Charts, die von Fachverlagen publiziert werden und heutzutage auch auf elektronischem Wege bezogen werden können. Ein Kursanstieg hat dieser Auffassung also die Neigung, sich fortzusetzen, bis aus dem Chart ablesbare Signale ein Ende der Kursgewinne signalisieren. Ein kundiger Anleger kann also zu Beginn der Aufwärtsbewegung Aktien kaufen und sie behalten, bis das Studium der Kursgrafik einen Anhaltspunkt für ein Ende der Aufwärtsbewegung beziehungsweise einen Beginn einer Kursschwäche anzeigt. Als wichtig wird von vielen Vertretern der technischen Analyse schließlich auch die Umsatzentwicklung bezeichnet, die im folgenden aber nicht berücksichtigt werden soll, da uns nur eine einführende Darstellung interessiert.

An der technischen Analyse fällt zunächst ihr ärmliches Fundament auf. Aktienkurse folgen Trends, bis diese beendet sind, lautet das Postulat. Aber warum folgen sie Trends, und was bedingt die Gesetzmäßigkeiten, möchte der forschende Geist wissen, der an mehr interessiert ist als am bloßen Zeichnen von Kurslinien. Auf diese Frage hat die technische Analyse keine befriedigende Antwort, und die meisten ihrer Vertreter interessieren sich auch nicht dafür. Es hat Versuche gegeben, lange Kursauftriebe mit der menschlichen Eigenschaft der Gier und den darauf folgenden Zusammenbruch als Ergebnis einer ebenso menschlichen Eigenschaft, nämlich der Angst, zu interpretieren. Aber dies ist nicht mehr als ein Versuch geblieben, Amateurpsychologie zu betreiben. So erstaunt es denn auch nicht, daß etwa Johannes Welcker, Professor für Wirtschaftswissenschaften in Saarbrücken, in seinem ansonsten sehr informativen Buch über die technische Analyse keinen Satz für den Hintergrund dieser Schule verschwendet.

Wer sich bloß für die puren Kursgewinne interessiert, mag sich um das Fundament der technischen Analyse nicht bekümmern. »Hauptsache, sie funktioniert«, lautet in diesem Fall die berechtigte Devise. Aber funktioniert die Kursprognose mittels Grafiken? Empirische Untersuchungen, auf die im Abschnitt über die Theorie des Zufallspfades verwiesen wird, sprechen ein vernichtendes Urteil. Demnach »stimmen« auch einmal die Aussagen der technischen Analyse. Aber dies geschieht nicht, weil diese Analyse etwas taugt, sondern aus reinem Zufall. Die technische Analyse ist nach diesem Verständnis in erster Linie eine Beschäftigung für Hobbygrafiker, aber kein Instrument für eine seriöse Kursprognose.

Der Inhalt der technischen Analyse ist die Auswertung von Kursgrafiken. Aus ihnen lassen sich bestimmte Formationen erkennen, so die Behauptung, die Aufschluß über die weitere Kursentwicklung liefern. An Formationstypen gibt es keinen Mangel, sie tragen so hübsche Namen wie »Trendkanal«, »Doppelspitze«, »Widerstandslinie« oder »Flagge«. Wie widersprüchlich diese »Signale« sein können, hat Reinhard H. Schmidt in einem zugegebenermaßen extremen Beispiel dargestellt, das gleichwohl sehr plastisch zeigt, wie sehr sich die Techniker im Falle des Versagens herausreden können. Schmidts Darstellung soll im folgenden mit eigenen Kommentaren wiedergegeben werden (die Zahlen sind fiktiv).

In der Abbildung 1 ist der Kurs einer Aktie von 100 auf 110 gestiegen. Gemäß der technischen Analyse bewegen sich Kurse in Trends, das heißt, ein weiterer Kursgewinn ist zu erwarten. Der Anleger kauft also zu 110.

Nun sei der Kurs, wie durchaus denkbar und in der Realität auch häufig beobachtbar, auf 105 gefallen (Abbildung 2). Was ist zu tun? Gemäß der technischen Analyse ist ein weiterer Kursverfall zu erwarten, da sich die Kurse ja in Trends bewegen. Der Anleger verkauft möglicherweise seine Aktie, um den Verlust in Grenzen zu halten.

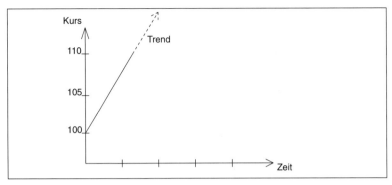

Abbildung 1

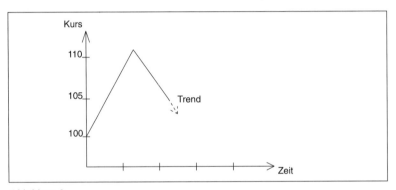

Abbildung 2

Nun möge der Kurs wieder auf 110 steigen (Abbildung 3). Jetzt postuliert der Techniker, der sich schon zweimal geirrt hat, eine Konsolidierungsbewegung, die die Tendenz zu höheren Kursen (man beachte den Aufwärtstrend) aufweise.

Der Techniker hat sich wieder geirrt, und der Kurs ist wieder leicht gefallen (Abbildung 4). Spätestens hier wird der rationale Anleger der technischen Analyse Lebewohl sagen, aber der kluge Techniker hat aus dem bisherigen Kursverlauf wieder eine aussagekräftige Formation entdeckt. In diesem Fall handelt es sich um die Doppelspitze (zwei Spitzen bei jeweils 110), aus der, zumal wenn der Kurs weiter fällt, zwingend eine Abwärtsbewegung resultiert.

Der Anleger hat dem Techniker vertraut, und wieder lag er falsch,

284 *Anlegen und Finanzieren*

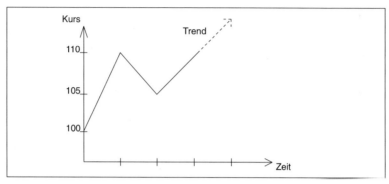

Abbildung 3

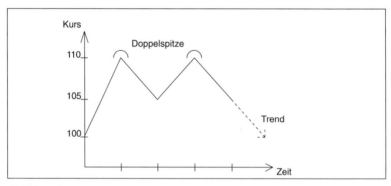

Abbildung 4

denn der Kurs ist auf rund 110 gestiegen (Abbildung 5). Aber auch dies bringt den technischen Analytiker nicht aus der Fassung, denn nun weist der Chart eine Rechteck-Formation auf, die neue Kursgewinne verheißt.

Es sei wiederholt, daß dieses Beispiel extrem, vielleicht sogar boshaft ist. Aber es verdeutlicht sehr gut, daß sich ein Techniker wiederholt irren und trotzdem aus seiner Sicht schlaue Prognosen stellen kann. Der Grund hierfür ist einfach, denn er verdeutlicht das simplistische Denken der Techniker: Ein Trend dauert halt solange, bis er beendet ist und durch einen neuen ersetzt wird. Pointiert könnte man mit Blick auf das obige Beispiel sagen: Prognosen der Techniker lassen sich angesichts der Fülle der Formationen gar nicht überprüfen. Denn war im ersten Fall bei

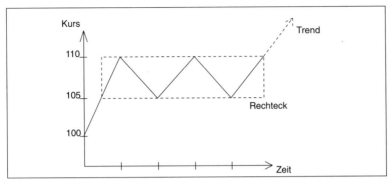

Abbildung 5

105 verkauft hatte, weil er ein Ende des Abwärtstrends erwartete, muß sich belehren lassen, daß statt dessen erst eine Konsolidierungsbewegung und dann ein Rechteck zu erkennen war.

Trotz der erheblichen inhaltlichen und empirischen Schwächen der technischen Aktienanalyse kann nicht bestritten werden, daß diese ursprünglich belächelte Schule in den vergangenen Jahren, von Amerika ausgehend, sehr an Popularität gewonnen hat. Mit Kursgrafiken arbeiten heute nicht nur Aktienanalytiker, sondern auch Devisenhändler, Anleihe- und Edelmetallanalytiker. Mit dem Vertrieb von kursgestützten Anlageinformationen verdienen viele Leute in aller Welt beachtliche Beträge. Wie läßt sich diese Popularität begründen?

Der Reiz der technischen Analyse liegt zweifellos in ihrem geringen Gehalt, der es auch Nicht-Fachleuten ermöglicht, die Grundbegriffe dieser Schule rasch zu erlernen. Anders sieht es bei der fundamentalen Aktienanalyse aus, die ohne ein intensives Studium der Finanzanalyse, ergänzt um zumindest Grundlagen von Volks- und Betriebswirtschaftslehre, nicht sinnvoll betrieben werden kann. Statt dessen können technische Analysen schnell und ohne viel Aufwand erstellt werden. Eine Kursgrafik und Umsatzzahlen (käuflich bezogen oder selbst erstellt) in Verbindung mit einem Lineal und einem Bleistift sind genug, um die Geheimnisse des Aktienmarktes zu ergründen und mit diesem Wissen (angeblich) viel Geld zu verdienen! Hinzu kommt die Freude, die viele Menschen beim Anfertigen von Zeichnungen erfahren. Muß man sich wundern, daß auch viele »Normalanleger« diesem Reiz verfallen?

Seriöse charttechnische Ratgeber betonen allerdings, daß ihre Schule gegen Fehlurteile nicht immun ist. Der Gegensatz zwischen fundamentaler und technischer Analyse wird von vielen pragmatisch denkenden Analytikern zudem relativiert. So findet heute auch oft eine kombinierte Strategie Anwendung, bei der die langfristige Anlageentscheidung fundamental begründet wird. Die kurzfristige Wahl des Kaufzeitpunktes bestimmen diese Analytiker aus dem Studium charttechnischer Untersuchungen.

3. Elliott-Wellen: Ordnung im Chaos?

Die Theorie der Elliott-Wellen, die von dem Amerikaner Ralph N. Elliott in den dreißiger Jahren dieses Jahrhunderts entwickelt wurde, stellt einen interessanten Versuch dar, der technischen Analyse ein plausibles Fundament zu verleihen. Was dem kritischen Geist bei der herkömmlichen technischen Analyse fehlt, braucht er bei der Wellenlehre nicht zu entbehren: Elliott liefert eine immerhin nachvollziehbare, wenn auch umstrittene Begründung, warum es Trends und Trendwenden gibt.

Elliott und seine Schüler behaupten, daß die Bewegungen des Aktienmarktes Grundharmonien folgen, die auch in der Natur anzutreffen sind. Hat man dieses Naturprinzip einmal erfaßt, findet man es in den Veränderungen von Aktienindizes (Elliott überprüfte seine These an den Bewegungen des amerikanischen Dow-Jones-Industrie-Index) wieder und kann es folglich für Prognosen nutzen. Wie andere ältere Spielarten der technischen Analyse auch, behauptet die Wellenlehre, daß der Aktienmarkt einem aus Wellen bestehenden Basismuster folgt, das aus verschiedenen Wellenformationen besteht. Die Wellenbewegungen kann man, dem herkömmlichen Verfahren folgend, auf verschiedene Formationen (wie Dreiecke und so weiter) untersuchen und daraus Kursprognosen ableiten. Im Unterschied zu den simplen Verfahren der technischen Kursprognose erfordert die auf den ersten Blick komplizierte Wellenlehre eine intensivere Beschäftigung, was traditionelle Techniker, die gewöhnlich mit sehr einfachen Grafiken arbeiten, vor den Elliott-Wellen zurückschrecken läßt. Der Verfasser hat selbst erlebt, daß ein Vortrag über die Wellenlehre in einer Veranstaltung mit mehr als 100 Anlagefachleuten auf völliges Unverständnis stieß, was keineswegs dem Referenten geschuldet ist.

Die Prognoseverfahren der Wellenlehre interessieren uns in diesem Zusammenhang jedoch nicht. Der interessierte Leser sei hierzu auf die Fachliteratur verwiesen; im Anhang zu diesem Aufsatz werden einige Bücher genannt. Statt dessen wollen wir uns im folgenden mit den Grundlagen der Wellenlehre befassen. Ausgangspunkt der Wellenlehre ist die Ansicht, daß »der Aktienmarkt die größte Offenbarung der Massenpsychologie in der Welt ist.« (Frost/Prechter, Seite 119). Der Geist und das Verhalten der Menschen wird, so die Auffassungen dieser Schule, durch Gesetze geformt, die auch in der Natur wirksam sind. Diese Gesetze schaffen Ordnung im Universum, geben ihm eine Form und bestimmen demzufolge, so die kühne Schlußfolgerung, auch die Veränderungen an den Aktienmärkten.

Nun mag es viele »Gesetze« geben, die Mensch, Natur und Umwelt prägen. Das Augenmerk der Wellentheoretiker richtet sich besonders auf ein Muster, das man als Goldene oder Logarithmische Spirale bezeichnet. Dabei handelt es sich um eine Spiralform, die sich ebenso in den Schalen von irdischen Schnecken und Austern findet wie, Millionen Lichtjahre entfernt, in Galaxien (Sternenhaufen).

Das Besondere an dieser Spirale ist nun, daß bei der mathematischen Beschreibung ihres Aufbaus die Zahl 1,618 eine große Rolle spielt. Dieser Zahl komme zusammen mit ihrem Kehrwert 0,618 in der Natur eine große Rolle zu, sagen die Wellentheoretiker. So sei das mathematische Verhältnis von 0,618 zu 1 mathematische Grundlage für so unterschiedliche Dinge wie Spielkarten, griechische Vasen und die schon genannten Spiralen von Galaxien und Schneckenhäusern. Bildet man ein Rechteck mit Seiten im Verhältnis von 1,618 zu 1, so nennt man dies das »Goldene Rechteck«. Dieses Rechteck hat, so die Wellenschule, bedeutende Künstler, so Leonardo da Vinci oder Salvatore Dali, inspiriert. Wen soll es da wundern, daß diese Zahlenverhältnisse auch am Aktienmarkt vorkommen, fragen die Wellentheoretiker. Sie weisen darauf hin, daß es Zeiten gegeben hat, in denen die grafische Darstellung des Dow Jones-Index Wellen glich, deren Form durch die magischen Zahlen beschrieben werden konnte

Die praktischen Ergebnisse mit der Elliott-Wellen-Theorie sind durchwachsen, wie auch ihre Anhänger zugeben. Einige verstehen die Wellenlehre auch nur als ergänzende Methode für traditionelle Fundamentalisten und Chartisten. Viel mehr als ein »mal stimmt es und mal auch wieder nicht« läßt sich kaum sagen. Ob die Wellenlehre als ein

Verfahren angesehen werden kann, das Chancen auf systematische Kursgewinne eröffnet, ist zumindest zweifelhaft.

Die Wellenlehre kann nur funktionieren, wenn es an den Aktienmärkten viele Teilnehmer gibt, die das der Wellenlehre zugrunde liegende Naturgesetz nicht kennen. Genau dies behaupten auch ihre Anhänger, die durchaus erkannt haben, daß diese Schule im Garten der Kurstheorien nur einer sehr verborgenen Pflanze gleicht. Sobald ihre Voraussagen allgemein bekannt sind, kann sie nicht mehr funktionieren. Wer würde denn Aktien kaufen, wenn sich aus einem Naturgesetz eine Baisse unmittelbar abzeichnet? Völlig umstritten ist auch die Ableitung aus den in der Natur beobachtbaren Erscheinungen. Hier gibt es Kritiker, die der Wellenlehre völlige Unseriosität vorwerfen ebenso wie Zweifler, die immerhin zugeben, daß Aussagen über Aktienkursentwicklungen die Ursachen menschlichen Verhaltens einschließen müssen. Aber auch im Spektrum psychologisch unterstützter Kursvoraussagen bleibt die Elliottsche Wellenlehre ein ausgesprochen exotischer Beitrag.

4. Der Zufallspfad: Kursprognosen ohne Fundament

Im Frühjahr 1815 stand der berühmte Londoner Bankier Nathan Rothschild scheinbar übernächtigt und deprimiert auf dem Parkett der Londoner Börse und verkaufte, für alle Handelsteilnehmer sichtbar, große Bestände an Staatsanleihen. Die anderen Händler vermuteten, daß Rothschild eine ungünstige Nachricht vom wallonischen Schlachtfeld nahe der kleinen Ortschaft Waterloo erhalten hatte, bei der englische und preußische Truppen auf das Heer des aus der Verbannung zurückgekehrten französischen Imperators Napoleon gestoßen waren. Die Londoner Börse reagierte mit einer Panik, die gewaltige Kursverluste auslöste. Offenbar fragte niemand, wer sich hinter den Käufen versteckte. Nachdem die Kurse stark gefallen waren, wurde die Nachricht vom Sieg Wellingtons und Blüchers bekannt, worauf die Kurse der Staatsanleihen wieder deutlich stiegen. Nun konnten die klugen Käufer in der Baisse, niemand anderes als Agenten Rothschilds, ihre Papiere mit einem stolzen Gewinn abwerfen. Der große Gewinner des Londoner Börsenspektakels war das ohnehin nicht arme Haus Rothschild.

Wie konnte Rothschild dieser Streich gelingen? Der Bankier hatte ausschließlich für seinen eigenen Gebrauch ein sehr gut funktionierendes

Nachrichtennetz zwischen Belgien und London aufgebaut. Er wußte um den wahren Schlachtausgang, während er den anderen, schlecht informierten Marktteilnehmern erfolgreich den zerknirschten Verkäufer vorspielen konnte. Damit zeigt dieses Beispiel auf geradezu klassische Weise, wie man durch Informationsvorsprünge Chancen auf systematische Kursgewinne vergrößert.

Die Existenz von Informationsvorsprüngen garantiert letztlich auch bei den oben beschriebenen Prognosemethoden zumindest theoretisch den erwarteten Erfolg. Ganz offensichtlich ist dies bei der fundamentalen Aktienanalyse. Der gute Finanzanalytiker und die Käufer der Informationen des Analytikers wissen bei (angeblich) unterbewerteten Aktien um den wahren, inneren Wert des Papiers, wogegen jene, die an der Börse zu niedrigeren Preisen verkaufen, offenbar schlecht informiert sind. Kurz gesagt: Der Fundamentalist behauptet mehr zu wissen als eine ganze Marktpartei, und letztlich hat er Erfolg, weil sich die Unwissenden mit Verspätung (!) seiner Einschätzung anpassen. Aber wie lange bleiben die Unwissenden ahnungslos, ehe sie die Ansicht des Finanzanalysten nachvollziehen? Ein Beispiel soll zeigen, daß die fundamentale Aktienanalyse heutzutage zum Teil von unrealistisch langen Reaktionen ausgeht.

Viele Daten, auf die sich der fundamental ausgerichtete Analytiker stützt, werden von den betreffenden Unternehmen öffentlich, das heißt bei Bilanzpressekonferenzen und Hauptversammlungen, bekanntgegeben. Angenommen, bei einer solchen Gelegenheit kündigt ein Unternehmensvorstand unerwartet eine sehr günstige Gewinnschätzung an. Diese Zahlen stehen gewöhnlich am nächsten Tag in den Zeitungen und sind damit allen Aktionären und sonstigen Interessenten bekannt. Bis ein Finanzanalytiker diese Schätzung verarbeitet hat und seinen Kunden zuleitet, vergeht allein schon wegen der Drucklegung viel Zeit. Die Wirtschaftsredaktion der Frankfurter Allgemeinen Zeitung erhält regelmäßig Ausarbeitungen von Finanzanalytikern, die zum Zeitpunkt des Posteingangs mehr als eine Woche alt sind. Währenddessen haben mit großer Sicherheit die bedeutenden Marktteilnehmer wie Investmentfonds und Versicherungen gehandelt und – bei positiver Einschätzung – die Aktie gekauft. Bis der von einem Analytiker beratene Kleinanleger die betreffende Aktie erwerben will, hat die unerwartete Gewinnsteigerung schon längst Eingang in die Aktienkursbildung gefunden. Der Kurs ist gestiegen, der Kleinanleger kommt zu spät.

290 *Anlegen und Finanzieren*

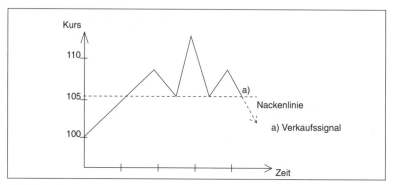

Abbildung 6

Aber auch die technische Analyse lebt von Informationsvorsprüngen. Zwar ist ihr Anspruch nicht elitär, weil sie nicht behauptet, mehr zu wissen als andere. Nun stellt sich aber die Frage, was passiert, wenn das »Wissen« der Charttechniker allgemein im Markt verbreitet ist. Es läßt sich leicht zeigen, daß Chartanalyse dann keinen Sinn mehr macht (Abbildung 6).

Nehmen wir an, der Kurs der Aktie X unterschreitet die sogenannte Nackenlinie, wodurch nach der Interpretation dieser Lehre ein Verkaufssignal ausgelöst wird. Nehmen wir nun ferner an, daß die Charttechniker nicht nur eine kleine Schule ausmachen, sondern daß viele Marktteilnehmer dieses Verkaufssignal erkennen. Dann werden viele Besitzer von Aktien ihre Papiere in Erwartung von Kursverlusten auf den Markt werfen, ohne daß eine entsprechende Nachfrage entgegensteht (von wem sollte sie kommen?), so daß der Kurs innerhalb kürzester Zeit stark sinkt. Dann kann aber auf dem alten Kursniveau A gar nicht verkauft werden, sondern nur zu einem tieferen Kurs. In diesem Fall nützt die Chartanalyse dem Anleger gar nichts, weil er ihre Empfehlungen nicht nutzen kann. Auch die Chartanalyse baut also darauf, daß ihre Anhänger schneller reagieren können als die Masse der Anleger. In diesem Sinne hat Welcker völlig recht, wenn er schreibt, daß sich ein Finanzanalytiker nur bewähren kann, wenn er sein Metier besser beherrscht als die anderen. Mit anderen Worten: Wenn er Informationsvorsprünge nutzen kann.

Die grundsätzliche Frage der gesamten Aktienanalyse, an der die ganze Tauglichkeit von fundamentaler und technischer Aktienanalyse hängt, lautet also: Gibt es an modernen Aktienmärkten ausreichend große Unterschiede in der Informationsverteilung, die von Prognostikern und Anlegern genutzt werden können? Wenn sich zeigen läßt, daß die Aktienmärkte in der Lage sind, Informationen sehr rasch in Kurse umzusetzen, hat der Prognostiker keine Chance mehr, egal welcher Richtung er anhängt, weil er keinen Informationsvorsprung mehr erhält. Damit wird die Frage nach der Qualität von Kursprognosen zu einem einfachen Meßproblem über die Schnelligkeit der Informationsverarbeitung von Märkten, dem man mit statistischen Verfahren zu Leibe rücken kann.

In den vergangenen gut 20 Jahren haben Ökonomen mit einer Fülle von Tests die Informationsverarbeitung der großen Aktienmärkte untersucht. Die weite Mehrzahl der Untersuchungen hat gezeigt, daß sich künftige Aktienkurse nicht aus vergangenen Kursveränderungen herleiten lassen. Damit wurde der technischen Analyse das Fundament entzogen. Erfolgserlebnisse der Charttechniker sind im Kontext dieser Lehre der schnellen Informationsverarbeitung, die auch als »Theorie des Zufallspfades« (englisch »random walk«) bezeichnet wird, nicht als plangemäße, systematische Analyseerfolge zu interpretieren, sondern als zufällig richtige »Tips«. In den Fällen, in denen die Charttechnik nicht erfolgreich war, hatte der Prognostiker eben Pech. Glück und Pech können aber nicht als Basis seriöser Anlageberatung dienen; in diesem Sinne ist die Schlußfolgerung berechtigt, daß Kosten der Beschaffung von charttechnischen Kursprognosen keinen besonderen geldwerten Nutzen versprechen.

Das Ergebnis der Überprüfung fundamentaler Aktienkursprognosen ist nicht ganz so katastrophal wie das der technischen Analyse, aber auch hier spricht die Mehrzahl der Untersuchungen für eine zu rasche Informationsverarbeitung von Wirtschaftsdaten. An dieser Entwicklung haben die modernen Informationstechnologien einen wichtigen Anteil. Für den amerikanischen Aktienmarkt fallen die Resultate dabei noch eindeutiger aus als für den deutschen Markt. Auch Kosten der Beschaffung von fundamentalen Aktienanalysen erscheinen als schlecht angelegtes Geld.

Um es drastisch auszudrücken: Niemand ist es verwehrt, für Kursprognosen Geld zu zahlen, wenn er möchte. Der Käufer der Prognosen muß nur wissen, daß der Berater über die künftige Kursentwicklung nicht mehr wissen kann als ein Laie in Finanzdingen (auch wenn häufig etwas anderes behauptet wird). Denn der künftige Kurs ist und bleibt ungewiß. Künftige Kurse werden, sofern die Theorie des »Zufallspfades« zutrifft, nur von künftigen Informationen beeinflußt, aber niemand kann wissen, welche Einflußfaktoren künftig – morgen, in einer Woche oder noch später – auf die Aktienkurse einwirken. Viele professionelle Vermögensverwalter, auch Manager von Investmentfonds, schneiden mit ihren Anlageergebnissen schlechter ab, als es entsprechend der durchschnittlichen Marktentwicklung eigentlich zu erwarten wäre. Diese Tatsache verdeutlicht, daß auch erfahrene Marktbeobachter allenfalls sehr selten Nutzen aus Prognosen ziehen können.

Die Überprüfung der Prognosen fundamentaler Aktienanalytiker hat allerdings nicht ergeben, daß an Aktienmärkten überhaupt niemand einen Informationsvorsprung besitzt. Die sogenannten »Insider«, das sind Personen, die, wie Geschäftsführer oder Bankiers, über intimes Wissen über ein Unternehmen verfügen, haben durchaus Chancen, mit ihren Kenntnissen Geld am Aktienmarkt zu verdienen. Allerdings sind diese Insidergeschäfte in Deutschland verpönt, in anderen Ländern sogar durch Gesetz untersagt. In jedem Fall erhält der normale Anleger durch den Bezug von Kursprognosen kein Insiderwissen. Diese Empfehlungen basieren zumeist auf allgemein bekanntem Wissen, was ja ihre bescheidene Tauglichkeit, wie ausführlich beschrieben, bedingt.

Man erkennt unschwer, daß die Theorie des Zufallspfades starken Tobak für die Beratungsbranche beinhaltet. Die anfängliche Ablehnung durch die Finanzanalytiker der unterschiedlichen Schulen war denn auch vehement. In den vergangenen Jahren ist die öffentliche Diskussion um so mehr verstummt, je deutlicher die statistischen Tests gegen die fundamentale und technische Analyse ausfielen. Wer heutzutage Börsenbriefe oder Kapitalanlagezeitschriften liest, erfährt zwar viel über Kurs-/Gewinn-Verhältnisse und Widerstandslinien, aber so gut wie nie etwas über die Theorie des Zufallspfades. Fast hat man den Eindruck, die Erkenntnisse dieser Schule sollten vom »normalen Anleger« ferngehalten werden. Dennoch gibt es auch Fortschritte zu verzeichnen. So verzichtet heute zumindest eine große deutsche Fondsgesellschaft bei ihren Dispositionen auf technische Kursprognosen, weil die Erfahrung gegen die Anwendung dieser Verfahren sprach.

Man darf die Aussagen der empirisch sehr gut überprüften Theorie des Zufallspfades aber auch nicht überbewerten. Sie macht seriöse Anlageberater keinesfalls brotlos. Sie wendet sich nur gegen die Behauptung, daß man mit Kursprognosen besser abschneiden kann als der Markt insgesamt. Moderne Anlageberatung ist aber viel mehr als der Verkauf von zweifelhaften Kursschätzungen. Sie setzt statt dessen bei den individuellen Bedürfnissen des Anlegers an und versucht sie durch eine Kombination teilweise sehr verschiedenartiger Finanzprodukte wie Versicherungen, Sparpläne, Anleihen, Investmentanteilen, Aktien und anderen Anlageformen möglichst optimal zu erfüllen. Ein Rentner mit gesichertem Einkommen und Grundbesitz wird ganz andere finanzielle Bedürfnisse haben als ein gut verdienender junger Familienvater ohne Grundvermögen. In diesem Sinne gibt es eine große Nachfrage nach umfassender und qualifizierter Anlageberatung, die weitaus wertvoller einzuschätzen ist als das Ratespiel um Veränderungen von Aktienkursen, dessen Gehalt nicht höher liegt als Sterndeuterei.

Verwendete Literatur

Frost, A. J./Prechter, R. R.: *Das Elliott-Wellen-Prinzip. Schlüssel für Gewinne am Aktienmarkt*, Edition Börse online, Haar bei München 1989.

Schmidt, Reinhard H.: *Aktienkursprognose. Aspekte positiver Theorien über Aktienkursänderungen*, Betriebswirtschaftlicher Verlag Dr. Th. Gabler, Wiesbaden 1976.

Welcker, Johannes: *Technische Aktienanalyse*, 2. Auflage, Verlag Moderne Industrie, Zürich 1984.

Stichwortverzeichnis

Abnutzung 227
Abrechnung 123
Abschreibung 226 f.
Absicherung 28, 188, 202, 239 f., 249 f., 268, 255
Abwertung 163, 164, 165, 166
Abwicklung 125
Afa 226 f., 228
Agiv 145
Aktien 31 ff., 35, 42, 46, 50 ff., 59, 90, 105 f., 108, 111, 114, 121, 124, 129 ff., 148 ff., 169 ff., 257, 278 ff., 293
Aktienbesteuerung 214
Aktienfonds 168 ff.
Aktienindex
– Deutschland 51
– Tokio 40
– Wall Street 37
Aktienkäufe auf Kredit 57
Allianz 92, 240
Altbauten 73
Altersversorgung 268, 239 ff.
Aluminium 66 f.
American Express 101
Andraea Noris Zahn AG 142
Anglo American Corp. 201
Anlageberater 58, 96, 255, 292
Anlagedauer 161, 172 ff., 215, 251, 252, 257 f.
Anlagenstreuung 203, 252 f., 293
Anlageregeln 31 ff., 64, 175 ff., 247 ff., 256
Anlegerschutz 87
Anleihen 28, 44, 49, 54, 88, 90, 92, 105, 108, 111, 114, 121, 124, 152 ff., 162 ff., 169 ff., 215, 257 f., 293
Annuität 270 ff.
Annuitäten-Anleihe 161
Anschaffungskosten 217
Anschlußfinanzierungen 266, 269 ff.
Antiquitäten 78, 191 ff., 222, 228, 253
Arnold 82
Aufgelder 150
Auftragsabwicklung 109, 113, 123, 125
Auktionen 76, 80 ff., 191 ff., 198, 205, 221, 233

Auktionsverk Auktionshaus 198
Ausgabekosten 172 f., 173
Ausgabepreis 129 ff.
Ausschüttungen 91, 170 ff., 216 f.
außerbörslicher Handel 93
Baader, Udo 126
Bandbreite 163 f.
Bandow, Uwe 115
Banken 28, 38, 40 f., 86, 88, 90 f., 98 f., 102 ff., 114, 116, 121, 124, 126, 247
Bankers Trust 110
Bankhaus Aufhäuser 122
Bankhaus Ellwanger & Geiger 74
Banknoten 97 ff.
Bank of Tokio 110
Banksafe 98, 250
Bargeld 205, 247, 251
Baufinanzierung 260 ff.
Baumwolle 68 f.
Bausparen 152, 253, 267 f., 274 ff.
Bayerische Hypotheken- und Wechsel Bank 120
Bayer, Rudolf 122
Belastung 261 ff.
Beleihung 154, 262
Bellstedt, Roland 108
Berlin-Briefmarken 206 ff.
Berliner Elektro Holding AG 136
Bernau 144
Berthold Hermle AG 137
Berwein, Paul 122
Beschäftigung 20, 25
Besteuerung 51, 156, 158, 213 ff., 221 ff.
Beteiligungen 40, 43, 46, 220, 251, 253
Betriebsausgaben 91, 221 ff., 224 ff.
Betriebsvermögen 228
Bewertung 29, 203, 230 ff.
Bezugsrecht 59, 92, 214, 216, 255
BHF Bank 110, 145
Bifos 113, 122
Bilka 134
Binnenmarkt 30, 45, 47, 58, 79, 90, 131 ff., 239
Blue Chips 36, 42, 43, 45, 59

Börse
- Athen 148
- Australien 44
- Benelux 47f.
- Berlin 104ff.
- Brasilien 149
- Bremen 107ff.
- Deutschland 50ff.
- Düsseldorf 111ff.
- Europa 45ff.
- exotische 148ff.
- Frankfurt 102ff.
- Frankreich 45f.
- Großbritannien 33, 49
- Hamburg 114ff.
- Hannover 118ff.
- Hongkong 43
- Indonesien 42
- Istanbul 148f.
- Italien 46
- Japan 33, 39ff.
- Kanada 43
- Korea 32, 42, 148, 150
- Malaysia 42
- Mexiko 148
- München 120ff.
- Ostasien 42
- Österreich 47
- Philippinen 42
- Schweiz 47
- Singapur 42
- Skandinavien 48f.
- Spanien 46
- Taiwan 42
- Thailand 42
- USA 33, 36ff.
Börsenanwärter 131
Börseneinführungen 59, 106f., 110, 114f., 117, 120, 123, 125f., 129ff.
Börsengebühren 103f.
Börsenkurs 168, 251, 279f.
Börsentechnik 86f., 108, 111, 121, 125
Börsentips 256, 290
Börsenumsatz 85, 104f., 108, 111, 114, 121, 124, 281
Börsenzeit 112f.
Böttger, Johann Friedrich 191
Bond, Alan 78
Bonität 157f.
Boss 102, 122
Branchen 56f.
Braun, Günter 107
Bremer Landesbank 109
Briefmarken 205ff., 253
Brillanten 203
Büroflächen 75, 107
Budget 24ff.
Bürger, Alfred 112f.
Bukowski (Auktionshaus) 198
Bundesanleihen 85, 113, 155ff., 166
Bundesaufsichtsamt für das Versicherungswesen 239, 242
Bundesfinanzhof 216, 226ff., 232, 233
Bundeskartellamt 100
Bundesobligationen 156
Bundesschatzbrief 215
Bundesverband deutscher Banken 55, 121
Bundesverband des Deutschen Kunst- und Antiquitätenhandels 78
Bundesverband Deutscher Investment-Gesellschaften 168, 171, 173f.
Buntmetalle 64
B.U.S. (Berzelius Umwelt Service) 131, 135
cap 264
Carl Baasel GmbH 146
Central Selling Organisation 201f.
C.H.A. (Chemie Holding AG) 130, 144
Charts 281ff.
Charttechniker 290
Christie's 76f., 192ff., 197
Commerzbank 92, 95, 137, 146
Computerbörse 85ff., 102ff., 109ff.
covered warrants 92ff.
Dahl Gruppe 134
Daimler Benz 125
DBV Holding AG 131, 146
DDR-Briefmarken 205ff.
De Beers Consolidated Mines 201
Defizit 23, 24, 25, 26, 164, 167
Degab (Deutsche Gesellschaft für Anlageberatung) 52, 138
Depfa-Bank (Deutsche Pfandbrief- und Hypothekenbank AG) 130, 154, 270

Deutsche Bank 52, 108, 112, 118ff., 124, 137, 138, 142, 145
Deutsche Börsen AG 113, 126
Deutsche Bundesbank 59, 74, 97ff., 98, 113, 155, 164, 166, 170, 247, 248, 251
Deutscher Aktienindex Dax 85, 93, 95
Deutscher Kassenverein AG 103f.
Deutscher Pfandbrief Dienst 153
Deutsches Institut für Wirtschaftsforschung 72, 75
Deutsche Terminbörse 85ff., 115
Deutsche Vereinigung für Finanzanalyse und Anlageberatung 138, 142f.
Deutsche Wertpapierbörsen AG 102, 122, 125
Deutsche Wertpapierdaten Zentrale GmbH 103f., 113, 117
Devisen 23, 30, 68, 107, 159, 162f., 165, 187, 207
Diamanten 200ff.
Diamond Trading Corp. 201
Diedrich, Klaus Jürgen 105, 107
Diners Club 101
Disagio 216, 265
Dividenden 32f., 36, 45, 91, 171, 214ff., 218, 251
Dollar 23ff., 34, 41, 55, 76, 159
Dollarkurs 26
Doppelwährungsanleihen 157, 159
Dow Jones Durchschnittskurs 36ff., 39, 286f.
Dresdner Bank 92, 105f., 135
Drexel, Thomas 196
Edelmetalle 64, 187ff., 253
Edelsteine 253
Effektivzins 264ff., 270ff., 275ff.
Eigenheim 71, 260ff.
Eigenkapital 28, 30, 57, 59, 90, 91, 129ff., 160, 262, 267
Eigentumswohnungen 70ff.
Einfamilienhäuser 73f.
Einheitswert 230
Einkommensteuer 213ff., 224ff., 233
Einlagensicherung 250f.
Einzelhandel 99, 100
elektronische Zahlung 97
Elliott-Wellen-Theorie 278ff., 286ff.
Emission 131, 129ff., 216

Erbschaftsteuer 234ff.
Erdöl 27f., 30, 34, 44, 48, 56, 60, 62f., 68, 165, 188, 202
Erste Österreichische 151
Erträge 43, 52, 59, 94, 95, 168, 151, 171, 213ff., 215, 248, 252, 257, 279ff.
Ertragsausschüttungen 171ff.
Ertragswiederanlage 173f.
Eurocard 101
Europäisches Währungssystem 30, 49, 162ff.
Europäische Zentralbank 14, 163
Euroschecks 99
Falschgeld 98
F.A.Z.-Aktienindex 51, 56, 57, 129f., 141
F.A.Z.-Renten-Rendite 54
Fehlbelegung 70
Feldmühle Nobel 132, 141, 146
fertiggestellte Wohnungen 71ff.
festverzinsliche Wertpapiere 28, 44, 49, 54, 88, 90, 92, 105, 108, 111, 114, 121, 124, 152ff., 162ff., 169ff., 215, 257f., 293
Festzins 263f.
Festzinsanleihen 89
Feuerbach, Hans Joachim 124ff.
Fibor 159
Finanzierungshilfen 72, 262
Finanzprodukte 85ff.
Fischer Auktionshaus 198f.
Floater 88ff., 157
Fälschungen 97ff.
Fondsabsatz 168ff.
Fondsvermögen 175ff.
Forbes 221
Franfurter Allgemeine Zeitung 289
Frankfurter Börse AG 102, 112
Frank, Rudolf 114, 117
Freibeträge 235f.
Freigrenzen 229ff.
Freiverkehr 126
Fremdwährungsanleihen 162ff.
Freudenberg, Wolfram 124ff.
Fröhlich Bauunternehmen AG 143
Fundamentalanalyse 33, 37, 278ff., 289
Futtergetreide 67

Stichwortverzeichnis 297

Gebrauchskunst 226
Gebrauchsporzellane 192
Gebrüder März AG 146
gedeckte Optionsscheine 92 ff., 257
Geheimzahl 99
Geld 97 ff.
Geldautomaten 99
Geldmarktfonds 169 ff., 174
Geldpolitik 31, 41, 49, 166
Geldumtausch 99
Geldvermögen 59, 152, 153, 170, 247 f.
gemischte Fonds 168 ff.
Gemälde 76, 78, 80
Gemological Institute of America 203
Genußschein 90, 88 ff., 92
geregelter Markt 137
Gerling 240
Getreidemärkte 67
gewerbliche Immobilien 74 f.
Gewinnschätzung 52 f., 289
Girosammelverwahrung 219 f.
Girozentrale Wien 151
Glas 196 ff.
Glaskrankheit 199
Godeau 79
Gold 64, 187 ff., 253
Goldene Spirale 287
Goldpreis 189
Gold Zack Werke AG 130, 145
Gothaer Finanzholding AG 146
Großbanken 102, 112, 114
Grommelt, Rudolf 118 ff.
Hagena, Martin 118
Ham, Carola van, Auktionshaus 198
Handelssysteme 102 ff.
Hannover Finanz 136
Hartung & Hartung 82
Haubrock, Kurt 138
Hauptversammlung 217, 289
Hausbank 254, 267
Haushalt 15, 18, 23 ff., 38
Haushaltsdefizit 27, 38, 167, 188
Hauswedell & Nolte 81
Herlitz International Trading AG 138
Hirsch AG 142
Historische Wertpapiere 222
Hochzinspolitik 165
Hoge Raad voor Diamanten 203

Horsehead Industries 135
Huber Signalbau AG 136
Hübscher, Wilfried 105 f.
Hypothek 72, 153, 262 ff., 265 f., 270 ff., 274 ff.
Ibis 102, 118
Immobilien 28, 29, 40, 70 ff., 219, 251, 252 f., 253, 293
Immobilienfinanzierung 75, 260 ff.
Immobilienfonds 169 ff., 216
Immobilienpreise 71 ff.
Indexanleihe 160
Indexoptionsscheine 95
Industrieanleihen 156, 160
Inflation 49, 62, 149, 155, 162, 164, 165, 187, 202
Information 115, 278 ff., 288, 290 f.
Infrastruktur 13, 24, 65
Insider 292
Integrate GmbH 146
Investmentfonds 32, 86, 150, 168 ff., 216, 257, 289, 292 f.
Jado 130
Jungheinrich AG 130 f., 144 f.
Junk Bonds 28, 30, 38
Kapazitäten 21
Kapital 19
Kapitalanlagegesellschaften 168 ff.
Kapitalbedarf 26, 31, 44, 45, 54, 59, 160
Kapitalbeschaffung 34, 40, 59, 90, 94, 120, 122
Kapitalbewegungen 164 f.
Kapitaleinsatz 92
Kapitalerhöhungen 40, 129 ff.
Kapitalsicherung 188
Kapitalverkehr 149, 166, 239
Kapitalvermögen 213 ff.
Kapitalvernichtung 188
Kapitalzins 54
Katy Industries Inc. 137
Kaufhalle 131, 133
Kaufoption 93
Ketterer Auktionshaus 198
klassische Moderne 81
Klemm, Günther 114
Koch, Gerd 110
Körperschaftsteuer 214, 217
Koller Auktionshaus 193 f.

Kommunalobligationen 153f., 109
Kommunikation 122
Kondratieff 21
Konjunktur 21, 24, 29, 32, 37, 43f., 57, 60, 64, 218
Konkurrenzkampf 21
Kraftanlagen AG 130, 145
Kraul, Frank 119
Kraus, H. P. 82
Kredit 18, 57, 78, 163, 218f., 234, 253, 257, 260ff., 269ff., 274ff.
Kreditausfälle 28
Kreditbedarf 53
Kreditkarten 100f.
Kreditkosten 264ff., 274ff.
Künstler 76ff.
Kunst 253
Kunstförderung 236
Kunsthandwerk 81
Kunstmarkt 76, 191ff., 221ff., 251
Kupfer 65f.
Kursblatt 109, 110, 116, 132
Kursentwicklung 30f., 35ff., 49f., 56f., 78, 89, 91, 94, 129f., 160, 169, 171, 216, 218, 278, 281ff., 288
Kursgrafiken 282ff.
Kursprognosen 278ff.
Kursrisiko 89, 152ff., 158, 159, 170, 251
Kurssicherungsgeschäfte 217f.
Länderfonds 150
Lahmeyer 145
Landeskreditbank Baden Württemberg 90
Landeszentralbank in Hamburg 116
Lastschrift 100
Laufzeit 54, 91, 93, 94, 95, 158, 160, 166, 169, 215, 251, 264
Laux, Manfred 173
Lebensversicherungen 240ff.
Leckebusch 121f.
Lempertz Auktionshaus 80, 191, 194
Libor 159
Liquidität 29, 34f., 41, 43, 46, 58, 103, 105, 109, 113, 119, 122, 126, 152ff., 188, 250f., 252, 267
Logarithmische Spirale 287
Lohnerhöhungen 15
Mais 67

Makler 103ff., 105, 108, 110, 111, 114, 121, 124
Maklercourtage 103
Mambretti 140
Manufacturers Hanover Bank 110
Marktenge 93, 148
Marktmacher 103, 120
Martini, Eberhard 120
Marx 19
Mathis, Klaus 111, 113
Mauer 20
Media Gruppe 134
Meißner Porzellan 191ff.
Metallgesellschaft AG 135
Metallmärkte 61ff.
Mettler 144
Mindeststückelung 155
Mindestverzinsung 90, 158
Mittelbetriebe 104
Mittelkurs 26, 163, 164
Mittelstand 120, 131ff.
Mitterand, François 164
Modernisierungen 71ff.
Möbel 81, 222
Monaco Inc. 138
Mülhausen, Dieter 112
Murano 197ff.
Museumsinsel 80
Nagel Auktionshaus 80, 81, 196, 198
Nebenwerte 115, 169
Neumeister 80, 81
Neuwirt, Waltraut 198
New York Stock Exchange 36
Nickel 61
Nikkei Index 39
Nominalzins 55, 90, 156
Notenbank 14, 26, 29, 44, 163, 188
Nottbohm 144
Nullkuponanleihe 94f., 157, 215
Nutzungsdauer 226ff.
Nutzungswert 261
NV-Bescheinigung 214
Obligationen 28, 88, 162ff.
öffentliche Hand 13
Öffentliche Anleihen 54, 88, 153ff.
Öl 24, 27f., 30, 34, 44, 48, 56, 60, 62f., 68, 165, 188, 202
opération blanche 255

Oppenheim, Alfred Freiherr von 112
Oppenheimer, Ernest 201
Oppermann Versand AG 134
Optionen 92, 105
Optionsanleihe 92, 157, 159 f.
Optionsgenußanleihen 92
Optionshändler 85
Optionsschein 88 ff., 92 ff., 160, 257
Optionsscheine, gedeckte 92 ff., 257
PAG Pharma Holding AG 142
Palladium 64, 187
Pendeltheorie 35
Pensionsfonds 247
Peters, Hans Heinrich 114 f., 117
Pfandbriefe 153 f.
Pfund Sterling 30, 49
Phillips Auktionshaus 80, 191
Plan 20
Platin 64, 187
Platinkarten 100
Plinius der Ältere 200
Poeck, Wolfgang 105 f.
Pöhl, Karl Otto 107
Porzellan 191 ff.
Preisbildung 67, 71, 76 ff., 80 ff., 85, 93, 103, 122, 188, 191 ff., 230 ff.
Preisniveau 222, 232
Preisrisiko 188
Preisspanne 118
Preisstabilität 54
Preissteigerungen 72
Privatdiskont AG 159
private Haushalte 152, 247 ff.
Privatisierung 46
Privatvermögen 220, 230
Prämien 251
Produktivitätsgewinn 17
Prognosen 31, 53, 55, 57, 62, 67, 89, 129, 278 ff.
Präsenzbörse 102 ff., 107, 117, 125
Publikums-Investmentfonds
 siehe Investmentfonds
Publizitätspflichten 149
Quante AG 130
Quaritch 82
Quellensteuer 157
Realzins 15, 17, 26, 38, 55, 152
Referenzzinssätze 89 f., 159

Regionalbanken 123, 124
Regionalbörsen 102 ff.
Rendite 27, 32, 33, 39, 43 f., 49, 54, 88, 91, 94, 155 f., 162, 250 ff.
Reno 134
Renten 105, 108, 111, 114, 121, 124
Rentenfonds 168 ff.
Rentenhandel 88, 106, 113, 118
Rentenmarkt 152 ff.
Restschuld 265, 270 ff.
Revell AG 138 f.
Revell Inc. 138
Rezession 24, 34, 37, 38, 43, 49, 60 f.
Rhodes Cecil 201
Ring deutscher Makler 74
Risiken 59, 96, 151, 162 ff., 239 ff., 252, 257, 263 f., 269
Risse, Horst 118, 120
Röhrich, Arnulf 123
Rohöl 24, 27 f., 30, 34, 44, 48, 56, 60, 62 f., 68, 165, 188, 202
Rohstoffe 44, 60, 165, 188, 201
Rothschild, Nathan 288
Rücknahmepreise 172
Rückzahlung 91, 95, 258
Ruef 82
Ruhestand 252, 261, 268
Sachsenmilch AG 133
Sachs, Gunter 221
Saito, Ryoei 76
Sammler 79, 191 ff.
Sammlungen 221 ff.
Sammlungsverkäufe 232 ff.
Satorius AG 143 f.
Sauer, Sundstrand 130
Savings and Loans 24
Scheckkarte 99 f., 100
Scheckländer 100 f.
Schenkung 221 ff., 234
Schenkungsteuer 234 ff.
Schickedanz 145
Schmidt, Reinhard H. 282
Schmuck 200 ff., 222, 232, 253
Schön & Cie. AG 137
Schneider-Lenné, Ellen R. 142
Schrage, Horst 120
Schubert, Axel 108 ff.
Schuldzinsen 218 f.

Schwankungsbreite 163
Schwarzgeld 237
Schweizerische Kreditanstalt 110
Sicherheit 152 ff., 250 f.
Sicherheitsmerkmale 97
Sicherung 217
Silber 64, 187
Simona AG 139
Skulpturen 81
SKW Trostberg 144
Sojabohne 67
Sotheby's 76 f., 78, 79, 80, 81, 193 ff.
Sozialer Wohnungsbau 70 f.
Sparbuch 152, 247, 253
Sparerfreibetrag 215
Sparquote 55
Sparziel 249, 260
Spekulationsgeschäfte 213 ff., 219 f., 255
Spezialfloater 90
Spezialfonds siehe Investmentfonds
Spik Auktionshaus 193
Staatsanleihen 43, 166, 288
Stabilität 14, 15, 59, 163, 164, 165, 203
Stadtwerke Hannover 92
Stahl Auktionshaus 191
Standortvorteile 52
Stückzinsen 216
Steuer 13, 15, 17 f., 24 f., 51, 91, 94 f., 95, 132, 213 ff., 222, 235, 263
Stiftung Warentest 265
Stopp-Loss-Aufträge 58
Streifbanddepot 219
Substanzausschüttung 171
Südmilch AG 132 f.
Sumitomo Bank 110
Swap 159
Tafelgeschäft 154
technische Analyse 35, 37, 47, 278 ff., 281 ff., 289 f.
Teppiche 222
Terminbörse 60, 62, 85 ff., 257
Termingelder 152
Termingeschäfte 85 ff., 92, 202 f.
Testament 250
The Diamant Corp. 201
Tigerländer 42, 150 f.
Timing 57 ff.
Transaktionskosten 85

Trinkaus & Burkhardt 90, 93, 95
Überweisung 100
Überbewertung 35, 279 ff.
Uhren 222
Umsatzsteuer 221 ff., 233
Umwelt 15, 56 f., 66, 131, 134 f., 139, 199, 227, 287
Unterbewertung 33, 35, 279 ff.
Unternehmen 44, 47 f., 116
Unternehmensgewinne 33, 52 f.
Unternehmensbesteuerung 51
Unernehmenswert 279 ff.
variabel verzinsliche Anleihen 98 f., 156, 158
variable Zinsen 263 f.
Vasen 197 ff., 281
VEB Kombinat Torgau 140 f.
Verband deutscher Makler für Grundbesitz und Finanzierungen 73
Verbraucherschutz 239 ff.
Vereins- und Westbank 115
Vererbung 234
Verfalltag 94
Verkaufsoption 93
Verkaufsstrategie 58
Vermögen 247 f.
Vermögensanlagen 58, 59
Vermögensstreuung 57
Vermögensteuer 221 ff., 229 ff.
Versandstelle für Sammlermarken 208
Versicherungen 115, 119, 121, 152, 170, 237, 239 ff., 247 ff., 261, 289, 293
Versicherungsbedarf 243
Versteigerungen 76 ff., 191 ff., 202, 205
Veräußerungsgewinne 132
Viag 144
Villa Grisebach 80
Villeroy & Boch AG 131, 140 f., 146
Visa 101
Vobis Data Computer GmbH 143
Vossloh 142
Wachstum 15, 19, 20, 24, 33, 34, 37, 40, 45, 53
Währungskurse 30, 41, 169, 216
Währungsoptionsscheine 95
Währungsreform 97
Währungsreserven 188
Währungsrisiken 149, 159, 167

Stichwortverzeichnis 301

Wahlen 50, 70
Wall Street 36 ff., 39
Walter AG 140
Wandelanleihen 159 f.
Warenkorb 41
Wechselkurse 162 ff., 251
Weizen 67
Welcker, Johannes 282, 290
Welthandel 50, 58
Werbungskosten 216, 217 ff., 221 ff.
Wertentwicklung 171 ff., 175 ff., 203, 227, 232
Wertpapierabsatz 168
Wertpapierdepot 213
Westdeutsche Landesbank 112, 142
Westend AG 146
Wettbewerbsfähigkeit 26
Wohlfahrtsgefälle 16
Wohnfläche 71 f.
Wohnung 15, 71, 260 ff.
Wohnungseinrichtung 232
Wohnungseigentum 152

Yen 41
Zahlungsmittel 98
Zahlungsverkehr 97 ff.
Zeichnungsgewinne 129 ff.
Zentralbanken 27, 31, 188
Zerobonds, 157, 215
Zins 15, 18, 22, 26 f., 31 ff., 38, 44, 46, 49, 54 f., 61, 64, 72, 88 f., 95, 152 ff., 154, 157, 160, 162 ff., 168, 170 f., 187 f., 215, 251 f., 255, 264
Zinseszins 157, 254
Zinsfestschreibungsfrist 269 ff.
Zinsniveau 34, 72, 88 f., 162, 262, 270 ff., 276
Zipperlen, Konrad 123
Zoll 222, 224
Zucker 68
Zufallspfad 288 ff.
Zufluß 215
Zulassungsgebühr 119
Zuteilung 274
Zwischenanlage 170
Zwischenfinanzierung 274 ff.

Autoren

Barbier, Hans D., Dr. rer. pol., geb. 1937, Studium der Nationalökonomie, verantwortlicher Wirtschaftsredakteur der F.A.Z. (Bisherige Veröffentlichungen u. a.: »Handbuch der Marktwirtschaft«, herausgegeben von Roland Vaubel und Hans D. Barbier)
– Das geeinte Deutschland und seine Partner

Braunberger, Gerald, geb. 1960, Bankkaufmann, Studium der Volkswirtschaftslehre, Wirtschaftsredakteur der F.A.Z. (Bisherige Veröffentlichungen: »Die Deutsche Terminbörse«, herausgegeben von Gerald Braunberger und Thomas Knipp)
– Neue Finanzprodukte bergen auch Risiken
– Festverzinsliche Anleihen in fremden Währungen
– Die Kurse der Zukunft kann niemand kennen

Erlenbach, Erich, geb. 1939, Studium der Betriebswirtschaftslehre, Wirtschaftsredakteur der F.A.Z. (Bisherige Veröffentlichungen u. a.: »Finanzierungsprüfliste für den Bauherrn«, 7. aktualisierte Ausgabe 1990; »So funktioniert die Börse«, 8. Auflage 1989; Herausgeber des Jahrbuches »Geld + Anlage '90«)
– Eine Durststrecke für deutsche Aktien
– Überhitzungserscheinungen auf den Immobilienmärkten
– Neues Geld zum Anfassen
– Geringerer Zuspruch für Publikums-Investmentfonds
– Grundregeln der Geldanlage
– Das Einmaleins der Immobilienfinanzierung
– Die Zinsfestschreibungsfrist »richtig« wählen
– Bauspardarlehen oder Hypothek

Fischer, Britta, geb. 1959, Studium der Kunstgeschichte, Wirtschaftsjournalistin
– Auch der Kunstmarkt spürt Zurückhaltung
– Faszinierend, aber zerbrechlich: Meißner Porzellan
– Glas der Nachkriegszeit wird bereits hoch bewertet

Friedemann, Jens, geb. 1944, Studium der Betriebswirtschaftslehre, Wirtschaftsredakteur der F.A.Z. (Bisherige Veröffentlichungen u.a.: »An der Inflation verdienen«)

- Wie Wertpapiere besteuert werden
- Freier Versicherungsmarkt für »Großrisiken«

Harnischfeger, Walter, geb. 1950, Studium der Rechtswissenschaften, Bundesfinanzakademie (Veröffentlichungen in mehreren Fachzeitschriften und Zeitungen, u.a. im »Blick durch die Wirtschaft«, Mitautor eines Steuerrechtskommentars)
- Was Kunstsammler über Steuerfragen wissen müssen

Hielle, Ingrid, geb. 1951, Wirtschaftsredakteurin der F.A.Z.
- Das Funkeln der Diamanten hat Reiz

Hildebrandt, Arnd, geb. 1940, Wirtschaftsjournalist, geschäftsführender Gesellschafter der Tauros Gesellschaft für Wirtschaftspublizistik mbH, Heidelberg
- Übertreibungen werden korrigiert
- Ernüchterung an den internationalen Aktienmärkten
- Rohstoffmarkt voller Ungewißheit
- Private lösen ihre Goldhorte auf

Knipp, Thomas, geb. 1961, Wirtschaftsredakteur der F.A.Z. (Bisherige Veröffentlichungen u.a.: »Die Deutsche Terminbörse«, herausgegeben von Gerald Braunberger und Thomas Knipp)
- Deutsche Terminbörse: Eingeschränkt erfolgreich
- Frankfurt und die neue Rolle der Regionalbörsen

Ohem, Karl, geb. 1926, Wirtschaftsredakteur der F.A.Z.
- Ein Spiegel der Zeit

Weiler, Bernd, geb. 1959, Studium der Volkswirtschaftslehre, Wirtschaftsredakteur der F.A.Z.
- Reife Früchte für die Börse – vom Anleger gepflückt

Weimer, Wolfram, geb. 1964, Studium der Geschichtswissenschaften, Germanistik und Politik, Wirtschaftsredakteur der F.A.Z.
- Von Mexiko über Thailand nach Ungarn
- Anleihen haben viele Gesichter